DICTIONNAIRE

CRITIQUE

DES ERREURS DU XIXᴱ SIÈCLE.

TOME SECOND.

TOULOUSE, IMPRIMERIE DE LÉON DIEULAFOY,

RUE DES TOURNEURS, 45.

DICTIONNAIRE

CRITIQUE

DES

ERREURS DU XIXᵉ SIÈCLE,

OU

RÉFUTATION DES ERREURS PROFESSÉES DANS L'ENCYCLOPÉDIE MODERNE, EN
MATIÈRE DE RELIGION, DE POLITIQUE, DE JURISPRUDENCE, D'HISTOIRE ET
DE PHILOSOPHIE ;

PAR F. ALBOUYS,

ANCIEN MAGISTRAT.

Ne auferas à me verbum veritatis usquequàque.
(Ps. 118.)

TOME SECOND.

PARIS,
A LA LIBRAIRIE D'ÉDOUARD BRICON,
RUE DU POT-DE-FER-S.-SULPICE, N. 4 ;
CHEZ J.-J. BLAISE, LIBRAIRE,
RUE FÉROU, N. 24.
TOULOUSE,
CHEZ SENAC, LIBRAIRE.

1836.

DICTIONNAIRE

CRITIQUE

DES ERREURS DU XIXᴱ SIÈCLE.

CHRISTIANISME (*religion*). Page 30 — 52. —
Benj. Constant.

« (*Causes humaines qui, indépendamment de*
» *la source divine, ont concouru à son établis-*
» *sement).* »

Avant de nous livrer à l'examen particulier des
erreurs contenues dans cet article, nous devons
rendre à son auteur la justice que mérite son talent
et sa bonne foi. On ne peut sans doute attendre
d'un protestant un ouvrage catholique ; mais on
voit avec satisfaction que, suivant l'opinion erronée
de la secte à laquelle il appartient, il a écrit néanmoins avec une modération qui peut le rendre
digne de rentrer un jour dans le bercail du souverain pasteur.

Nous devons ajouter que la rubrique de cette
notice, que l'on peut pardonner à un protestant
qui, malgré les hautes connaissances qu'il possède
d'ailleurs, est dans l'impuissance d'élever sa foi à
la hauteur du vrai christianisme, ne saurait con-

venir à un catholique. Nous croyons que les causes qui paraissent purement humaines ne doivent être attribuées ni au hasard, ni aux circonstances, mais qu'elles sont le fruit de la sagesse divine, qui a tout préparé, dès le commencement du monde, pour l'accomplissement de ses desseins éternels. (*V. l'Histoire universelle de Bossuet*).

5ᵉ alinéa de la page 43 — 44.

« En substituant des cérémonies simples, modes-
» tes, et en petit nombre, à des rites, les uns
» révoltants, les autres décrédités, elle satisfaisait
» la raison. »
Il est bien certain que les rites en usage chez les romains, lors de l'établissement du christianisme, avaient perdu dans l'esprit des hommes raisonnables ce respect qu'ils avaient pu inspirer lorsque Numa les avait introduits dans Rome. Parmi ces rites, les uns étaient révoltants par leur immoralité, les autres étaient ridicules, comme les aruspices, les augures, etc.
Les cérémonies chrétiennes sont simples, modestes ; mais elles sont, à peu de chose près, les mêmes aujourd'hui que celles qui furent en vigueur dans la primitive Église. On n'a qu'à consulter l'histoire ecclésiastique sur l'antiquité des cérémonies du culte, examiner les raisons qui ont pu engager l'Église à en introduire de nouvelles, et être bien convaincu que, si l'autorité a apporté quelques modifications aux cérémonies des premiers siècles ;

elle ne l'a fait qu'à cause de leur nécessité, ou tout au moins de leur grande utilité.

L'abbé Renaudot, dans les tomes 4 et 5 de la perpétuité de la foi, et après lui le père Lebrun, ont prouvé que la plupart des cérémonies de l'Église catholique avaient été pratiquées dans les trois premiers siècles du christianisme, puisque l'apocalypse nous montre déjà le plan de la liturgie, telle que St. Justin l'a représentée au second siècle, et St. Cyrille de Jérusalem au troisième. (*Dictionnaire théologique de Bergier*, *tom.* 2, *p.* 6.)

Le même abbé Bergier justifie l'introduction successive des mêmes cérémonies, même p. 6, de la manière suivante :

« A la vérité, lorsqu'un dogme catholique a été attaqué par les hérétiques, l'Église en a fait une profession plus expresse dans son culte, et a multiplié les formules qui l'exprimaient. Ainsi, comme le mystère de la Ste.-Trinité a été attaqué de très-bonne heure par les gnostiques, par les sabelliens, les ariens, les macédoniens, etc., l'Eglise, pour attester sa foi aux trois personnes divines, a toujours affecté le nombre de trois. De là le *kyrie* répété trois fois en l'honneur de chacune, le *trilagion* ou trois fois saint, la triple immersion pour le baptême, la doxologie placée à la fin de chaque psaume..... Si les protestants ont déclamé contre la liturgie, c'est qu'ils y voyaient leur condamnation..... Qu'a fait l'Église dans cette circonstance ? Ce qu'elle avait fait de tout temps. Depuis la prétendue réforme, elle a rendu le culte de l'Eucha-

ristie plus pompeux , l'invocation de la Ste.-Vierge
et des Saints plus fréquente , la liturgie plus majes-
tueuse. C'est une profession de foi qui parle aux
yeux, qui fait distinguer aux plus ignorants une con-
trée protestante d'avec un pays catholique, etc. »
(V. le mot *Cérémonie* , *Dictionnaire théologique
de Bergier*).

2. « Elle présentait aux pauvres les secours,
» aux opprimés la justice, aux esclaves la liberté
» comme un droit. »

Voilà sans doute de belles idées en faveur de la
religion chrétienne ; mais cette religion divine
pour être aimée des hommes n'a besoin que de la
vérité.

La religion ne présente pas aux pauvres les secours
comme un droit, puisqu'elle leur défend de mur-
murer contre les riches qui ne leur en accordent
point ; mais elle fait une obligation aux riches et
à tous les hommes de secourir leurs frères malheureux.

Elle ne présentait pas aux esclaves la liberté
comme un droit, puisque St. Paul leur recommande
l'obéissance envers leurs maîtres ; mais, en vertu
de cette obligation de charité imposée à tous les
hommes , elle obligeait les maîtres à traiter leurs
esclaves avec bonté , et leur conseillait de leur donner la liberté , sans leur en imposer l'obligation.

Quant à la justice, la religion l'a toujours pres-
crite , et les pauvres y ont autant de droit que les
grands de la terre.

3e alinéa de la page 44.

« L'autorité n'examine jamais, elle juge sur les
» apparences ; elle voyait une société d'hommes
» qui ne voulait point de culte extérieur, elle les
» déclarait athées. »

Ces mots *l'autorité n'examine jamais* sont une
attaque contre tous les gouvernements, que l'on
ne peut laisser passer sans se rendre en quelque
sorte complice de l'esprit antimonarchique de l'auteur ; mais ce n'est point ce dont il s'agit dans cet
article.

Il est faux que les premiers chrétiens ne voulussent point de culte extérieur. Ils ne voulaient point
de ces cérémonies impies et immorales, qui souillaient les hommages que les païens rendaient à
leurs dieux; mais ils avaient des cérémonies pures,
touchantes, et dignes de la religion qu'ils pratiquaient.

Les premiers chrétiens furent appelés impies par
leurs ennemis, non parce qu'ils n'avaient point de
culte extérieur, mais parce qu'ils refusaient d'adorer
les dieux de l'empire.

2e alinéa de là page 49.

1. « L'intolérance, qui sous le règne du poly-
» théisme semblait une exception à ces principes
» fondamentaux, parut devenir pendant long-temps
» l'esprit permanent du christianisme. »

Le christianisme a toujours toléré les hommes

et condamné les erreurs. *(V. ce que nous avons dit sur la tolérance et l'intolérance au mot Albigeois, dans notre 1er volume)*.

2. « Le sacerdoce s'arrogea une autorité pareille » à celle qui avait courbé sous son joug le plus » grand nombre des nations anciennes. »

Chez les nations anciennes, notamment chez les égyptiens, le sacerdoce s'était arrogé la plus grande partie des pouvoirs, parce que les prêtres, seuls dépositaires des connaissances, ne les communiquaient qu'à un petit nombre d'initiés, à qui il était défendu, sous peine de mort, de les enseigner à d'autres.

Chez les chrétiens, le clergé posséda cette même puissance, parce que seul il eut la patience ou le loisir d'acquérir les connaissances qui rendent propres au gouvernement. Les nobles ne s'occupaient que des armes ; les serfs ne pouvaient s'adonner qu'à la culture de leurs champs. Il n'était point étonnant que les rois et les grands accordassent la plus grande confiance aux évêques et aux prêtres, puisque les membres du clergé étaient seuls capables de leur donner des conseils ; mais, lorsque les communes eurent été affranchies (et l'on sait que le clergé ne contribua pas peu à cet affranchissement), il se forma une classe intermédiaire entre la noblesse et les serfs ; la bourgeoisie s'introduisit, la noblesse elle-même reconnut l'utilité des sciences, et le clergé perdit son autorité exclusive. *(V. les divers discours sur l'état des lettres dans les divers siècles de l'Église gallicane ; Histoire de l'Église gallicane)*.

3. « Il étendit cette autorité terrible sur des
» peuples qui jusqu'alors avaient échappé à son
» despotisme. »

L'autorité du clergé, bien loin d'être terrible,
contribua beaucoup au contraire à rendre juste
et modérée celle de seigneurs. On n'a qu'à lire tous
les historiens, pour être convaincu de cette vérité.

4. « La morale faussée et pervertie tomba dans
» la dépendance d'interprétations ardues, et de
» préceptes arbitraires. »

La morale constamment prêchée par l'Église,
représentée par le pape et le corps épiscopal, a
toujours été la morale sublime de l'Évangile ; un
très-grand nombre de ses ministres l'a prêchée par
ses exemples autant que par ses discours, et, si
quelques-uns d'entre eux se sont écartés de l'observation de leurs devoirs, l'on a pu dire d'eux ce que
disait N.-S. Jésus-Christ, en parlant des pharisiens
et des docteurs de Jérusalem : *Faites ce qu'ils
disent, et ne faites pas ce qu'ils font.*

5. « Les facultés humaines furent frappées d'im-
» mobilité, et ne parvinrent à reconquérir, nous
» ne dirons pas la liberté légitime, qui leur a
» toujours été disputée, mais le droit d'exister,
» qu'à travers une persécution qui atteignit les
» hommes les plus courageux et les plus éclairés. »

Ce ne furent ni les évêques, ni les moines, qui
frappèrent les facultés humaines d'immobilité,
puisque ce n'est qu'à l'aide du clergé, principalement des moines, que l'on put retrouver la trace

des anciennes connaissances que la barbarie des Francs avait en quelque sorte fait perdre.

Quant à la liberté d'examen que paraît désirer M. Benjamin Constant, il est certain que c'est de l'époque de son exercice que datent les troubles de l'Église et les guerres de religion. C'est cette liberté qui a enfanté les albigeois (*voyez ce mot*) ; qui a causé la réforme de Luther, et les variations infinies qu'elle a subies depuis Calvin, Zuingle, jusqu'aux sociniens de nos jours (*V. le mot Ariens*). L'Église a toujours prohibé cette liberté indéfinie d'examen en matière de dogme ; et, si enfin l'esprit de l'homme s'est dégagé des liens dans lesquels la foi le retenait, il n'a produit que des hérésies, des schismes, des guerres de religion, les excès d'un véritable fanatisme, et enfin la philosophie moderne.

Dernier alinéa de la page 49—50.

« Les peuples tolérants les uns envers les autres,
» comme corps de nation, n'en méconnaissent pas
» moins ce principe éternel, sur la base de toute
» tolérance éclairée, que chacun a le droit d'ado-
» rer son Dieu de la manière qui lui semble la
» meilleure. »

En matière de culte, on peut distinguer deux espèces de libertés, celle qui est accordée par les lois humaines, et celle qui est accordée par les lois divines. Les premières peuvent gêner le culte extérieur, elles peuvent contraindre les hommes à faire ou à ne pas faire telles et telles cérémonies, et la loi qui gêne l'exercice des cultes est injuste toutes les fois qu'elle est inutile. Mais elle ne l'est point lorsqu'elle peut retenir les hommes, et les empêcher de se livrer à un culte étranger qui peut, par sa nouveauté, apporter le désordre dans le gouvernement où il est introduit. C'est ce qui fit dire au pharisien Gamaliel, lorsqu'il eut vu l'obstination des apôtres et des disciples de Jésus-Christ à prêcher l'évangile malgré la défense de la synagogue et les persécutions exercées contre les Chrétiens : *Laissez-leur prêcher la doctrine qu'ils enseignent. Si l'esprit de Dieu inspire ceux que vous persécutez, les outrages, les supplices et la mort, n'arrêteront pas les progrès de cette religion; si ces hommes sont des imposteurs, leur imposture tombera d'elle-même.* Aussi avons-nous vu la religion catholique se relever triomphante toutes les fois qu'elle a eu de puissantes luttes à soutenir, tandis que les ariens, les nestoriens, les sabelliens et un nombre infini d'hérétiques, se sont succédés les uns aux autres, et ont fini par tomber dans l'oubli. Le luthéranisme a séduit un grand nombre d'hommes ; mais bientôt se divisant en une foule de ramifications, et se dénaturant de jour en jour, le protestantisme n'offre plus un culte uniforme, mais autant de cultes que d'individus protestants. *Laissez,* comme le disait Gamaliel, *cette nouvelle religion à elle-même, et vous la connaîtrez à ses fruits.*

Quant aux lois divines, elles ne peuvent être

tolérantes. Jésus-Christ, fondateur de la religion que nous professons, a dit dans son évangile : *Celui qui n'écoute point l'Eglise doit être considéré comme un païen et un publicain.* D'après son dogme, il n'y a de salut que dans le sein de cette mère commune des fidèles. Un catholique ne peut donc, sans abjurer sa foi, admettre cette indifférence en matière de religion, si éloquemment combattue par M. l'abbé de La Mennais ; il doit plaindre les hérétiques, il doit prier pour eux et ne point les persécuter ; mais il doit demeurer convaincu que toute voie qui n'est point celle de l'Eglise est une voie qui conduit à la mort. On peut ajouter que cette tolérance des doctrines que demandent les philosophes du jour répugne aux attributs de Dieu, qui ne peut voir d'un même œil celui qui soumet avec humilité son esprit à la croyance des vérités qu'il a révélées, et celui qui au contraire veut soumettre la parole de Dieu au jugement de sa faible raison.

G. A.

CHRONOLOGIE. Page 53 — 78. — Choppin-d'Arnouville.

1er alinéa de la page 54.

1. « Les textes hébreu, samaritain et grec, de » l'ancien testament, malgré les différences qui » s'y rencontrent, prétendent à la même authen-» ticité. »

Il est faux que les trois versions dont parle l'auteur prétendent à la même authenticité ; la Vulgate est la seule à qui l'on puisse donner le nom d'authentique, parce que son autorité est établie par un jugement infaillible de l'Eglise. Il faut cependant remarquer qu'en déclarant la Vulgate seule authentique, elle n'a pas voulu refuser toute autorité à l'hébreu ni aux Septante, qui dans la vérité ne contiennent aucune erreur essentielle ; elle n'a pas voulu non plus définir que la Vulgate ne puisse elle-même être réformée sur quelques points peu importants, et qui ne tiennent point d'une manière notable à la foi, ni aux mœurs, ni aux faits essentiels.   *G. A.*

2. « De la création au déluge, il y a 1656 ans
» selon le texte hébreu, 1307 selon le texte samari-
» tain ; quant aux Septante, ils donnent 2242 sui-
» vant Eusèbe, 2256 suivant Josephe, et 2262
» suivant Saint Epiphane et Jules l'Africain. La
» différence entre le texte samaritain et la version
» des Septante expliquée par St. Epiphane et par
» Jules l'Africain est donc de 955 ans. »

Toute la différence que trouve l'auteur de cette notice entre le texte original de l'Ecriture-Sainte et les diverses versions qui en ont été faites consiste dans une disparité de chronologie, qui porte la différence des temps écoulés avant le déluge à 955 ans. Mais il est aisé de comprendre que ces différences entre ces diverses versions, qui ne se trouvent que sur la chronologie, sont bien peu importantes. Qu'importe en effet au fond des choses

que le monde ait existé quelques années plus tôt
ou plus tard.

3. « On voit par là que non-seulement les textes
» ne s'accordent nullement entre eux, mais encore
» que le même texte est diversement interprété.
» Si des premiers âges du monde nous arrivons
» au temps des patriarches, nous y trouvons que
» les hommes vivent jusqu'à neuf cents ans. »

Nous avons répondu à ce que dit l'auteur sur la
disparité des différentes versions de la bible; et,
puisque l'auteur n'en a point cité d'autre que celle
résultant de la chronologie, nous ne nous amuse-
rons pas à les rechercher nous-mêmes; tout ce
que nous pouvons dire c'est que le choix qu'à fait
l'auteur prouve son embarras.

Il est encore inexact, ou tout au moins obscur,
dans le passage que je viens de transcrire; il est
inexact, s'il entend parler des patriarches qui ont
existé après le déluge, c'est-à-dire de Noé, d'Abraham, de Jacob et de ses douze enfants; il est
obscur, s'il veut parler des patriarches antidilu-
viens. Pour rétablir l'exactitude des faits et rendre
la matière plus intelligible, nous dirons d'abord
que, lorsqu'on parle des patriarches sans distinguer
ceux qui ont précédé et ceux qui ont suivi le déluge,
on doit entendre les chefs de la race juive, comme
Abraham, Isaac, Jacob, et les douze enfants de ce
dernier. Mais ce ne sont point ces patriarches qui
ont vécu 900 ans. Adam, Enoch, Mathusalem, ont
dépassé cet âge; mais d'un côté la terre n'ayant
pas encore éprouvé tout l'effet de la malédiction

de Dieu, qui ne fut consômmée qu'après le déluge, les hommes parvenaient à un âge qui paraît incroyable au temps où nous vivons. D'un autre côté, Dieu, voulant conserver par la tradition la mémoire des premières révélations faites à l'homme, accorda aux premiers une très-longue vie, afin qu'ils pussent instruire leurs descendants des événements qu'ils n'auraient pu transmettre dans un temps où l'écriture n'avait pas encore été inventée. Cette longévité des premiers patriarches n'a rien d'étonnant pour un chrétien, le scepticisme philosophique peut seul la révoquer en doute.

CIEL (*religion*) P. 87. — ST.-AMAND.

1er alinéa de la page 87.

« C'est dans ce lieu, selon les livres saints et
» leurs interprètes, que les justes recevront la
» récompense de leurs vertus par la contemplation
» éternelle de la divinité, et par la faculté de la
» comprendre. »

Ce que dit l'auteur est vrai ; on doit cependant observer relativement au bonheur des saints que, Dieu étant partout, les saints seront heureux en quelque lieu qu'il lui plaise de les placer, comme les réprouvés porteront éternellement avec eux l'enfer et les souffrances, quand même ils seraient placés ailleurs que dans le lieu que l'on suppose leur avoir été destiné.

Il est encore vrai que la contemplation éternelle

de la divinité sera la première cause du bonheur
des saints, mais on doit observer que le mot
comprendre qu'emploie l'auteur est inexact; s'il
est pris dans le sens d'une vraie *compréhension*,
la créature ne peut jamais comprendre l'infini.

CIMETIÈRES. P. 92. — 99. — ALEXANDRE DE LABORDE.

1er alinéa de la page 95.

« Les morts envahirent alors le domaine des
» vivants ; les cités devinrent d'immenses catacom-
» bes, les églises furent pavées de cadavres, et
» l'avide intérêt du clergé, qui vendait chèrement
» aux morts la faveur de déposer leur poussière au
» pied des autels, etc. »

Je sens comme l'auteur que l'ancienne position
des cimetières au milieu des cités et auprès des
églises pouvait par son insalubrité nuire à la santé
publique, et je m'abstiendrai de blâmer l'usage de
les transporter hors des murs. On doit cependant
convenir que cette position des morts au milieu
des vivants était bien plus religieuse que l'usage
contraire. Elle rappelait à chaque instant aux
vivants qu'ils n'étaient dans cette vallée de larmes
que sur un lieu de passage, et que l'éternité les
attendait. Les pécheurs touchés par la pensée de
la mort pouvaient faire des réflexions salutaires.
Les malheureux pouvaient voir dans la mort le
terme de leurs misères et le commencement de
leur bonheur. Les couvents avaient leurs cimetières

au centre des habitations des religieux, et, comme
ceux-ci avaient renoncé au monde en se consacrant
exclusivement à Dieu, il semblait que les morts
et les vivants ne formassent qu'une seule société
dont une partie priait pour le bonheur de l'autre.

Si l'on ne fuyait pas le séjour de la mort, si
l'on réfléchissait quelquefois sur la vie qui n'aura
pas de fin, on pourrait peut-être encore suppléer
aux avantages que l'éloignement des cimetières nous
a enlevés ; mais il n'en est point ainsi, et la philosophie par ses froides spéculations anéantit tous
les jours dans nos cœurs ces sentiments de religion,
ces pieuses méditations, qui nous préparaient au
bonheur éternel.

Les seigneurs, et dans les villes les bourgeois
aisés, obtenaient la faveur d'être enterrés dans les
églises ; les enfants pouvaient alors sans honte se
prosterner sur la tombe de leurs pères ; les époux,
à genoux sur les dépouilles mortelles d'un com-
pagne chérie, pouvaient, sans exciter la cruelle
hilarité de leurs concitoyens, implorer le ciel pour
le bonheur de leur épouse, en attendant le jour
déterminé par le souverain juge pour les réunir.
Les prêtres du Seigneur voyaient avec satisfaction
cette piété envers les morts, garant assuré de la
foi des vivants ; mais ils ne retiraient aucun bénéfice de ces priviléges ; les tombeaux étaient une
propriété de famille, et chacun en allant à l'église
pouvait se dire : C'est ici que reposent les cendres de mes ancêtres, c'est apparemment ici que
reposeront les miennes et celles de mes descendants.

Dernier alinéa de la page 95—96.

« Dans des temps de ferveur où la philosophie
» n'osait pas encore aborder des questions d'un
» ordre supérieur, où l'on ne marchait qu'à la
» lueur du flambeau de la foi, les chrétiens mé-
» connaissaient déjà cette simplicité et cette humi-
» lité évangéliques, dont le rédempteur du monde
» fut le plus parfait modèle ; les besoins de leur
» orgueil devinrent si scandaleux, et les dépenses
» pour les inhumations si excessives, que le pape
» Pie v, au milieu du 16e siècle, fut obligé de
» défendre toute espèce de luxe et de faste dans
» les sépultures. »

Le pape Pie v, au milieu du 16e siècle, défendit
toute espèce de luxe et de faste dans les sépultures ;
donc la philosophie était nécessaire pour ramener
les chrétiens à cette simplicité évangélique, dont
le divin fondateur de la religion leur avait fourni
les préceptes et le modèle. Voilà les raisonnements
de nos encyclopédistes, lisez et jugez.

Mais dans ces temps heureux où la philosophie
aborde des questions d'un ordre supérieur, les
cimetières sont éloignés des villes, on n'enterre
plus dans les églises, et j'applaudis à cette amélioration sanitaire, en regrettant les émotions religieuses que cette proximité des ossements de leurs
pères faisait naître dans le cœur des chrétiens.
Mais la simplicité de nos philosophes va si loin,
que les funérailles de leurs coryphées sont tou-

jours accompagnées de la pompe la plus solennelle.
Un nombre immense de voitures précède leur dé-
pouille mortelle *au champ du repos*, et les hommes
à qui leur conduite antichrétienne a fait refuser
l'entrée de l'église sont loués à perte de vue dans
des oraisons funèbres philosophiques. Rien n'est
oublié dans ces discours sublimes, excepté les besoins de l'âme du défunt ; ce n'est plus du paradis,
du purgatoire qu'il est question ; mais les mânes
de ce grand homme reposent à côté d'Anacréon,
d'Horace et de Virgile ; elles inspirent à l'orateur
les mouvements les plus pathétiques sur la liberté
des peuples et la haine des rois et des prêtres,
et, lorsque les cendres du philosophe sont cachées
dans leur dernier asile, de magnifiques mausolées,
ornés d'inscriptions conformes aux sentiments du
défunt et de ses dignes amis, viennent étaler le
luxe au milieu du séjour de la mort. Je le demande
à mes lecteurs, un humble caveau, caché au coin
d'une église, recouvert seulement d'une pierre,
avec l'inscription du nom du plus ancien des ancêtres, était-il plus opposé à l'humilité chrétienne
que ces monuments de nos réformateurs ne sont
opposés à la simplicité philosophique ?

CIRCONCISION (*religion*) P. 99 — 103. —
St.-Amand.

3e alinéa de la page 99.

1. « Aux différentes époques où les esprits se
» sont partagés sur l'autorité de l'ancien testament,

» on s'est beaucoup disputé pour savoir si les juifs
» avaient enseigné la circoncision aux peuples avec
» lesquels ils avaient vécu, ou s'ils la leur avaient
» empruntée. Cette question n'a point été résolue,
» et probablement ne le sera pas au moins dans
» l'intérêt qui l'a soulevée. »

Non certainement celui qui met en doute l'authenticité de l'ancien testament ne découvrira jamais par d'autres voies si les juifs ont enseigné la circoncision aux peuples avec lesquels ils avaient vécu, ou s'ils la leur avaient empruntée ; parce qu'aucune des histoires profanes, qui sont les seules que consultent les incrédules, ne remonte qu'à l'origine de la circoncision chez les juifs, c'est-à-dire jusqu'à la vocation d'Abraham, arrivée l'an 391 depuis le déluge. Il est des personnes que l'on ne peut jamais convaincre ; ainsi je n'essayerai pas d'établir que c'est Dieu lui-même qui ordonna à Abraham de se circoncire, ainsi que ses descendants mâles ; ceux qui croient à l'authenticité des livres saints en seront convaincus comme moi, et je ne puis dans cet article entreprendre de prouver cette authenticité de laquelle il existe d'ailleurs des preuves innombrables et irrécusables.

Du reste il n'est pas nécessaire de reconnaître que les éthiopiens, et d'autres peuples qui pratiquent cette opération, l'ont reçue des juifs ; ils peuvent l'avoir adoptée par un motif de propreté, ce qui a été reconnu par quelques auteurs.

2. « Importante peut-être sous un point de vue
» purement historique, et dans le but de découvrir

» les rapports des peuples anciens et leur filiation,
» elle est devenue complètement oiseuse aujour-
» d'hui, quant à son premier objet. »

La question peut être importante, mais elle est
décidée par l'Ecriture, en ce qui concerne les juifs.
Ensuite que l'on recherche, si l'on veut, si ce n'est
qu'après la captivité du peuple de Dieu que les
peuples de l'Orient ou du Midi l'ont établie chez
eux ; rien ne s'oppose à cet examen, mais je doute
qu'on puisse arriver à un résultat satisfaisant.

CIVILISATION. — P. 157 — 176. — Azaïs.

2ᵉ alinéa de la page 160.

« 1. Lorsque la sanction dogmatique fut donnée à
» cette nouvelle direction des mœurs publiques, le
» zèle fut échauffé par l'enthousiasme, par le désir
» secret, toujours inhérent au cœur de l'homme, de
» se montrer extraordinaire, de prendre de soi-
» même une grande idée, et de se distinguer aux
» yeux de tous. »

Ce n'est point pour prendre de soi-même une
grande idée, ni pour se distinguer aux yeux de
tous, que les premiers chrétiens abjurèrent les
superstitions du paganisme pour se ranger au nombre des disciples du Christ. Cette même religion
leur prêche le renoncement aux biens du monde,
à leurs propres affections ; elle veut que ceux qui
la pratiquent soient semblables à de petits enfants.

2. « L'austérité de la vie devint une sorte de

» fanatisme, cependant les vertus intéressantes et
» la douceur de caractère n'en furent point altérées,
» parce que l'esprit humain recevait encore les
» derniers reflets de l'instruction et de la civilisa-
» tion des grecs et des romains. »

Selon M. Azaïs, c'est à l'instruction et à la civilisation des grecs et des romains que les premiers
chrétiens durent l'alliance de la douceur envers
leur prochain, et de l'austérité envers eux-mêmes.
Cet auteur est trop éclairé pour avoir écrit avec
réflexion le passage que nous venons de transcrire.
L'histoire nous apprend que chez les grecs, et surtout chez les romains civilisés, les esclaves étaient
traités horriblement ; elle nous apprend que les
proscriptions, les délations et les vengeances des
simples particuliers, faisaient de cette Rome, capitale du monde civilisé, un repaire de bêtes féroces ;
elle nous apprend que les stoïciens, philosophes
se disant parfaits, faisaient profession de n'estimer
qu'eux-mêmes et de mépriser le genre humain ; elle
nous apprend enfin que ce peuple éminemment
civilisé faisait du spectacle des gladiateurs, et de
celui des combats des bêtes contre les chrétiens, ses
plus doux passe-temps. En voilà sans doute assez
sur la civilisation des romains dans les premiers
temps du christianisme.

Mais, si nous leur opposons les chrétiens, quelle
différence ! Ceux-ci déposaient leur fortune entre
les mains des diacres, et la rendaient commune
avec les plus misérables d'entre eux ; ils fuyaient
les spectacles des gladiateurs, comme contraires à

la douceur que leur avait enseignée leur divin
maître ; ils embrassaient leurs ennemis , ils se présentaient à la mort comme des agneaux , et recevaient le coup mortel avec la joie la plus pure.
Mais ils jeûnaient, ils châtiaient leurs membres pour
imposer silence à leurs passions ; voilà les chrétiens
des premiers siècles : qu'on nous dise donc que la
douceur de leurs mœurs provenait de l'exemple
des païens civilisés.

4ᵉ alinéa de la page 161.

« Quelques chrétiens épars subsistent encore. »
(L'auteur parle de l'époque de l'envahissement de
la Gaule par les peuples du Nord).

Si l'auteur s'était donné la peine de relire l'histoire , il aurait vu qu'à l'époque dont il parle, le
nombre des chrétiens, bien loin d'avoir diminué ,
s'était considérablement accru. Presque tous les
romains, presque tous les gaulois, étaient chrétiens ;
et cela est si vrai , que l'on voit dans un des premiers volumes de l'encyclopédie moderne M. Thouret nous dire que ce fut par politique que Clovis
se convertit à la foi catholique.

5ᵉ alinéa de la page 161.

« Mais bientôt le christianisme lui-même reçoit
» le joug de la barbarie ; à mesure que les temps
» de la civilisation s'éloignent , ses bienfaits s'affai-
» blissent et s'effacent ; les ecclésiastiques même

» tombent dans une profonde ignorance ; la religion
» chrétienne n'est plus entendue , elle ne fait plus
» que prêter son nom à une superstition grossière. »

Nous conviendrons que la chute de l'empire romain , les irruptions des huns , des vandales et des
normands , détruisirent en France les bienfaits de
la civilisation.; nous conviendrons que le clergé
participa plus ou moins à cette barbarie , mais
il ne tomba point dans une profonde ignorance.
Les prêtres au contraire , et surtout les moines ,
conservèrent en Occident le dépôt des connaissances littéraires et religieuses. Dans les siècles les
plus barbares on compte des savants parmi les
prêtres. Leur science pouvait être sans goût , mais
elle était bien plus profonde que celle des savants
de nos jours. Les Alains , les Thomas d'Aquin ,
les Bernard et une foule d'autres , ont laissé des
ouvrages que l'on consulte encore aujourd'hui , et
dont on admire le sens et la solidité.

Les prêtres et les moines seuls , avons nous dit ,
conservèrent dans ce temps de barbarie le dépôt
des lettres et des sciences ; mais ils conservèrent
avec autant de fidélité et de bonheur les traditions
apostoliques , ce furent eux qui adoucirent les
mœurs barbares de la noblesse , qui procurèrent
l'affranchissement des serfs , qui obligèrent les seigneurs à une paix qui fut appelée paix ou trève de
Dieu , qui , si elle n'anéantissait pas en entier les
guerres sanglantes que se faisaient les seigneurs
pour des injures particulières , les assoupirent du
moins un peu , et les rendirent moins fréquentes ;

ils ne furent point toujours écoutés ; mais le clergé de nos jours l'est-il davantage ? Chaque siècle a eu sa philosophie.

1er alinéa de la page 163.

« Sans doute à de telles époques (celles des
» croisades) la morale chrétienne était anéantie ;
» heureusement le dogme chrétien existait encore. »
Non, à cette époque, la morale chrétienne n'était pas anéantie, et la morale aussi bien que le dogme ont eu, et auront jusqu'à la fin des siècles, des hommes pour croire l'un et pratiquer l'autre ; mais, dans ces temps qu'on appelle barbares, l'usure n'était exercée que par les juifs ; l'adultère était presque inconnu ; les lois de l'Eglise plus sévères qu'aujourd'hui étaient religieusement observées ; le jour du Seigneur était sanctifié. Dans notre siècle de lumières il existe encore des saints et des observateurs de la loi de Dieu ; mais les hommes que l'on appelle civilisés, les partisans de la philosophie moderne, sont-ils des modèles de l'observance des vertus chrétiennes ? Ne voit-on pas dans leurs rangs ces sangsues qui s'engraissent de la substance du pauvre laboureur ? N'y voit-on pas ces jeunes libertins pour qui le lien conjugal est un vain mot, et qui se glorifient de leurs crimes comme les braves se glorifient de leurs exploits ? N'y voit-on pas ces écrivains sans mœurs qui répandent dans le public ces récits obscènes, et ces diatribes contre le culte catholique et les ministres d'une religion divine ?

3e alinéa de la page 163 — 164.

« Les établissements qu'ils formèrent dans tous
» ces lieux ne purent se soutenir ; mais les effets
» qui résultèrent, en Europe même, de ces expédi-
» tions insensées, furent nombreux et rapides. »

Et ces effets furent salutaires. Il en résulta
l'affranchissement des serfs et l'introduction des
sciences, des arts et du commerce, dans notre patrie
accablée sous le joug d'une ignorante féodalité.

Nous avons dit dans notre premier volume que
les croisades ne furent pas aussi insensées que l'ont
prétendu nos philosophes. Elles furent mal con-
duites, on n'en disconvient pas ; mais au désir de
secourir des chrétiens injustement persécutés se
joignaient des motifs religieux ; et voilà ce qui fait
crier au fanatisme les ennemis de la religion catholique.

Dernier alinéa de la page 165 — 166.

« Les ecclésiastiques plutôt ramenés que les laï-
» ques à la paix, à l'instruction, à la morale chré-
» tienne, avaient établi les premiers dans le sein
» de leur ordre les idées, les institutions, qui
» favorisent la civilisation des peuples. »

On ne trouve dans ce passage rien d'hostile contre
le clergé, on pourrait au contraire l'opposer avec
succès aux collaborateurs de M. Azaïs. Je dois dire
cependant que non-seulement le clergé fut plutôt
ramené que les laïques aux institutions favorables

à la civilisation , mais qu'il perdit plus tard l'urba-
nité des premiers chrétiens , et qu'il ne la perdit
jamais entièrement.

1er alinéa de la page 168.

« La théologie scholastique fut transportée de
» l'Asie en Europe ; pendant long - temps elle en-
» fanta sans doute plus d'absurdités que d'idées
» saines. »

Je demanderai à M. Azaïs s'il connaît la théologie
scholastique. Je doute que son esprit eût pu se
faire à ce genre de dialectique qui ne prête point
à l'élégance et à la beauté de l'expression. Puisque
l'auteur ne connaît point cette matière , il ne devrait pas en médire. Il n'entre point dans le plan
d'un ouvrage comme celui-ci d'expliquer tous les
avantages de la théologie scholastique ; si le lecteur
est curieux de la connaître , il peut consulter les
œuvres de St. Thomas , et d'une foule de docteurs
renommés , sinon par l'élégance de leur style , du
moins par la rectitude de leur jugement.

4e alinéa de la page 169 — 170.

« Le dogme chrétien était prononcé exclusif ,
» il gênait la liberté de l'homme qui voulait étu-
» dier la nature. »

Le dogme chrétien est exclusif ; cela est vrai ,
et cela ne peut être autrement , puisque c'est celui
qui nous a été annoncé par Jésus-Christ , rédemp-

teur promis aux hommes depuis le commencement du monde. Avant la venue du fils de Dieu sur la terre, la religion naturelle, c'est-à-dire le culte d'un seul Dieu, et l'attente d'un libérateur futur, suffisaient aux hommes pour les faire participer à la rédemption. Depuis l'établissement de la religion chrétienne, ce même rédempteur a éclairé les hommes ; il leur a prescrit leurs devoirs ; il les a fait participer aux secrets jusqu'alors inconnus au genre humain, et il a exigé la foi. Celui qui refuse de soumettre sa raison à l'empire des vérités révélées, celui qui, voulant raisonner sur les mystères, s'écarte de la croyance imposée, ne suit point la religion établie par le divin médiateur, n'accomplit pas les conditions qui lui sont imposées pour participer à cette grâce ; il est hors de la route du salut.

Le dogme chrétien, bien loin de gêner la liberté de l'homme qui veut étudier la nature, est au contraire le guide le plus sûr de la véritable philosophie. Comme je l'ai dit dans mon premier volume, au mot *Ariens*, ce qui est vrai, perçu à l'aide d'une science, ne peut être faux lorsqu'on l'examine à l'aide d'un autre genre de connaissances. La foi ne gêne point l'étude de la nature ; mais elle empêche de prendre des apparences pour la réalité, elle nous empêche de nous égarer au milieu d'une foule d'opinions erronées. Les philosophes anciens n'ont point éprouvé cette prétendue gêne dont se plaint M. Azaïs. Mais qu'a produit la liberté dont ils ont joui ? Un nombre infini de sectes différentes, sou=

tenant le pour et le contre avec la même assurance,
et une foule de systèmes ridicules que nos philosophes, entraînés par la foi des chrétiens, s'ils ne
le sont pas par la leur, rougiraient aujourd'hui de
soutenir.

1er alinéa de la page 170.

« Il fallait que le dogme chrétien perdît quelque
» chose de sa puissance impérative, pour que l'es-
» prit humain acquît la liberté de se livrer à la
» recherche des idées précises, et à la culture
» des lettres. »

J'ai dit ailleurs que celui qui abandonne le fil
conducteur de la révélation, bien loin d'acquérir
des idées précises, se jette dans le vague, et ne
peut acquérir aucune connaissance positive. Quant
à l'étude des lettres, bien loin de la prohiber, la
religion en a au contraire favorisé le retour et le
perfectionnement. Les Basyle, les Chrysostôme,
les Jérôme, les Augustin, furent des littérateurs.
Lors des temps de barbarie amenés non par le christianisme, mais par les païens du Nord, le clergé
et les moines seuls conservèrent les lettres anciennes, et nous disposèrent par degrés à la révolution lente que devait commencer Charlemagne,
et que termina Louis XIV. Depuis le règne de ce
grand roi, les laïques ont pénétré en foule dans
le sanctuaire des beaux arts ; mais les Bossuet,
les Fléchier, les Bourdaloue, les Fénélon, les
Massillon ; plus tard les Bergier, les Lamenais, ont

prouvé par leurs écrits que la religion n'était
pas ennemie des lettres.

2ᵉ alinéa de la page 170.

1. « Le pouvoir du clergé, fondé d'abord sur
» la juste vénération des peuples, était devenu
» excessif à l'aide de la superstition et de l'artifice. »

Nous avons reconnu ailleurs que le pouvoir du
clergé était devenu exhorbitant dans les temps de
barbarie ; mais ce n'est point à l'aide de la superstition ni de l'artifice. Le clergé, seul instruit, seul
capable de donner des conseils aux rois, seuls
capables de juger les différends qui s'élevaient entre
les concitoyens, avait obtenu par ses lumières la
confiance des peuples et des rois. Ceux-ci, accoutu-
més à entendre les prêtres leur annoncer la volonté
de Dieu sur la chaire de vérité, avaient cru que
les ministres du Très-Haut étaient les plus capables
de les instruire et de les diriger, même en ce qui
concernait leurs intérêts personnels. Le grand abbé
Suger a contribué à élever la nation à un rang
supérieur à celui des nations voisines. St. Bernard
était appelé de sa retraite toutes les fois que
de grands intérêts étaient agités dans les cours et
dans les conciles ; et, aussitôt qu'il avait terminé
sa mission, il se retirait humblement, et fuyait
non-seulement les récompenses, mais les applau-
dissements dont les philosophes sont si avides.
Le clergé ne règne plus sur la terre ; mais, si les
laïques ont appris à se passer de leur gouverne-

ment, la reconnaissance exige qu'ils ne dénaturent
point les services qu'il rendit dans les temps où
son autorité était nécessaire.

2. « Les ecclésiastiques avaient acquis des riches-
» ses immenses ; ils étaient hommes, ils s'étaient
» corrompus ; ils avaient abusé de leurs priviléges,
» de leurs avantages, parce que l'abus suit toujours
» le long usage. »

La corruption des ecclésiastiques ne fut pas générale, on vit encore un grand nombre de prélats
vivant détachés des biens de ce monde au milieu de
leurs richesses, fondant des établissements pieux
ou utiles à l'humanité ; nous déplorons nous-même
l'abus qui suivit l'enrichissement du clergé, mais
combien d'hopitaux, combien d'écoles célèbres, n'auraient jamais existé si le clergé n'eût pas été riche !
Sans le clergé nous serions encore au 5e siècle, et
c'est cependant contre les vrais propagateurs des
lumières que s'élèvent aujourd'hui les philosophes !

3e alinéa de la page 170.

« Les réformateurs n'étaient presque tous que
» d'audacieux révolutionnaires ; ils n'en furent pas
» moins soutenus par la plus grande partie des
» hommes estimables de leur siècle. »

La première partie de ce passage est conforme
à notre manière de penser ; mais la seconde n'est
pas exacte ; car si un grand nombre d'hommes,
d'ailleurs recommandables, furent séduits par les
nouvelles doctrines, la plupart des hommes éclai-

rés, surtout dans le clergé, s'opposèrent avec force
aux innovations.

2. « Les hommes estimables sont toujours les
» premiers appuis des révolutions de mœurs et
» d'opinion, parce qu'ils sont les plus indignés
» contre les abus et le scandale. »

La phrase précédente peut présenter quelque
chose de vrai ; mais elle n'est pas de la dernière
exactitude. Il est bien vrai que les hommes estimables sont les premiers qui conçoivent de l'indignation contre les abus et le scandale, parce que
leur âme étant remplie, pour ainsi dire, de sentiments nobles et généreux, ils voient, les premiers,
le mal qui résulte de l'abus ; ainsi les désordres du
clergé appelaient, avant la réforme de Luther, une
amélioration que demandaient les saints et les savants ; ainsi, avant la révolution française, quelques
désordres parmi ceux qui gouvernaient sous le roi
faisaient désirer un meilleur ordre de choses. Mais
ce ne furent point ces hommes qui furent les premiers appuis de la réforme de Luther, qui furent
les premiers mobiles de la révolution ; les hommes
estimables gémissent des abus, ils les signalent à
l'autorité compétente, ils cherchent à ramener les
hommes par la force de la raison, et bien plus
par celle de la religion ; mais ils demeurent soumis
à l'autorité de l'Eglise, ils sont toujours les sujets
les plus fidèles des princes à qui Dieu a commis le
gouvernement du royaume qu'ils habitent.

CLÉMENCE (*politique*). P. 212 — 217. — J.-P. PAGÈS

1ᵉʳ alinéa de la page 215.

« La seule grâce que n'a pas accordée Henri iv
» est la seule tache qui souille sa mémoire. »

Biron avait conspiré contre l'état ; Henri iv fut profondément affligé que son meilleur ami se fût rendu coupable de trahison à son égard ; l'affection qu'il lui portait plaidait fortement dans l'âme de ce bon roi : il voulait pardonner Biron ; mais celui-ci, fier des services qu'il avait rendus à son prince, ne voulut jamais s'abaisser jusqu'à demander la grâce suspendue, pour ainsi dire, sur les lèvres de son roi. Henri iv avait en main les preuves les plus claires du crime de Biron, il ne put s'empêcher de laisser exécuter l'arrêt qui le condamnait.

CLERGÉ (*science de la religion et du droit ecclésiastique*). P. 217 — 231. — LANJUINAIS.

Dernier alinéa de la page 217 — 218.

P. 219. — 1. « Les droits spéciaux et essentiels de
» la primauté d'honneur et d'autorité instituée par
» Jésus-Christ n'ont jamais été définis. »

Jésus-Christ a dit à St. Pierre : *Tu es pierre, et sur cette pierre je bâtirai mon Église, et les portes de l'enfer ne prévaudront point contre elle.* Le jour de la Pentecôte, ce fut Pierre qui prêcha

à Jérusalem, comme chef de la mission reçue de
Jésus-Christ et du Saint-Esprit. Il présida le concile
des apôtres, il établit son siège à Rome, capitale
de l'empire romain. Depuis St. Pierre, tous les évêques de Rome ont été reconnus comme chefs de
l'Eglise. Les patriarches reconnaissaient avant le
schisme la suprématie du successeur de Pierre. St.
Athanase appelle au pape Jules. Photius lui-même
s'est soumis, du moins en apparence, à cette autorité. La séparation de ceux qui ont décliné sa juridiction a toujours été tellement marquée, que les
sectes qui se sont frayé une nouvelle voie ont
toujours paru se séparer de l'Eglise instituée par
Jésus-Christ, au lieu de revenir, comme elles l'ont
prétendu, aux usages de la primitive Eglise.

D'un autre côté, comme l'a dit le grand Bossuet,
Dieu s'est toujours réservé sur la terre une Eglise
visible, et cette Eglise visible ne peut se trouver
qu'autour des apôtres, et principalement de Pierre
leur chef, et de ceux qui ont toujours été reconnus
comme leurs successeurs, par une suite non inter-
rompue.

Cela posé, l'on pourra convenir qu'il a été beaucoup disputé sur le degré de supériorité du pape,
sur son infaillibilité ; mais on sera toujours forcé
de reconnaître, avec le grand Bossuet, 1° que
l'Eglise romaine est la dépositaire de la doctrine
et de l'autorité de Pierre, chef des apôtres ; 2° que
les papes sont, comme le premier apôtre, les chefs
visibles de l'Eglise, les vicaires de Jésus-Christ sur
la terre, et qu'ils jouissent, *de droit divin*, de la

primauté et de la suprématie sur toutes les Eglises du monde. C'est ce que ne contestent pas les gallicans catholiques, et ce que Bossuet répète à chaque instant dans sa défense de la déclaration du clergé de France ; et certainement on n'accusera pas le défenseur des libertés de l'Eglise gallicane d'être ultramontain.

2. « Mais il n'est que trop vrai qu'en des temps » d'ignorance et de barbarie, par une suite d'abus » presque incroyables, peu à peu il s'établit de » fait assez généralement que le pape est la source » divine, nécessaire et immédiate des pouvoirs » ecclésiastiques, quoique Jésus-Christ ait donné » mission non-seulement aux apôtres, mais même » aux disciples. »

La mission donnée aux disciples ne fut point une mission pleine et entière, comme celle qui fut donnée aux apôtres ; on peut même dire que celle des disciples était comprise dans celle des apôtres ; mais que ces derniers seuls recevaient leur autorité immédiatement de Jésus-Christ. Ainsi, lorsque le Sauveur dit à Simon : *Tu es pierre, etc.*, il s'adresse à St. Pierre seul ; lorsqu'il dit : *Allez, enseignez, etc.*, il s'adresse à tous ses apôtres. Il donne à ceux-ci le pouvoir de se choisir des aides dans le travail qu'il vont entreprendre ; mais nulle part dans l'Evangile il n'est dit que Jésus-Christ ait donné une mission aux simples disciples. Ils l'ont reçue, on n'en doute pas, mais indirectement par l'intermédiaire des apôtres, et comme soumis à leur autorité. Du reste cette distinction hiérarchique entre les évêques et le simple clergé existe depuis les premiers temps. St. Jean écrivait aux chefs des sept Eglises d'Asie non comme leur égal, mais comme leur chef ; les patriarches et les évêques avaient seuls le droit d'opiner dans les conciles. On n'a qu'à parcourir l'histoire ecclésiastique, et l'on trouvera toujours cette subordination des prêtres envers les évêques, qui n'a cessé que pour les protestants, et qui a cependant été conservée en Angleterre.

3. « Il s'établit de fait que le pape est infaillible,
» qu'il peut changer le mal en bien et le bien en
» mal, qu'il est supérieur à tous ses conseils, non-
» obstant les conciles qui l'ont destitué, enfin qu'il
» a un glaive et même les deux glaives. »

Il s'établit de fait que le pape est infaillible. Cela n'a été établi ni de fait, ni de droit. La question agitée entre les gallicans et les ultramontains a fourni matière à de grandes discussions ; mais

> *Adhuc sub judice lis est,*

et il est à présumer que ce grand procès ne sera décidé qu'au jour du dernier jugement.

Il est de fait que le concile de Constance fut l'application des principes des gallicans (1), et que

---

(1) En effet le concile de Constance a défini que le concile était supérieur au pape ; mais, comme il n'était dans ce temps-là présidé par aucun pape certain, cette définition ne peut avoir aucune autorité certaine. Il est vrai que le pape Martin v a approuvé tout ce que le concile avait défini : *Conciliariter et in materia fidei* ; mais il est du moins bien douteux que ces caractères s'appliquent à la définition dont il s'agit ici. — *J. G. A.*

le concordat de Napoléon a été celle des principes ultramontains ; cependant le pape Martin v confirma le concile de Constance , et l'Eglise universelle a reconnu la validité du concordat.

Ce qu'il y a de bien positif , c'est 1° que l'Eglise universelle , assemblée en concile ou dispersée , est infaillible en matière de dogme , et a pleine autorité en matière de discipline ; 2° que cette Eglise universelle tient essentiellement à l'Eglise romaine, dont l'évêque , successeur de Pierre , est le chef visible et le vicaire de Jésus-Christ. Que le pape puisse errer , peu importe ; il est certain que le saint siège ne peut persévérer dans l'erreur , et en cela les gallicans eux-mêmes reconnaissent que la succession des papes est infaillible , quand même quelques-uns d'entre eux seraient tombés. C'est l'opinion du grand Bossuet dans sa défense de la déclaration de 1682.

Qu'il peut changer le bien en mal et le mal en bien. Le pape ne peut pas changer la loi naturelle ni la loi divine ; mais il peut, pour donner une application uniforme à l'observation de la loi divine , de la pénitence et de la mortification, défendre des choses qui sont indifférentes en soi , ou ordonner des choses que l'Evangile ne prescrit pas directement ; ainsi le pape, ou plutôt l'Eglise dont il est le chef, a pu prescrire des jours de jeûne ou d'abstinence ; il a pu, pour le bien de la chrétienté , et pour lier des familles qui seraient restées isolées et quelquefois ennemies entre elles , établir des empêchements aux mariages ; il a pu accorder des dispenses aux lois de l'Eglise, lorsque le bien résultant de ces dispenses devait l'emporter sur l'inconvénient de l'inexécution de la loi établie; mais on ne trouve nulle part que le pape ait dispensé de l'observation des commandements de Dieu.

Qu'il est supérieur à tous ses conseils. Oh! pour ceci, c'est sans difficulté; il est bien certain que le pape est supérieur aux cardinaux qu'il a créés lui-même, et qu'il conserve sur eux une pleine et entière autorité.

Nonobstant les conciles qui l'ont destitué. On ne trouve d'autres exemples de destitutions de souverain pontife dans l'histoire ecclésiastique que celle des trois papes qui existaient en même temps lors du concile de Constance; mais Martin v, créé par les pères de ce concile, en devint, au moment de son érection sur le trône pontifical, le président né, comme tous ses prédécesseurs l'avaient été des conciles œcuméniques tenus sous leur règne. La question de savoir si un pape unique et non douteux peut être destitué tient à la grande question relative à la déclaration du clergé de France, question que je ne traiterai point. Ce qu'il y a de positif, c'est que la destitution d'un pape reconnu légitime pourrait occasionner les plus grands troubles dans l'Eglise.

Enfin qu'il a un glaive, et même qu'il en a deux. L'Eglise entend par glaive du pape ce pouvoir qu'il a reçu de Jésus-Christ de retrancher de son sein, de couper ces branches mortes qui pourraient la corrompre. Ce glaive est tout spirituel, et n'exerce aucune fonction matérielle. Le second glaive, si l'on en admet deux, serait le glaive de la parole, à l'aide duquel le pape et les ministres qui lui sont soumis coupent, tranchent les erreurs, et laissent la vérité dans toute sa pureté, dégagée de toute superstition, et de toute croyance non reconnue par l'Eglise.

On est obligé de reconnaître que dans les derniers siècles quelques papes ont voulu exiger la reconnaissance d'un pouvoir temporel représenté par un des glaives ; mais aujourd'hui ils ne réclament plus de puissance du moins directe sur les couronnes ; ils reconnaissent, comme dès le commencement du christianisme, que leur pouvoir est tout spirituel.

4. « Les nations devinrent ses tributaires ; il com-
» manda aux rois dans les choses temporelles ; il
» leur partagea la terre ; il les destitua, les rem-
» plaça, et les rétablit par une bulle. »

Toutes ces choses sont vraies, nous en convenons ; mais, après avoir expliqué quelles furent les causes de cette situation des puissances relativement au saint siège, nous avons dit que les papes ne revendiquent plus ce pouvoir exhorbitant dont les mœurs des anciens temps les avaient revêtus. Ils se bornent aujourd'hui à l'exercice du pouvoir spirituel qui leur a été accordé par Jésus-Christ, et que la philosophie moderne cherche à leur enlever.

5. « Et puis en son nom furent établis le trafic

» des choses saintes, l'inquisition et ses horreurs,
» et une politique passée en proverbe. »

Le trafic des choses saintes. Nous avons donné
notre opnion dans le premier volume sur ce prétendu trafic. Voyez le mot *Albigeois*.

L'inquisition et ses horreurs. L'inquisition fut
établie sur la demande et tout au moins du plein
consentement des souverains. Voyez le mot *Inquisition.*,

Et une politique passée en proverbe. On ne
connaît d'autre politique passée en proverbe que
celle de Machiavel ; mais la politique de ce publi-
ciste n'est pas celle des papes ; le livre de cet
homme dangereux fut même condamné par le saint
siège.

6. « De là les schismes, les guerres de religion,
» la naissance de la réforme, et la continuation
» de sa durée. »

On peut bien croire que quelques abus de la
cour de Rome aient fourni un prétexte aux réformateurs, mais on sait qu'ils ne se sont pas con-
tentés de les déplorer, ils en ont imaginé qui
n'existaient pas, afin d'inspirer aux peuples de la
haine et du mépris pour l'Eglise, et de donner
par là une certaine consistance à la nouvelle secte
qu'ils formaient : la véritable cause de la réforme
et de sa durée est l'orgueil philosophique, l'esprit
d'indépendance, qui ne veut reconnaître aucune
autorité.

Cependant il y a au moins trois siècles que les
papes ne s'arrogent plus le pouvoir temporel, et

la réforme dure encore; mais elle ne subsiste point
telle qu'elle fut établie, divisée en une infinité de
sectes; elle a conduit ses adeptes au socinianisme,
au déisme, au matérialisme.

Dernier alinéa de la page 219—220.

1. « Avant 1789, on prenait la tonsure pour se
» procurer les priviléges du clergé, pour être
» chef spirituel ou séculier d'un monastère, pour
» jouir d'un bénéfice, pour avoir un costume plus
» économique, et mieux accueilli dans le monde. »

Nous conviendrons que ceux qui agissaient ainsi,
c'est-à-dire qui n'entraient dans l'état ecclésiastique
que par des motifs purement humains, ne pouvaient y apporter cet esprit de piété, d'humilité
et de renoncement, que l'Eglise exige principalement
de ses ministres; mais tous n'avaient pas ce but
en vue; un grand nombre d'hommes fervents aban-
donnaient de bien plus grands avantages qu'ils
auraient trouvés dans le monde, et tous se sou-
mettaient aux privations qu'exigeaient l'état qu'ils
embrassaient.

2. « Il y avait là sans doute bien des institutions
» énormémeut abusives que la révolution avait
» retranchées. »

Oh oui ! la révolution a retranché de grands
abus ; mais c'est bien le cas de dire que le remède
fut pire que le mal. On détruisit les causes mondaines de l'entrée dans le clergé; mais ce fut en
lui enlevant de vive force les biens qui lui appartenaient par suite des dons des rois et des fidèles;

on détruisit l'orgueil qu'on lui reprochait , mais ce
fut en répandant contre lui les calomnies les plus
atroces et les plus absurdes, en le persécutant ,
en l'emprisonnant , en le déportant, en le vouant
à, la mort. On employa sans doute des moyens
infaillibles , mais ce n'était pas le but auquel tendaient les révolutionnaires ; ils voulaient le détruire
entièrement ; et aujourd'hi qu'il est, en quelque
sorte, sorti de ses cendres, ils voient sa renais-
sance avec humeur , et ne cessent de déclamer
contre des abus qui n'existent plus , en haine d'un
corps respectable qu'ils haïssent d'autant plus , que
sa conduite actuelle ne prête plus matière à leurs
déclamations.

3. « Mais on les voit renaître, et le 19.e siècle
» reproduit des clercs bigarrés de toutes sortes
» d'insignes et de rubans cléricaux et séculiers,
» des prêtres chevaliers , barons , comtes, ducs ,
» princes , altesses, etc. »

Les titres dont sont revêtus la plupart des évêques
sont des titres provenant de la noblesse de leur
origine , et qui ne leur ont pas été accordés à
cause de leurs fonctions ; ainsi les princes , les
ducs, les comtes , les barons et les chevaliers , ne
cessent pas de l'être , parce qu'ils ont été promus
aux ordres sacrés. S'il a été accordé aux prêtres
des titres indépendants de leur naissance , c'est à
Napoléon qu'il faut l'imputer ; et le roi, en nom-
mant à la pairie les principaux membres du clergé de
France , a encore imité Bonaparte qui avait donné
le titre de sénateur à plusieurs archevêques.

Mais ces titres, ces décorations, ces honneurs
temporels, que le gouvernement accorde au clergé,
sont bien loin aujourd'hui de l'énorgueillir. Ils sont
si rares, qu'à peine un millième des prêtres du
royaume pourrait y aspirer si leur ambition les y
portait. Ils sont d'ailleurs presque toujours accordés
à des hommes qui seraient certains d'y parvenir
s'ils avaient choisi toute autre carrière. Les prêtres
ne doivent pas, il est vrai, rechercher ce genre
d'honneur qui ne tient qu'à la gloire de ce monde ;
mais un gouvernement chrétien et catholique doit,
autant qu'il en a le pouvoir, rendre les ministres
de la religion respectables aux yeux des hommes.
Ce n'est donc point aux prêtres eux-mêmes que
ces dignités civiles, que ces honneurs, sont accordés,
mais à l'Eglise et à la religion.

4. « De même nous avons des officiaux de fait
» au mépris de la raison et de la loi. »

Dans notre premier volume nous avons fait
connaître l'origine des officiaux, nous avons dit
quel genre de cause leur était soumis avant la
révolution, et quel est le pouvoir qu'ils conservent
aujourd'hui. Les anciens officiaux n'étaient point
contre la raison. Les tribunaux ecclésiastiques
étaient composés d'hommes parfaitement instruits,
non-seulement des canons qu'ils avaient occasion
d'appliquer dans leurs jugemens, mais encore des
lois et de la jurisprudence du royaume. Ceux d'aujourd'hui ne sont point contre les lois, puisqu'ils
ne statuent que sur les affaires qui sont uniquement
de la compétence ecclésiasque, et que leurs

décisions ne s'étendent jamais au-delà du for intérieur.

1.er alinéa de la page 220.

1. « Observez que je n'ai parlé encore ni des » moines qui parurent dans le troisième siècle, » qui étaient laïques alors, mariés même quelques- » uns, et usant du mariage. »

Les anciens moines furent laïques, en ce sens seulement qu'ils n'avaient point été promus aux ordres sacrés, mais ils n'étaient point mariés ; et, si quelques-uns l'étaient en entrant dans l'état mo- nastique, ils n'usèrent point du mariage. Voyez ce que nous avons dit au mot *Célibat.*

2. « Ni du clergé ermite, du clergé régulier des » siècles postérieurs, ni du clergé mendiant, ni » des clercs réguliers. »

Que signifie cette énumération des différents ordres du clergé ? On ne peut malheureusement y trouver qu'une intention de rendre odieuse cette précieuse partie de l'Eglise de Jésus-Christ. Mais nous attendons pour les justifier qu'ils soient nommé- ment attaqués par les nouveaux encyclopédistes ; et sans doute ces derniers ne tarderont pas à nous fournir l'occasion de défendre les ministres des autels.

3. « Ni des jésuites enfin qui ont joué, qui jouent » un si grand rôle, qui furent établis pour protéger » les gouvernements, qui ont voulu en consé- » quence rester mixtes ou *tels quels*, c'est-à-dire à » la fois ecclésiastiques et laïques, séculiers et régu-

» liers ; il ont voulu que leur institut fût commun
» aux deux sexes, à tout âge et à tout costume. »

Les jésuites ont joué autrefois un grand rôle. Ils
ont obtenu la confiance des souverains de l'Europe
et de l'Asie, et ils se sont servi de cette influence
pour maintenir ou établir la religion catholique
dans les royaumes qui leur prêtaient territoire.

L'auteur nous dit qu'ils furent fondés pour protéger les gouvernements, et l'on trouve, au bas de
la page, une note ainsi conçue :

Fait révélé par le cardinal de Bausset. Vie de Fénélon.

On pourrait contester la vérité de ce fait, puisqu'il résulte de l'histoire de leur fondation, consignée dans la vie de Saint Ignace de Loyola, que
le but de leur institut est 1° de propager la foi
parmi les infidèles ; 2° de la maintenir parmi les
catholiques ; 3° de s'opposer aux progrès de la
réforme ; et qu'il n'est nullement parlé dans leur
règle de ce but, qui serait d'ailleurs louable, de
soutenir les gouvernements.

Mais, puisque l'on prétend que les jésuites ont
été institués comme soutiens des souverains,
pourquoi les a-t-on accusés de tous les régicides
commis ou tentés depuis Henri III jusqu'à nos jours ?
Pourquoi les gouvernements ont-ils la faiblesse de
les sacrifier aux ennemis du trône et de l'autel ?
On ne peut attribuer cette manière d'agir qu'à cet
esprit de vertige qui, dans les temps marqués par
la Providence, entraîne à leur perte les gouvernements et les nations.

Nous verrons au mot jésuite quel est le but de leur institution, et ce qu'ils ont fait pour la religion et pour la foi. Quant à présent, nous devons nous borner à nier ce qui est avancé par l'auteur de cette notice, qui prétend que les jésuites sont tout à la fois ecclésiastiques et laïques, séculiers et réguliers, et que leur institut est commun à tout âge et à tout costume. Les jésuites sont tous ecclésiastiques; ils peuvent avoir des amis dans le monde, mais ces amis n'appartiennent pas à leur corps.

4. « Je dois parler d'une autre sorte de clergé » accessoire ou fictif, du clergé féminin, c'est-à- » dire des filles ou femmes religieuses long-temps » aussi demeurées laïques, des chanoinesses comp- » tées jadis improprement parmi les ministres du » culte. »

On n'a jamais compté les femmes au nombre des ministres du culte, si ce n'est peut-être les diaconesses qui, à l'origine du christianisme, aidaient à déshabiller et à habiller les personnes du sexe qui recevaient le baptême. Mais les religieuses qui ne furent cependant jamais laïques puisqu'elles renonçaient au monde, les chanoinesses qui, tant qu'elles jouissaient de leur titre, ne pouvaient pas se marier, ne furent jamais comptées au nombre des ministres de la religion. Ceux-là seulement furent considérés comme tels qui pouvaient administrer les sacrements. Il ne faut pas confondre ici les ministres de la religion avec les individus qui jouissaient autrefois des bénéfices du clergé par cela seul qu'ils étaient étudiants ou gradués.

5. « Quoiqu'il n'y ait point d'acception de per-
» sonnes devant Dieu, nous avions autrefois des
» chanoines et des chanoinesses nobles par statuts
» spéciaux. Encore aujourd'hui, distinguez bien les
» religieuses de cœur avec les religieuses converses,
» et avec celles-ci n'allez pas confondre les sœurs
» roturières demeurées laïques, quoique soumises
» à un costume et à des pratiques spéciales. »

L'auteur de cette notice livre à ses investigations
satiriques tout ce qui compose l'état religieux,
depuis le souverain pontife jusques aux pauvres
sœurs converses ; cependant cet ordre était dans
l'ancien régime digne de la plus grande admiration.

Les monastères de filles avaient de grands revenus ;
ils leur avaient été accordés par des personnes
pieuses, qui avaient désiré laisser aux demoiselles
nobles qui ne se marieraient pas un asile contre
la séduction, et un certain bien-être. Ces vertueux
fondateurs avaient pensé que la vie religieuse serait
celle qui conviendrait le mieux à ces demoiselles,
et l'on ne peut certes leur en faire un crime, si
l'on est soi-même pénétré de respect pour la religion et les conseils évangéliques.

On n'admettait dans ces couvents comme religieuses du premier ordre que des filles nobles,
parce que les fondateurs, étant nobles eux-mêmes,
avaient désiré laisser leurs biens pour servir aux
personnes de leur caste. Ces demoiselles élevées
dans des familles honorées n'avaient pas appris à

se servir elles-mêmes, il leur fallait des servantes;
mais, comme des servantes prises au hasard dans
le monde auraient pu ne pas apporter dans les
couvents cet esprit de piété nécessaire pour ne
point distraire les religieuses de leurs occupations
pieuses, il était indispensable d'avoir des filles éprou-
vées; et celles qui voulaient consacrer leur vie
au service de Dieu présentant le plus de garantie,
on se détermina à choisir des sœurs converses
qui, libres des soins d'un ménage, renonçant au
mariage comme leurs maîtresses, jouissaient dans
les couvents, moyennant quelques travaux peu pénibles, de l'assurance d'être nourries et vêtues selon
leur état, et d'être soignées dans leurs maladies,
leurs infirmités et leur vieillesse. Voilà l'histoire
des religieuses nobles et des sœurs roturières. On
a trouvé leur manière d'exister très-naturelle pendant un grand nombre de siècles; mais on n'était
pas encore arrivé au grand siècle, où tout ce qui a
été jugé bon par nos ancêtres doit passer au creuset
de l'investigation philosophique.

6. « Remarquez aussi que ces classes du clergé
» ne sont pas toutes reconnues par nos lois, et
» qu'elles furent privilégiées par loi en matière
» d'impôts dès 1824, en attendant qu'elles fussent
» reconnues par loi, ou sans loi, comme elles
» le sont toutes par quelque ordonnance. »

C'est avec peine qu'on se voit forcé de donner
à chaque instant des démentis aux auteurs de
l'encyclopédie moderne, mais l'amour de la vérité

nous force à rétablir les faits dénaturés par nos adversaires.

Et 1° aucune classe n'est privilégiée en matière d'impôts, chacun de ses membres paye à l'état les contributions directes ou indirectes auxquelles il est assujetti.

2° Aucune ordonnance ne reconnaît les classes du clergé qui ne sont point admises par la charte elle-même ; mais autre chose est reconnaître un ordre, autre chose est lui laisser son existence.

Sous un gouvernement où l'admission d'un ordre religieux ne peut avoir lieu qu'en vertu d'une loi, le souverain ne peut prendre sur lui de le reconnaître par un simple acte de sa volonté isolée, mais il peut et il doit même tolérer tout établissement qui présente de l'utilité sans apporter aucun trouble dans la société ; il doit même accorder aux membres de ces corps *non encore reconnus* toute la protection qu'il accorde à des sujets utiles et dévoués ; les lois n'admettent plus des vœux perpétuels ; eh bien les tribunaux ne puniront pas les sujets qui, infidèles à leurs serments, voudront abandonner les ordres dans lesquels ils se seront consacrés à Dieu ; mais, si l'on veut exécuter la charte qui accorde la liberté des cultes lorsqu'ils ne nuisent pas à la société, l'on doit tolérer, je dis plus, l'on doit protéger les hommes qui désirent persister dans leurs engagements.

1er alinéa de la page 221.

« Notre clergé catholique avant 1825 le seul

» essentiel et salarié du trésor, le clergé pastoral
» ou fonctionnaire, ou aspirant à l'être, ou hors
» de service par l'âge, est dans nos villes au moins
» très-abondant, et notre clergé accessoire ou fictif,
» masculin et féminin, est excessivement nombreux,
» sans compter ni les jésuites ou jésuitesses de
» robe courte, ni les confrères et les consœurs des
» innombrables confréries, toutes illégales, dans
» toutes les paroisses du royaume, et d'autres encore
» demeurées à-peu-près inconnues. »

Voilà bien des choses à réfuter dans un passage
d'une courte étendue.

1º Le clergé pastoral ou fonctionnaire est si peu
abondant dans plusieurs diocèses, que le tiers et
souvent la moitié des paroisses sont sans pasteurs;
si dans les villes les ecclésiastiques sont plus nombreux, ils sont encore loin de suffire aux besoins
de la religion.

2º Ce que l'auteur appelle clergé accessoire ou
fictif, masculin ou féminin, n'est pas non plus
excessivement nombreux, puisqu'il l'est vingt fois
moins qu'il ne l'était avant la révolution; il n'est
pas d'ailleurs sans utilité, et j'oserai même dire sans
nécessité, puisqu'il partage ses soins entre l'éducation de la jeunesse et l'humanité souffrante; mais,
quand même ce corps religieux, que l'auteur de
cette notice veut bien appeler clergé fictif ou
accessoire, ne s'occuperait qu'à la prière et à la
méditation, devrait-on le juger inutile? Des êtres
qui se consacrent au service du Dieu créateur et
rédempteur, qui assument, pour ainsi dire, sur

leurs têtes innocentes les souffrances, les privations, les pénitences, que Dieu impose à tous les
hommes, et dont il a lui-même donné l'exemple
pendant le cours de sa vie mortelle, sont-ils inutiles
à la société ? Il n'y a que l'incrédule qui puisse le
prétendre.

3° *Les jésuites ou les jésuitesses de robe courte.*
J'ai dit qu'il n'en existait point. Voyez le mot
Affiliation.

4° Il existe des confréries de diverses sortes, et l'on
peut assurer que presque tous les catholiques adultes
appartiennent à quelqu'une de ces confréries, principalement à celle du Saint-Sacrement qui est la plus
répandue non-seulement en France, mais dans tous
les royaumes catholiques. Ces confréries sont illégales, nous dit l'auteur ; mais faut-il donc, pour que
les diverses pratiques du culte catholique ne soient
point en opposition avec nos lois, qu'elles soient
nommément autorisées ? Alors nous ne serions
plus catholiques, nous serions gallicans, comme
les protestants anglais sont anglicans ; c'est-à-dire
que le gouvernement serait chef de l'Eglise, comme
il l'est en Angleterre.

C'est là que voudraient nous conduire les réformateurs modernes ; mais les fidèles de France ont
la plus grande confiance en leur roi, et espè-
rent que sous son règne, et celui des princes bien
aimés de sa famille, la religion conservera son
lustre et ses usages. Ce n'est point sous le gouvernement des rois très-chrétiens, des fils aînés de

l'Eglise, que la France sera séparée du saint
siège (1).

2e alinéa de la page 221.

« Ce n'est pas ici le lieu de s'étendre sur le
» clergé des communions réformées ; beaucoup de
» ces sociétés, en exceptant l'Eglise établie de
» l'empire britannique, n'admettent ni comme
« nécessaire, ni comme divine, la distinction du
» clergé d'avec les laïques. »

On voit continuellement percer dans l'ouvrage
que nous réfutons cette préférence accordée aux
sectes réformées sur l'Eglise catholique ; oui, nous
en convenons, les sectes réformées n'admettent
ni comme nécessaire, ni comme divine, la distinction
du clergé des laïques. Cependant la moindre notion,
je ne dirai pas de l'histoire que tout le monde ne
connaît pas, mais de l'Evangile que tout le monde
doit connaître, suffit pour qu'on soit convaincu
que cette distinction est divine et nécessaire.

Elle est divine, puisqu'il est certain que Dieu
lui-même a choisi parmi ses disciples soixante-douze
d'entre eux qui représentent les prêtres, douze
apôtres qu'il a revêtus de la plénitude du pouvoir
sacerdotal, et parmi ces douze apôtres il a encore
choisi un chef dans la personne de Pierre. Elle
est nécessaire, puisque, chacun ne pouvant raison-

---

(1) Ceci était écrit en 1829. Dieu veuille aujourd'hui nous préserver
des malheurs que j'avais prédits.

nablement se constituer juge de la foi, il faut qu'un
corps plus élevé dans l'Eglise conserve le dépôt des
croyances sacrées. Jésus-Christ a donné aux seuls
apôtres le pouvoir de remettre les péchés, celui
de consacrer le pain et le vin, et de les changer
en la substance spirituelle et corporelle de Jésus-
Christ. Il a dit dans son Evangile que ceux qui
n'écoutaient point l'Eglise, c'est-à-dire les déposi-
sitaires de la foi, les chefs qui doivent la gouverner,
doivent être considérés comme des païens et des
publicains ; donc la distinction des fidèles en clergé
et en laïques est de droit divin, donc cette distinction est nécessaire.

2. « Elles la croient d'institution humaine, et
» l'ont ou supprimée, ou modifiée, ainsi qu'elles
» ont voulu ; et presque toutes, comme l'Eglise
» de Russie, ont reconnu l'autorité spirituelle et
» suprême des rois et des magistrats sur les affaires
» de religion. »

Et ce serait là que voudraient nous conduire nos
philosophes, en attendant le moment favorable
pour détruire aussi l'autorité des rois et des souverains légitimes ; mais les rois ont assez de peine
à gouverner les intérêts temporels de leurs peuples,
sans se mêler aussi du gouvernement de leurs
consciences. D'un autre côté, si la religion est
vraie, si elle a été donnée par Jésus-Christ, si
notre divin rédempteur a désigné lui-même ceux
qui devaient tenir sa place sur la terre, ceux qui
devaient avoir en main ce pouvoir spirituel qui
ne s'étend point aux affaires de ce monde, c'est

à ses successeurs délégués par lui que l'on doit
se soumettre en matière de religion. Les rois ont
reçu de Dieu le pouvoir temporel , mais les papes
et les évêques ont reçu le pouvoir d'administrer
les sacrements , et de gouverner les consciences. On
crie beaucoup aujourd'hui contre les papes qui ont
voulu gouverner les rois et les peuples dans les
affaires de la terre , et l'on ne s'aperçoit pas
que l'on tombe dans un excès tout aussi ridicule
et bien plus dangereux , en accordant aux rois et
aux magistrats le pouvoir de gouverner les choses
du ciel.

Dernier alinéa de la page 221.

CLERGÉ. — *Acquisitions , biens-immeubles.*

1. « L'Evangile dit aux ministres de la religion
» imitez celui qui voulut naître dans une crêche,
» et n'avoir pas à lui de quoi reposer sa tête.
» St. Paul les avertit qu'ils doivent être contents ,
» lorsqu'ils ont le vêtement et la nourriture. »
N. S. J.-C. conseille non-seulement au clergé,
mais à tous les chrétiens, d'imiter celui qui voulut
naître dans une crêche , etc. , c'est-à-dire de se
détacher des biens de ce monde, pour être plus
aptes à rechercher les biens du ciel. Les membres
du clergé doivent plus spécialement que les laïques
se détacher des biens périssables , et ne pas chercher à accumuler des richesses. Mais on ne s'écarte
pas des préceptes de St. Paul , lorsque l'on désire

se procurer la nourriture et le vêtement, et c'est
dans ce but que le corps du clergé recevait des
dons, faisait des acquisitions pour ses successeurs.
Tout le monde sait que les bénéficiers n'étaient
que les administrateurs de ces biens dont les revenus
étaient employés à secourir les misérables. Il serait
impossible d'énumérer les actes de charité que le
clergé exerçait autrefois ; ce qu'il y a de constant,
c'est que la plupart des établissements utiles à
l'humanité devaient leur origine à l'emploi de ce
superflu qu'on lui a tant reproché. On peut voir
dans l'ouvrage de M. le Mestre (*du pape*) des
détails intéressants, que les bornes que nous avons
prescrites à notre ouvrage nous empêchent de rapporter ; nous nous bornerons à dire que, d'après
cet excellent auteur, l'ecclésiastique qui passait pour
le plus dur à l'égard des pauvres faisait beaucoup
plus de bonnes œuvres que le laïque le plus charitable. On peut voir aussi l'ouvrage de M. Rubichou
(*de l'action du clergé sur les sociétés modernes*).

2. « Cependant notre clergé n'a pas voulu se
» contenter des salaires que lui assure la loi, ni
» du casuel que lui garantissent un décret et un tarif
» d'exécution. Il s'est fait donner, en Janvier 1817,
» la faculté d'acquérir, par dons et autrement,
» tous biens, meubles et immeubles, sans autre
» limite que la volonté d'un ministre qui est évêque,
» sans autre condition sinon que l'établissement
» donataire soit reconnu par la loi ; et plusieurs
» acquièrent sans être légalement reconnus ; et
» l'on pétitionne, l'on écrit des brochures, pour

» que le clergé soit indemnisé aussi , et doté en
» biens-fonds. »

Ce n'est point le clergé qui a demandé la faculté
d'acquérir qui lui a été accordée par une loi de
1817 ; ce sont les laïques chrétiens qui ont senti la
nécessité de le rendre indépendant. La condition
imposée par la loi , et qui consiste en ce que
l'établissement donataire soit légalement reconnu,
est déjà suffisante pour tranquilliser le gouvernement à cet égard.

L'on peut bien pardonner aux catholiques le
zèle avec lequel ils défendent les intérêts du clergé
et font des pétitions en sa faveur , lorsque les
philosophes , non contents de l'avoir dépouillé des
biens qui lui appartenaient avant la révolution,
cherchent à le rendre dépendant de l'autorité
civile dont ils comptent s'emparer eux-mêmes.
Espérons cependant que la Providence qui nous a
rendu les Bourbons saura déjouer les projets des
ennemis de l'Eglise catholique et des descendants
de St. Louis. L'exigence des philosophes servira
du moins à faire connaître leurs vues et leurs
espérances.

3. « Les établissements ecclésiastiques sont de-
» venus autant et plus nombreux qu'avant 1789,
» temps où ils l'étaient beaucoup trop. »

Avant 1789 , les établissements ecclésiastiques,
c'est-à-dire les divers ordres religieux , pouvaient
être trop nombreux ; aussi ai-je lu quelque part
que le pape et le roi de France travaillaient de
concert à réformer les abus qui existaient dans les

monastères , et à fondre ensemble plusieurs ordres qui observaient des règles à-peu-près semblables. Mais je soutiens que ces établissements sont aujourd'hui au moins dix fois moins nombreux qu'ils ne l'étaient avant la suppresion des ordres monastiques.

4. « Enfin sans l'opposition de la chambre des » pairs, cette reconnaissance par loi eût été » changée dès 1824 en reconnaissance par autorité » ministérielle, c'est-à-dire par simple ordonnance, » au mépris d'une législation trop nécessairee de » plus de cinq siècles. »

Malgré la vénération dont nous sommes pénétrés à l'égard de la chambre des pairs, nous nous permettrons de dire que ce n'aurait pas été trop accorder au roi que de lui laisser la faculté de reconnaître et d'autoriser des ordres religieux. Cette faculté n'aurait point été contraire à la charte, qui est censée laisser au roi tous les droits dont il ne s'est pas dépouillé. Elle ne peut nullement compromettre les propriétés et les droits des sujets. Nous pensons donc que c'est par l'effet d'une trop grande délicatesse (1) que le roi présenta aux chambres une loi qui ne lui était point nécessaire , et que les ministres qui auraient contre-signé des ordonnances établissant des ordres religieux, n'auraient nullement pu être poursuivis comme excédant leurs pouvoirs.

_____

(1) On ne s'aurait trop déplorer cette trop grande facilité de Louis XVIII et de Charles X à faire des concessions aux ennemis de la religion ; malheureuse facilité qui est sans doute la véritable cause de la révolution de 1830.

Il est faux que la législation antérieure à la révolution privât le roi de France du droit d'autoriser les établissements religieux. Avant 1789, le roi était absolu, et l'enregistrement des édits et déclarations, qui n'avait été d'abord qu'une pure formalité, pouvait être forcé en vertu de lettres de jussion. Voyez le mot *Charte*.

5. « Ce n'est pas tout. L'art. 7 de la loi du 12
» Juin 1824 a conféré à tout le clergé réel ou fictif,
» utile ou abusif, le privilége d'acquérir certains
» immeubles sans payer les droits de mutation,
» qui sont d'environ le septième de la valeur ; ce
» qui a fait dire on ne tue plus les hommes,
» on tue les lois quand elles gênent.

L'art. 7 de la loi du 12 Juin 1824 a pu exempter les établissements religieux reconnus utiles de l'obligation de payer les droits de mutation, mais non de celle de payer les contributions directes ou indirectes. On ne tue pas les lois lorsque l'on en fait une nouvelle pour modifier les premières, et l'exception est considérée par les jurisconsultes comme une confirmation de la règle.

6. « Méditons ces vérités consignées dans Mon-
» tesquieu : Qui voudrait parler pour les acquisitions
» sans fin par le clergé serait regardé comme
» imbécile ; mais le clergé a toujours acquis ; il
» a toujours rendu ; il acquiert encore. »

C'est bien le cas de citer ce que dit Montesquieu des acquisitions sans fin du clergé, lorsque cet ordre, éminemment utile au bien-être de la société, a été complètement dépouillé par les vandales de la révolution.

Lorsque Montesquieu écrivait, le clergé était riche, j'avouerai même qu'il l'était trop, et que l'abondance dont il jouissait pouvait nuire aux familles destinées à fournir des impôts et des hommes pour le service du roi ; mais lorsque le clergé a été entièrement mis à nu, lorsqu'il est contraint de vivre au jour le jour, lorsqu'il ne peut se faire respecter des laïques desquels il est obligé, sous peine de mourir de faim, d'exiger rigoureusement le casuel qu'il abandonnait autrefois aux malheureux, c'est bien le cas, disons-nous encore, de se plaindre de ses acquisitions ; d'ailleurs l'autorisation du gouvernement étant aujourd'hui nécessaire, on ne doit plus craindre les trop grandes richesses du clergé ; mais il y a une différence infinie entre le laisser devenir trop riche, et le priver de toute faculté d'acquérir ou de recevoir.

1er alinéa de la page 222.

CLERGÉ. — *Affaires séculières.*

1. « Le divin législateur a dit aux évêques et
» aux prêtres, en parlant à ses disciples : Je vous
» ai tirés du monde ; vous n'êtes plus du monde.
» St. Paul aussi leur a dit : Point de gestion, point
» d'administration séculière, aucun soldat de Jésus-
» Christ ne s'implique dans les affaires du monde. »
Si les évêques et les prêtres ne doivent point

se mêler des affaires du monde, les laïques ne
doivent pas non plus se mêler des affaires de
l'Eglise ; et cependant nous avons vu dans ce même
article M. Benjamin Constant faire l'éloge des sectes
où les magistrats civils sont en même-temps les
chefs de la religion : quoiqu'il en soit, nous partageons l'opinion émise par l'auteur, opinion qu'il
confirme par un passage de l'Evangile, et un passage
de St. Paul. Nous pensons que, dans les affaires
qui appartiennent exclusivement au monde, les
prêtres doivent laisser le gouvernement aux laïques,
et que, dans les affaires purement ecclésiastiques,
ils doivent retenir une autorité entière et sans
partage.

Mais il est devenu nécessaire, depuis l'établissement
de l'Eglise, que son chef soit indépendant des puissances séculières, et la souveraineté temporelle
du pape sur un royaume a paru à tous les princes
chrétiens une sauve-garde contre les entreprises
des laïques sur l'Eglise de Jésus-Christ. Ajoutons
à cela que, la puissance civile et la puissance
ecclésiastique se donnant en quelque sorte la main,
il a encore fallu donner aux ecclésiastiques quelques places éminentes dans l'ordre civil. Ainsi les
parlements avaient autrefois des conseillers clercs,
la chambre des pairs a ses pairs ecclésiastiques ;
outre cela, il y a dans un royaume chrétien des
rapports essentiels entre l'autorité du roi et la
religion. Il est des matières qui sont mieux régies
par des ecclésiastiques que par des laïques, comme
par exemple l'enseignement religieux, le choix

des évêques, la confirmation des pasteurs, d'un ordre inférieur, et nos princes ont créé un ministère des affaires ecclésiastiques. Ce n'est pas que les prêtres, revêtus des hautes dignités de l'état, ne doivent les considérer par rapport à eux comme des vanités mondaines, et ne doivent leur préférer la gloire plus vraie d'être les dispensateurs des grâces célestes ; mais ce devoir leur est personnel ; il n'appartient qu'à celui qui juge les consciences d'examiner jusqu'à quel point ils préfèrent les biens et les honneurs de l'éternité à ceux de la terre : les laïques doivent s'abstenir de les juger.

2. « L'Eglise a parlé de même dans ses canons ; » c'est avec cette profession de devoirs et de senti-» ments, c'est à la condition tacite de s'y conformer, » que la religion est reçue dans l'état. »

Je demanderai à M. Benjamin Constant, qui se permet d'imposer des conditions à la religion pour être reçue dans l'état, quelles furent celles en vertu desquelles elle fut admise dans l'empire romain depuis son origine jusqu'à la conversion de Constantin ? Les hâches, les croix, les chevalets, les chemises de souffre, étaient employés dans tout l'empire, pour empêcher les peuples d'embrasser le christianisme, et cependant il s'éleva majestueusement, terrassa les idoles, et s'assit sur le trône des Césars. Non la religion n'a pas besoin d'être reçue par les gouvernements pour être pratiquée par les peuples. Les plus cruelles persécutions ne peuvent arrêter l'élan des vertus chrétiennes, et souvent une protection conditionnelle leur serait

plus nuisible que l'opposition la plus manifeste. La
religion n'est point dans l'état, elle est de tous les pays
et de tous les temps, et si les gouvernements chrétiens
s'en déclarent les protecteurs et les soutiens, ils agissent bien plus dans leur propre intérêt que dans celui
du christianisme. En effet la religion peut sub-
sister dans un royaume qui la proscrit, mais un
état dans lequel elle ne serait pas en vigueur serait
bientôt livré à l'ambition des grands, au mécontentement des peuples, à l'anarchie la plus complète.

3. « Cependant il est en Europe un évêque roi
» temporel, et un docteur Francia autocrate dans
» le Paraguai. »

Cet évêque roi temporel est le pape chef de
l'Eglise. Nous avons dit dans l'observation précédente
que les princes chrétiens avaient jugé son indépendance nécessaire. Voyez au reste M. de Mestre
(*du pape*).

On ne sait à quel propos le docteur Francia se
trouve ici confondu avec le chef de l'Eglise ; ce
docteur est-il prêtre ? Non ; c'est un docteur en
droit.

4. « En France nous avons un évêque membre
» du ministère royal, des cardinaux, des arche-
» vêques, des évêques colégislateurs et conseillers
» d'état, quittant leurs diocèses, au moins leur
» saint ministère, pour les affaires du monde, comme
» le singulier triage des articles *réglementaires* de
» la charte, de certaines lois de mort, la réduc-
» tion des rentes dues par l'état, les mines, les
» canaux, etc. Nous avons des prêtres sous-ministres

» du roi, ou inspecteurs du royaume, ou commis
» en des bureaux d'affaires séculières. »

Il a été dit plus haut pourquoi nous avions un
évêque membre du ministère royal. Nous devons
cependant faire observer que, lorsque M. Benjamin
Constant écrivait cet article, l'évêque, membre du
ministère royal, était évêque *in partibus infide-
lium* (1), et qu'aujourd'hui le même ministère est
occupé par un magistrat ; la présence de M. d'Hermopolis à Paris ne pouvait nuire au service du
culte. Nous avons aussi expliqué pourquoi, sous un
gouvernement qui peut traiter des affaires de la
religion, il est nécessaire d'avoir des membres du
clergé pairs de France ou conseillers d'état. Quant à
la dernière partie du passage de l'auteur jusqu'à *etc.*,
l'explique qui pourra, à moins que les ennemis
de la réduction des rentes ne veuillent faire un
crime à Mgr. l'archevêque de Paris de l'avoir
empêchée. Quant aux prêtres sous-ministres, inspecteurs ou employés dans les bureaux, nous devons
faire observer qu'ils appartenaient tous au ministère
de M. Frayssinous, ministère purement ecclésiastique, et non séculier.

5. « Cependant nos évêques signent leurs lettres
» pastorales dans leurs palais *épiscopaux* ou *archié-
» piscopaux*, les pairs de l'Eglise les signaient
» dans leurs maisons presbytérales *in presbiterio*,
» comment parlent-ils de palais ceux qui ne sont
» plus de ce monde ? »

On pourrait répondre parce que telle a été la

_____

(1) En 1829.

volonté des souverains qui les leur ont donnés,
et que les évêques, malgré l'humilité de leur
saint ministère, n'ont pu refuser cette complaisance aux princes qui se sont déclarés les protecteurs de la religion. Mais, je l'ai déjà dit, les
empereurs et les rois chrétiens ont voulu que les
évêques, princes de l'Eglise, fussent traités comme
tels dans l'ordre civil, afin de les rendre respectables aux peuples qu'ils avaient à gouverner. Du
reste ce ne sont point les chrétiens fidèles qui
élèvent des discussions sur de pareilles choses ; on
n'a jamais vu faire de semblables reproches que
par les protestants et les mauvais catholiques.

6. « Il est au moins permis de croire 1° que
» le clergé se trouve réellement assez nombreux
» pour son ministère propre, puisqu'il occupe tant
» de places mondaines ; 2° que ces anomalies sont
» voulues généralement par le clergé, en même-
» temps qu'elles sont condamnées par l'Evangile. »

Nous avons dit dans une de nos précédentes
observations 1° que le clergé n'est point assez
nombreux puisque environ un tiers des paroisses
se trouve sans pasteurs ; 2° les membres du
clergé occupés à des emplois civils sont en très-
petit nombre, à moins que l'on ne compte comme
tels les cardinaux et archevêques pairs de France,
qui ne s'occupent pas moins de leurs diocèses que
s'ils ne jouissaient point de ces dignités. Il y a, il
est vrai, un certain nombre de prêtres dans l'enseignement ; mais quoi qu'en disent les philosophes
l'instruction publique tient à la religion, elle con-

tribue à former l'élite de la société, la partie qui doit servir d'exemple au peuple.

7. « L'expérience a prouvé depuis long-temps » qu'elles ne font point chérir les rois, qu'elles » sont haïes des peuples, et très-ennemies des plus » justes libertés publiques. »

Avant la réforme, les peuples chrétiens voyaient avec la plus grande satisfaction les honneurs rendus au clergé. Les pauvres regardaient les immenses revenus dont il jouissait comme leur patrimoine; ce qui existait avant la réforme, existe encore à l'égard des catholiques attachés à leur religion. Quoiqu'ils sachent très-bien que les honneurs de ce monde et ceux du royaume de Jésus-Christ ne doivent pas être confondus, ils voient avec plaisir le respect porté à la religion en la personne de ses principaux ministres. Les hommes qui les haïssent, qui blâment les rois de leur en accorder, ne sont pas les partisans de la vraie liberté que la religion protège contre les entreprises du pouvoir absolu; mais les ennemis de l'ordre, les ennemis des rois et de la religion, les ambitieux qui veulent élever leur affreuse puissance sur les ruines de tous les pouvoirs légitimes.

1ᵉʳ alinéa de la page 223.   •

Clergé ambulant, ou Missionnaire à l'intérieur.
Voyez *Stabilité.*

« Les missionnaires dans les pays infidèles sont » de nécessité ambulants et gyrovagues. Mais, dans

» les pays chrétiens, la prudence et la discipline
» de l'Eglise veulent que les prêtres soient station-
» naires et résidents, et que les fonctions pastorales
» soient généralement réservées à des pasteurs fixes
» et résidents, que déconsidèrent toujours plus ou
» moins des missionnaires de passage. »

La discipline de l'Eglise ne défend pas les missions,
et sa prudence les permet, puisque les missionnaires
sont autorisés par le pape et accueillis par les
évêques, seuls juges de cette discipline et des vrais
besoins des fidèles. Nous avons dit au mot affiliation
que les missionnaires, bien loin de déconsidérer
par leur passage les pasteurs résidents, rendaient
les chrétiens plus assidus aux offices divins, et plus
dociles envers leurs vénérables curés. Ces curés,
quelque respectables qu'ils soient, quelque revêtus
qu'on les suppose de la vénération publique, peuvent bien retenir les âmes ferventes, mais ils
opèrent peu de conversions; les pécheurs ou n'assistent point aux instructions, ou en reçoivent peu d'im-
pression par l'effet de l'habitude qu'ils ont d'entendre
le même homme répéter les mêmes choses. Si des
missionnaires arrivent dans une ville, la curiosité
attire d'abord à leurs sermons des hommes qui
n'assistent point aux offices de leur paroisse; la
force de la parole de Dieu, annoncée avec solennité
et d'une manière inaccoutumée, produit de plus
grands effets sur leur cœur. Ajoutons à cela la
vertu de la grâce divine qui, quoi qu'en disent
les ennemis des missions, opère dans ce temps
de réconciliation un nombre infini de conversions.

2. « Leurs absolutions hâtives, données à ceux
» qu'ils ne connaissent pas et ne reverront pas,
» leurs déclamations trop passionnées, leurs doc-
» trines hardies, leurs conférences parfois légères,
» leur constante manie d'ajouter à la grande, légale
» et canonique confrérie paroissiale, des confré-
» ries illégales sans nombre, occupées de minu-
« ties, de costumes affectés, de processions peu
» nécessaires, formées en ligue, ayant des secrets
» et levant des deniers, acquérant des biens meu-
» bles et des rentes, correspondant avec de jeunes
» missionnaires, auxquels on témoigne un bien vif
» attachement ; tout cela ne mérite guère d'être
» encouragé, et fait crier au jésuitisme pseudo-
» nyme. »

1. Les absolutions que donnent les missionnaires
aux pécheurs qui se convertissent, ou qui ont l'air
de se convertir lors des missions, ne sont pas plus
hâtives que celles que les pasteurs ordinaires donnent tous les jours à des malades sur le point de
rendre leur dernier soupir, après avoir passé toute
leur vie dans la plus grande indifférence sur leur
salut. Du moins les premiers ont conservé la plénitude de leur raison ; ils se sont présentés librement au tribunal de la pénitence, il ont donné
quelque garantie de la volonté où ils étaient de
renoncer au péché ; au lieu que les seconds reconnaissent à peine le ministre qui leur apporte les
derniers secours de la religion, ne pouvant presque
entendre sa voix, ayant leur attention partagée
entre la crainte de l'enfer qu'ils voient entr'ouvert

au bord de leur couche de douleur, et les angoisses d'une pénible agonie, ne pouvant se rappeler en détail les crimes dont le nombre et l'énormité les fait fremir ; dans ce moment terrible, ils reçoivent souvent à la première séance cette absolution que les missionnaires n'accordent qu'après un mois d'épreuves, et de protestations de retour à Dieu. Ces personnes inconnues des missionnaires, et qui s'adressent à eux par cette raison plutôt qu'à un pasteur qu'ils connaissent trop, et qu'ils ne veulent pas rendre confident de leurs désordres secrets, ne s'approcheraient jamais de la piscine salutaire, s'ils ne pouvaient charger des étrangers inconnus du récit de leurs abominations. L'Église n'exige point que les pénitents soient connus de leurs confesseurs, mais elle exige que l'on se confesse et que l'on se repente, et les missionnaires peuvent obtenir l'un et l'autre.

2. Ce sont ces discours pleins de chaleur, comme autrefois ceux des Jérôme, des Chrystôme et des Augustin ; ce sont ces homélies que notre auteur appelle des déclamations passionnées, qui produisent le plus grand effet sur les pécheurs, et les détachent de leurs inclinations perverses. Au moins ces déclamations ont un but utile, celui de la gloire de Dieu et du salut des âmes : mais à quoi tendent les déclamations des philosophes ?

3. *Leurs doctrines hardies.* Ce sont celles de l'Église ; si les missionnaires s'en écartaient, ils seraient rappelés aux vrais principes par les évêques, conservateurs de la saine doctrine.

4. Leurs conférences parfois légères. Il faut
être possédé de la manie de blâmer tout ce qui
appartient au ministère sacré, pour se permettre
l'énumération, et les réflexions ridicules autant
qu'impies que l'on voit dans le passage que nous
réfutons. Les sermons sont des déclamations passionnées ; les conférences sont légères. . . . . . . Les
fidèles qui ont assisté à quelque mission sauront
apprécier à leur juste valeur les diatribes et les
fades plaisanteries des philosophes ; mais nous dirons
à ceux qui n'ont pas joui du bonheur d'entendre ces
anges de paix, que ces *discours passionnés* sont
des sermons où les vérités morales de la religion
sont annoncées avec force et persuasion, et qui
produisent les plus heureux effets ; et que ces *conférences légères* sont des discours familiers, où les
missionnaires expliquent avec clarté et simplicité
les vérités dogmatiques. Un grand nombre de chrétiens ont été touchés et convertis par les uns,
instruits et éclairés par les autres : nos philosophes
n'entendent que les leçons impies de Voltaire et de
ses adeptes.

5. Les missionnaires forment, il est vrai, des
confréries ou associations pieuses, dont le but est
de s'encourager mutuellement dans la pratique des
vertus et dans la persévérance. Ces associations
n'ont point de secrets ; on peut le demander à
quelques individus qui, après en avoir fait partie,
n'ont pas eu le bonheur de persévérer dans la
pratique des devoirs religieux.

On lève des deniers ; mais ils sont employés à

secourir les pauvres, et à fonder des établissements
de charité. Il n'y a point de costume affecté, il
n'y a point de ligue ; les processions qu'elles font
ne nuisent à personne, pas même aux philosophes :
on écrit fort peu aux missionnaires, et si on leur
témoigne de l'affection, cette affection a pour cause
la reconnaissance unie au respect le plus profond. Voilà, MM. les philosophes, le véritable but
des confréries des missionnaires ; voilà à quoi l'on
doit réduire vos déclamations puériles autant que
méchantes.

6. *Cela fait crier au jésuitisme pseudonyme.*
Non les missionnaires ne sont pas des jésuites, ils
ont le même esprit et le même but, c'est-à-dire
que, disciples de Jésus-Christ comme les premiers,
ils agissent en tout pour la plus grande gloire de
Dieu ; qu'ils cherchent à préserver les hommes du
poison de la philosophie et de l'incrédulité. Aujourd'hui, d'après les philosophes, les enfans de St.
Ignace ne sont plus les seuls jésuites ; ces MM. ont
commencé par accuser ces dignes religieux de toutes sortes de crimes, parce qu'ils ont pensé qu'en
abattant *les grenadiers du christianisme*, comme
les appelait Voltaire, ils auraient bientôt beau jeu
des troupes du centre ; mais, comme ces troupes
leur ont opposé de la résistance lors de la révolution, ils ont voulu comprendre sous le nom de
jésuites, qu'ils regardent ou qu'ils feignent de
regarder comme odieux, tous les missionnaires,
tous les professeurs des séminaires, tous les prêtres qui, par leur conduite exemplaire, inspirent

aux fidèles la plus grande vénération. Les religieuses sont devenues des jésuitesses, et enfin, comme parmi les laïques il se trouve encore des hommes craignant Dieu, qui, quoique dans le monde, méprisent ses erreurs et ses vanités, ces hommes vénérables ont été appelés jésuites affiliés, jésuites de robe courte ; si tous les partisans des jésuites sont jésuites eux-mêmes, vous aurez encore beaucoup de peine avant de les détruire complètement. Ces jésuites sont à la cour, dans les armées, ils siègent dans les tribunaux, ils occupent tous les emplois, ils appartiennent à tous les ordres de la société. Détruisez-les si vous le pouvez ; mais non, vos efforts seront vains, leur Dieu, leur rédempteur JESUS, les soutiendra contre les philosophes, comme il les a soutenus contre les persécutions sanglantes des Néron et des Domitien.

3. « Cependant les maisons des missionnaires se » fondent à grands frais, et pullulent dans nos » villes, pendant qu'on se plaint de ne pouvoir » trouver des prêtres pour résider dans les campa- » gnes, et qu'un cinquième de nos communes est » destitué de pasteurs. »

D'abord, il est faux que les maisons des missionnaires se fondent à grands frais aux dépens du gouvernement ; toutes ces maisons, qui ne sont pas riches d'ailleurs, ont été établies avec des dons d'hommes craignant Dieu, qui ont préféré employer le superflu de leurs revenus à cette bonne œuvre que de se livrer à des plaisirs dangereux. Ces maisons sont très-rares en France ; à peine s'y en

trouve-t-il quatre ; c'est parce que les prêtres manquent qu'ils cherchent à se multiplier , et que les
missionnaires parcourent les villes et les campagnes
pour y maintenir la foi et la pureté des mœurs. La
rareté des prêtres en France les a forcés à faire
comme les missionnaires des Indes , qui , ne pouvant
demeurer continuellement avec les mêmes hommes,
se transportent d'un village à un autre pour y prêcher la parole de Dieu , et y administrer les sacrements.

1er alinéa de la page 224.

Clergé amovible. 1. « La multiplication énorme
» et abusive du clergé figure dans les faits histo-
» riques , mais non dans les règles de l'Ecriture,
» ni dans l'esprit de la religion. »

La multiplication énorme et abusive du clergé
ne figure pas dans les règles de l'Ecriture ni dans
l'esprit de la religion, parce que l'état ecclésiastique étant au-dessus de la nature , et soumis à
des privations que les gens du monde considèrent
comme très-dures , et les philosophes comme impossibles (voyez le mot *Célibat*), la providence
divine ne permet pas que ce nombre s'accroisse
au-delà des proportions déterminées par son éternelle sagesse. Il suit de là , et de la lecture de
l'histoire , que ce nombre n'a jamais été ni énorme
ni abusif. La miséricorde de Dieu permet qu'il
s'étende lorsque la conduite des hommes mérite
une plus grande abondance de grâces et de béné-
dictions célestes. Si les mœurs se corrompent, si

l'incrédulité s'élève au-dessus de la foi, Dieu qui
veut punir nos crimes et notre présomption dimi-
nue ses grâces, et ceux qui en sont les dispensateurs visibles deviennent de plus en plus rares ;
mais ils ne sont jamais entièrement exterminés. Celui
qui a dit que les portes de l'enfer ne prévaudraient
point contre l'Eglise cache un instant sa lumière,
et la montre au moment où les hommes châtiés
reconnaissant le bras vengeur de la Divinité, im-
plorent sa miséricorde.

2. « Celle-ci ne veut dans le clergé que des
» ouvriers nécessaires pour la moisson spirituelle,
» c'est-à-dire pour l'enseignement des dogmes et
» de la morale, et pour l'administration des sacre-
» ments. »

Oui, l'on peut encore accorder à l'auteur que
ce qu'il dit ici est vrai ; mais on ne pourra sem-
pêcher de reconnaître aussi que la nécessité des
ministres des sacrements s'étend à mesure que les
fidèles eux-mêmes deviennent plus parfaits. Dans
une paroisse nombreuse où quelques personnes
isolées fréquentent les sacrements, un seul pasteur
suffira ; si le nombre des fidèles augmente, s'ils
s'approchent plus souvent de la table sainte, le
nombre des pasteurs deviendra graduellement insuffisant, s'il ne devient plus considérable. Voilà
pourquoi dans les siècles de ferveur les prêtres ont
été plus nombreux ; voilà pourquoi dans le siècle
de la philosophie on les trouve trop abondants
quoique réduits à moins d'un cinquième.

3. « La discipline de l'Eglise recommande posi-

» tivement la stabilité dans les offices cléricaux ;
» c'est la règle posée dans le concile général de
» Calcédoine, et souvent renouvelée. »

Nous avons dit ailleurs que, si le dogme de
l'Eglise est permanent, sa discipline peut changer
selon les circonstances. Ainsi, quoique les canons du
concile de Calcédoine, tenu en 451, défendent
d'ordonner ni prêtre ni diacre sans le destiner à
une église de la ville ou de la campagne (canon 6e);
cela n'empêche pas que l'on ne puisse aujourd'hui
ordonner des prêtres sans leur donner une destination spéciale. Lorsque le concile de Calcédoine fut
célébré, le clergé était assez nombreux, la ferveur
de la primitive Eglise nétait point éteinte, et l'on
dut empêcher la circulation des clercs vagabonds,
qui apportaient dans les divers lieux qu'ils par-
couraient le désordre et le scandale ; il paraît
que ce canon n'avait point rapport aux monastères,
dans lesquels on ordonna de tout temps des prêtres qui n'avaient point de paroisse à servir. Plus
tard, les prêtres des ordres mendiants qui allaient
prêcher partout, les missionnaires destinés à convertir les peuples idolâtres ou infidèles, n'eurent
point de destination locale. L'Eglise a conservé
l'usage contraire à celui qui semble indiqué dans
le 6e canon du concile de Calcédoine ; les laïques
doivent se soumettre, et ne point se permettre de
blâmer ce qu'elle autorise, ce qu'elle approuve.

4. « La loi d'Avril 1802, comme pour avoir établi
» un prétexte de moins payer le plus grand nom-
» bre des pasteurs du second ordre, les nomme

» vicaires et les déclare amovibles. Ils sont restés
» dans cet état jusqu'ici ; abus très-déplorable qu'on
» devrait supprimer, avant de multiplier les évê-
» ques, les vicaires-généraux, les missionnaires de
» l'intérieur, les moines, et les congrégations
» religieuses. »

L'inamovibilité des succursales est-elle un mal ?
Des hommes instruits et expérimentés ne le pensent
pas ; l'esprit d'indépendance que la révolution a
fait germer dans toutes les têtes a rendu nécessaire
de donner aux évêques une autorité plus étendue
sur leurs inférieurs, et cette plus grande étendue
d'autorité leur est conférée par l'amovibilité des
succursales. Lorsque le clergé était plus abondant,
les bénéfices inamovibles étaient donnés à des hommes éprouvés par un long vicariat ; aujourd'hui
un jeune homme sortant des bancs des séminaires
peut à peine profiter pendant une année des conseils et des exemples d'un ancien ecclésiastique,
et il est chargé seul de diriger un troupeau bien
plus difficile à conduire qu'il ne l'aurait été avant
les ravages de la révolution et de la philosophie
moderne.

Cet ordre de choses n'a pas été changé parce
que le clergé augmente lentement, et que les nouveaux ouvriers peuvent à peine suffire à relever
les anciens, accablés sous le poids d'une vie longue
et douloureuse ; mais, à mesure que le nombre des
prêtres augmentera, l'autorité ecclésiastique et l'autorité civile se concerteront pour augmenter le nombre des cures inamovibles ; c'est ce qui a été déjà

exécuté en partie, espérons que peu à peu il existera pour les prêtres éprouvés un plus grand nombre de bénéfices de ce genre.

Cette même loi avait restreint le nombre des évêques et il devenait urgent de l'augmenter, parce que ceux de 1802 avaient une juridiction trop étendue pour pouvoir suffire aux besoins des fidèles de leurs vastes diocèses. Quant aux missionnaires de l'intérieur, aux moines, et aux congrégations religieuses, l'on doit répondre :

1º Que les missionnaires sont d'autant plus utiles, que le nombre des prêtres séculiers est plus restreint.

2º Qu'il n'existe presque point aujourd'hui de moines proprement dits, c'est-à-dire de ces hommes qui, entièrement séparés du monde, ne s'occupent qu'à la prière et à la contemplation des vérités éternelles. Aujourd'hui presque tous les religieux ont une occupation extérieure, et vaquent en général à l'instruction primaire, comme les frères des écoles chrétiennes, ou à l'instruction secondaire, comme les jésuites et les pères de l'adoration perpétuelle, ou à l'enseignement de la théologie, comme les sulpiciens ou les lazaristes ; on ne peut donc pas dire qu'ils soient inutiles, même dans l'ordre extérieur. En supprimant les moines contemplatifs, a-t-on fait le bonheur de la France ? Les événements ne le prouvent pas.

CLERGÉ. — *Appel comme d'abus.*

1er alinéa de la page 225.

1. « Aussi l'article 8 du projet de loi sur le
» malheureux concordat de 1817, dit que les
» cas d'abus seront portés directement aux cours
» royales. »

Si l'on appelait malheureux le concordat de François 1er, qui détruisit la liberté des élections, celui
de Napoléon, qui restreignit le nombre des évêques
et des curés, on ne saurait approuver l'auteur ; mais
au moins il serait conséquent avec ce qu'il dit ailleurs. Ces concordats ont produit un grand bien ;
le premier en terminant les discussions éternelles
entre le sacerdoce et l'empire ; le second en faisant
cesser le schisme de la révolution. Quel mal a pu
faire le concordat de 1817 ? Il a établi l'ordre que
n'avait pu remettre le concordat de 1801 ; il a mis
en harmonie le nombre des évêques avec les besoins des peuples. Quel mal a pu produire, nous
le répétons, le concordat de 1817 ?

3e alinéa de la page 226.

*Des conflits de la juridiction de l'ordinaire avec les prétentions
des grands aumôniers de France.* — Paris, in-8°, 1824.

« On apprend dans cet ouvrage curieux (celui
» dont le titre vient d'être rapporté) que les
» aumôniers de France étaient laïques avant le
» 16e siècle, et que leur transformation en ecclé-

» siastiques est due à la trop fameuse duchesse
» d'Etampes. »

Il est faux que les aumôniers du roi aient jamais
été laïques. Ils n'ont pas, il est vrai, toujours été
à la tête du clergé de la chapelle du roi, c'était
tantôt l'archichapelain, tantôt le confesseur ; mais
c'était toujours un ecclésiastique. (V. *l'histoire de*
l'Eglise gallicane). — *J. G. A.*

2. « On y voit aussi que Louis xiv était jésuite
» profès-laïque des quatre vœux, et que par un
» grand aumônier les antigallicans ont obtenu à
» Paris la fête de St. Pie v, qui s'arrogea, comme
» Grégoire vii, la disposition des trônes. »

On verra sans doute bien d'autres absurdités dans
les ouvrages philosophiques de notre siècle de lumières. Louis xiv jésuite profès..... Il faut avouer
que l'imagination des ennemis des rois et de la
religion travaille bien pour accoler ainsi Louis xiv,
roi absolu, avec l'ordre des jésuites, auquel, s'il
en eût été membre, il eût dû, d'après l'encyclopédie (v. *affiliation*) faire le sacrifice de sa volonté.
A force de chercher à persuader des choses fausses,
on tombe dans l'absurdité.

Pie v fut canonisé parce qu'il vécut et mourut
saintement ; il ne détrôna aucun roi, et s'il s'arrogea
quelques droits sur les contrées d'outre-mer, ce fut
l'effet d'une erreur politique, qu'il partagea avec
tous les hommes de son temps, et cela ne détruit
nullement le mérite de sa sainteté.

3. « Enfin, que par le même canal, ils ont fait
» demander à Rome la canonisation d'une pauvre

» insensée de Marguerite-Marie à la Coque, dont
» les indécentes rêveries ont affligé autrefois et
» scandalisé l'Eglise de France. »

Il est bien permis à des philosophes, à des gens
qui ne connaissent pas la moindre partie de ce qui
concerne l'homme intérieur, les consolations qu'il
peut recevoir, les visions que Dieu peut lui envoyer, de juger du mérite des canonisations et des
béatifications !..... Ceux qui nous prêchent continuellement que le clergé n'est pas de ce monde
devraient savoir qu'ils n'appartiennent pas eux-
mêmes à l'autre, et qu'ils sont aussi incapables de
juger des choses surnaturelles qu'un aveugle de
prononcer sur les couleurs. Il est des visionnaires
exaltés, des insensés qui prennent pour des communications de l'esprit divin les rêves de leur imagination désordonnée; c'est à l'Église à distinguer l'un
de l'autre, et la portée de l'esprit philosophique
ne peut s'étendre jusques là.

1ᵉʳ alinéa de la page 226.

1. « Nous avons en France des chapelains pour
» les vaisseaux et pour chaque régiment ; ils sont
» de fait réputés du clergé aulique, ils sont nommés
» et destitués par le grand aumônier devenu ecclé-
» siastique. »

Nous avons des chapelains pour les vaisseaux et
pour chaque régiment, comme nous avons des
curés pour nos paroisses ; ces aumôniers instruisent
les soldats dans les vérités de la religion, ils leur

6

inspirent la résignation dans les souffrances, le courage dans les dangers ; je dis le courage, puisqu'ils font envisager au soldat qui expose sa vie pour son roi et pour sa patrie une autre vie où il recevra la récompense de ses vertus et de sa valeur. Ces chapelains ou aumôniers sont sous les ordres du grand-aumônier de France. Que peut-on trouver à blâmer à cet ordre de choses approuvé par l'Église, par le roi, et par tous les hommes aimant Dieu et le roi ?

2. « Il n'y a pas de raison pour fonder le nom » d'aumônier qu'on leur donne, et le titre d'*évêque* » *de l'armée de France* que le grand-aumônier » a pris plusieurs fois dans le 19ᵉ siècle. »

La volonté du pape et le consentement de l'Église suffisent pour cela ; on n'a pas besoin de consulter la philosophie.

CLERGÉ. — *Donation.*

2ᵉ alinéa de la page 226.

1. « Il est malheureusement vrai que, bien avant » les attentats de Grégoire VII contre les empereurs » et les rois, nos évêques et nos abbés, sous pré- » texte de pénitence et d'excommunication, avaient » aidé au fils de Louis dit le Pieux à détrôner » leur père. »

Oui, il est vrai que les évêques de France aidèrent aux enfans de Louis le Débonnaire (que l'on appelle ici le Pieux sans doute pour faire ressortir l'injustice de ce procédé) à détrôner leur père.

Il est encore vrai que Grégoire vii et quelques autres papes se sont arrogé une autorité temporelle qu'ils ne devaient pas avoir , nous en convenons , et nous en gémissons. Mais pourquoi affecter de répéter si souvent des choses qu'il eût suffi de dire une fois ? Nous ne voudrions pas nous répéter nous-même , mais la répétition des mêmes choses nous force à revenir sur ce que nous avons dit dans d'autres circonstances. L'opinion de l'époque donnait aux papes le droit que l'Évangile ne leur avait pas accordé. Les peuples et les rois s'attirèrent par leur faute ces menaces des souverains pontifes. Les enfants de Louis le Débonnaire en appelant le clergé pour les aider dans leur révolte , Hugues Capet en demandant au pape le titre de roi de France , semblèrent reconnaître dans le chef de l'Église un pouvoir temporel qu'il ne se serait jamais arrogé sans cela.

2. « Il est vrai que le pape et des évêques de » France , à eux joint des curés , les jésuites et les » capucins, etc. , firent la ligue pour exécuter la » bulle qui détrônait Henri iv. »

M. Lanjuinais a sans doute lu l'histoire , et il a dû y voir qu'Henri iii fut aussi un des membres de la ligue. Ce n'est donc point pour détrôner Henri iv qu'elle eut lieu , mais pour défendre le trône et la religion catholique contre les efforts des protestants. Elle eut dû cesser immédiatement après la mort d'Henri iii , nous en convenons , mais la révolution de 1688 ne fut-elle pas occasionnée en Angleterre par une ligue formée par les protestants , afin d'empêcher le rétablissement de la religion catholique ; que dis-je ! j'oubliais que tout est permis aux protestants et aux philosophes , et que les catholiques ne peuvent défendre leurs droits et leur religion sans encourir l'indignation des sages du siècle.

3. » Il est vrai que j'ai sous les yeux le discours » imprimé de M. D*** , alors député , où l'on voit » qu'aujourd'hui même un roi de France non » catholique devrait être privé du trône ; il est » vrai que cette doctrine, la plus séditieuse, a été » soutenue en France publiquement et impuné- » ment en 1824. »

Je ne discuterai pas cette question bien plus oiseuse que séditieuse , puisque notre roi , et nos princes appelés à lui succéder, bons catholiques, ne seront pas exposés à ce qu'on leur fasse l'application du principe dont il s'agit (1). Je leur dirai seulement que l'expulsion de Jacques II ne fut due qu'au désir qu'il manifesta de rétablir la religion romaine. Les droits des protestants s'étendaient-ils plus loin que ceux des catholiques ?

4. « Cependant le Sauveur a dit à ses disciples: » *Les rois despotisent les nations , vous ne despo-* » *tiserez point.* Ceci étant adressé à St. Pierre et » aux autres premiers pasteurs, l'est sans doute à » tous les ministres de l'Evangile sans exception. »

Avant de répondre au passage de l'auteur , nous

_____

(1) Sans doute que ces MM. se croyaient déjà sous un gouvernement philosophique sous lequel on ne vivait pas en 1829.

allons reproduire les divers passages de l'Evangile
où il a trouvé quelque chose de ressemblant à ce
qu'il nous dit, et d'abord dans l'Evangile de St.
Mathieu, chap. 20, v. 25, il est dit :

Tunc accessit ad eum mater filiorum Zebedæi
cum filiis suis adorans et petens aliquid ab eo. Qui
dixit ei, quid vis ? Ait illi, dic ut sedeant hi duo
filii mei, unus ad dexteram tuam et unus ad sinis-
tram in regno tuo. Respondens autem Jesus, dixit,
nescitis quid petatis. Potestis bibere calicem quem
ego bibiturus sum ? Dicunt ei, possumus. Ait
illis, calicem quidem meum bibetis : sedere autem
ad dexteram meam vel sinistram, non est meum
dare vobis, sed quibus paratum est à patre meo.
Et audientes decem indignati sunt de duo fratribus.
Jesus autem vocavit eos ad se, et ait : SCITIS QUIA
PRINCIPES GENTIUM DOMINANTUR EORUM : *et qui majo-*
res sunt, potestatem exercent in eos. Non ita erit
in vos : sed quicumque voluerit inter vos major
fieri, sit vester minister, et qui voluerit inter vos
primus esse erit vester servus : sicut filius hominis
non venit ministrari, sed ministrare, et dare
animam suam redemptionem pro multis.

L'Evangile de St. Marc, chap. 10, v. 42. *Et*
accedunt ad eum Jacobus et Joannes filii Zebedæi,
dicentes, magister, volumus ut quodcumque
petierimus facias nobis. At ille dixit eis, quid
vultis ut faciam vobis ? Et dixerunt : da nobis ut
unus ad dexteram tuam, et alius ad sinistram
tuam, sedeamus in gloriâ tuâ. Jesus autem ait eis :
nescitis quid petatis : potestis bibere calicem

*quem ego bibo ; aut baptismo quo ego baptisor,
baptisari ? At illi dixerunt ei, possumus. Jesus
autem ait eis, calicem quidem quem ego bibo
bibetis ; et baptismo quo baptisor baptisabimini ;
sedere autem ad dexteram meam, vel ad sinistram,
non est meum dare vobis, sed quibus paratum est.
Et audientes decem indignati sunt de Jacobo et
Joanne. Jesus autem vocans eos ait illis, scitis
quia illi qui vident principari gentibus, dominantur eis : et principes eorum potestatem habent
ipsorum. Non ita est autem in vobis, sed quicumque voluerit fieri major, erit vester minister,
et quicumque voluerit in vobis primus esse, erit
omnium servus. Nam et filius hominis non venit
ut ministraretur ei, sed ut ministraret et daret
animam suam redemptionem pro multis, etc.*

St. Luc, chap. 22, v. 25. *Facta est autem
contentio inter eos qui eorum videretur esse major.
Dixit autem eis,* REGES GENTIUM DOMINANTUR EORUM,
*et qui potestatem habent super eos benefici vocantur.
Vos autem non sic : sed qui major est in vobis
fiat sicut minor, et qui præcessor est sicut minis-
trator. Nam quis major est, qui recumbit, an
qui ministrat ? Non-ne qui recumbit ? Ego autem
in medio vestrum sum, sicut qui ministrat; vos
autem estis, qui permansistis mecum in tentatio-
nibus meis. Et ego dispono vobis sicut disposuit
mihi pater meus regnum, ut edatis et bibatis
super mensam in regno meo, et sedeatis super
thrônos judicantes duodecim tribus israël, etc.*

Voilà les seuls passages de l'Evangile qui aient

quelque rapport avec ce que dit l'auteur de la
notice que nous réfutons : on peut voir par là que
les mots *les rois despotisent les nations* sont tout
bonnement de l'invention de l'auteur. Et d'abord
le mot *despotiser* n'est pas français ; d'après son
étymologie, il signifie gouverner en maître ; d'après
l'acception que lui donnent les philosophes, il
signifierait gouverner en despote, en tyran. Or
Jésus-Christ a laissé à ses disciples, notamment
aux apôtres, le pouvoir de gouverner les choses
du ciel, puisqu'il leur a dit : Tout ce que vous
lierez sur la terre sera lié dans le ciel, tout ce
que vous délierez, etc. Nous ne prétendons pas
qu'on doive en tirer les conséquences que l'on en
tira lors de la ligue ; mais, comme la ligue n'est
plus à craindre, nous pouvons nous en servir pour
détruire les arguments peu concluants des ennemis
du clergé et de la religion.

5. « Les hommes d'état doivent non-seulement
» protéger et faire respecter le clergé, mais sur-
» veiller et arrêter avec une grande vigilance les
» entreprises des prêtres et des pontifes. L'histoire
» ne justifie que trop la nécessité de cette politique. »

Les hommes d'état doivent protéger le clergé
contre les ennemis de la religion, parce que le
clergé est le dépositaire de l'autorité de J.-C. ;
parce qu'il est le dispensateur de ses grâces ; parce
qu'il est le conservateur de la religion, dont la
pratique empêche la révolte et l'anarchie dans les
sujets, comme la tyrannie dans les souverains. C'est
pourquoi ils doivent empêcher tous les efforts du

philosophisme qui tend à lui faire perdre sa con-
sidération et l'estime des hommes.

Il est aussi de leur devoir de s'opposer à l'empiètement du clergé sur l'autorité civile, parce que
les prêtres étant hommes comme les magistrats,
comme les militaires, et étant de la nature humaine
de chercher à profiter d'un pouvoir légitime pour
en usurper un plus étendu, chaque partie de
l'administration doit veiller à la conservation de
la portion du pouvoir qui lui a été dévolue par
les lois, et empêcher la diminution qui pourrait
en être faite par un pouvoir rival. Mais, si quelque
autorité donne des craintes à cet état, le clergé
est celle qui en donne le moins aujourd'hui. Dieu
veuille que la puissance légitime de nos princes
n'en ait jamais de plus redoutable.

6. « Si les maximes ultramontaines faisaient partie
» intégrante du catholicisme, cette religion ne
» pourrait être nulle part la religion de l'état,
» car elle serait une religion contre l'état. »

Si les maximes ultramontaines dans toute l'extension que leur prêtent les philosophes faisaient partie
intégrante du catholicisme, cette religion serait
la religion de l'état partout où le salut éternel serait
préféré aux intérêts de ce monde. Les rois
catholiques se soumettraient à toutes les conséquences de ces maximes, ils y conformeraient leur
conduite, et ne s'exposeraient point aux peines
qu'ils pourraient encourir. Le raisonnement que
l'on vient de lire serait excellent si toutes les religions étaient vraies, et s'il était indifférent d'être

catholique ou protestant. Mais comme la religion romaine est la seule qui conduise au salut, et que nos rois tiennent à se sauver aussi bien que les simples particuliers, il est certain qu'on en trouverait encore qui renonceraient à une partie de leur souveraineté, pour marcher dans la seule voie qui conduit au salut. Les rois, et ceux qui affectent de prendre leur partie contre le souverain pontife, peuvent être tranquilles ; l'Evangile est là pour les défendre contre l'empiètement de l'autorité religieuse, et nos papes eux-mêmes ne demandent pas le pouvoir qu'on leur reproche de s'arroger.

7. « Mais l'hypothèse que nous venons d'admettre » pour un instant est insoutenable ; il faut pervertir » le catholicisme pour y trouver les maximes ultra-» montaines. »

Surtout telles que la philosophie les suppose.

CLERGÉ. — *Excommunication, refus de sépulture ecclésiastique.*

1er alinéa de la page 227.

« Nous avons en France trois maximes dont » l'oubli passager est la principale cause des scan-» dales et des tumultes dont nous sommes quelque-» fois témoins. »

Nous allons voir quelles sont ces maximes.

2e alinéa de la page 227.

« Première maxime fondée sur les règles cano-« niques et sur le droit ecclésiastique du royaume.

» — Il ne peut y avoir en notre pays d'excommuni-
» cation valable sans trois monitions précédentes,
» sans décision nominative et individuelle de l'évê-
» que, et sans publication dans la paroisse de l'ex-
» communié. »

Cela est vrai de l'excommunication nominative,
non de l'excommunication encourue par le seul fait
d'avoir désobéi aux lois de l'Eglise. (*Voyez Bergier*, *dict. théologique*, *v° excommunication.*

2. « Seconde maxime fondée sur l'article 16
» de nos libertés. — Les rois et leurs officiers ne
» peuvent être excommuniés par le fait de leurs
» officiers, sans cela les évêques et le pape se
» pourraient faire indirectement les maîtres de
» tous les états du monde. »

Il faudrait supposer pour cela, ou que les princes
et les rois mériteraient l'excommunication, ou que
le pape et les évêques les excommunieraient injustement. Mais au moins dans ce dernier cas l'excommunication serait nulle.

3. « Troisième maxime. — Il est défendu de pu-
» blier et de donner effet à aucune bulle d'excom-
» munication ou autre, si ce n'est avec l'agrément
» de l'autorité séculière. »

Il est vrai qu'en France aucune bulle ne peut
être publiée sans l'agrément de l'autorité séculière ;
mais, si l'excommunication était portée contre cette
autorité séculière elle-même, l'excommunication
serait-elle valable ? Elle le serait relativement à
la personne excommuniée, qui ne pourrait empêcher par son fait l'exercice de la puissance spiri-

tuelle. Elle ne produirait aucun effet relativement aux tiers, qui, n'étant point instruits à cet égard, pourraient communiquer avec la personne excommuniée.

1er alinéa de la page 228.

CLERGÉ. — *Instruction publique.*

1. « Cette instruction, depuis l'*a*, *b*, *c*, jusques » et y compris l'astronomie, le droit public, les » sciences naturelles, la médecine, la science des » accouchements, les beaux arts, est devenue dans » tout le royaume le monopole arbitraire du clergé. »

Les assertions contenues dans le passage que l'on vient de lire sont trop ridicules pour mériter une réfutation sérieuse. On sait bien que le clergé ne s'est mêlé d'enseigner dans nos temps ni l'astronomie, ni le droit public ou privé, ni la médecine et ses diverses branches, ni les beaux arts ; mais il est hors de doute que, l'enseignement de la religion devant marcher de front avec l'étude des lettres et des sciences, il serait à désirer que des ecclésiastiques vertueux fussent chargés de l'enseignement primaire, et de l'enseignement dans les colléges. Du premier parce que, les pauvres et les habitans de la campagne bornant à ces études préliminaires la sphère de leurs connaissances, il est de toute nécessité qu'ils sachent en même-temps leur catéchisme et les éléments de leur religion. Il faut que ces bons paysans soient assez instruits pour résister aux insinuations perfides de ces demi-savants se disant modestement philosophes (car il faut que l'on sache que les chaumières et l'ignorance des campagnes ont aussi leurs philosophes). Quant aux jeunes gens qui, d'un rang et d'une fortune plus élevée, font des études plus approfondies, ils ont besoin aussi de faire marcher de front l'étude de la religion, ils ont besoin surtout d'être surveillés dans leur jeunesse, afin que la corruption des mœurs ne détruise point chez eux le germe de la foi que le libertinage étouffe, et que l'étude seule ne peut pas faire revivre. Malheureusement l'auteur de cet article ne dit pas la vérité ; car, s'il disait vrai, l'on ne verrait pas tant de matérialistes, tant de déistes dans les hautes écoles.

2. « Sur ce sujet les anciennes lois sont abrogées » par *décrets* ou par *ordonnances*; les ordonnances » sont projetées, contre-signées, exécutées par un » évêque, tout à la fois grand-maître de l'université » et ministre du roi, à ce titre le surveillant du » grand-maître. »

Eh bien ! l'auteur a dû être satisfait ; cet ordre de choses a été changé, l'évêque qui était ministre et grand-maître tout à la fois a cessé d'être le chef de l'instruction publique ; mais il jouit de l'estime des honnêtes gens, à qui son déplacement a causé la plus vive douleur (1).

3. « Cette absence des lois, et ce genre de » supplément et d'exécution par ordonnances,

---

(1) Lorsque nous écrivions cet article, le roi n'avait point encore appelé à ce ministère le magistrat que son dévouement au roi et à la religion rendent l'émule de Mgr. l'évêque d'*Hermopolis*.

» constituent l'arbitraire et tout ce qu'il y a de
» plus contraire au gouvernement constitutionnel,
» et aux règles de l'Eglise les plus sages et les
» plus méconnues. »

Ce système ne viole point la charte, si la matière
traitée n'est point de celles qui exigent le concours
des chambres. Or, non-seulement la matière n'est
point réservée aux chambres, mais elle est réservée
au roi par l'art. 13 de la charte de 1814, qui
dispose formellement que la guerre, la paix et
les traités qui en dérivent, sont spécialement
réservés au roi ; or, un concordat avec le pape
est un traité de souverain à souverain, donc les
libertés constitutionnelles ne sont pas violées par
l'exécution de ce traité ou concordat, par la seule
autorité du roi.

Les règles de l'Eglise ne sont pas violées non
plus toutes les fois que le pape et le corps épiscopal approuvent ce qu'a fait le roi ; car ce sont
nos chefs spirituels qui ont reçu de Dieu le pouvoir
de gouverner l'Eglise, le pouvoir de lier et de
délier ; et, toutes les fois que ces princes de l'Eglise
sont d'accord sur un point de discipline, quand
même il serait contraire aux règles précédemment
observées, cette nouvelle manière de juger fait
canon, et oblige les fidèles. Du reste, nous l'avons
déjà dit, cette matière est au-dessus de la compétence des laïques.

4. « Il n'y a pas de quoi s'extasier d'admiration
» dans quelque discours que ce puisse être, mais
» il y a de quoi gémir et de quoi motiver des

» pétitions au roi et aux chambres législatives. »

On s'extasie d'admiration, lorsque le roi très-chrétien le fils aîné de l'Eglise cherche non-seulement à être bien avec le souverain pontife, mais à procurer de son côté le bien de la religion et à fermer les plaies de la révolution.

On gémit de l'opposition que quelques hommes apportent aux vues chrétiennes de notre bon roi, et des efforts qu'ils font pour le faire pencher vers eux ; *on gémit* sur les intrigues du comité-directeur qui cherche à composer la chambre élective d'hommes antimonarchiques et antireligieux, pour empêcher le bien, et hâter la désorganisation complète du gouvernement et de la religion.

2e alinéa de la page 228.

CLERGÉ. — *Juridiction contentieuse ou officialités.*

1. « Le clergé n'a reçu de Jésus-Christ aucun
» tribunal extérieur, ni civil, ni criminel, aucun
» appareil d'audience de plaidoiries, de procédure,
» de ministère public, aucune force coactive ex-
» térieure. »

Aujourd'hui les officialités n'ont rien de tout ce que notre auteur leur reproche d'avoir ; autrefois elle avait des procédures, un for criminel, et un for que l'on pouvait appeler civil. Nous avons expliqué au mot affranchissement, et nous avons même à cet égard cité le répertoire de jurisprudence de Merlin, comment les officiaux étaient parvenus à obtenir cette autorité (voyez ce mot). Du reste l'établissement des officiaux était si peu en opposition avec la discipline de l'Eglise, que St. Paul recommande aux chrétiens de ne point plaider devant les tribunaux de l'empire, et de soumettre leurs différends à l'arbitrage de l'évêque. Si les officiaux ont employé des plaidoiries, des procédures, un ministère public, c'est parce qu'ils ont voulu se préserver, comme les tribunaux ordinaires, de la surprise et de la mauvaise foi des plaideurs. Aujourd'hui, avons-nous dit, les officiaux ne s'occupent absolument que du for intérieur, et, quoiqu'ils aient des promoteurs qui remplissent les fonctions du ministère public, leur juridiction ne s'étend point sur les affaires de ce monde.

2. « Notre clergé s'était donné tout cela de lui-
» même dans les temps d'ignorance, ou l'avait quel-
» quefois obtenu par certains diplômes des rois. »

Voyez l'observation précédente et le mot *Affranchissement*.

3. « Vainement donc J.-C. avait dit : Je ne suis
» point venu dans le monde pour juger, mais pour
» *servir* ; imitez-moi, le disciple n'est pas plus
» grand que le maître. »

Nous n'avons trouvé ce que dit l'auteur dans aucun Evangile, nous avons parlé de tout ce qui peut y avoir rapport, et de ce que dit N. S. J.-C. à ses apôtres lorsqu'il s'éleva entre eux une discussion sur la priorité qu'avaient demandée les frères Zébédée. Voyez plus haut la page 85, suite du 2e alinéa de la page 226 de l'encyclopédie moderne.

4. « Une sage loi de 1791 supprima les officialités,
» cependant les évêques les ont impunément réta-
» blies de fait au mépris de la loi. »

Ces lois si sages chassèrent les moines de leurs
couvents , s'emparèrent des biens ecclésiastiques,
expulsèrent les pasteurs légitimes de leurs sièges,
et y établirent des intrus.

· Mais le concordat de 1801 , en rétablissant les
évéchés légitimes, n'a pu les priver de leur juridiction dans le for intérieur , et le rétablissement
des officiaux, tels qu'ils existent aujourd'hui, date
de cette époque. Mais la charte , en proclamant
la religion catholique religion de l'état , a de plus
fort rendu aux évêques les droits inséparables de
leur titre ; ce n'est donc pas au mépris des lois en
vigueur que les officialités ont été rétablies , c'est
en vertu des lois nouvelles dérogeant aux lois
absurdes et impies de 1791.

5. « Les almanachs , et les actes de prise de pos-
» session des évêques , parlent de ces fantômes
» impuissants et antiévangéliques. Ils font des
» procédures écrites, ils donnent des audiences,
» on plaide devant eux, ils paraissent juger des
» causes sur les conclusions de leur prétendu minis-
» tère public ; un soi-disant official , après bien
» des procédures, a donné couleur de nullité de
» mariage au légal et très - solennel divorce de
» Napoléon. »

Les officialités du royaume n'ont aujourd'hui de
pouvoir que dans le for de la conscience ; sous
tous autres rapports, ce sont des fantômes contre

lesquels se bat l'auteur de cette notice. Elles ne
sont pas antiévangéliques, puisqu'elles dérivent du
droit de lier et de délier que N. S. J.-C. a donné
à ses apôtres. Il n'y a plus devant les officiaux ni
audiences, ni plaidoiries. Ils jugent sur le vu des
bulles du pape ou des commissions de l'évêque
s'il y a lieu d'accorder ou de refuser la dispense
demandée, de déclarer nul ou valide dans le for
de la conscience, tel mariage ou tel vœu de religion.
Le promoteur, remplissant les fonctions de ministère
public, donne ses conclusions après un mûr examen
de la question proposée ; et, si une officialité a
déclaré nul le mariage de Napoléon, c'est une
preuve de plus que ce souverain de fait, que l'on
ne peut accuser d'avoir voulu favoriser l'Eglise,
reconnut cependant la légitimité de ces tribunaux
ecclésiastiques, et l'abrogation *des sages lois* qui
les avaient abolis.

6. « Ces scènes de scandale produisent un casuel
» illégal, des levées de deniers inconstitutionnelles. »

Nous avons vu que les officialités n'ont été rétablies qu'en vertu du concordat de 1801, du consentement de toutes les autorités de fait qui gouvernaient la France à cette époque ; nous avons
vu que la charte, en déclarant la religion catholique religion de l'état, a confirmé ce rétablissement qui aurait eu lieu par sa seule autorité s'il
n'avait pas déjà existé. S'il en est ainsi, le paiement
volontaire des frais occasionnés par ces procédures,
et qui sont bien loin d'être aussi forts que ceux
qui sont exposés devant les tribunaux ordinaires,

est également autorisé par la charte, d'après la
règle qui veut la fin veut les moyens. Mais, nous
le répétons encore, ce mince casuel, ces petites
levées de deniers sont volontaires, elles ne peuvent atteindre ni les protestants, ni les philosophes,
et, sans être plus illégales que les souscriptions du
libéralisme, elles n'offrent point le même danger
pour la sûreté de l'état.

7. « *(Voyez le mémoire sur les officialités*
» *anciennes et modernes, par l'auteur de cet*
» *article, in-8°, Paris* 1821 *,* 74 *pages.* Avec
» plusieurs réponses où l'on se borne à dire que
» tout cela est essentiellement nécessaire, et surtout
» purement *spirituel* ; on le dit peut-être par direc-
» tion d'intention et avec restriction mentale.) »

C'est ce que nous avons dit aussi dans nos
observations, en ajoutant ici que nous parlons
franchement, sans direction d'intention, sans restriction mentale, puisque nous avons répété plusieurs
fois, du moins quant aux officialités modernes,
qu'elles ne peuvent atteindre, ni les protestants, ni
les philosophes.

1er alinéa de la page 229.

CLERGÉ. — *préséances, et qualifications honorifiques.*

1. « Une simple ordonnance attribue aux mem-
» bres du clergé pairs de France la préséance sur
» les pairs laïques de tout âge et de tout titre ;

» mais la charte qui dit pairs, dit qu'ils sont égaux
» dans l'exercice de leurs fonctions publiques. »

Si l'on considérait le genre d'autorité dévolu
aux ministres de l'Eglise ou aux employés civils,
sans doute que le corps épiscopal qui gouverne les
matières de la religion, les matières qui appartiennent à Dieu et à l'éternité, aurait une grande
prééminence sur la magistrature civile. Mais les
évêques, suivant les préceptes et l'exemple de
N.-S. J.-C. qui a dit *mon royaume n'est pas de
ce monde*, demeurent soumis dans l'ordre civil et
dans l'ordre politique à la magistrature de la terre,
et principalement aux souverains ; ces derniers,
devenus chrétiens depuis la conversion de l'empereur Constantin, ont donné au clergé un rang
honorable dans le monde, et l'obéissance que le
sacerdoce devait aux princes, en vertu de l'ordre
de celui qui a dit *rendez à César ce qui appartient à César*, lui a fait un devoir d'accepter la
place qui lui était assignée dans l'ordre des pré-
séances civiles et politiques. Les pairs ecclésiastiques
ont reçu du roi très-chrétien le droit de siéger
avant les pairs laïques pour honorer l'Eglise qu'ils
représentent ; ils sont toujours dans l'ordre du
monde les pairs, c'est-à-dire les égaux de ceux
qui viennent après eux, comme des juges plus
anciens sont les égaux de ceux qui ont été nommés
plus récemment, quoiqu'ils aient un rang un peu
plus élevé.

2. « Cette ordonnance, qui a compromis la
» responsabilité des ministres, et qui tendrait au

» rétablissement des trois ordres, n'a pas eu, ou
» presque point, d'exécution ; la révolution a fondu
» le clergé dans la nation.

Si cette ordonnance n'a point reçu d'exécution,
quel motif notre auteur a-t-il de se plaindre ?
Quand elle l'aurait reçue, on n'aurait pas plus
reconnu les trois ordres en France que la charte
elle-même, en déclarant que la religion catholique
est la religion de l'état ; la noblesse en déclarant
que l'ancienne et la nouvelle sont maintenues, et
le tiers-état en se séparant pour ainsi dire des deux
premiers corps, malgré la disposition qui porte
que tous les français sont aptes à tous les emplois
publics. La révolution n'avait pas fondu le clergé
dans la nation, elle l'en avait au contraire distingué
d'une manière bien cruelle en le condamnant à
la mort ou à la déportation. Napoléon lui rendit
un rang honorable, et Louis xviii l'a rétabli par
sa charte dans une partie de ses anciens droits.

3. « Il n'est plus question des ordres en France
» si ce n'est dans des prônes inexacts en ce point,
» et dans quelques médailles officielles de 1824
» et de 1825 dont j'ai eu connaissance. »

On sait que les trois ordres n'existent plus de
la même manière, et avec les priviléges dont ils
avaient respectivement joui depuis l'origine de la
monarchie jusqu'en 1789. Mais la noblesse a été
rétablie, mais la religion catholique est la religion
de l'état. Une chambre (la chambre des pairs) a
été affectée à la noblesse et au clergé. La chambre
des communes admet des hommes du tiers-état,

et, quoique la noblesse ne soit pas une cause d'exclusion, la chambre élective semble réservée par
la charte à la partie de la nation que l'on appelait
autrefois tiers-état. On peut donc dire sans être
inconstitutionnel que la France reconnaît trois
ordres, le clergé, la noblesse, et le tiers-état.

Dernier alinéa de la page 229.

1. « Les évêques étaient appelés autrefois révé-
» rends, ensuite *révérendissimes*, c'est-à-dire res-
» pectables, et puis très-respectables : c'étaient
» des qualifications judicieuses. »

Cela est vrai, mais voyons ce qui suit :

2. « Les évêques de France des derniers temps
» se lassèrent de n'être pas autrement distingués
» parmi les hommes leurs frères, oubliant les pré-
» ceptes du maître : Soyez humble de cœur, qui
» voudra être plus grand parmi vous qu'il soit le
» serviteur de tous ; ils crurent s'agrandir en
» statuant de se faire appeler monseigneur, et
» grandeur. »

Non les évêques n'ont pas été *agrandis* lorsqu'on
a commencé à les appeler *monseigneur* et *grandeur*;
leur dignité spirituelle est au-dessus de tous les
titres d'honneur qui pourraient leur être conférés ;
ce ne sont point les évêques qui se sont attribué ces titres de monseigneur et de grandeur.
Le titre de révérend et de révérendissime étant
devenu le partage des religieux et des supérieurs
des communautés, l'usage amena des titres d'un

autre genre pour les évêques, qui sont à la vérité les serviteurs de leurs frères, mais qui le sont de la même manière que le pape est le serviteur des serviteurs de Dieu, et que N. S. J.-C. fut le serviteur de ses apôtres. Ils doivent se sacrifier pour le troupeau que J.-C. leur a confié ; ils doivent être toujours prêts à leur administrer les sacrements. Les laïques comme chrétiens doivent de leur côté leur rendre les honneurs dus à leur rang, au ministère sacré qu'ils remplissent, et, comme citoyens, ils doivent respecter en eux les titres dont les souverains les ont décorés.

2. « La cour et le bon peuple se soumirent à ce » pacte, et voilà tout le fondement des prétendus » priviléges des monseigneurs qui ne sont pas de » ce monde. La loi du 8 Avril 1802 leur a interdit » le monseigneur, l'almanach royal a long-temps » enseigné qu'on peut appeler les évêques monsieur » ou monseigneur. »

Voilà beaucoup de déclamations pour une chose à laquelle les évêques tiennent fort peu, car ils ont bien plus à cœur le salut du troupeau confié à leur garde, que les titres plus ou moins pompeux, plus ou moins polis, plus ou moins respectueux, que peuvent leur donner les gens du monde. Cependant, quoique ce soit une chose de fort peu d'importance en elle-même, il est utile de relever les erreurs dans lesquelles la passion *anticléricale* entraîne l'auteur de cet article contre les évêques chefs du clergé.

Nous avons dit que la politesse, l'usage et la

volonté des princes, avaient introduit en faveur des évêques les titres de grandeur et de monseigneur. M. Lanjuinais nous dit de son côté que la cour et le bon peuple ne firent que se soumettre à ce pacte ; mais qu'il nous fasse connaître l'origine de cet usage, et le concile ou synode où il fut réglé, et nous verrons ce que nous aurons à lui répondre.

Les évêques sont appelés tantôt monseigneur, tantôt monsieur peu importe : les personnes bien élevées leur donnent toujours le premier de ces titres, surtout quand elles leur écrivent, ou leur adressent la parole.

3. « Le premier signifie mon petit seigneur ou » mon petit plus ancien, car mon seigneur ne veut » dire que mon plus ancien ; c'est un comparatif » de respectable. Sa grandeur ou votre grandeur » semblent désigner un autre privilége, qui n'est » en réalité pas plus signifiant, car toute grandeur » est relative ; *Dieu seul est grand, mes frères,* » disait si bien Massillon. »

Quelques lignes plus haut notre auteur s'est beaucoup recrié sur ce que les évêques avaient, disait-il, méprisé le titre de *révérend* qui signifie *respectable,* pour s'arroger ceux de monseigneur et de grandeur. Nous avons répondu en expliquant l'origine de ce changement, qui ne doit nullement être imputé aux évêques, mais aux rois, aux grands, et aux personnes qui avaient des rapports avec les prélats. D'après le passage précédent, le titre de monseigneur ne serait qu'un comparatif de respectable, de sorte que, d'après l'auteur, ils seraient descendus du superlatif au comparatif, ce qui, d'après les règles de la grammaire, ne serait point une preuve contre leur humilité. Il ne resterait que le titre de grandeur ; mais, nous dit M. Lanjuinais, ce titre n'est pas plus signifiant, car toute grandeur est relative. Que devons-nous conclure de ces différentes manières de voir de l'auteur ? Nous devons en inférer que le seul but de la plupart de ces MM. est de critiquer, de blâmer tous les usages du clergé, et de le rendre lui-même l'objet du mépris et de la haine des français.

1er alinéa de la page 230.

CLERGÉ. — *Privilége, ou exemption de l'autorité épiscopale.*

1. « Le culte catholique sera excercé sous la
» direction des archevêques et évêques dans leurs
» diocèses, et sous celle des curés dans leurs parois-
» ses. Tout privilége portant exemption ou attribu-
» tion de juridiction épiscopale est aboli. Art. 9 et
» 10 de la loi du 8 Avril 1802. »

Voilà un article qui n'est pas *inconstitutionnel*, car il rappelle parfaitement les dispositions du décret qui établissait la constitution civile du clergé. Il ne manquait que d'exiger un serment contenant approbation de cette loi, pour nous faire rentrer dans le schisme que le concordat de 1801 venait de détruire. Heureusement la Providence, qui veillait sur le salut du royaume de St. Louis, ne permit point que l'on allât jusques là, et les évêques fermèrent les yeux sur l'abus qu'il renfermait. Je demanderai à tout homme qui connaît sa religion, qui connaît les limites tracées entre les deux pouvoirs par la volonté de J.-C. lui-même, si l'article que nous venons de transcrire n'est pas un empiètement du pouvoir civil sur le pouvoir spirituel.

2. « Le déplorable concordat de 1817, entre » autres désordres qu'il établissait, devait dans » les articles 10 et 11 sanctionner l'abus des exemp-» tions de la juridiction épiscopale pour des abbayes, » des prieurés, etc. »

L'auteur, après avoir beaucoup déclamé contre les évêques, semble actuellement prendre leur parti contre le pape et le roi, auteurs du concordat de 1817; est-ce l'esprit de religion qui l'entraîne dans ses divagations? On ne saurait le penser. Pour être persuadé du contraire, on n'a qu'à relire les différents passages que nous avons réfutés, où l'on a vu les institutions canoniques, anciennes et modernes, attaquées avec la plus grande animosité.

3. « Ce ne fut pas un des moindres motifs de » mécontentement général qu'il excita, et du rejet » tacite qu'il a éprouvé. »

1° Ce concordat n'excita pas un mécontement général, et il eût été approuvé sans difficulté un peu plutôt, ou un peu plus tard.

2° Il n'a point été rejeté en entier, puisqu'une

partie en a été exécutée au grand contentement des amis du roi et de la religion.

4. « On parle aujourd'hui du séminaire diocé-
» sain de Paris comme exempt de l'autorité de
» l'archevêque du diocèse. Ce serait un abus inoui,
» dont il faut croire pieusement que le 19ᵉ siècle
» ne sera pas affligé. »

Le séminaire diocésain de Paris ne peut pas être exempt de la juridiction de l'archevêque, pas plus que celui de tout autre diocèse. C'est donc, de la part de l'auteur, une crainte chimérique relativement à une chose qui l'intéresse sans doute fort peu. Si l'on eût établi à Paris un séminaire indépendant de l'archevêque, ce séminaire n'eût pas été un séminaire diocésain, et l'évêque aurait toujours eu le droit d'en conserver ou d'en établir un, et de le surveiller.

Le 19ᵉ siècle a bien vu et verra bien des scandales d'une nature différente de celui que l'auteur veut signaler !...

2ᵉ alinéa de la page 230.

CLERGÉ. — *Registres de l'état civil.*

1 « Lorsqu'au 16ᵉ siècle on recommença l'institu-
» tion de cette sorte de registres, on en chargea les
» curés ; on a continué de même jusqu'à la loi du
» 20 septembre 1792, confirmée par beaucoup de
» lois subséquentes, dont il résulte qu'au maire
» appartient la tenue de ces registres. »

Avant l'établissement des registres de l'état civil,

notamment avant la réforme , tous les français se présentaient devant leurs curés dans trois circonstances principales de la vie , et les curés en tenaient note comme ils le font encore aujourd'hui.

Lors de la naissance d'un enfant , on l'apportait dans le temple , où le pasteur lui donnait le baptême, et le faisait ainsi entrer dans le sein de l'Église.

Les mariages étaient célébrés devant le même curé, qui donnait aux époux la bénédiction nuptiale.

Après la mort , les personnes décédées étaient portées à l'église , et les prêtres priaient Dieu en présence du cercueil , et accompagnaient les dépouilles mortelles jusqu'à leur dernière demeure.

Dans un temps où la religion était tout , où la réforme et la philosophie moderne n'avaient pas corrompu la moitié du genre humain , il était dans l'ordre que les pasteurs qui rendaient les premiers et les derniers devoirs aux hommes , et bénissaient l'union qui formait les familles , fussent chargés de constater les trois circonstances principales , la naissance , le mariage, et la mort.

La loi de 1792 a substitué à cet ordre de choses la tenue des registres de l'état civil par les maires des communes. Une discussion sur la question de savoir s'il serait mieux de la rendre au clergé nous mènerait beaucoup trop loin , il y aurait beaucoup de choses à dire pour et contre ; mais une modification relativement aux mariages ne serait pas sans nécessité.

2. « La nation, qui ne doit pas se diviser en » diverses communions religieuses , a dû établir

» pour tous les citoyens de tels registres , et des
» officiers qu'ils puissent requérir sans répugnance
» et sans avoir à en redouter aucune scène fâcheuse,
» aucun retard , aucun refus vexatoire. C'est ainsi
» que le sage et religieux Marc-Aurelle avait ins-
» titué , pour tout l'empire romain , la tenue de
» cette espèce de registres. »

La raison donnée dans le passage précédent est
une de celles que l'on pourrait invoquer à l'appui
de l'opinion contraire. Sans en préjuger le mérite,
nous pourrons ajouter que l'on courait le risque
d'exposer des pasteurs respectables à recevoir des
injures non méritées , en les mettant en rapport
avec des hommes sans religion , quoique non protestants, ou à éprouver la douleur de se voir obligés
de constater la naissance des enfants pour lesquels
on ne demanderait pas le baptême. Peut-être ces
raisons céderaient-elles à d'autres dans le sens contraire : mais j'ai dit qu'il n'entre pas dans mon plan
de les exposer.

Quant à la comparaison entre Marc-Aurelle et les
législateurs de 1792, elle n'a pas le plus petit degré
de convenance. L'édit de cet empereur n'ôta pas
la tenue des registres aux prêtres de Rome , il ne
put être mû par les mêmes motifs que les législateurs de 1792 , qui ne rendirent leur décret qu'en
haine de la religion , et des pasteurs légitimes qu'il
crurent déconsidérer en leur ôtant des fonctions
plus assujettissantes qu'avantageuses.

3. Page 231. « Les prêtres antigallicans récla-
» ment aujourd'hui pour faire rétablir à cet égard

» les dangereuses formes du 16e siècle. (Voyez *les*
» *nouveaux mandements et instructions pastorales*
» *de Toulouse, de St.-Brieux, et de Rouen.* »

Je n'ai besoin ici que d'engager à lire les mandements et instructions pastorales auxquels l'auteur
renvoie.

2e alinéa de la page 231.

1. « Des pétitions sont provoquées, présentées,
» renvoyées aux ministres, des vœux sont émis
» par des administrateurs nommés et destituables
» arbitrairement, pour faire abroger la loi salutaire
» et nécessaire qui défend de bénir le mariage
» avant qu'il soit contracté à la municipalité. »

Et voilà la modification qui serait à désirer relativement à la célébration du mariage ; il faudrait
que l'officier de l'état civil ne le constatât sur les
registres que lorsqu'il aurait été réellement solennisé
par la bénédiction nuptiale, donnée aux époux par
le pasteur catholique, ou par le ministre du culte
qu'ils professeraient. Par ce moyen on éviterait une
foule de scandales, qui n'arrivent souvent que parce
que les personnes qui se sont présentées devant le
maire pour contracter le mariage civil se croient
suffisamment mariées, et souvent feignent de le
croire, et sans aucun respect pour la religion et
pour la morale, se conduisent dès-lors comme
maris et femmes. La loi civile tolère toutes les
communions ; on l'a jugé nécessaire : mais elle ne
peut tolérer l'irréligion, l'immoralité, la dissolution ; et le législateur chrétien, catholique ou pro-

testant , doit par une sage loi remédier à cet abus,
qui perd les générations , détruit dans les ménages cette union si douce , fondée sur l'estime
que s'accordent réciproquement deux époux religieux , observateurs des règles de la morale , et
amène dans toutes les classes la perversité la plus
complète.

2. « Espérons que nous échapperons au danger
» de cette entreprise la plus pernicieuse. »

Si nous échappons à ce danger , nous n'échapperons pas à d'autres plus grands encore ; à ceux
dont nous menacent la philosophie, le libéralisme,
l'irreligion.

Nous venons enfin de terminer la réfutation dé-
taillée de cet article CLERGÉ , qui aurait pu fournir
de si belles pages à un auteur impartial , qui aurait
voulu faire connaître les services essentiels que ce
corps éminemment utile a rendus à l'humanité , à la
morale publique , à la législation , à la saine philosophie et aux lettres. Si notre ouvrage était une
encyclopédie , si les bornes que nous lui avons
prescrites n'étaient pas trop resserrées , nous oppo-
serions à la notice de M. Lanjuinais un article tout
différent, dans lequel nous prouverions que le bien
opéré par le clergé est incalculable , et que le
mal qu'on lui attribue ne peut être reproché qu'aux
temps, aux circonstances , et surtout à ses ennemis ; nous citerions avec consolation cet épiscopat
français , et ces prêtres vénérables qui , renou-
velant sous nos yeux les exemples des premiers
chrétiens , abandonnèrent leurs revenus et leur vie

même à la rapacité et à la férocité des vandales
de la philosophie moderne, pour ne pas souiller
leur conscience en prêtant un serment contraire
aux maximes de l'Eglise.

Ne pouvant traiter nous-même un si vaste sujet,
nous engageons le lecteur à étudier l'histoire ecclésiastique, l'histoire de France, le dictionnaire théologique de Bergier, au mot *Clergé*, Merlin lui-même,
qui, tout régicide qu'il est, a eu plus de prudence
que les philosophes du 19e siècle, quoiqu'on ne
puisse l'accuser d'être le partisan du clergé. Il
trouvera dans les ouvrages que nous lui indiquons
une réfutation des erreurs de M. Lanjuinais, plus
étendue et plus complète que celle que nous pourrions faire nous-même.

COCHON (*sus*) *Histoire naturelle.* P. 251—260.—
     BORY DE ST.-VINCENT.

Si M. Bory de St.-Vincent ne compare pas le
cochon à l'homme, peu s'en faut, puisque d'après
lui comme d'après tous les naturalistes, le sanglier
appartient à ce genre. Après avoir expliqué très-
savamment les moyens qu'emploient ces animaux
pour se défendre contre leurs ennemis, et les attaquer à leur tour, cet auteur nous dit :

« De telles associations prennent souvent l'offen-
» sive contre l'ennemi. Les bêtes féroces les mena-
» cent-elles, les faibles sont aussitôt renfermés au
» centre d'un cercle pressé, où les forts présentent
» leurs boutoirs et leurs crochets terribles. L'assail-

» lant risque d'être dévoré pour peu que la moindre
» blessure fasse couler son sang. De tels liens de
» famille, ainsi qu'une tactique si bien appropriée
» à la résistance, prouvent plus que de l'instinct. »

M. Bory de St.-Vincent revient toujours à son système, d'après lequel il attribue aux animaux une raison réfléchissant sur ses besoins, et combi. nant les moyens de les satisfaire. Ce que cet auteur attribue ici aux sangliers convient à des animaux d'une nature bien différente, aux vaches des montagnes d'Auvergne, par exemple, qui, à l'approche du loup, placent leurs veaux au milieu d'elles, for. ment un bataillon circulaire en cernant la bête ennemie, et se la renvoient de l'une à l'autre en la faisant sauter avec leurs cornes. On me dira peut-être que je prouve en faveur de mon adversaire au lieu de le réfuter. Je répondrai que les brutes ont reçu de Dieu un instinct qui les porte à leur conservation et à leur défense, et que le moyen qui leur est donné étant toujours le plus simple, et indépendant de toute réflexion de leur part, il se trouve toujours le même ; au lieu que l'homme, livré à ses propres lumières, ne parvient à employer les meilleurs moyens d'attaque et de défense qu'après un grand nombre d'essais, et des combinaisons différentes.

1er alinéa de la page 256.

Après avoir parlé de l'action du sanglier qui

se jette avec fureur sur le chasseur qui l'a blessé, l'auteur ajoute :

1. « Peut-on disconvenir que dans un pareil acte de
» désespoir, si parfaitement calculé, il n'existe pas
» un indice évident de jugement, nous oserions pres-
» que dire d'héroïsme. »

Il est libre à M. Bory de St.-Vincent de trouver du jugement et même de l'héroïsme dans la fureur du sanglier poursuivant son agresseur, d'autres sans doute n'y verront que l'instinct aveugle d'une vengeance téméraire.

2. « Mais comme le chien abâtardi dont tout
» le courage consiste à se jeter sur le misérable
» que des haillons trahissent, ou bien à se faire
» placer sous la protection d'un maître sanguinaire
» pour égorger d'autres animaux, le sanglier ne
» s'apprivoise pas aux caprices de l'homme, et ne
» consentirait pas, sous l'influence du fouet ou du
» bâton, à payer en bassesses nos soins intéressés.

» Les auteurs qui ont imaginé qu'on était natu-
» raliste et philosophe en échafaudant des phrases,
» ont conséquemment fait du sanglier le rustre
» de la création, et du chien le touchant modèle
» de la fidélité. »

Que tout ce qui peut fournir des exemples de fidélité et de soumission soit honni par les phi-losophes du jour, on n'en est point étonné ; mais que, comparant l'animal compagnon et souvent défenseur de l'homme à une bête fauve qui ne se distingue du cochon que par sa férocité, on donne la palme du génie à celle dont l'instinct est le plus borné , c'est ce qu'on ne peut attendre que de celui qui dans ses articles met constamment l'homme au-dessous de la brute , et le classe dans le même genre que les bêtes les plus hideuses de la nature. Nous n'entreprendrons pas ici de prouver que le chien a de l'esprit , cela entre d'autant moins dans nos vues , que nous sommes convaincu que l'homme seul est doué de raison , et que les bêtes n'ont qu'un instinct conforme à leur nature, à leurs besoins et à leur organisation. Mais si l'on établit une comparaison entre l'instinct du sanglier qui dans les mêmes circonstances agit toujours de la même manière , et dont tout le mérite consiste dans une fureur aveugle et téméraire , et celui du chien qui se prête à une sorte d'éducation, apprend des tours d'adresse ne paraissant avoir aucun rapport avec son organisation , et dont la fidélité et la perspicacité , que nous attribuons seulement à la finesse de son odorat , ont donné lieu à une foule d'événements étonnants qui ont rempli d'admiration les témoins et les lecteurs des petits faits qu'on leur attribue , sans être naturaliste , tout lecteur impartial répondra qu'entre ces deux animaux il donnerait la supériorité à l'animal domestique.

CODE CIVIL (*législation*). P. 260—292. — Le comte Berlier.

Ce n'est qu'avec un sentiment de crainte que nous abordons la réfutation de quelques passages

qui se trouvent dans une notice faite par un grand
jurisconsulte qui a contribué lui-même à l'émission
du code civil ; mais comme nous nous sommes
proposé d'écrire sans acception de personnes, et
de relever les erreurs que l'encyclopédie moderne
nous paraît contenir, quelque soit l'auteur des
notices, nous hasarderons les observations suivantes :

5e alinéa de la page 261.

« Le droit naturel consiste plus en préceptes
» qu'en dispositions ; il conseille, mais il ne com-
» mande pas, et il appartient à la morale plus
» qu'à la législation proprement dite. »

Nous convenons que le droit naturel consiste
plus en préceptes qu'en dispositions législatives
ayant force coactive et exécutoire ; nous convenons
aussi (ce qui est une suite de ce qui vient d'être
dit) qu'il appartient plus à la morale qu'à la
législation proprement dite.

Mais nous ne saurions admettre ces mots : *Il
conseille, mais il ne commande pas.* Le droit
naturel renferme les préceptes que Dieu a gravés
dans le cœur de tous les hommes, en les plaçant
sur la terre ; c'est le droit par excellence, c'est
la raison suprême de la divinité, établissant les
devoirs que les hommes doivent remplir envers
Dieu et envers leurs semblables. Ce droit naturel
a été promulgué sur le mont Sinaï, lorsque Dieu
donna à Moïse les tables de la loi ; il est compris
en grande partie dans le droit civil et pénal de

presque toutes les nations, et de presque tous les
temps ; il a été sanctionné en grande partie par
tous les législateurs qui ont donné des lois aux
hommes. On peut voir à cet égard le génie du
christianisme de M. le vicomte de Chateaubriand.

La partie du droit naturel qui n'a pas été comprise
dans le droit positif, n'est pas pour cela dépourvue
de sanction. Elle a au contraire une double sanction,
la promesse d'une récompense envers l'observateur
religieux des préceptes éternels, et celle d'un
châtiment rigoureux envers les infracteurs. On ne
doit donc pas dire que le droit naturel conseille
et ne commande pas, puisque l'observation de ses
préceptes est rigoureusement exigée par le souverain
législateur qui nous les a donnés.

6ᵉ alinéa de la page 269.

« C'est ainsi que le bien naît quelquefois du mal
» même. Ces entreprises (les croisades), d'abord
» sottement pieuses, sur lesquelles vinrent s'enter
» ensuite des idées de vanité non moins sottes,
» contribuèrent à replacer dans la condition d'hom-
» mes libres non-seulement quelques communes,
» mais même plusieurs contrées, où *le franc aleu*
» redevint le droit commun, et où la maxime *nul*
» *seigneur sans titre* prévalut sur celle qui régnait
» en d'autres lieux, *nulle terre sans seigneur.* »

Les croisades amenèrent la liberté des serfs,
c'est un point convenu : nous n'avons donc pas
besoin de le démontrer ; elles donnèrent aux croisés,

sinon les sciences, du moins le désir de les posséder; elles contribuèrent à introduire en France
une foule d'ouvrages intéressants, et qui étaient
entièrement inconnus en Occident. Elles donnèrent
les premières idées d'un commerce extérieur qui
agrandit les vues du peuple d'Occident, notamment
celles des français et des anglais ; ainsi l'on peut
dire, sans être contraire à la vérité, que les croisades
ont amené la liberté, la civilisation, les lettres,
les sciences et le commerce ; ce serait assez sans
doute pour imposer silence à la philosophie, mais
ces croisades avaient pour but de délivrer les lieux
saints, et de secourir les chrétiens contre l'oppression des turcs ; et l'esprit d'opposition au christianisme s'est emparé des passions des croisés, de
leurs crimes, de l'impéritie de leurs chefs, et de
l'esprit de rapine inséparable d'une troupe excessivement nombreuse, composée d'éléments hétéro-
gènes et d'hommes indisciplinés, pour déclamer
contre le but des princes chrétiens. Dans un temps
qui n'est pas encore éloigné de nous, une entreprise
gigantesque a fait périr une armée de six cent mille
hommes, a attiré à Paris les princes que nous avions
tenus jusques-là sous le joug ; et l'on ne dit rien
contre cette folie de notre siècle !.... C'est parce
qu'elle n'était point dictée par l'humanité et la
religion.

2e alinéa de la page 275.

« Ils (les parlements) rendirent surtout un im-
» portant service à l'état, par leur constante et

» unanime opposition aux invasions de la cour de
» Rome et des tribunaux ecclésiastiques ; *les appels*
» *comme d'abus* furent la sauvegarde des libertés
» publiques et du droit civil. »

Oui, les parlements arrêtèrent les empiètements
de l'autorité ecclésiastique , et en cela ils rendirent
service à la monarchie et au droit civil, mais ils
allèrent eux-mêmes trop loin ; au lieu de se borner
à arrêter les prétentions du clergé sur le temporel,
ils empiétèrent eux-mêmes sur le spirituel. Tels
furent les arrêts qui ordonnèrent d'administrer les
malades , d'ensevelir les morts ; tels furent enfin
les arrêts qui expulsèrent les jésuites. Nous nous
plaisons à rendre aux parlements la justice qu'ils
ont méritée, mais nous croyons aussi devoir signaler
les abus de pouvoir qu'ils commirent.

2e alinéa de la page 280.

« Cette prohibition d'intérêt *dans le prêt à temps*
» tirait sa naissance d'un texte assez mal appliqué
» de nos livres saints. »

J'ai dit ailleurs que l'interprétation des livres saints
n'appartient qu'à l'Eglise conservatrice du dépôt de
la foi. L'Eglise a jusqu'ici défendu le prêt à intérêt.
Si l'interprétation qu'elle a donnée tient au dogme,
elle ne changera pas ; si elle est de pure discipline,
nous devons nous soumettre encore tant qu'elle
persistera dans son jugement. Le chrétien laïque
ne juge pas, il soumet son jugement à celui de
l'Eglise , et agit en conséquence.

Dernier alinéa de la page 280—281.

« Le commerce et l'industrie n'auraient pas re-
» cueilli d'aussi favorables effets de la loi du 9 Mars
» 1793, qui abolissait la contrainte par corps pour
» toutes dettes purement civiles ; une philantropie
» mal entendue avait engendré cette loi ; les besoins
» réels de la société la firent rapporter quatre
» ans après. »

Ce que nous allons dire sur ce passage est moins
une réfutation qu'une simple observation, qui est
cependant du plus grand intérêt.

Nous ne prétendons pas que l'on doive supprimer
la contrainte par corps pour cause de stellionat.
Dans ce cas, la mauvaise foi de celui qui vend ou
hypothèque un objet sur lequel il n'a aucun droit,
ou n'a pas celui qu'il prétend avoir, mérite certainement cette peine ; il en est de même des dom-
mages-intérêts, qui, s'ils ne supposent pas dans
celui qui est condamné à les payer, la fraude et
le désir de tromper, annoncent du moins une
faute lourde, laquelle faute, d'après les principes
du droit, est considérée comme dol ; *culpa lata
dolo æquiparatur.* Nous ne parlons pas non plus
d'un fermier qui, ayant joui de biens appartenant
à un autre, s'approprie les fruits, et néglige de
payer le prix qu'il a promis au véritable propriétaire.

Mais nous voyons, et toutes les personnes douées
de quelques sentiments d'humanité voient comme

nous avec la plus grande peine ce nombre infini de lettres de change présentées devant nos tribunaux de commerce, qui prononcent toujours condamnation au paiement par la voie de la contrainte par corps. Sur cent lettres de change protestées, dix seulement appartiennent au commerce, tout le reste provient de prêts de non négociant à non négociant, et la plupart de ces lettres de change, dont quelques-unes sont notariées, parce que les malheureux débiteurs ne savent pas écrire, sont souscrites au profit d'usuriers qui prêtent à 12, 15 et 18 pour cent par an ; voilà l'abus que l'on doit signaler au roi et aux chambres; voilà l'amélioration que nécessite la législation sous le rapport de la contrainte par corps.

3e alinéa de la page 292.

1. « Mais pourquoi, lorsque nous voudrions nous
» arrêter sur cette riante image, certains change-
» ments, que nous sommes bien loin de considérer
» comme des améliorations, viennent-ils nous ins-
» pirer de douloureuses réflexions ? Comment *le*
» *divorce* modifié de telle sorte, que, depuis plus
» de 15 ans, il n'en avait été prononcé qu'un bien
» petit nombre sur le vaste sol de la France, a-t-il
» disparu du code civil ? »

M. le comte Berlier est un des auteurs du monument immortel de notre législation ; il peut revendiquer une partie de la gloire acquise à juste titre aux auteurs du code civil ; aussi sommes-nous

loin de le blâmer de l'affection que ce profond jurisconsulte porte au produit de ses veilles et de son
génie ; mais nous qui voyons le code civil avec
respect , mais de sang froid, nous qui avons pu
en approfondir les perfections et les défauts , nous
devons reconnaître la justice de la loi qui a entièrement aboli le divorce. Sans doute la sagesse des
législateurs qui travaillèrent à la confection du code
civil, pourvut au moyen de rendre ces séparations
scandaleuses les plus rares possibles. Sans doute
dans le temps de l'émission de notre code , sortant
d'une révolution antichrétienne , on ne pouvait
revenir subitement aux vrais principes, et l'on fit
très-sagement en se contentant de restreindre les
abus. Lors de la restauration de la monarchie ,
la religion dut recouvrer tout son lustre et toute
son influence ; l'athéisme des lois dut disparaître,
et notre code dut devenir un code chrétien , comme
ceux de Théodose et de Justinien : voilà pourquoi
le divorce fut aboli et réduit en simple séparation
de corps.

2. « Ha ! que deviendront et ce code et tout
» l'ordre judiciaire , si les maximes exclusives de
» l'Eglise romaine viennent dicter la législation
» générale de l'état, et si les décrétales reparaissent
» comme règles pour les tribunaux ? »

S'il en est ainsi , on supprimera du code tout ce
qui est contraire à la religion , et grâce à Dieu
les suppressions seront imperceptibles. Les tribunaux
qui existent n'auront pas pour cela besoin de modification, et les décrétales , qui autrefois étaient très-

peu appliquées , ne le seront pas plus aujourd'hui.

3. « Cette première brèche au droit civil ne
» peut-elle en amener beaucoup d'autres , tout à
» la fois affligeantes pour les citoyens , et funestes
» pour le gouvernement lui-même ? »

Nous serions aussi profondément affligé que
l'auteur que le code civil éprouvât de grands
changements , mais nous désirerions que ce code
fût mis entièrement en harmonie avec la religion
catholique et avec les principes monarchiques;
les changements que cette manière de voir néces-
siteraient sont peu nombreux , et , j'ose le dire ,
nullement nuisibles à l'ensemble général de notre
code.

COEUR (*hist. natur.*) P. 292 — 296. — BORY DE
ST.-VINCENT.

1er alinéa de la page 294.

1. « Ne dirait-on pas qu'en toutes choses , et
» en tout lieu , la puissance créatrice procéda par
» essai et avec économie. »

Non, la puissance créatrice ne procéda pas par
essai. Nous l'avons déjà dit, Dieu est éternel et
immuable ; il a tout vu, tout connu, tout déterminé de toute éternité , et si l'on voit des créatures plus ou moins parfaites, il n'avait pas besoin
d'agir dans la création de l'un à l'autre comme
nos ouvriers , il a pu commencer par l'ouvrage
le plus parfait, au lieu de commencer par ce qui
s'éloigne le plus de notre nature.

Il y a sans doute dans les créatures une sage économie, c'est-à-dire une sage distribution ; mais ici l'on ne doit pas confondre les deux acceptions du mot économie, dont l'une signifie épargne, et l'autre, ordre, arrangement. Tout est gradué dans la nature, tout se combine, tout est utile à l'ordre général ; les créatures ne sont pas épargnées, tout est plein dans le monde. Quel nombre d'animaux, depuis l'éléphant, jusqu'au ciron invisible ; depuis la baleine, jusqu'au petit animalcule qui nage dans une goutte d'eau ? Quel nombre de plantes, depuis le cèdre orgueilleux du Liban, jusqu'à la mousse invisible qui colore à peine d'une légère teinte ver-dâtre les pierres les plus polies et l'écorce de nos arbres ? Si le nombre des créatures n'est pas infini en lui-même, il l'est du moins par rapport à l'hom-me, qui ne saurait pas plus parvenir à les compter qu'à connaître le nombre des gouttes d'eau de la mer ou des grains de sable des rivages. Dieu a tout vu de toute éternité, et il n'a pas procédé par des essais, comme nos philosophes voudraient nous le persuader.

2. « Réduits à ce simple appareil, les premiers » enfantements de la molécule obéissante qui tend » à l'animalisation ne pourraient ni croître, ni se » reproduire, ni raisonner. »

Que conclure de cette phrase ? Rien de raisonnable sans doute. Nous avons expliqué ailleurs la diffé-rence que l'on devait mettre entre le fluide nerveux, dont l'action sert d'instrument à locomotion, et l'âme elle-même ; mais les molécules ne raisonnent pas. Voyez les mots *Ame - animal* , etc.

3. « L'appareil digestif les vient bientôt com-
» pliquer pour leur faciliter ces actes; des trachées,
» des bronches, ou des poumons, s'y ajoutent;
» le cœur vient le dernier, et de ce concours de
» superpositions d'organes, la création s'élève à
» l'homme de génie. »

Nous ne contestons pas la gradation des êtres
qui fait en quelque sorte le fonds du système
lumineux de M. Cuvier ; nous ne contestons pas
non plus que la plus ou moins grande perfection
des organes chez les brutes et chez l'homme ne
donne une plus grande ou une moindre facilité au
développement de l'esprit. L'âme des bêtes est-elle
purement sensitive , ou est-elle douée d'un certain
degré d'intelligence, c'est ce que nous ignorons
encore et ce que sans doute nous ignorerons tant
que le monde subsistera. Ce qu'il y a de positif
et de certain, c'est que les organes ne sont pas
l'esprit, et que l'homme, sans cette intelligence
supérieure qui lui fait porter ses regards au-dessus
de lui et jusques vers son créateur, ne serait qu'une
bête ; mais c'est cette intelligence qui le distingue
de tous les êtres organisés quelque ressemblance
qu'ils aient avec lui par leur organisation matérielle.

COLÈRE (*morale*). P. 317—322. — ARNAULT.

5e alinéa de la page 317.

1. « Les catéchistes rangent la colère parmi
» les péchés ; sauf le respect qui leur est dû , j'ose

» ne pas être de leur avis. Un péché est un acte :
» or la colère n'est pas un acte, mais une dispo-
» sition à certains actes. »

N'en déplaise à M. Arnault , les catéchistes
savent ce qu'ils disent, autant du moins que les
encyclopédistes qui les critiquent. Et d'abord, tous
les péchés ne sont pas des actes , puisqu'un grand
nombre d'entre eux sont des péchés d'omission qui
ne se commettent que dans un moment déterminé,
comme ceux qui sont des actes, mais par l'omission
d'un acte ordonné dans un espace de temps donné.
Ainsi le précepte de la confession annale oblige
une fois dans un an, manquer de l'observer n'est
pas un acte, mais un péché. Celui de la communion
paschale oblige à un acte dans le temps paschal,
et l'on n'a péché contre le précepte que lorsque
ce temps est écoulé. L'omission d'entendre la messe
n'est une violation du précepte que lorsqu'il n'est
plus possible de l'entendre : on ne peut donc pas
dire exactement que tout péché est un acte.

D'un autre côté, les péchés capitaux ne sont pas
à la vérité des péchés proprement dits, et les
catéchistes le disent aussi bien que M. Arnault ;
ils sont des dispositions perverses qui nous portent au mal, et c'est sous ce rapport qu'il est dit
que les péchés capitaux sont la source de tous
les autres péchés. Ces dispositions produisent cependant des actes spéciaux qui portent le nom de
cette situation de l'âme, et ces actes sont le consentement que nous donnons à cette impulsion
perverse.

La colère elle-même n'est pas un péché, lorsqu'elle n'est qu'une effervescence du sang qui nous irrite contre une chose qui nous déplaît. Si nous ne maîtrisons pas cette passion, si nous la nourrissons, si nous nous plaisons à l'exciter, alors nous tombons dans le péché de consentement, qui peut lui-même amener à sa suite des rixes, des coups, des meurtres, des médisances et des calomnies.

2. « Les actes qui émanent de la colère sont, » sans contredit, des péchés plus ou moins graves; » reconnaissons la colère pour un vice, mais ne » confondons pas la conséquence avec le principe, » et le fruit avec l'arbre. »

La colère et tous les péchés capitaux peuvent être considérés sous trois rapports, 1° comme passion, lorsque nous pouvons résister aux mouvements qu'elle produit dans notre âme, et alors ce n'est péché qu'autant que nous y consentons; 2° comme péché, dans le cas où nous donnons un consentement actuel aux effets de la passion; 3° enfin comme vice, lorsque nous avons, par un certain nombre d'actes, contracté l'habitude de nous y livrer. Ainsi la passion ne nous rend pas coupables, mais nous expose à le devenir. Le péché souille notre âme, mais le vice la dégrade au dernier point, et fait craindre que le repentir ne nous rende jamais à la vertu.

5e alinéa de la page 319.

1. « Le directeur de Richard Cœur-de-Lion,

» prince colère ou colérique s'il en fût, lui avait
» prescrit, si l'on en croit sir Walter Scott, de
» ne parler, quand il se sentait en colère, qu'après
» avoir récité mentalement un pater tout entier. »

Le remède n'eut pas été mauvais ; mais ce n'est
pas sur la foi de sir Walter Scott, quelque intéressants que soient ses romans, que l'on pourra en
admettre la vérité.

2. « La recette peut être bonne pour certains
» tempéramments ; mais il est certains tempéram-
» ments aussi sur lesquels elle produirait un effet
» tout contraire à celui qu'on s'en promettrait,
» et qui, pour avoir différé d'éclater, n'en éclate-
» raient que plus vivement. »

Cela serait ainsi, si au lieu d'une prière on
imposait l'obligation de réciter toute autre chose,
ou si celui qui voudrait réciter la prière n'avait
point de respect pour la religion ; mais si l'on
ajoute au temps pendant lequel on est forcé de
retenir son emportement les réflexions que doit
inspirer une prière dans laquelle on dit *pardonnez
nous nos offenses, comme nous pardonnons*, etc.,
si l'on ajoute la grâce de Dieu qui favorise toujours
celui qui prie avec ferveur, on reconnaîtra que
le remède est excellent.

Dernier alinéa de la page 319 — 320.

1. « C'est dans des raisonnements, et non dans
» des pratiques puériles, qu'il faut chercher des
» préservatifs contre la colère. Que l'on représente

» à l'homme enclin à cette passion tous les risques
» qu'il court en ne la réprimant pas ; qu'on lui
» rappelle qu'elle rend ridicule l'homme qu'elle
« ne rend pas atroce ; et à défaut de vertu, n'eût-il
» que de l'amour-propre, cet homme parviendra
» peut-être à se maîtriser. »

L'auteur dit fort bien *peut-être*. En effet, le
raisonnement aidé de la religion peut engager à
faire des efforts avant que la colère ne soit parvenue à un degré de fureur tel, qu'aucune réflexion
ne puisse plus la contenir. L'amour-propre seul
pourra engager à former de bonnes résolutions,
mais ces résolutions ne seront plus rien aussitôt
qu'une vive émotion s'emparera de l'homme qui
est sujet à cette passion violente, au lieu que la
religion et le secours de Dieu pourront le contenir
subitement, lui faire tomber les armes des mains,
ou au moins le porter à éviter un danger pressant
par une prompte fuite.

1er alinéa de la page 320.

« Montaigne et M. Jourdain ne pensent pas qu'il
» faille en cas pareil contrarier la nature : Je suis
» d'avis, dit le premier, qu'on donne plutôt une
» buffe (un soufflet) à la joue de son valet un
» peu hors de saison, que de gêner sa fantaisie
» pour représenter cette sage contenance, et aime-
« rais mieux produire mes passions que de les couper
» à mes dépens ; elles s'étanguissent et s'éventent,
« et en s'exprimant, il vaut mieux que leur pointe

» agisse au dehors que de la plier contre nous. »

Ces paroles de Montaigne sont celles d'un cynique qui pense que l'on doit se livrer à tous les mouvements de ses passions plutôt que de se gêner en les réprimant ; il y aurait cependant moins de danger pour un homme doué comme ce philosophe d'un tempérament flegmatique, et par conséquent d'une irascibilité peu dangereuse, à donner un soufflet à un valet dans un premier moment d'une rare vivacité, quoique l'homme paisible, ayant moins à combattre contre la colère que l'homme violent, soit à mon avis plus coupable qu'un autre en se livrant à ce mouvement désordonné. Mais si un conseil semblable à celui de Montaigne était suivi par un homme d'un tempérament sanguin, et par conséquent d'un caractère emporté, cela pourrait amener les conséquences les plus funestes et les plus désastreuses.

2e alinéa de la page 320.

« Je suis bilieux comme tous les diables, dit le » second, et il n'y a morale qui tienne ; je me » veux mettre en colère tout mon saoul quand il » m'en prend envie. »

Cette saillie, tirée du bourgeois gentilhomme de Molière et attribuée au personnage ridicule de la pièce, ne peut certainement servir à fixer la doctrine dans cette partie de la morale.

COLOMBIA (*géographie*). P. 337—397. — EYRIÉS.

3e alinéa de la page 394.

1. « Des garnisons ont été entretenues dans des
» lieux reculés non-seulement pour protéger les
» missions contre les incursions des indiens indé-
» pendants , mais aussi pour faire une guerre
» offensive à ceux-ci : cela s'appelait aller à la
» conquête des âmes. »

Les princes chrétiens ont voulu protéger les
peuplades américaines soumises à la loi évangélique,
on ne peut certainement les en blâmer ; ces garnisons ont pu , après avoir repoussé les attaques des
idolâtres , les poursuivre eux-mêmes , et se servir
des expressions énoncées dans le passage que l'on
vient de lire ; mais ces soldats n'étaient point chargés
de convertir les sauvages ; leur seul devoir consistait
à défendre les peuplades converties, et les missionnaires eux-mêmes ont souvent employé tous les
moyens qui étaient à leur disposition pour empêcher
les soldats européens de pénétrer dans les possessions des peuplades idolâtres ; ils ne cessaient de
s'efforcer de leur faire sentir que la douceur et la
charité étaient un moyen de persuasion bien plus
efficace que les armes.

2. « On tuait tout ce qui osait faire résistance,
» on brûlait les cabanes , on détruisait les plan-
» tations , et l'on amenait comme prisonniers les
» vieillards, les femmes et les enfants ; ces infor-

» tunés étaient répartis dans les missions éloignées
» de leur pays natal, afin qu'ils ne fussent pas tentés
» d'y retourner. »

Si ces peuplades idolâtres faisaient des incursions
sur les terres des chrétiens , si les soldats placés
en garnison dans les missions les poursuivaient à
leur tour pour se mettre à l'abri de leurs insultes ,
ils usaient (toujours indépendamment des ordres
et même du consentement des missionnaires)
des droits de la guerre , en détruisant des habitations trop voisines qui pouvaient leur donner
de l'ombrage , en faisant des prisonniers , et en
les éloignant le plus possible de leur pays natal.
Ensuite les missionnaires cherchaient à les convertir , mais il n'y a dans la conduite de ces
derniers rien à reprendre : on ne peut que les
louer d'avoir étendu sur les prisonniers le zèle
qu'ils montraient à l'égard de leurs enfants spirituels.

3. « Ce moyen violent , quoique prohibé par
» les lois espagnoles , était toléré par les gouver-
» nements civils , et vanté comme utile à la religion
» et à l'agrandissement des missions par les supé-
» rieurs des jésuites. »

Nous avons dit que ce moyen était accessoire
plutôt que principal , c'est-à-dire que ce ne fut
que dans la vue de défendre les missions que les
troupes se jetèrent quelquefois sur les habitations
voisines , et sans prendre le conseil des missionnaires : ces derniers ont pu rendre grâce à Dieu
des conversions faites parmi les prisonniers , mais

ils n'ont ni suggéré, ni encouragé l'emploi du moyen dont parle l'auteur, surtout de la manière dont il le raconte.

4. « Les religieux qui ont succédé à ceux-ci n'ont » pas suivi le même système ; leurs supérieurs » désavouent les incursions que se permettent » quelquefois des hommes poussés par un zèle peu » charitable. Ce sont les excursions des militaires, » et les incursions hostiles des moines qui ont » éloigné les indiens des bords de l'Orénoque. »

Les nouveaux missionnaires, nous dit-on, désavouent les excursions des militaires ; nous le croyons d'autant plus, que nous sommes remplis de vénération pour ces hommes apostoliques qui s'exposent à toutes sortes de dangers, se soumettent à toutes sortes de privations, et abandonnent leur patrie, leurs parents et leurs amis, pour apporter des secours religieux aux hommes d'un autre hémisphère. Mais les jésuites, nous le répétons, n'étaient pas les auteurs des excursions qui se faisaient de leur temps ; et, s'ils ne les ont pas désavouées formellement, c'est parce que, connaissant les bornes de leur autorité, qui ne s'étendait que sur les choses spirituelles, ils ne se croyaient pas responsables d'abus et d'excès qu'ils ne pouvaient empêcher.

COLONIES (*politique*). P. 397—429. J.-P. Pagès.

« Les conquêtes hollandaises se firent sur un » plan nouveau ; le Portugal avait traîné à sa suite

» l'arbitraire et le catholicisme, les hollandais y
» conduisirent la justice et la tolérance. »

M. J.-P. Pagès ne manque jamais l'occasion de
faire des contrastes dans lesquels il met en rapport les catholiques avec les protestants, et donne
toujours la supériorité aux derniers. Les gens instruits sauront à quoi s'en tenir sur ces comparai-
sons. Quant à nous, nous devons répondre que l'arbitraire tient si peu au catholicisme, que cette
religion condamne rigoureusement tout ce qui est
injuste. Si les portugais et les espagnols catholiques se livrèrent à des actes arbitraires dans les
deux Indes, on doit l'imputer à leur caractère,
et non à la religion qu'ils professaient. Nous dirions
que les hollandais plus flegmatiques devaient avoir
un caractère moins entier, et par conséquent plus
tolérant, si les persécutions qui suivirent en Angleterre la révolution de 1688 ne prouvaient qu'ils
ne l'ont pas toujours été, et que, s'ils n'agirent pas
dans les Indes comme les peuples de la Péninsule,
c'est parce que arrivés plus tard la faute de ceux-
ci leur donna de l'expérience.

Dernier alinéa de la page 402—403.

1. P. 403 — « Que reste-t-il de cet immense em-
» pire (celui que les espagnols possédèrent après
» la conquête de l'Amérique)? L'île de Cuba mi-
» née sourdement par des divisions intestines, Por-
» torico, quelques rochers de l'Océan sans valeur
» et sans culture, et ce cadavre de l'Espagne dont

» le fanatisme et le pouvoir absolu se disputent
» les lambeaux. »

Sans doute que depuis le règne de Charles-Quint
l'Espagne a bien dégénéré de sa gloire passée;
ce n'est pas le pouvoir absolu qui l'a conduite à
ce degré d'abaissement qui la rend aujourd'hui un
objet de pitié ; ce n'est point la religion catholique qui a causé sa ruine. Ferdinand , époux d'Isabelle , et Charles-Quint , sous les règnes desquels
l'Espagne s'agrandit , étaient plus absolus que Charles III et Ferdinand VII. Ils étaient pour le moins
aussi religieux. Ne pourrait-on pas attribuer la chute
de la gloire de l'Espagne à cet esprit d'indépendance et de philosophisme , qui, quoique professé
moins ouvertement en Espagne qu'en France, a cependant miné sourdement l'édifice social , en corrompant les classes les plus élevées de la société.
On sait qu'en Espagne les grands , surtout ceux
qui ont fait la dernière révolution, ne sont pas étrangers aux principes de la philosophie moderne.

2. « Quelles mains firent donc tomber ce co-
» losse qui pendant un siècle domina le monde?
» Eh ! ne le voyez-vous pas ? Le despotisme et la
» superstition, qui, sous nos yeux, s'arrachent cha-
» que jour les déplorables débris qu'ils n'ont pas
» dévorés encore. »

Le despotisme, sous un roi faible, jouet de tous
les partis qui savent s'emparer de lui ; la superstition , lorsque la religion catholique a cessé
d'être respectée , comme dans le beau siècle
dont parle M. Pagès ! (J'admets ici le mot supers-

tition dans le sens que lui donne cet auteur).

1er alinéa de la page 403.

1. « Isabelle seule, aidée de Ximenès, de Gon-
» zalve et de Colomb, jeta les fondements de cette
» imposante grandeur ; mais déjà son époux Fer-
» dinand, que l'Europe appelle *le perfide*, que
» Rome nomma le catholique, introduisit l'inqui-
» sition, et fit disparaître les maures et les arts ,
» les juifs et le commerce. »

Isabelle eut sans doute une grande part au commencement de la grandeur de l'Espagne, et ce fut
elle qui encouragea Colomb, rebuté par tous les
princes de l'Europe, même par Ferdinand. Mais
ce dernier contribua aussi à l'affranchissement de
l'Espagne, et ce fut dans ce but sans doute qu'il
chassa les maures et les juifs, ennemis jurés des
chrétiens, et qui, devant regretter la souveraineté
sur des terres qu'ils venaient de perdre, auraient
été des sujets bien plus dangereux, que les arts
qu'ils cultivaient n'auraient été utiles ; on voit encore ici le but de l'inquisition, qui paraît plutôt
instituée pour assurer la tranquillité de l'état que
pour le soutien de la religion.

2. P. 404. — « Mais déjà, sous Philippe IV, on
» se laissa ravir le Portugal et le Brésil, et Char-
» les II fut enfin forcé d'enlever le sceptre à sa fa-
» mille, et d'appeler le duc d'Anjou moins au
» trône qu'à la protection de cet immense empire,
» expirant sans gloire et sans secousse dans la lon-

» gue et ignominieuse agonie du despotisme monar-
» chique et sacerdotal. »

Nous avons dit que la religion avait été autant
et peut-être plus respectée dans le temps de la puissance de l'Espagne que depuis sa décadence ; nous
avons dit que les gouvernements d'Isabelle et Ferdinand et de Charles-Quint avaient été plus absolus
que ceux de Charles III et de Ferdinand VII ; en voilà
sans doute assez pour prouver que la cause que
M. J.-P. Pagès assigne à la décadence de l'empire
espagnol n'est pas la véritable. Ajoutons que l'empire chinois, entièrement despotique, se soutient, malgré le changement de ses maîtres, depuis
environ quatre mille ans ; que celui de la Turquie,
malgré les assassinats des sultans, s'est soutenu
pendant environ douze siècles. Ajoutons que la religion des turcs est bien plus intolérante que la religion chrétienne, et nous aurons entièrement détruit les propositions de l'auteur de cette notice.

3. « Les états grandissent quand la puissance
» protège la liberté ; ils meurent dans la honte
» et la misère quand un pouvoir oppresseur s'op-
» pose à l'entier développement des facultés hu-
» maines. »

Je ne suis point ennemi d'une sage liberté,
telle par exemple que celle que le bon Louis XVIII
nous a accordée par sa charte ; je désire autant
que l'auteur que les facultés humaines puissent se
développer sans obstacle ; mais en fait ce que
dit M. J.-P. Pagès n'est pas de la dernière exactitude. L'empire romain s'est grandement étendu

depuis Marius et Sylla. Les mahométans, sous le joug du despotisme, conquirent l'Espagne, l'Afrique et l'empire grec. Sous le règne de Napoléon, qui certainement ne favorisait pas la liberté, le royaume de France s'était considérablement étendu, sans parler des règnes de Charlemagne et de Louis XIV en France, et de Charles-Quint en Espagne. Oui, les états s'étendent plus sous un gouvernement despotique que sous un gouvernement libre. J'ajouterai que je préfère le bonheur d'une nation à son agrandissement.

Alinéa de la page 406.

P. 406. « La France sera désormais une puissance coloniale, comme la Suède, comme le Danemarck, comme cette Italie sacerdotale qui, après avoir découvert la boussole, et produit Chrystophe Colomb, Améric Vespuce, Verazoni, Cabot, et presque tous les grands explorateurs de l'Océan, n'y possède pas un rocher où puisse flotter son pavillon. »

Je demanderai à l'auteur si l'Italie est plus sacerdotale aujourd'hui qu'elle ne l'était lorsqu'elle a produit les grands hommes dont il fait l'énumération ? Si elle possédait alors autant d'évêchés et de couvents qu'aujourd'hui, si les peuples étaient autant et plus religieux, qu'il cherche une autre cause de leur décadence. Bientôt il nous dira sans doute que c'est l'établissement du christianisme qui a amené la chute de l'empire romain.

Dernier alinéa de là page 412—413.

1. P. 413.— « Le pontificat qui avait aboli l'es-
» clavage des républiques de l'antiquité, qui avait
» détruit la servitude du régime féodal, approuva
» la traite des hommes de couleur. »

Les auteurs de l'encyclopédie moderne, suivant
les principes et la doctrine des journaux antireligieux, se plaisent à répéter continuellement les
mêmes erreurs, et nous forcent, pour les suivre
sur le terrain où ils nous appellent, à répéter les
mêmes réfutations. Eh bien ! le pontificat et le
sacerdoce chrétien n'ont pas aboli l'esclavage ; ils
en ont amené graduellement l'entière suppression
en vertu des principes de charité qui leur furent
donnés par le divin auteur de notre religion ; c'est
par l'effet de la même charité qu'ils ont aidé aux
souverains à détruire le *servage* ou la féodalité ;
et s'ils n'ont pas proclamé emphatiquement que
la traite des noirs était contraire au droit naturel,
ils ont adouci le sort des esclaves partout où ils
ont été écoutés. Voyez le mot *Affranchissement*.

2. « La morale, qui dans les temps d'ignorance
» se règle sur les décisions du sacerdoce, imita
» cet exemple, et les rois vendirent l'humanité
» à la fortune. »

Quel exemple ? Nous avons déjà dit que le
sacerdoce n'a jamais approuvé ni improuvé l'esclavage ; mais qu'il l'avait toujours adouci. L'esclavage
est une suite du droit politique, et les prêtres
n'ont point dû s'en mêler ; ils n'ont pu le

condamner comme irréligieux, parce qu'il n'est
point condamné par l'Evangile, mais ils en ont
adouci les rigueurs par la charité ; ils n'ont
point fait eux-mêmes la traite des noirs ; ils
ont toujours recommandé la modération aux
maîtres ; que veut-on de plus ? Qu'ils aient
excommunié ceux qui faisaient la traite ; ils
ne le pouvaient pas, et d'ailleurs ces mêmes
prêtres qu'on blâme aujourd'hui avec tant d'aigreur, parce qu'ils s'emparèrent d'un pouvoir
temporel qui leur était offert de tous les côtés,
pouvaient-ils prendre l'initiative dans une abolition qui n'appartient qu'au droit politique,
sur lequel le clergé n'a plus aucune compétence,

3. « La dévastation du nouveau monde idolâtre
» et libre, et les moyens affreux imaginés
» pour le repeupler catholique et asservi, coûtent
» à l'espèce humaine plus de sang et de pleurs
» que n'en ont versé toutes les révolutions du
» monde connu, depuis l'établissement du chris-
» tianisme. »

Il y a eu beaucoup de révolutions dans le monde depuis l'établissement du christianisme, et si
l'on compte les guerres qui les ont accompagnées, les meurtres, les dévastations, les incendies
des villes qui en ont été la suite, si l'on compte
les soldats morts dans les combats et les armées
détruites de fond en comble, on trouvera certainement plus de sang répandu que n'auraient
pu en verser tous les hommes de l'Amérique
de dix générations. Mais passons sur cette exa-

gération qui n'est là que pour déverser la haine
sur la religion catholique et sur les gouvernements absolus.

Il est faux que toute l'Amérique fût libre;
les gouvernements du Pérou et du Mexique étaient
despotiques, et le dernier surtout était tyrannique. Ce n'est point dans le but de rendre ce
pays catholique que l'on y a commis tant
d'horreurs, mais pour enrichir les conquérants
des dépouilles des malheureux qui l'habitaient.
La religion a consolé ces peuples, dès qu'ils
l'ont embrassée; elle leur a aidé à supporter
leurs malheurs, elle a aboli les sacrifices humains et l'anthropophagie.

Dernier alinéa de la page 418 — 419.

« Mais les mêmes hommes qui depuis trente-
» ans condamnent, au nom de la religion et de la
» morale, l'insurrection de St.-Domingue ont
» approuvé, pendant trois siècles, au nom de
» cette morale et de cette religion, le massacre
» des indigènes d'Haïti, l'extermination de douze
» millions d'américains, et la lente agonie de six
» millions de nègres. »

Les prêtres n'ont jamais approuvé le massacre
des américains, ils les ont au contraire défendus contre les violences des féroces espagnols.
Ils n'ont point blâmé la traite des nègres, parce
que l'esclavage appartient au droit des gens,

quoique peu conforme au droit naturel, mais ils ont blâmé, condamné les excès des maîtres, et ont adouci, autant qu'ils en ont eu le pouvoir, le sort des malheureux esclaves.

COMITÉ *(astronomie et physique)*. P. 452 — 581.

NICOLET.

Alinéa de la page 579 — 580.

Page 580. « L'espèce humaine, réduite à un
» petit nombre d'individus et à l'état le plus dé-
» plorable, uniquement occupée pendant très-long-
» temps du soin de se conserver, a dû perdre entiè-
» rement le souvenir des sciences et des arts ;
» et, quand les progrès de la civilisation en ont
» fait sentir de nouveau les besoins, il a fallu
» recommencer, comme si les hommes eussent
» été placés nouvellement sur la terre (Système
» du monde). »

L'espèce humaine fut réduite à un petit nom-
bre d'hommes, cela est vrai. Ce furent Noé, sa femme, ses trois fils et leurs femmes qui furent destinés à repeupler la terre. Ils se mul-tiplièrent promptement, et conservèrent le souvenir des arts inventés dans le court espace de temps qui s'était écoulé depuis la création jusqu'au déluge. Peu de temps après la mort de Noé, ses descendants furent assez nombreux pour travailler à une tour immense qui devait, disaient-ils, leur servir de point de raliement

et de lieu de refuge contre la colère de Dieu, s'il voulait envoyer un nouveau déluge ; mais leur langage fut confondu, ils ne purent plus s'entendre et furent obligés de se séparer : Dieu le permit ainsi, pour donner à toutes les parties de la terre de nouveaux habitants. Nous voyons peu après le déluge l'empire des assyriens dont Belus fut le premier roi ; nous voyons l'empire des égyptiens dont les prêtres surent conserver, sous des symbôles hiéroglyphiques, les anciennes traditions ; nous voyons la vocation d'Abraham ; et l'histoire de ses descendants est la plus complète de toutes celles des ces temps reculés. Voilà des données, et des données certaines, appuyées sur l'Ecriture Sainte, d'accord avec les traditions de tous les pays de la terre; mais qu'est le système du monde cité par l'auteur? Un pur système, une simple hypothèse, qui n'a de vrai que ce qui s'accorde avec la bible.

FIN DE LA RÉFUTATION

DU SEPTIÈME VOLUME DE L'ENCYCLOPÉDIE MODERNE.

RÉFUTATION

DU HUITIÈME VOLUME

DE L'ECYCLOPÉDIE MODERNE.

CONCHIFÈRES (*histoire naturelle*). P. 108 — 113.
BORY DE SAINT-VINCENT.

« CEPENDANT les conchifères ont des nerfs ; ils
» sentent et raisonnent, puisqu'aux heures de la
» marée ceux qui se trouvent emmergés l'atten-
» dent béante, sachant fort bien, par l'expérience
» du besoin ou du danger, quand ils doivent ouvrir
» ou fermer leur demeure, réparer celle-ci au be-
» soin, ou s'y garantir des corps durs qui pourraient
» s'y être introduits, en les environnant d'un en-
» duit précieux qui en émousse les angles, et qui
» devient, sous la forme de perles, l'un des plus
» rares ornements de nos dames. »

M. Bory de Saint-Vincent veut trouver de l'esprit
jusques dans les huîtres, et une de ses preuves est
tirée des perles qui se trouvent dans leur intérieur.
Aucun physiologiste ne s'est encore avisé de prouver

l'intelligence de l'homme par l'émail qui conserve
ses dents , les cheveux qui couvrent sa tête , ou les
ongles qui garantissent l'extrémité de ses doigts.
Bientôt les arbres auront aussi de l'esprit , puisqu'ils
sont couverts d'une écorce qui les garantit de l'air
extérieur et de l'attaque de certains animaux , puisqu'ils poussent des feuilles et des fleurs dans leur
saison , selon leur espèce. L'on doit déplorer l'aveu-
glement des hommes les plus savants selon le
monde qui , au lieu de voir dans la nature les
preuves de la puissance et de la bonté de Dieu ,
cherchent à ravaler son plus bel ouvrage , en le
comparant à des créatures presque inanimées.

2e alinéa de la page 110 — 111.

« L'eau douce n'en nourrit qu'un petit nombre
» (de conchifères), et l'on a retrouvé les mêmes
» espèces dans des lacs et des fleuves des deux con-
» tinents ; la mer en est remplie , surtout dans les
» régions intertropicales ; et les bancs calcaires ,
» dépositaires des débris d'une antique existence
» qui précéda l'ordre actuel de l'animalisation , en
» présentent de nombreuses dépouilles. (Voyez
» *Fossiles et animaux perdus*). »

Voyez les mêmes mots dans notre ouvrage , où
nous détruisons l'argument que l'on voudrait tirer
de ces dépouilles pour établir l'antiquité de notre
globe.

CONCILE (*religion*). P. 114 — 120. —
LANJUINAIS.

1er alinéa de la page 115.

« Souvent des prêtres et quelquefois des laïques
» ont eu voix même dans les conciles généraux.
» Par exemple, au concile général de Constance,
» on admit, avec voix délibérative, des docteurs
» laïques. (*Art de vérifier les dates, tableaux*
» *des conciles*). »

Les prêtres qui ont assisté aux conciles en qualité
de légats, agissant comme mandataires du pape, ont
eu voix délibérative par le fait seul de leur mission.
Les autres prêtres admis aux conciles, même ceux
qui avaient été envoyés par les évêques, n'ont eu
voix délibérative que par une concession particulière et spéciale, qui leur était faite par les pères
assemblés.

Au concile de Constance, on appela des docteurs
étrangers à l'épiscopat dont la réputation s'était
étendue au loin ; il s'y trouva même des laïques.
Mais, si ces prêtres et ces laïques eurent voix délibérative, ce ne fut qu'en vertu du consentement des
évêques, seuls juges naturels et souverains dans le
concile ; ces faits isolés ne peuvent établir un droit,
et prouvent au contraire la souveraineté des évêques dans les conciles. (Voyez au surplus le *Dictionnaire théologique* de Bergier, v° *Concile*).

10

2ᵉ alinéa de la page 116.

« Revenant au concile de Trente, il est certain
» qu'il n'a été reçu dans plusieurs états qu'avec les
» modifications les plus essentielles; mais en France,
» à proprement parler, il n'est point reçu, quoique
» les dogmes décidés dans ce concile contre les pro-
» testants soient crus et révérés en France, comme
» ayant fait de tout temps partie de la révélation. »

Les conciles, d'après M. Bergier que nous avons
cité plus haut, traitent deux parties distinctes, le
dogme et la discipline. La partie dogmatique est
toujours reçue dans les états catholiques, et sous
ce rapport la France a reconnu, comme les autres
états, les dispositions de ce concile. La partie de la
discipline peut quelquefois se trouver en opposition
avec les lois d'un pays, et alors, d'après un pacte
existant entre l'autorité spirituelle et l'autorité temporelle, cette dernière a la faculté de rejeter les
dispositions qui ne sont point d'accord avec ses lois.

Dernier alinéa de la page 116—117.

1. « Le concile général ne tient son autorité que
» de Jésus-Christ même, il ne reconnaît aucun
» supérieur. Il est vrai que dans les bas siècles on
» a vu des papes donner des bulles pour confirmer
» les conciles généraux ; mais cette confirmation
» prétendue ne peut être qu'un acquiescement, ou
» une attestation que le concile a été canonique,
» ou enfin une acceptation spéciale de l'Église de

» Rome, Église principale, et comme le centre de
» l'unité catholique.

La question de savoir si les papes sont supérieurs
aux conciles, ou les conciles aux papes, est vivement controversée entre les catholiques, et nous
avons déjà dit qu'il ne nous appartient pas de juger
un pareil différend; mais les papes ont toujours
donné des bulles de confirmation des conciles, et
l'Église les a toujours reçues avec respect. Le souverain pontife est le chef de l'Église, et lui est aussi
essentiel que la tête l'est au corps de l'homme ; et,
comme d'après les promesses de Jésus-Christ les portes de l'enfer ne prévaudront jamais contre l'Église,
il n'arrivera jamais que le chef soit séparé du corps.
Ce serait la mort de l'Église, et l'Église ne peut
mourir.

2. « Cette confirmation considérée comme don-
» nant vigueur et force au concile ne doit pas
» être admise, parce qu'elle est inconciliable avec
» le dogme de la supériorité du concile sur le pape,
» énergiquement professée par le concile de Cons-
» tance, reconnu sans aucune contestation pour
» être œcuménique. »

On ne considère généralement comme œcuménique que la partie du concile de Constance qui
a été approuvée et confirmée par Martin v. Or,
il serait difficile, pour ne pas dire impossible,
d'établir que le prétendu dogme de la supériorité
du concile sur le pape ait été revêtu de cette
confirmation. Du reste ce n'est pas un dogme,
mais une simple opinion, comme l'opinion con-

traire. La seule chose de dogme dans ces matières est l'infaillibilité de l'Église unie à son chef, qui est le pape, vicaire de Jésus-Christ.

1er alinéa de la page 17.

1. « Les souverains catholiques, et de leur agré-
» ment les évêques, peuvent en défaut du pape
« convoquer les conciles généraux ; et de savants
» docteurs catholiques soutiennent que ni les papes
» ni leurs légats n'ont présidé les trois premiers
» conciles œcuméniques. »

Sur la première partie, nous devons dire que les souverains ne peuvent avoir le droit de convoquer les conciles généraux, 1° parce que leur puissance ne s'étend point sur les choses spirituelles; 2° parce que chaque souverain n'a de pouvoir même temporel que sur les évêques de son royaume. On voit il est vrai quelques assemblées d'évêques, auxquelles les historiens ont donné le nom de concile, convoquées par les rois; mais ces prétendus conciles, où l'on délibérait plutôt sur les besoins de l'état que sur les affaires ecclésiastiques, méritent plutôt le nom de parlements, qu'ils prirent plus tard, que celui de conciles nationaux.

Si l'on trouve que les souverains ont donné des lettres de convocation pour les conciles, c'est parce que les évêques étant pauvres n'auraient pas eu de quoi fournir aux frais de leur voyage, et les empereurs chargeaient en même temps les gouverneurs des provinces de subvenir à ces frais.

Sur le second chef, M. Bergier nous dit dans son dictionnaire théologique, v⁰ concile, p. 164 :

« Par la même raison toutes les fois que le souverain pontife a assisté à un concile, personne ne lui a contesté le droit d'y présider ; mais comme les premiers conciles généraux ont été tenus en Orient et fort loin de Rome, ils ont été ordinairement présidés par l'un des patriarches, mais on ne peut en rien conclure contre les droits du saint siège. »

Nous devons ajouter à ce que dit Bergier que les patriarches n'ont tenu la première place dans les conciles œcuméniques que parce qu'ils étaient en même temps légats du pape : ainsi St. Cyrille d'Alexandrie...... certains autres conciles présidés par des patriarches n'étaient pas œcuméniques dans leur célébration, mais ils le sont devenus par l'approbation donnée postérieurement par le pape : ainsi le cinquième concile...... J. G. A.

2. « Notre loi d'Avril 1802 conserva ce principe » que le gouvernement a droit de permettre la » réunion des conciles nationaux. »

Il a le droit de le permettre, personne ne le conteste ; mais a-t-il le droit de les convoquer ? Voilà une question subordonnée à celles qui concernent les libertés de l'Église gallicane. En principe, le clergé est aussi indépendant de l'autorité des rois en matière spirituelle, que les rois le sont de l'autorité des papes en matière temporelle, ce n'est que par l'effet des concordats.

passés avec les souverains pontifes que les rois
ont obtenu quelque autorité à cet égard, et cette
autorité doit être restreinte à ce qui résulte de
ces divers traités.

4e alinéa de la page 117.

« Au clergé assermenté appartient l'honneur
» d'avoir ressuscité les conciles nationaux, les
» conciles métropolitains, et les synodes. »
Je ne sais quel honneur on peut attribuer à
une source aussi impure que celle du clergé assermenté. Sans doute que de fréquentes assemblées
des évêques et des pasteurs sont de la plus grande
utilité pour le bien de la religion, mais il faut
que ces assemblées aient lieu sous l'autorité de
l'Église et selon les canons. Des prêtres qui
avaient menti à leur conscience en reconnaissant
la suprématie d'une autorité temporelle, d'ailleurs
illégitime, et abjuré l'obéissance qu'ils devaient
au pape, des prêtres la plupart intrus, dont
un grand nombre remit ses lettres de prêtrise,
apostasia, se maria, ne peuvent être cités comme
modèle, eussent-ils fait quelque chose de bien.
Je ne prétends pas ici faire le procès à tous les
prêtres qui eurent le malheur de prêter le serment.
Il en exista parmi eux quelques-uns à la bonne
foi. Mais ceux-là abjurèrent leur erreur, quelques-uns
d'entre eux ont obtenu la palme du martyre, d'autres
en plus grand nombre, après avoir rétracté le
serment qu'ils avaient prêté à la bonne foi, ont

été persécutés, obligés de se cacher, et ont rendu, pendant que la plupart des bons prêtres avaient quitté la France, les plus grands services à la religion catholique, et ont mérité par ce moyen de jouir d'une estime égale à celle qu'avaient obtenue ceux qui n'eurent point à se reprocher ce serment anticatholique.

1ᵉʳ alinéa de la page 118.

1. « Au concile national de Paris de 1801,
» il y avait quarante-trois évêques, et plus de
» soixante députés nommés par d'autres évêques
» malades, ou par des synodes : tous avaient subi
» pendant la suspension du culte catholique en
» France de fort dures persécutions, qui n'ont pas
» été les dernières. »

Ces évêques constitutionnels ne peuvent comparer les persécutions qu'ils ont endurées à celles dont furent victimes les prêtres véritablement catholiques. Ces derniers furent déportés, s'expatrièrent, ou se cachèrent ; les prêtres assermentés furent, à quelques exceptions près, privés seulement du traitement que leur donnait le gouvernement dans le temps, heureusement fort court, où les Églises furent fermées, et où le culte chrétien fit place à celui de l'impudique raison. Je ne sais comment on ose parler des persécutions que ces prêtres auraient essuyées depuis le concordat, lorsqu'on a encore sous les yeux les massacres, les déportations, les réclusions dont furent victimes les prêtres assermentés. (1)

2. « Voyez *Actes du concile national de France*
» *en* 1801, 3 volumes in-8°, Paris.— Une partie de
» ces pièces, notamment deux lettres encycliques,
» et les actes de ces deux conciles furent traduits
» en italien. Aucun de ces ouvrages si remarquables
» n'a été ni attaqué ni censuré, soit à Rome, soit
» en France, par le clergé insermenté. C'est ce qu'on
» n'eût pas manqué de faire, si l'on y eût trouvé
» le moindre mot qui blessât ou la doctrine,
» ou la discipline générale de l'Église catholique. »

Si le prétendu concile avait été composé d'évê-ques catholiques, le pape et l'Église universelle auraient pu et auraient dû attaquer ce qui aurait pu blesser la doctrine jusqu'alors reçue par l'Église catholique ; mais ce conciliabule était composé d'évêques schismatiques et intrus ; il péchait par la base, la compétence des pères qui le compo-saient, et par suite il n'était point nécessaire d'en éplucher les dispositions, pas plus qu'on n'examine la doctrine des évêques anglicans ; mais si un évêque légitime s'écarte de la croyance générale, il est de suite rappelé aux vrais principes par ses confrères et par le pape. Un Fénélon trouve tou-jours un Bossuet pour le reprendre. (2)

---

(1) Voyez : Mémoires pour servir à l'histoire ecclésiastique pendant le 18⁰ siècle.

(2) Voyez, *ibidem.*

3e alinéa de la page 118.

1. « Nous ne devons pas oublier ici le célèbre
» concile régionnaire de Paris de 1811, convoqué
» pour faire cesser la vacance de plusieurs évê-
» chés de France, arbitrairement et pernicieuse-
» ment prolongée, attendu que le pape abusait
» du concordat, refusait l'institution aux évêques
» nommés, et semblait employer ce refus pour
» recouvrer sa souveraineté temporelle. »

On sait ce qui arriva à ce concile assemblé par
force en vertu de l'autorité temporelle, et sans
la convocation du pape. L'abbé de Boulogne et
quelques autres respectables prélats furent enfermés à Vincennes, et le concile fut dissous sans
avoir rien fait.

Du reste c'est à tort que l'on blâme le pape
Pie vii d'avoir refusé l'institution canonique aux
évêques nommés par Bonaparte; on sait que son
second mariage, autant que son usurpation de la
souveraineté temporelle du pape, et son orgueilleuse
entreprise de donner le titre de roi de Rome
à son fils, et l'attentat commis sur la personne
sacrée du vicaire de Jésus-Christ en le faisant enlever de son palais pontifical, et le conduisant
en France de prison en prison, sans aucun égard,
je ne dis pas pour sa qualité de chef suprême
de l'Église, mais de vieillard infirme et valétudi-
naire, avaient attiré sur l'usurpateur une excommunication justement méritée. Cette excommuni-

cation n'avait pu être fulminée, peu importe, Bonaparte la connaissait, et le pape ne croyait pas devoir communiquer avec lui en confirmant ses évêques. Il usait de son droit au lieu d'en abuser, et l'on ne peut certainement trouver l'abus d'un droit dans celui à l'égard duquel on avait violé toutes les règles, et que l'on traitait avec tant d'indignité.

2. « Il y eut à ce concile plus de cent évêques » de France, d'Italie et d'Allemagne, qui sur ce » sujet décrétèrent. Le concile est compétent pour » statuer sur l'institution des évêques, du moins » en cas de nécessité. »

On sait ce qui résulta de ce concile; quelques évêques des plus zélés furent enfermés à Vincennes ou exilés, et les pères se séparèrent sans avoir rien statué; et, depuis 1811 jusqu'à 1814, époque de la restauration, aucun évêque ne fut institué dans aucun des diocèses vacants. Les pères de ce concile montrèrent la plus grande fermeté, et refusèrent d'accéder aux propositions de Bonaparte; plus tard il la donna comme les canons du concile, comme il avait fait mettre dans les journaux une prétendue consultation de M. Aimery, supérieur-général de St.-Sulpice, qu'il n'avait jamais obtenue. (1)

3. « Les sièges d'après les canons ne peuvent » rester vacants plus d'un an, pendant lequel la » nomination, l'institution et la consécration, peu-

_____

(1) Voyez *ibidem.*—Voyez aussi les mémoires pour servir à l'histoire ecclésiastique pendant le 19e siècle.

» vent avoir lieu..... Six mois après la notification
» de la nomination, le pape sera tenu de donner
» l'institution d'après la forme du concordat. »

On n'a jamais vu des conciles nationaux ou
régionnaires intimer des ordres au pape, puisque
la supériorité des conciles généraux est contestée.
Mais nous devons rendre justice aux pères du concile de 1811; ils ne décidèrent rien ; leur concile
fut dissous, parce qu'ils ne voulurent pas suivre
l'impulsion qui leur était imprimée par le chef
du gouvernement.

2e alinéa de la page 119.

« Ce décret fut confirmé par bref du pape, et
» ce réglement qui, rappelant en partie l'anti-
» que et véritable discipline, devait remédier au
» très-grand scandale né de l'inconcevable impré-
» voyance des concordats de 1516 et de 1801,
» n'eut d'autre suite que de montrer, par un nou-
» vel et grand exemple, la profonde sagesse, la
» vigueur plus ou moins révérée de l'ancienne
» discipline; et les concordats qui ont suivi, tou-
» jours irréguliers et imprudents, ont continué,
» malgré une autorité si décisive, à laisser la
» porte ouverte aux plus insupportables abus et
« usurpations de la cour de Rome. »

Le prétendu décret dont parle M. Lanjuinais
dans cet article n'a été confirmé par aucun bref ;
il fut seulement proposé au pape à Fontainebleau,
et celui-ci séparé de tous ses conseillers consentit

à le prendre pour base d'un nouveau concordat, qui devait avoir lieu lorsqu'on lui aurait rendu son conseil. Mais il exigea le secret le plus absolu. Cette condition fut si mal observée, que l'on fit tirer le canon dans toute la France à l'occasion de ce prétendu concordat. (Voyez les journaux du temps, et les mémoires déjà cités).

3e alinée de la page 119.

1. « Les lois de l'état se réunissent aux règles
» de l'Église pour assurer la tenue des conciles
» provinciaux et des synodes diocésains. Mais les
» ministres et les évêques les laissent de plus en
» plus tomber en désuétude. »

Sans doute que la tenue des conciles généraux, des conciles provinciaux et des synodes, serait de la plus grande utilité pour le bien de la religion; mais les papes et les évêques, qui sont les seuls juges de leur opportunité, les désirent pour le moins autant que ceux qui font parade de leur zèle pour la discipline de l'Église. On doit croire que des obstacles s'opposent à ce qu'on les tienne , et ces obstacles ne viennent point des chefs de l'Église, mais plutôt des partisans des prétendues libertés de l'Église gallicane , que M. Fleury appelle avec tant de raison les servitudes de l'Église gallicane.

2. « Toute assemblée libre et délibérante aura
» toujours apparemment quelque chose de fâcheux
» pour les ministres, et, il faut bien le dire, même
» pour chaque évêque dans son diocèse. »

Je ne sais quel intérêt pourrait porter les ministres à empêcher l'effet des conciles provinciaux, s'ils sont eux-mêmes catholiques. Quant aux évêques, c'est leur adresser une injure gratuite que de prétendre que des délibérations faites dans des conciles pourraient nuire à leurs intérêts dans leurs diocèses. Ces conciles bien loin de restreindre leur autorité la consolideraient, si l'on peut s'exprimer ainsi, et leur donneraient le courage de résister aux usurpations que pourrait tenter contre eux l'autorité civile.

Il paraît cependant que l'auteur a voulu parler non des conciles proprement dits, mais des synodes, qui en effet ont présenté des inconvénients dans les dernières années avant la révolution, à raison de l'esprit d'insubordination à l'égard des évêques que les philosophes du temps avaient inspiré à une partie du clergé du second ordre. Au reste il ne faut pas oublier que dans les synodes toute l'autorité réside dans l'évêque, et que les autres prêtres n'y ont que voix consultative.

3. « Autrefois tout se faisait dans l'Église par » conseil, en concile; Jésus-Christ n'a rien fait » par force. »

Dans les premiers temps, il s'éleva des hérésies comme il s'en est élevé dans les derniers, et il devint nécessaire pour régler la foi, pour arrêter le dogme et condamner les hérétiques, d'assembler des conciles généraux ou particuliers; on profita de ces assemblées pour donner des canons de discipline que les besoins des temps et des lieux faisaient désirer.

Dernier alinéa de la page 119—120.

1. « Ce n'est plus cela. Chaque évêque, à sa fan-
» taisie, change, ajoute et retranche aux statuts, au
» rituel, au catéchisme. »

Les évêques sont les princes de l'Église, ils sont souverains dans leurs diocèses pour tout ce qui n'est point contraire aux canons ou réservé au saint siège ; si des conciles s'assemblaient, les évê-ques se consulteraient sans doute mutuellement, et pourraient faire des canons plus généraux ; mais, puisque ces conciles n'ont pas lieu, ils font seuls ce qu'ils ont le droit de faire ; en changeant leurs rituels et leurs catéchismes, ils ne portent aucune atteinte à la foi et à la discipline générale de l'E-glise, et c'est tout ce que l'on a droit d'exiger.

2. « De là ces statuts, ces catéchismes et ces
» rituels qui semblent, selon le besoin civil,
» élever en grade ou rabaisser les saints dans le
» ciel, qui prononcent des excommunications *ipso*
» *facto*, et contre des multitudes, qui offrent à
» notre culte non-seulement un ou deux *cours*
» charnels, mais encore ces papes fameux pour
» avoir détrôné les rois, et fait supplicier des
» milliers d'hérétiques, qui enfin contrarient et
» renversent, autant qu'il est possible, par de tels
» écrits, les lois de l'état les plus sages et les plus
» nécessaires.

On ne saurait trop admirer l'obscurité des phrases de nos auteurs encyclopédistes, toutes les fois qu'ils attaquent la religion et le clergé. Lorsqu'ils traitent à la bonne fois des sciences ou de la littérature, on doit leur rendre la justice de dire que leurs articles sont clairs et bien écrits ; mais, lorsquils dirigent leur plume contre la religion, il semble qu'ils s'efforcent de se rendre inintelligibles.

On n'a jamais vu les évêques élever ou rabaisser le grade des saints, quoiqu'ils puissent, dans la prescription des fêtes, les établir ou les supprimer selon les besoins de la religion et des fidèles.

Les évêques ont le droit de prononcer des excommunications *ipso facto*, pour punir les infracteurs de leurs ordonnances épiscopales ; et, si les multitudes prévariquent, elles sont frappées comme le seraient les particuliers isolés.

Nous ne savons ce que l'auteur a voulu dire par un ou deux *cours* charnels, cependant nous pouvons supposer qu'il y a ici une faute typographique, et que l'auteur a voulu parler des sacrés-cœurs de Jésus et de Marie. Cela supposé, nous devons répondre qu'il n'y a rien qui ne soit très-convenable dans l'établissement du culte du sacré-cœur. Ce cœur divin est une partie du corps adorable du Sauveur. Il est uni hypostatiquement à la divinité, il est donc digne d'adoration en lui-même. Bien plus, un motif particulier nous porte à l'honorer d'un culte spécial ; c'est que le cœur, selon le langage commun, est le symbole de l'amour ; en honorant donc le sacré-cœur, on prétend rendre

aussi hommage à l'amour infini qu'un Dieu sauveur
a eu pour sa créature. Quoi de plus raisonnable?
J. G. A.

Nous ne savons non plus ce qu'il peut y avoir
de commun entre les évêques qui, au lieu de
s'assembler en conciles provinciaux, font eux-mêmes
leurs rituels et leurs catéchismes, et les papes
fameux pour avoir détrôné les rois, et fait supplicier
des milliers d'hérétiques. Du reste St.Grégoire vii
et St.Pie v, auxquels l'auteur fait ici allusion, n'ont
point détrôné les rois, et n'ont point fait supplicier
des milliers d'hérétiques ; mais ils ont édifié leur
siècle par leurs vertus, et ont soutenu l'Eglise
attaquée par les simoniaques ou les hérétiques, en
déployant une force et une énergie dont la philosophie seule leur fait un crime. Enfin on ne
sait à quoi se rapporte ce qui suit : *qui enfin
contrarient, etc.*

On est fort embarrassé pour réfuter des passages
écrits ainsi ; car on est toujours exposé à ce que
l'auteur réponde qu'on l'a mal compris, qu'il n'a
pas dit ce qu'on lui fait dire. Nous lui dirons à notre
tour que ce n'est point sa personne que nous atta-
quons, mais les principes qu'il paraît soutenir. Si
nous avons mal lu, notre réfutation ne porte plus
sur l'auteur, mais seulement sur les principes que
d'autres pourraient y trouver, et qui sont essentiellement mauvais.

3. « Pesez ce trait du catéchisme de Meaux de
» 1823, si fameux par un exécrable contre-sens
» typographique dans les commandements de Dieu :

» *Je pense que le mariage contracté devant l'offi-*
» *cier civil seulement est nul.* »

Voilà le blasphème horrible contre nos lois, contre
nos libertés, contre la charte ; le mariage contracté
devant l'officier civil seulement est nul. Mais ce
prétendu blasphème est proféré par tous les hommes
qui ont la plus légère apparence de respect pour
la religion ; il est proféré par l'opinion publique,
qui signale comme dignes de mépris tous ceux qui,
n'étant point protestants, se contentent du mariage
civil, et ne font pas bénir leur union par les ministres des autels. Il est possible que l'évêque de Meaux,
dans la nouvelle édition de son catéchisme, y ait
ajouté un article contre les mariages purement civils,
qui malheureusement se multiplient d'une manière
affligeante dans certaines parties de la France. Les
évêques des autres diocèses ont repris leurs anciens
catéchismes où l'on ne parle pas des mariages civils
qui n'existaient point avant la révolution. Ils
exhortent cependant leurs fidèles à faire bénir
leur mariage ; ils regardent la cohabitation qui
précède la bénédiction nuptiale comme un concubinage ; ils savent tous, et l'évêque de Meaux ne
l'ignore pas lui-même, que le mariage devant le
maire produit des effets civils et politiques ; mais
ils savent aussi qu'il ne saurait donner la légitimité
exigée pour l'admission aux ordres sacrés. Chacun
sa compétence, chacun sa juridiction, chacun sa
légitimité ; mais l'autorité ecclésiastique ne sera
pas plus séditieuse en ne reconnaissant pas la légitimité d'un mariage purement civil ; que l'autorité

séculière ne sera sacrilége en n'attribuant des effets
légaux qu'à une union contractée devant l'officier
public déclaré compétent par notre code.

4. « Mais il n'y a point de juges naturels et ina-
» movibles, comme le veut la charte, contre ces
» déréglements et ces délits, et l'on n'enseigne
» point aux jeunes clercs à respecter nos libertés
» politiques et religieuses. »

Un peu plus haut, l'auteur signale les papes qui
ont, dit-il, fait supplicier des milliers d'hérétiques,
quoique ce ne soit pas les papes, mais les rois
qui ont fait condamner à mort les perturbateurs
de tout ordre religieux et civil.

Mais un évêque dit dans son catéchisme que le
mariage contracté devant l'officier de l'état civil
seulement est nul dans la for de la conscience,
et voilà nos philosophes tolérants qui jettent les
hauts cris, qui demandent des tribunaux, des lois,
et qui bientôt sans doute demanderont des bour-
reaux contre ces déréglements et ces délits. Non,
nous l'avons déjà dit, et nous nous plaisons à le
répéter, la vraie tolérance ne se trouve pas chez
les philosophes antireligieux. Ils exigent bien qu'on
leur passe toutes leurs doctrines impies et sédi-
tieuses, qu'on leur laisse corrompre la jeunesse,
séduire les peuples des campagnes ; mais tout ce
qui les contrarie doit être sévèrement réprimé.
Ainsi, malheur aux prêtres du seigneur, malheur
aux laïques orthodoxes, si le règne de ces philosophes tolérants arrive pour la France ; c'est
alors que les persécutions les plus horribles rem-

placeront ces belles maximes de tolérance ; c'est alors que l'esclavage des bons et la tyrannie des méchants feront place à ces principes de liberté et d'égalité, que l'on n'a l'air de défendre que pour assurer le triomphe du parti ennemi de l'autel et du trône. La révolution française est un échantillon des belles choses que nous verrions si le parti libéral devenait le plus puissant.

CONCLAVE (*religion*). P. 120—122. —ST.-AMAND.

3e alinéa de la page 122.

« On a vu quelquefois le conclave déléguer » l'élection du pape à des commissaires pris dans » son sein, même à un seul : c'est ce qui arriva après » la mort de Clément v. Les cardinaux dans cette » occasion remirent leurs pouvoirs au cardinal » Jacques d'Eusse, qui comme on sait se nomma » lui-même, s'imaginant sans doute que ses collègues, » en le jugeant le plus digne d'élire le pape, » l'avaient déclaré par cela seul le plus digne » d'être élu. »

Il n'est point prouvé que les cardinaux aient remis leurs pouvoirs à Jean XXII, à l'effet de nommer un pape, et qu'il se soit nommé lui-même. Voici comment s'exprime Fleury, tom. 13, pag. 182, liv. 92, chap. XXII, de son histoire ecclésiastique :

« Les cardinaux furent enfermés la veille de St. Pierre, 28 Juin, et quarante jours après, savoir : le samedi avant la St. Laurent, 7 Août

1316, ils élurent tout d'une voix Jacques d'Eusse, cardinal - évêque de Porto. Il était né à Cahors de bas lieu ; mais par son bon esprit et son travail il devint très-savant, particulièrement en droit : il était de petite taille........ Aussitôt il fit part de sa promotion, suivant la coutume, par une lettre circulaire adressée aux évêques et aux rois, où il dit qu'il a été élu pape unanimement par tous les cardinaux, sans aucune diversité de suffrage, et qu'il a beaucoup hésité à accepter cette charge si terrible : ce qui ne s'accorde pas avec ce que quelques auteurs ont écrit qu'il s'était lui-même nommé pape. »

Et cependant l'auteur de cette notice donne comme su de tout le monde (comme on sait) que le successeur de Clément v se donna lui-même la tiare.

Nous osons affirmer que le fait donné comme certain que Jean xxii, chargé par les cardinaux d'élire un pape, s'arrogea lui-même le souverain pontificat, est un fait controuvé, imaginé par les ennemis de ce pape, et confirmé par les ennemis de la religion.

4ᵉ alinéa de la page 122.

» Lorsque les papes semblaient tenir dans leurs
» mains les destinées de l'Europe, c'était un grand
» événement que la tenue d'un conclave : les temps
» sont bien changés ! »

La tenue d'un conclave est toujours un grand

événement pour les peuples chrétiens qui attendent
de Dieu un chef qui les gouverne selon son esprit.
Nous devons ajouter que depuis que les papes ne
tiennent plus dans leurs mains les destinées de
l'Europe ; sous le rapport temporel, le but des
cardinaux est de choisir l'homme le plus vertueux
et le plus capable de gouverner l'Eglise ; mais
c'est précisément sous un de ces papes, c'est après
que le trône pontifical a été occupé par deux
confesseurs, que l'on ose attaquer ce chef spirituel
de la chrétienté.

CONCORDAT (*lexicologie*). P. 122 — 129. —
LANJUINAIS.

1ᵉʳ alinéa de la page 123—134.

1. « Mais que la puissance civile, celle qui fait
» les lois, pactise avec la religion d'égal a égal
» avec un pontife, qui, à ce titre, ne peut traiter
» comme puissance, n'étant armé d'aucune force
» coactive extérieure, et qui n'est comme ses
» collègues qu'un ministre purement spirituel ;
» qui enfin n'est pas le maître des Eglises, ni
» des canons ou règles spirituelles ; qui est tenu
» de les observer lui-même et de tâcher qu'on
» les observe ; qui n'est que centre et moyen d'unité ;
» que premier entre les évêques ses frères, juges
» comme lui de la foi, des mœurs et du régime
» ecclésiastique, cela est difficile à comprendre. »
Voilà dans cette phrase obscure les concordats
condamnés pour incompétence, non de la part des

rois qui n'ont aucune autorité en matière de religion, mais de la part des papes qui sont depuis
l'origine de l'Eglise les chefs de l'épouse de Jésus-
Christ.

En matière de discipline, tout ce qui a été autorisé par l'Eglise est légitime, et le St.-Esprit qui
la gouverne invisiblement ne peut rien permettre
qui puisse en blesser la pureté : or, les papes sont
en possession de faire des concordats, donc ils ont
le droit de les faire ; resterait la question, qui n'est
pas seulement soulevée par l'auteur de cette notice,
de savoir si les rois, n'ayant qu'une autorité temporelle, peuvent traiter avec les papes sur des
matières de religion ; et cette question doit encore
être résolue affirmativement, soit par la raison
que nous venons de donner, soit parce que les rois,
maîtres de l'autorité temporelle, peuvent, dans
les points qui tiennent à cette autorité, et qui
cependant ont rapport à la religion, veiller au
maintien de leurs droits. D'un autre côté, les papes
peuvent transmettre aux rois une portion de leur
autorité spirituelle, et ceux-ci peuvent l'accepter,
et c'est de là qu'est provenu aux rois le droit de
nommer aux évêchés vacants.

On nous parle d'une force coactive qui serait,
dit-on, nécessaire pour traiter d'égal à égal avec
les souverains ; mais tous les jours les puissances
font des traités avec des états bien plus faibles
qu'eux, et qui n'ont même pas plus de force coactive
extérieure que le souverain pontife ; le pape, ne
fût-il pas roi, pourrait toujours traiter avec

les monarques chrétiens , et d'un côté la puissance spirituelle, de l'autre la bonne foi , qui , fût-elle chassée du monde , devrait se réfugier dans la bouche des rois , seraient encore une sanction suffisante de ces traités.

Nous ne discuterons pas le reste du passage où il est dit que le pape n'est pas le maître des Eglises, etc. ; d'un côté cette question touche aux libertés de l'Eglise gallicane que nous devons nous abstenir de discuter. Mais le pouvoir de faire des concordats a été reconnu par l'Eglise universelle qui ne l'a point empêché, et cela suffit pour les rendre légitimes.

Note de la page 123—124.

1. « C'est une maxime du droit des gens que
» le pape même , comme chef de l'Eglise catho-
» lique et romaine, est, pour tout ce qui regarde
» son autorité spirituelle, subordonné au gouverne-
» ment séculier ; il arrive de fait que les concordats
» font exception à ce principe. »

Si N. S. J.-C. n'avait pas dit que son royaume n'est pas de ce monde, on devrait nécessairement reconnaître qu'étant Dieu il a réuni en sa personne tous les pouvoirs, le spirituel et le temporel , et que son vicaire visible est le maître des rois, comme le divin rédempteur l'eût été s'il l'eût voulu ; mais si , d'après les paroles de N. S. , son vicaire n'exerce pas de suzeraineté temporelle sur les rois, il exerce toujours sur lui une autorité spirituelle

comme sur les simples citoyens. Il suit encore de
là que les rois qui tiennent leur puissance temporelle directement de Dieu, sont indépendants sous
le rapport temporel ; mais il ne s'en suit pas que
l'Église dépende des souverains relativement à
l'exercice du pouvoir spirituel. Chacun est souverain
dans la partie qu'il gouverne ; ils peuvent donc
traiter d'égal à égal lorsque l'autorité temporelle
et l'autorité spirituelle sont en conflit ; et ce que
M. Lanjuinais nous donne comme un principe,
ne fait pas même l'objet d'un doute dans le sens
contraire.

2. « Ainsi les concordats pour violer la disci-
» pline générale en matières de prélatures et de
» bénéfices, sont en désaccord non-seulement avec
» la discipline générale de l'Église et les lois de l'état,
» mais encore avec le droit politique extérieur. »

Les concordats, et en premier lieu celui de
Léon x et de François Ier, ont changé la discipline relativement aux prélatures et aux bénéfices,
en ce sens qu'auparavant les évêques étaient nommés par le clergé, et que depuis ils ont été nommés par le roi ; mais ces évêques devaient toujours
être confirmés par le souverain pontife ; ainsi, sous
ce rapport, les droits du pape n'ont pas été aug-
mentés, mais seulement ceux de l'autorité temporelle. Cet ordre de choses a été approuvé par le
corps épiscopal, et, nous le répétons, ce n'est point
aux laïques à le blâmer. Quant aux bénéfices, le
roi et le pape étaient en désaccord depuis long-
temps, et on ne peut trouver mauvais qu'un con-

cordat ait mis fin à ces discussions scandaleuses entre les rois, maîtres du temporel, et les papes, chefs du spirituel. L'Église a vu avec plaisir la fin de ces querelles ; les philosophes sont les seuls qui voudraient les faire revivre.

Les concordats ne sont point en opposition avec les lois de l'état, puisqu'ils ont eux-mêmes force de loi, et qu'ils sont émanés de la puissance qui faisait elle-même les lois.

On ne voit pas en quoi ils ne sont pas en rapport avec le droit politique extérieur, ils sont au contraire bien éloignés de nuire au droit des gens, et, s'ils ne se trouvent pas en harmonie avec les états protestants, c'est tant pis pour ces derniers.

3. « Mais que dire d'un concordat d'un pareil genre, » passé le 29 Juin 1698 entre le roi Louis xiv, » représenté par son agent, et le chapitre métro- » politain de Besançon ? C'est, je crois, l'unique » de souverain à sujet, en matière spirituelle. Les » règles y furent sacrifiées à la puissance royale et » papale, comme dans tous les actes de cette na- » ture depuis le douzième siècle. »

On dira que Louis xiv connaissait ses droits, et que s'il vivait il se garderait bien de recevoir les leçons des novateurs du xixe siècle. On dira d'un autre côté que si le chapitre métropolitain de Besançon était sujet du roi sous le rapport du temporel, il était indépendant sous le rapport spirituel, et que le roi Louis xiv a pu traiter avec lui sans compromettre son autorité souveraine.

4. « A la vérité, les rois et les papes n'ont

» jamais signé de concordat sur la foi , ni sur les
» mœurs ; ils en font sur la discipline générale,
» contre les canons universels et contre les lois. »

Les papes et les rois n'ont jamais signé de concordat contre le dogme et contre les mœurs, c'est
déjà beaucoup que ces messieurs veuillent bien le
reconnaître ; quant aux lois et aux canons , les papes
et les rois ne se sont point écartés de leur compétence , et s'ils se sont accordés, lors du concordat de Léon x et de François 1er , des droits réciproques que l'on aurait pu leur contester, le consentement de l'Église gallicane d'une part , et de
l'autre la toute puissance du roi , répondent aux
attaques de nos philosophes.

5. « Nous allons examiner ces sortes de pactes
» d'un genre inouï dans toute l'histoire , hormis
» dans celle de l'Église catholique. »

Nous verrons en détail quel sera le résultat de
cet examen ; et nous demanderons à l'auteur où il
veut trouver quelque exemple de concordat hors
de l'Eglise catholique.

6. « Cependant l'Église catholique surtout de-
» vrait être gouvernée en matière de discipline
» générale par la constitution que Jésus-Christ lui
» a donnée , par les règles qu'elle a elle-même éta-
» blies ou consenties , et par celles qui ont été con
» firmées par les lois des états qui l'ont admise et
» qui la protègent. »

On ne se serait pas douté que N.-S. Jésus-Christ
fût lui-même auteur d'une constitution ; mais, puisqu'on veut appeler de ce nom l'évangile constitu-

tif de la religion chrétienne, nous devons répondre à M. Lanjuinais que d'après l'Evangile le pape est le chef de l'Église ; que, quoique les évêques partagent son autorité dans leurs diocèses, le pape gouverne tout le monde chrétien. Tous les conciles réguliers œcuméniques ou particuliers ont reconnu cette autorité et cette suprématie du souverain pontife.

L'Eglise ne peut être gouvernée par les lois civiles des états dans lesquels elle exerce son autorité spirituelle, parce que ces lois civiles sont incompétentes sur cette matière, si elles ne sont approuvées par le pape ; mais , lorsque les rois et les souverains pontifes sont d'accord , il ne reste plus aux simples fidèles qu'à courber leur tête sous cette double puissance, et surtout à s'abstenir de blâmer leur alliance.

7. « Ces règles sans doute ne doivent pas être
» contraires au sens commun, ni fondées sur des
» pièces fausses , sur l'esprit de domination, sur
» l'ignorance, l'erreur et la surprise.

Non certainement. Mais, pour être conformes au sens commun, il n'est point nécessaire quelles soient approuvées par les partisans de la philosophie moderne, par les ennemis de la suprématie du pape et de la souveraineté des rois ; les consentements respectifs des chefs de l'Eglise et de l'état, et l'approbation exprimée ou tacite de l'Église universelle suffisent pour rendre les concordats légitimes.

1er alinéa de la page 124.

1. « Il répugne à la nature des hommes et des cho-
» ses, à l'étendue et à la construction du globe terres-
» tre, conséquemment à la raison, à la loi divine,
» qu'un seul homme, à titre quelconque, soit le créa·
» teur, le modificateur, l'administrateur direct, le
» destructeur et le législateur de toutes les Églises
» de toute la terre. »

Si N.-S. Jésus-Christ était demeuré sur la terre,
il serait sans contredit, *nonobstant l'étendue et la
construction du globe terrestre*, non le destructeur, mais le créateur, le modificateur, l'administrateur direct et le législateur, je ne dirai pas de
toutes les Eglises de toute la terre, mais de l'Église
étendue sur toute la terre. Or, le pape est son
vicaire visible, et en cette qualité il a reçu tous les
pouvoirs que son divin maître a bien voulu lui
confier en la personne du premier pape St.-Pierre.
Ce pouvoir est-il tel que celui qu'aurait eu notre
divin rédempteur lui-même, ou est-il restreint et
modifié par l'autorité des évêques successeurs des
apôtres? C'est ce que nous devons nous abstenir
de décider. Ce qu'il y a de certain, c'est que son
pouvoir est très-étendu, que sa suprématie est universelle, et qu'il ne répugnerait ni à la nature des
hommes et des choses, ni à l'étendue et à la construction du globe terrestre, ni à la raison ou à la
loi divine, que le pape eût sur l'Eglise une autorité pleine et entière.

2. « Qu'il soit l'approbateur et le révocateur de tous

» les prélats et de presque tous les officiers du culte. »

On n'a vu qu'un seul exemple de révocation faite par le pape d'évêques légitimes, c'est celui du concordat de 1802 ; à cette époque, il s'agissait d'éteindre un schisme qui avait bouleversé la France, il s'agissait d'empêcher que le troupeau précieux de l'Église gallicane ne devint à jamais la proie des loups sous un gouvernement ombrageux et tyrannique. Il fallait faire des concessions à ce gouvernement pour sauver l'Église de France, et l'ancien territoire des évêchés fut modifié, le personnel même fut changé. Le pape avait-il le droit d'y consentir ? La démission du plus grand nombre des évêques de France lui reconnut ce droit, du moins dans cette circonstance impérieuse; l'assentiment de l'Église universelle l'a confirmé par son approbation, et le petit nombre de dissidents qui forment aujourd'hui ce qu'on appelle la petite Église, n'a pu faire révoquer en doute la légitimité d'une nature à laquelle ont concouru l'autorité du pape, l'assentiment de tous les évêques désintéressés, et la démission des évêques titulaires. Je ne sais qu'elle est la raison qui fait aujourd'hui soutenir par M. Lanjuinais les principes que défend la petite Église, si ce n'est pour blâmer tout ce que les fidèles approuvent, sauter d'une critique à une critique opposée, et justifier ainsi ce que disait un prêtre chrétien, que les philosophes modernes sont les sauterelles annoncées dans l'apocalypse. (1).

____

(1) Voyez le cours de morale et de littérature de Feller.

3. « Le maître et l'aliénateur de tous les biens » destinés au culte. »

On a encore vu, lors du concordat de 1802, le pape consentir à l'irrévocabilité de la vente des biens du clergé. Pourquoi M. Lanjuinais trouve-t-il cette mesure mauvaise ?.....

4. « Enfin le régulateur de leurs contributions. »

On a vu dans le moyen-âge les papes accorder aux rois les décimes des biens du clergé ; et le droit de le faire n'a jamais été contesté par le corps épiscopal, pas plus que l'abandon de la propriété de ces mêmes biens lors du concordat de Napoléon ; que conclure de là ? Qu'on a aujourd'hui mauvaise grâce à le contester.

5. « Qu'il soit le distributeur universel des cen- » sures et des absolutions et des dispenses. »

Le pape distribue les censures, les absolutions et les dispenses dans les cas les plus graves, c'est un droit qui découle nécessairement de la suprématie, et que ne saurait lui contester l'épiscopat.

6. « Le juge suprême de toutes les contesta- » tions ecclésiastiques. »

S'il s'élève des contestations ecclésiastiques, c'est bien sans doute au chef de l'Église à les vider, c'est réellement sa compétence, et ce pouvoir ne peut appartenir ni à l'autorité civile, qui ne doit point juger les affaires du ciel, ni à une autorité ecclésiastique inférieure, dont la juridiction ne peut dépasser celle de chaque diocèse dont chaque évêque est chargé. Il n'est pas toujours aisé d'assembler des conciles pour décider les grandes difficultés, et il a été reconnu de tout temps que les papes étaient les juges au moins provisoires des grandes questions qui peuvent intéresser la religion, qu'à eux seuls appartient le droit de traiter avec les souverains pour le bien de l'Église. On leur a reconnu le pouvoir de se réserver l'absolution des crimes attentatoires aux lois de l'Église, et la dispense des règles qu'elle a établies lorsqu'elles sont d'une telle importance, que les évêques ne pourraient prendre sur eux d'en dispenser.

7. « Et surtout qu'il prétende distribuer les » royaumes, partager les régions de la terre, et » destituer les rois et autres chefs des états chré- » tiens. »

Nous avons répondu plusieurs fois à cette allégation souvent répétée que les papes ont, il est vrai, prétendu un droit de suzeraineté sur tous les royaumes du monde, et que le droit public de cette époque semblait le leur accorder ; mais enfin les papes ne se mêlent plus des affaires temporelles, ils sont aujourd'hui exclusivement occupés de l'administration spirituelle de l'Église.

8. « C'est bien cela qui sert de base aux concor- » dats ; ce sont bien les théories et les pratiques » des ultramontains, et ce qu'ils veulent qu'on ad- » mette, sans quoi ils vous déclarent, en France » même, impies et hérétiques. »

Parmi les droits exercés par les papes, et les prétentions qu'on leur attribue, il en est dont la justice est reconnue de toute la chrétienté, et qui ne sont contestés que par les hérétiques et les incrédules ; il en est aussi qui sont contestés par des personnes respectables : mais les souverains pontifes ont abandonné ces prétentions exhorbitantes , et ce n'est que l'envie de blâmer tout ce qui est bien qui porte aujourd'hui les philosophes à les leur attri-buer.

1er alinéa de la page 125.

1. « Mais à moins que l'on ne soit le parent ou
» l'allié du pape, ou qu'on ne lui ait prêté comme
» nos évêques le serment féodal d'obéissance, ou
» qu'on n'aspire aux biens, aux honneurs, aux fa-
» veurs qu'il distribue, ou qu'on n'ait reçu de lui
» de monstrueux priviléges, comme les jésuites et
» leurs affiliés, il est impossible de ne pas voir dans
» ces révoltantes broderies, surajoutées au catholi-
» cisme, des absurdités les plus odieuses et les plus
» oppressives, les plus contraires aux saintes écri-
» tures, au bon ordre, à la moralité, à la paix,
» à la tranquillité, au bonheur des hommes ; de là
» certainement en grand nombre, les guerres et
» les schismes, les scandales et les apostasies. »

L'auteur met les évêques au nombre des personnes qui doivent nécessairement approuver les préten-tions justes des papes, et celles que les philosophes leur attribuent ; il comprend au nombre des com-plaisants *les hommes qui aspirent aux biens, aux honneurs qu'il distribue, ceux qui ont reçu, comme les jésuites et leurs affiliés, de monstrueux privi-léges.* Le lecteur n'ignore pas que ce sont précisé-ment les évêques, qui d'ailleurs n'ont pas prêté de

serment féodal, mais un serment d'obéissance commandé par la suprématie du pape (1), qui seraient

---

(1) Le lecteur ne sera pas fâché de trouver ici ce serment que les évêques
prêtent à leur ordination, tel qu'il est rapporté dans le *Pontifical romain*,
page 53—54, édition de Vénise (MDCCXL).

FORMA JURAMENTI.

Ego N. electus ecclesiæ N. ab hac hora in anteà fidelis et obe-
diens ero beato Petro apostolo, sanctæque romanæ ecclesiæ, et Domino nostro, domino, N. papæ, N. suisque successoribus canonicè in-
trantibus. Non ero in consilio, aut consensu, vel facto, ut vitam perdant,
aut membrum, seu capiantur malà captione, aut in eos violenter manus
quomodolibet ingerantur, vel injuriæ aliquæ inferantur, quovis quæsito
colore. Consilium verò, quod mihi credituri sunt, per se, aut nuntios
suos, seu litteras, ad eorum damnum, me sciente, nemini pandam.
Papatum romanum et regalia sancti Petri adjutor eis ero ad retinendum et
defendendum, salvo meo ordine, contrà omnem hominem Legatum apos-
tolicæ sedis in eundo et redeundo honorificè tractabo, et in suis necessita-
tibus adjuvabo. Jura, honores, privilegia, et auctoritatem sanctæ romanæ
ecclesiæ, domini nostri papæ et successorum prædictorum, conservare,
defendere, augere, et promovere curabo. Neque ero in consilio, vel facto,
seu tractatu, in quibus contrà ipsum dominum nostrum, vel eamdem
romanam ecclesiam aliqua sinistra, vel præjudicialia personarum, juris,
honoris, status, et potestatis eorum machinentur. Et, si talia à quibus-
cumque tractari vel procurari novero, impediam hoc pro posse, et
quantò citiùs potero, significabo eidem domino nostro, vel alteri, per quem
possit ad ipsius notitiam pervenire. Regulas sanctorum patrum, decreta,
ordinationes, seu dispositiones, reservationes, provisiones, et mandata
apostolica, totis viribus observabo, et faciam ab aliis observari. Hæreticos,
schismaticos, et rebelles eidem Domino nostro, vel successoribus prædictis,
pro posse persequar et impugnabo.
Vocatus ad synodum, veniam, nisi præpeditus fuero canonicà præpe-
ditione. Apostolorum limina singulis (triennis) personaliter per me
ipsum visitabo; et Domino nostro, ac successoribus præfatis rationem
reddam de toto meo pastorali officio, ac de rebus omnibus ad meæ ecclesiæ
statum, ad cleri et populi disciplinam, animarum denique quæ meæ fidei
traditæ sunt, salutem quovis modo pertinentibus, et vicissim mandata
apostolica humiliter recipiam, et quàm diligentissimè exequar. Quod si
legitimo impedimento detentus fuero, præfata omnia adimplebo per cer-
tum nuntium ad hoc speciale mandatum habentem, de gremio mei

seuls compétents pour blâmer ces prétentions attribuées aux papes et blâmées par les philosophes. Les
priviléges que le souverain pontife accorde ne
sont point monstrueux ; ils sont dans l'ordre de son
autorité. Les biens qu'il distribue sont ces trésors
de grâces et d'indulgences qu'il puise dans les fonds
de la miséricorde divine dont Notre-Seigneur Jésus-
Christ lui a donné la pleine administration. Les
jésuites et leurs prétendus affiliés , c'est-à-dire leurs
partisans , reçoivent leur portion de ces biens spirituels , que n'envient certainement point les fron-
deurs de l'autorité ecclésiastique ; mais ceux-ci ont
tort de se plaindre de ne pas les obtenir , l'Église
leur ouvre ses bras maternels., elle est prête à leur
faire part de ces dons , de ces biens, de ces priviléges qu'ils appellent monstrueux ; ils y puiseront
d'autant plus abondamment, qu'ils sont plus chargés d'iniquités ; la main du souverain pontife ne se
fermera pas plus pour eux que pour les affiliés
des jésuites. Ces biens si extraordinaires , si au-

---

capituli, aut alium in dignitate ecclesiasticâ constitutum, seu aliàs
personatum habentem; aut, his mihi deficientibus, per diœcesanum sa-
cerdotem; et clero deficiente omninò , per aliquem alium præsbyterum
sæcularem , vel regularem , spectatæ probitatis et religionis , de supra-.
dictis omnibus plenè instructum. De hujusmodi autem impedimento
docebo per legitimas probationes ad sanctæ romanæ ecclesiæ cardinalem
proponentem in congregatione sacri concilii , per supradictum nuntium
transmittendas.

Possessiones verò ad mensam meam pertinentes non vendam , nec
donabo , neque impignorabo; nec de novo infendabo , vel aliquo modo
alienabo , etiam cum consensu capituli ecclesiæ meæ , inconsulto romano
pontifice. Et si ad aliquam alienationem devenero , pœnas in quadam
super hoc edita constitutione contentas , eo ipso incurrere volo.

dessus des espérances humaines, il faut qu'ils les désirent, il faut qu'ils les demandent, et, quoiqu'ils leur soient offerts comme ils le sont à toutes les créatures rachetées du sang de notre rédempteur, ils ne pourront en profiter que lorsqu'ils ne les repousseront pas.

Mais nous demandons à notre auteur quelles sont ces broderies ajoutées au catholicisme ; quelles sont ces absurdités odieuses ou oppressives contraires aux saintes écritures, au bon ordre, à la moralité, à la paix, à la tranquilité et au bonheur des hommes, si l'auteur entend renouveler les griefs qui sont énumérés dans sa notice, et dans presque toutes celles qu'il a écrites ? Nous avons répondu, et nous répondrons toutes les fois que ces griefs nous seront présentés. Qu'il nous suffise actuellement de répéter (et l'on ne peut nous blâmer de suivre pour la défense de la religion la marche que les philosophes suivent contre elle), nous répéterons donc jusqu'à satiété que les guerres de religion, les schismes et les apostasies, doivent leur origine à cette liberté de penser, à cet esprit d'indépendance de l'autorité légitime, à ce philosophisme présenté sous tant de points de vue différents, qui ont causé les hérésies qui ont désolé le monde depuis Arius jusqu'à Voltaire et ses adeptes, et les révolutions qui ont couvert l'Angleterre et la France de sang et de carnage.

2. « Heureusement tout cela n'est fondé que sur
» l'ignorance et la barbarie du moyen-âge, sur les
» fausses décrétales, sur les décrets et les bulles
» qui en sont dérivés ; tout cela est désavoué hau-

» tement par la tradition depuis les apôtres, et
» par les conciles généraux anciens et modernes. »

Nous avons répondu à ce passage dans l'observation précédente, nous invitons le lecteur à y revenir.

2ᵉ alinéa de la page 125.

» La supposition des fausses décrétales ne fut
» prouvée et bien reconnue de tous les savants qu'au
» 17ᵉ siècle, tandis qu'elles ont dès la fin du 18ᵉ
» commencé leurs ravages, et opéré sans beaucoup
» d'obstacles, durant près de 900 ans, l'entière
» subversion des principes relatifs aux droits du
» clergé dans les états chrétiens, et cette prétention
» du pape sur tout le monde, sous prétexte de
» cette primauté que tous les catholiques lui recon-
» naissent, et que l'on ne saurait de bonne foi
» confondre avec la souveraineté universelle sur
» le spirituel et sur le temporel. »

Oui, nous convenons qu'il a existé de fausses
décrétales, et quelques papes, fondant leurs prétentions sur des dispositions attribuées à leurs prédécesseurs, se sont arrogé le droit de distribuer les
couronnes et de donner des pays à conquérir ; cet
abus est lui-même une preuve que l'on croyait
au pape des droits exhorbitants, puisqu'on n'a pas
falsifié des conciles, mais que l'on a imaginé de faux
décrets des pontifes. Quant à la primauté et à la
suprématie du pape, nous citerons à nos adversaires, non point les œuvres du cardinal Bellarmin,
non point M. de La Mennais, ni aucun nouvel auteur

ecclésiastique, mais M. de Bossuet ; et sa défense de la déclaration du clergé de France, ouvrage qui ne serait pas suspect aux gallicans catholiques, le sera sans doute aux *soi-disant gallicans*, c'est-à-dire aux ennemis de tout ordre religieux, de toute discipline et de toute hiérarchie.

OEUVRES DE BOSSUET.

Défense de la déclaration du clergé de France touchant la puissance ecclésiastique. — Tom. 21, p. 425—427.

COROLLAIRE.

« Notre doctrine, bien loin d'obscurcir le dogme de la primauté du saint siège, l'éclaircit au contraire et lui donne des appuis solides. »

1. « Le gouvernement ecclésiastique consiste en deux choses qui sont, l'enseignement des dogmes de la foi, le réglement de la discipline....

» Maintenant que notre ouvrage est achevé, nous croyons pouvoir nous glorifier dans le seigneur d'avoir, non-seulement justifié la déclaration du clergé de France et la doctrine de nos ancêtres, mais encore, comme nous l'avons promis en le commençant, d'avoir défendu, prouvé et mis dans un nouveau jour *la primauté du pontife romain* et la majesté du saint siège, contre les hérétiques et les schismatiques, et en un mot contre tous ceux qui en parlent mal. Car voici comment nous raisonnons : les preuves les plus solides et les plus lumineuses qu'on puisse employer pour défendre et pour mettre dans tout son jour la primauté du pontife romain et de la papauté, sont celles qui, en écartant toutes les absurdités, tous les inconvénients, toutes les maximes ou odieuses ou frivoles, enseignent, d'une manière également forte, pleine ou suffisante, tout ce qu'on doit croire : or, telle est la doctrine soutenue principalement par nous autres français ; donc les preuves que nous employons pour défendre et pour mettre dans tout son jour la primauté du pontife romain, sont les plus solides et les plus lumineuses qu'on puisse employer. C'est ce qu'on va développer avec autant de netteté que de précision dans ce corollaire, par lequel nous terminerons ce traité. Nous n'aurions pas besoin de recourir à de nouvelles preuves, et il ne faudra que répéter et rappeler celles dont nous avons fait usage jusqu'à présent.

» Pour le faire avec plus d'ordre et de clarté, nous commençons par établir ce principe : la première, *dans l'enseignement des dogmes de la foi*; la seconde, dans le réglement de la discipline. C'est donc sur ces deux points que doit paraître avec éclat la prééminence du saint siège, et ce fut aussi sur cette double prérogative du siège apostolique que l'Eglise orientale s'expliqua dans le concile de Constantinople, par la bouche du saint patriarche Memeras : « Il n'est pas étonnant, dit-il,

» que le siège apostolique, ce siège si éminent,
» suive ses propres maximes, quand il s'agit ou
» de conserver inviolablement les saints statuts des
» Eglises, ou de défendre l'intégrité de la foi, et
» d'user d'indulgence en accordant le pardon aux
» prévaricateurs. » Ces paroles renferment exacte-
tement, quoique dans un ordre un peu différent,
les deux points dont nous venons de parler, à savoir,
qu'il appartient au saint siège d'enseigner la vraie
foi, et de régler la discipline... » (*OEuvres de Bossuet*, tom. 21, édit. de Liège, in-8°, p. 427.)

Ce passage seul aurait peut-être suffi pour répondre à tout ce qu'on a dit contre l'autorité du pape
dans l'article *Clergé*, et dans l'article *Concordat*.

Dernier alinéa de la page 125—126.

1. « Faute de lumières suffisantes, les empe-
» reurs, les rois, les autres chefs des états, les
» évêques même dans les conciles généraux, et
» dans leurs assemblées provinciales et nationales,
» résistèrent faiblement aux excès d'autorité papale ;
» ils n'y opposaient guère que des remèdes pal-
» liatifs, passagers, partiels, vicieux ou inefficaca-
» ces, des violences et des ruses combattues par
» des ruses et par des violences ; des bulles de
» privilége corroborant le principe du mal, éri-
» geant par exemple les rois de Hongrie, de
» Sicile et de Naples, en légats, revêtus chacun
» dans son royaume de la puissance papale ; des

» soustractions provisoires d'obéissance, des décrets
» déclarant les conciles généraux supérieurs aux
» papes, et devenus inutiles, parce qu'en matière
» de réforme, le pape maîtrisait en suite les con-
» ciles généraux, comme celui de Trente, par la
» multiplication arbitraire des évêques italiens,
» et par d'autres artifices. »

On peut croire que c'est faute d'instruction
suffisante des règles de la religion et des droits
respectifs du pape et de la souveraineté temporelle,
que les rois accordèrent aux souverains pontifes
des droits temporels 'que la tiare ne donne point;
mais on peut croire aussi que des princes faibles
ont voulu se faire un appui de l'autorité religieuse
contre les manœuvres et les attaques directes de
leurs ennemis. Quelques papes en ont abusé, c'est
encore vrai, mais leur primauté et leur supériorité
n'ont jamais été contestées par les catholiques.
Photius lui-même, cet intrus impie, la reconnut tout
le temps qu'il espéra séduire le successeur de St.
Pierre, comme il avait séduit ses légats ; tous les
conciles, tant ceux de l'Orient que ceux de l'Occident, l'ont reconnue, et la marque du schisme a
toujours été le défaut de soumission au saint siège.

Dans les conciles, les évêques résistèrent autant
qu'ils le devaient aux entreprises pontificales ; et,
si leur résistance fut modérée, c'est parce qu'elle
devait l'être, et que le Saint-Esprit ne permit jamais
que la tête fût séparée de ses membres.

On ne vit de ruses que dans les conciliabules des
hérétiques, notamment dans ceux que Photius avait

convoqués ; les conciles légitimes ont toujours abordé franchement les questions de dogme et de discipline sur lesquelles ils étaient appelés à prononcer. Les hommes rusés furent toujours démasqués et confondus, et la franchise des papes et des évêques catholiques l'emporta toujours sur les cavillations des ambitieux perturbateurs du repos de l'Eglise, des hérétiques.

Nous ne parlerons pas de l'érection de quelques souverains en légats du saint siège ; cela ne s'accorde pas avec nos mœurs actuelles, qui ne permettent point de donner à des laïques une juridiction ecclésiastique ; mais nous sommes étonnés que l'on blâme le pape d'ériger un grand nombre d'évêchés en Italie, pour affermir, nous dit-on, le pouvoir papal, lorsque l'on blâme le concordat de 1817, qui tendait à rétablir la balance, en augmentant le nombre des évêques français. Mais, d'après la foi, les évêques fussent-ils tous italiens sont inspirés par le Saint-Esprit dans les conciles œcuméniques ; et s'ils ont cédé au pape lors du concile de Trente, ils ne l'ont fait que par conviction et non par suite de manœuvres pratiquées à leur égard.

2. « Des pragmatiques sanctions les plus raison-
» nables imputées à l'hérésie, et d'ailleurs com-
» battues par l'intrigue et la corruption, par
» l'influence des moines et des réguliers, des jésuites
» exempts de l'autorité des évêques. »

Il a existé en France deux pragmatiques sanctions, celle de St. Louis et celle de Charles VII. Aucune d'elles n'a été imputée à l'hérésie, puisque St. Louis a été canonisé, qu'il fut constamment honoré pendant sa vie par le souverain pontife, et qu'aucune menace d'excommunication n'a été dirigée contre Charles VII; que l'on nous cite donc ces actes que l'on appelle pragmatiques sanctions, si l'on en reconnaît d'autres que les deux dont nous venons de parler, et nous verrons ce que nous aurons à répondre (1). On attaque encore ici les moines et les jésuites, sous prétexte qu'ils étaient exempts de la juridiction de l'ordinaire ; si l'on se rappelait l'histoire ecclésiastique, on pourrait voir que les papes se sont réservé depuis des siècles cette autorité directe sur les corporations religieuses, et que, quoique les évêques se soient plaints quelquefois de ces exemptions, ils n'ont jamais contesté aux souverains pontifes le droit de les admettre.

3. « Des concordats qui dépouillaient le clergé » de ses droits, et conduisaient à l'extinction de » l'épiscopat. »

Voici notre auteur devenu défenseur des droits des évêques, après les avoir attaqués avec une espèce d'acharnement dans l'article *Clergé*; mais les évêques n'ont pas plus besoin de sa défense, qu'ils ne redoutent ses attaques ; ils ont les moyens et les talents de faire reconnaître leurs droits, sans que la philosophie s'arroge celui de les défendre.

---

(1) Il est vrai que les papes se sont élevés avec force contre la pragmatique de Charles VII, parce qu'elle avait été rédigée dans l'esprit du concile de Bâle, qui tendait au schisme, comme on la vu par la nomination de l'antipape Amédée de Savoie, connu sous le nom de Félix IV. J. G. A.

4. « Enfin les appels comme d'abus qui sont peu
» de chose quand le ministère public est révocable
» par les ministres, et qui ne sont rien quand la
» connaissance de ces appels et la vérification
» des bulles et brefs de Rome sont attribuées
» à un comité consultatif d'amovibles, créé sans
» loi sous le nom de conseil d'état. »

Autrefois les appels comme d'abus étaient dévolus
aux parlements, et le ministère public n'était pas
plus inamovible qu'aujourd'hui, quoique les char-
ges du parquet fussent vénales. Ces appels pouvaient
empêcher l'empiètement de la puissance spirituelle
sur celle des rois ; mais les parlements n'étaient
qu'une autorité secondaire, et une simple ordonnance, suivie de lettres de jussion en cas de refus,
pouvait leur enlever cette juridiction. Aujourd'hui
les appels sont portés au conseil d'état qui agit
nécessairement dans l'intérêt du roi, et qui n'est
pas plus disposé à céder à l'autorité ecclésiastique des
droits usurpés par elle, que ne l'étaient les anciennes
cours souveraines. Ces appels sont déjà assez dangereux, puisque l'autorité séculière tend toujours à
empiéter sur l'autorité spirituelle, encore plus que
cette dernière n'usurpe les droits de la puissance
temporelle. Mais que veut notre auteur ? A qui veut-il
confier le soin de prononcer sur ces appels, puisqu'il
ne veut point le confier aux tribunaux dont le
parquet est amovible, ni au conseil d'état aussi
amovible ? On n'en sait rien ; et, s'il répondait que
l'on doit en charger les chambres, nous lui dirions
avec les publicistes modernes que les appels sont

du ressort du pouvoir judiciaire, et non du pouvoir législatif ; et que, quoique le conseil d'état soit amovible, il est aussi un pouvoir judiciaire pour les matières qui demeurent soumises à sa compétence. Nous lui dirions que, quoique amovible, le conseil d'état est disposé à soutenir les droits de la couronne contre les entreprises temporelles du clergé. Nous ajouterions que le pouvoir spirituel doit être aussi indépendant du pouvoir terrestre, et qu'il n'appartient ni aux tribunaux, ni au conseil d'état, ni au pouvoir souverain, de régler les mœurs et la discipline de l'Eglise, ni l'administration des sacrements, comme le faisaient autrefois les parlements.

1er alinéa de la page 126.

« Il ne s'agit ici que des concordats, il faut en
» esquisser le tableau historique, et poser les prin-
» cipes d'après lesquels on peut apprécier à leur
» juste valeur toutes ces conventions irrégulières et
» imparfaites. »

Le titre de la notice annonce bien qu'il ne s'agit que des concordats, quoique l'auteur se soit plus ou moins écarté de la question qu'il avait à traiter. Nous avons déjà dit jusqu'à quel point on pouvait considérer ces conventions comme irrégulières; nous aurons encore à signaler quelques erreurs échappées à l'auteur.

§ 1er — *Les trois concordats qui ont garanti les élections des évêques et des abbés.*

Alinéa de la page 127—128.

1. « Ainsi les annates , que nous payons aujour
» d'hui comme dépenses secrètes , furent de nou-
» veau déclarées simoniaques , mais en admettant
» certaines servitudes abusives conformes aux règles
» de la chancellerie romaine. »
Rien ne prouve que les annates soient payées aujourd'hui comme dépenses secrètes ; les budgets de
l'état sont réglés par les chambres , et aujourd'hui
que les revenus des évêques consistent en traite-
mens donnés par l'état , il est difficile de supposer
que le gouvernement paie une année de ce traitement au pape , à chaque mutation d'évêque , sans
que cela soit connu ; le fît-il , il ne ferait que ce
qui a été pratiqué depuis François 1er jusqu'à la
révolution ; et il n'y aurait point de simonie , parce
que le paiement de ces annates ne pourrait être
considéré comme le prix de l'institution canonique
accordée aux évêques par le pape , mais comme
un droit attribué par les traités et les concordats.
Nous avons dit dans notre premier volume que les
frais de correspondance , et le paiement des officiers attachés à la cour de Rome , ne sont point
des servitudes abusives , mais des contributions
nécessaires.

2. « De ces sources devenues bourbeuses , et de

» quelques arrêts et usages trop modernes pour
» être bien purs, Pithon forma les articles surannés
» et insuffisants de nos libertés gallicanes publiées
» en 1593. »

Les quatre articles de la déclaration du clergé
de France, si par leurs brièveté ils ne prêtaient
à l'interprétation, ne seraient point suffisants pour
nos gallicans modernes, puisqu'ils ne peuvent se
contenter des libertés de l'Église gallicane de Pithon,
dont le livre a cependant été condamné par le
clergé de France dans une de ses assemblées.

3. « On en trouve l'abrégé dans la célèbre dé-
» claration du clergé de France de 1682, en vain
» diffamée par le fanatisme et l'hypocrisie, mais en
» effet si scrupuleusement modérée, que le savant
» pape Benoît XIV trouvait avec beaucoup de raison
» qu'à Rome on devait s'estimer heureux qu'elle
» n'eût pas été rédigée plus sévèrement. »

Il est possible qu'on se soit félicité à Rome de
ce que la déclaration du clergé de France n'était
pas plus contraire aux habitudes de la cour du
souverain pontife, et de ce que Louis XIV n'avait
point suivi les traces d'Henri VIII en se séparant
de l'Église. Les esprits ardents du parti ultramontain appellent hérétiques ceux qui défendent les
quatre articles ; les esprits ardents du parti contraire appellent fanatiques et hypocrites ceux qui
s'y montrent opposés ; les esprits sages mettent de
côté l'exagération, et laissent disputer entre eux
les ultramontains et les gallicans, sans se prononcer, et surtout sans insulter ni les uns, ni les

autres. Auquel de ces trois partis appartient l'auteur de cette notice ? On n'a qu'à le lire pour le juger.

1er alinéa de la page 128.

« Ce que les français avaient retenu de leurs
» libertés ecclésiastiques primitives, ce que leur
» avait conservé la piété de St. Louis, le zèle cou-
» rageux des conciles de Constance et de Bâle, la
» fermeté de Charles VII et la prudence de Louis XII,
» la nation allemande l'avait stipulé dans les con-
» cordats passés en 1447 et 1448, avec le pape
» Nicolas V ; mais dans celui de 1448, en conser-
» vant les élections, elle se soumit à l'institution
» des évêques et des abbés par le pape, et au
» joug antiévangélique des annates, et au partage
» de la collation des bénéfices entre le pape et
» les collateurs ordinaires. »

Les souverains l'ont voulu, l'Église y a consenti, qu'importe à M. Lanjuinais que les annates ne soient pas payées en Allemagne ; que les évêques et les abbés reçoivent l'institution canonique du pape ? Ces promesses ne sont pas contraires à l'Evangile qui n'a rien disposé à cet égard, et il est bien loin de peser sur les réformateurs anciens et modernes. Pour nous, chrétiens et fidèles sujets de nos dignes princes, soumettons-nous, obéissons au roi comme citoyens, au pape comme catholiques, et ne nous mêlons point de leurs intérêts, surtout lorsqu'ils ne touchent point à la religion.

L'auteur nous parle ici du zèle courageux du

concile de Bâle, qui finit par tomber dans le schisme;
de la prudence de Louis xii, qui le porta à convoquer un conciliabule schismatique contre le pape
Jules ii. Voilà ce qu'il appelle zèle et prudence.

§ 2. — *Concordats destructifs de la liberté des
élections ecclésiastiques.*

2e alinéa de la page 128.

1. « Les allemands par ces concordats, et une
» partie de l'Église catholique de Hollande par sa
» fidélité à la discipline générale, ont su conser-
» ver les élections et les institutions des évêques, et
» quelques autres libertés antiques ; mais l'Église de
» France a presque tout perdu à cet égard par
» les intrigues et les corruptions de la cour de
» Rome, par le despotisme aveugle de Louis xi et
» de François ier. »

L'auteur se trompe lorsqu'il prétend qu'une partie
du clergé catholique de Hollande a conservé le droit
d'élection ; ce prétendu clergé catholique n'est autre que le clergé *janséniste* de ce pays, qui s'est
arrogé le droit de rétablir le siége d'Utrecht et de
ses deux suffragants, et d'y nommer des évêques
qui croient avoir rempli tout leur devoir lorsqu'ils
ont envoyé au pape des lettres de communion,
auxquelles celui-ci ne répond que par une sentence
d'excommunication. (Voyez ce qui est relatif au
rétablissement du siége d'Utrecht et de ses suffra-

gants dans les mémoires pour servir à l'histoire ecclésiastique pendant le 18ᵉ siècle.

On doit croire d'ailleurs que, si nos rois et les souverains pontifes ont traité au sujet des élections canoniques, les premiers ont défendu les droits de leur couronne, les seconds ceux de l'Église. Le clergé inférieur a perdu une partie de ses droits, on n'en disconvient pas; il en a fait le sacrifice au bien général de l'Église et de l'état. Je le répète encore, ce n'est point à nous à nous plaindre.

2. « Louis XI osa, sans loi légalement vérifiée, » anéantir autant qu'il était en lui la pragmatique » de 1438, qui fut déchirée et traînée à Rome dans » la boue des rues, et qui demeura néanmoins » règle canonique, loi de l'état jamais légalement » abolie; et bientôt parut le concordat de 1516, » qui, au profit personnel du pape et du roi, » supprima les élections canoniques, leur confir- » mation par le métropolitain, et abolit bien d'au- » tres libertés; ce fut l'ouvrage diffamé à jamais » d'un mauvais pape et d'un mauvais roi. »

Je demanderai à l'auteur quel était le moyen de faire les lois sous le gouvernement de Louis XI? Si un roi de France a été absolu, c'est sans doute celui dont il s'agit. Sa volonté était loi pour le royaume. Heureux si à ce pouvoir exhorbitant il n'avait joint l'astuce, la mauvaise foi, et quelque-fois une sévérité outrée; il était le maître et agis-sait selon son bon plaisir. On lui a fait beaucoup de reproches, mais on convient généralement que c'est celui de nos souverains qui a le mieux su assu-

rer sa puissance et la liberté du peuple. S'il a ré-
voqué la pragmatique de Charles VII, c'est encore
par politique et pour affaiblir l'influence du clergé
de France, comme il chercha à détruire par d'autres moyens la puissance des seigneurs laïques; il
ne fut point gagné par le pape, puisqu'il le tint
pendant long-temps entre l'espérance de la voir
abolie et la crainte de la voir revivre.

Le concordat de 1516 entre François Ier et
Léon X, le premier un des plus grands rois qu'ait
eus la France, le second un des plus grands hommes qui aient été honorés de la tiare, fit cesser les
troubles et les discussions entre le pouvoir spirituel et le pouvoir temporel. Si le clergé inférieur
eut des droits, il sut les abandonner, et les sacrifier au bien général; voudrait-on aujourd'hui remettre en instance ce grand procès? Dieu nous en
préserve, surtout dans un temps où la philosophie
se mêle de tout.

1er alinéa de la page 129.

1. « Dans cet acte diplomatique, les français sont
» dénommés sujets du pape; et le pape et le roi,
» c'est ce qu'on ne peut dénier, s'y donnèrent ré-
» ciproquement ce qui ne leur appartenait pas. »
Nous n'avons pas vu dans le concordat que les
français soient nommés sujets du pape; nous prions
l'auteur de nous dire dans quelle édition il a trouvé
ce qu'il avance; mais, comme il est à présumer qu'il
n'a point lu cet acte diplomatique (puisqu'il l'ap-

pelle ainsi), nous l'avertissons de se défier à l'avenir des histoires écrites par les ennemis de la religion ; il est toujours dur d'être contredit, même lorsqu'on écrit à la bonne foi.

2. « Enfin l'assemblée constituante rétablit en » 1790 les élections ecclésiastiques et les institu-» tions par le métropolitain ou l'ancien évêque suf-» fragant ; elle abolit absolument le concordat de » 1516. »

Il faut que l'auteur que nous combattons ait une grande prédilection pour la constitution civile du clergé, pour nous y ramener continuellement, et pour en faire le plus pompeux éloge, après avoir blâmé les actes de l'autorité légitime. Ne sait-on pas que cette constitution de 1790, sous le rapport de la discipline ecclésiastique, serait ridicule si elle n'avait amené les horreurs et les persécutions de la révolution ? Nous n'examinons pas ici si les élections seraient plus avantageuses à l'Église gallicane que la nomination par le souverain et l'ins_ titution canonique par le pape. Le concordat existe ; a été fait par les deux autorités qui gouvernent l'Église et l'état ; il a été approuvé du moins par le silence du clergé catholique. Tout chrétien, tout sujet fidèle, doit se soumettre à cette double autorité ; mais de quel droit l'assemblée constituante se mêlait-elle des affaires de l'Église ? Quelle mission avait-elle reçue de Dieu ? Aucune sans doute. Aussi Napoléon, voulant favoriser la religion catholique, s'empressa-t-il de faire lui-même un concordat avec le pape, et d'abolir ce simulacre de canon de discipline, aussi absurde dans ses vues que funeste dans ses résultats.

2e alinéa de la page 129.

« Était-il nécessaire à la religion ? Non. Il anéan-
» tissait les libertés de l'Église fondées sur la raison,
» l'exemple des apôtres, la discipline des conciles
» généraux anciens et modernes, dont le pape et
» le roi n'étaient que les gardiens, et furent les
» gardiens infidèles. »

Il était nécessaire que le pape et le roi fussent
d'accord, et l'on voit en effet dans quel affreux
précipice le défaut d'union entre le souverain pontife et Henri VIII entraîna l'Angleterre ; étant les
chefs, le premier dans l'ordre ecclésiastique, le
second dans l'ordre civil, ils traitèrent de leurs droits
respectifs comme ils le jugèrent convenable. Les
droits du clergé inférieur purent être lésés par la
suppression des élections ; ces droits n'étaient pas
essentiels à la·religion comme l'accord des deux
puissances qui traitèrent. Nous ne croyons pas devoir
répondre aux insultes qui sont adressées dans ce
passage aux deux puissances qui y sont attaquées.

3e alinéa de la page 129.

« Était-il avantageux à l'état ? Non. Il était au
» antilégal et antinational, qu'il était anticanoniq
» Il attaquait l'indépendance de l'état. »

Il établissait la paix entre le pape et le roi, en

tre le souverain pontife et le roi très-chrétien ; il
empêchait un schisme et les plus grands désordres.

4e alinéa de la page 129.

« Était-il propre à maintenir la balance entre
» nos rois et les papes ? Non. Il donna aux papes,
» par infraction abusive des canons et des lois,
» un avantage immense sur les rois ; les évêques
» et les citoyens. »

Si le concordat donna aux papes un avantage
immense sur les rois, ceux-ci le voulurent bien,
et n'ont point chargé M. Lanjuinais de leur rendre les prétendus droits qu'ils ont perdus. Disons
la vérité, les souverains n'ont rien perdu aux concordats. Par la nature de leur autorité, ils n'avaient
aucun pouvoir sur l'Église ; le concordat leur a
accordé une foule de droits qu'ils n'avaient pas.
Les évêques ont peut-être vu restreindre leur autorité, mais ils n'ont pas réclamé ; les citoyens
ont toujours obéi avant comme depuis le concordat
aux supérieurs ecclésiastiques, en matière de religion ; aux rois et aux magistrats, en matière civile.

Dernier alinéa de la page 129 — 130.

« Assurait-il aux diocèses le gouvernement épis-
» copal ? Non. Il a servi à suspendre l'épiscopat,
» à en faire craindre l'extinction, à favoriser les
» injustes prétentions de la cour de Rome, à lui
» donner les moyens faciles de s'immiscer dans notre
» gouvernement, et de troubler la paix du royaume

» par des couvents exemptés de l'autorité épisco-
» pale, et par là même autorisés au vice. »

Le concordat, répétons-nous encore, a paru
bon au pape et au roi ; c'est à nous à obéir ; nous
devons ajouter qu'il a effectivement assuré le gouvernement épiscopal, puisqu'il a mis fin aux contestations qui pouvaient le troubler, ou le faire
dévier de sa communion avec le saint siège. On n'a
pu craindre l'extinction de l'épiscopat français que
lorsque le chef de l'état, après avoir usurpé le
modeste royaume du souverain pontife, et avoir
traîné celui-ci captif à travers la France et l'Italie,
se fut attiré une excommunication justement méritée (1). Ajoutons encore que les prétentions exhorbitantes des papes sur le royaume de France et
sur le glaive temporel ne se sont plus manifestées depuis le concordat de 1516 ; que le pape ne s'est point
immiscé depuis cette époque dans le gouvernement
temporel du royaume, et que par conséquent il
n'a pu le troubler.

Relativement aux religieux exempts de l'autorité
épiscopale, le pape a toujours eu le droit d'en
reconnaître, et il était naturel que les ordres monastiques qui s'étendaient dans plusieurs royaumes
fussent soumis à un chef unique, plutôt qu'à un

---

(1) On a vu cependant quelque chose de semblable lorsque Louis XIV
eut publié les quatre articles; mais le pape ne refusa l'institution canonique qu'à ceux des évêques nommés qui avaient participé dans l'assemblée du clergé de France de 1782, à la publication de la déclaration.

grand nombre d'évêques d'opinions diverses , quoique dans des matières peu importantes , qui auraient pu changer à leur gré les règles adoptées par
l'ordre entier.

Quant aux vices reprochés aux moines , nous
devons répéter ici que ces vices ne pouvaient être
attribués à l'exemption de l'autorité de l'ordinaire,
puisqu'il en est parmi ces derniers un grand nombre qui ont conservé leur pureté jusqu'au moment
de notre déplorable révolution.

1   alinéa de la page 130.

« Bonaparte arrivé au pouvoir avait à éteindre
» un schisme , déterminé par la seule politique ,
» et à réprimer les mouvements d'une guerre civile
» excitée par un mandement d'évêque émigré , et
» fomentée par un faux évêque et par des bulles
» clandestines. »

Nous ne sommes pas assez partisans de Bonaparte,
pour douter de la vérité de ce que M. Lanjuinais
avance ici. Oui , Bonaparte voulait assurer les mar-
ches du trône avant d'y monter ; il voulait, en
rétablissant en France la religion de nos pères ,
ôter une des causes de la résistance des fidèles ven-
déens ; il voulait commencer par se faire aimer
des catholiques, en attendant l'occasion de les ac-
cabler à leur tour. Il nous reste à justifier les
évêques émigrés de leurs mandements ; ces évêques
étaient demeurés fidèles au roi légitime et à la
religion dont ils étaient les plus fermes soutiens.

Ils voyaient avec horreur le trône de St. Louis vacant, et souillé par le sang d'un de nos meilleurs rois ; ils voyaient avec la plus grande peine la religion catholique abattue, et une prétendue constitution civile du clergé qui avait transformé en protestants gallicans une grande partie des français ; ils cherchèrent par tous les moyens à encourager la fidélité des uns, à retirer les autres de leur schisme, à les affermir tous dans l'amour de leurs rois légitimes et de la religion catholique. Avaient-ils tort ? Chacun répondra suivant son goût et son inclination.

Quant au faux évêque dont parle l'auteur, il n'était nullement autorisé ni par les émigrés, ni par le pape. C'était même un constitutionnel auquel son ambition faisait jouer ce rôle. (Voyez les Mémoires de Mme la marquise de Larochejaquelin.)

2. « Il n'était pas assez peu éclairé pour songer » à rétablir l'acte de 1516 ; de là son concordat » de 1801 à bien des égards moins intolérable » que l'ancien, mais absurde précisément en ce » que, par des articles organiques, il transforma » en desservants destituables à volonté, et payés » comme simples vicaires, trente mille curés, qu'il » voulut être capricieusement amovibles. »

L'auteur préfère le concordat de 1801 à celui de 1516, sans doute parce que Bonaparte lui paraît plus digne d'éloges que François 1er ; mais ce concordat de 1801 a bien plus détruit les libertés de l'Eglise gallicane que le premier. En effet

tous les anciens évêques, que l'on réputait inamovibles avant 1801, ont été obligés de donner leur
démission, et cela de la pleine autorité du pape et
sans concile; ceux qui ont refusé ont perdu leurs
diocèses comme les autres, ce qui donnait autrefois lieu à des discussions entre les évêques et les
papes. La délimitation des territoires a été fixée
encore de la pleine autorité du pape. On a blâmé
le concordat de 1516 parce qu'il accordait le revenu d'une année à chaque vacance de siège épiscopal. Eh bien dans le concordat de 1801 le pape
a disposé non-seulement comme souverain, mais
comme propriétaire de tous les biens ecclésiastiques, en accordant l'absolution sans restitution
préalable des biens vendus par la nation ayant appartenu au clergé et aux ordres religieux. On ne
dit rien de tout cela, et cependant c'est ce concordat, d'ailleurs confirmé par le consentement de
l'Eglise universelle, qui a singulièrement augmenté
l'autorité du pape, et anéanti les droits des évêques
de France. Ajoutons encore autre chose : les anciens évêques avaient des priviléges plus ou moins
grands attachés à leurs sièges, soit relativement
à certaines dispenses, soit relativement à l'absolution de certains crimes graves dont la connaissance
était réservée au saint siège ; eh bien tous ces
priviléges ont été anéantis par le concordat de 1801,
qui a renouvelé la face de la France relativement
à la délimitation des territoires et à la juridiction
des évêques. Je le demande, le concordat de 1516
avait-il porté si loin l'autorité du souverain pontife?

3. « Voilà le mal extrême qui opère la vacance
» d'une grande partie de ces cures, et qui oblige
» de recruter pour le sacerdoce dans les hôpi-
» taux d'enfants trouvés. »

Ce n'est point le défaut d'inamovibilité des bénéfices qui empêche les jeunes gens de notre siècle
d'entrer dans l'état ecclésiastique, et qui oblige,
je ne dis pas de recruter parmi les enfants trouvés,
ce qu'il est aussi inconvenant qu'inexact d'avancer,
mais de placer des sujets médiocres, quoique généralement de mœurs pures, à la tête des paroisses appelées succursales. C'est la philosophie
moderne qui a corrompu trois générations, et qui
s'efforce de corrompre la quatrième ; qui a inspiré
aux jeunes gens élevés dans les colléges le dégoût
de la religion et l'aversion pour le sacerdoce. Beaucoup de pauvres entrent dans le sanctuaire, et si
leurs études ont été moins bien soignées, s'ils ont
en général une éducation moins brillante, il faut
l'imputer au peu de religion qui existe parmi les
gens du monde, et bénir la Providence de ce
qu'elle choisit encore des ministres parmi les hommes d'une classe moins élevée.

4. « Voilà ce qui ne blesse en rien apparem-
» ment tous nos zélotes ultramontains, car ils
» ne s'en plaignent pas, ils n'y songent pas ; peut-
» être ils n'y songent que trop ; des prêtres sans
» famille n'en seront que plus propres et mieux
» façonnés au despotisme épiscopal, ministériel
» et aristocratique, mais surtout au jésuitisme. »

Toujours des injures contre le clergé, et tou-

jours des imputations dénuées de fondement. Le
lecteur doit encore observer que, d'après ce qui
résulte de l'ensemble de la notice que nous réfutons, le nom d'ultramontain est libéralement dé-
parti à tous les ennemis de la constitution civile du
clergé, à tous ceux qui reconnaissent la primauté
et les droits du souverain pontife, et que d'après
lui le gallican Bossuet, le défenseur de la déclaration du clergé de France, ne pourrait se
sauver du reproche d'ultramontanisme. Le clergé ne
spécule pas sur le petit nombre de ministres (1).
Il gémit de ce que les principes antireligieux ont
desséché l'âme de la plupart de nos jeunes gens,
et les ont rendus impropres au service des autels.
Les enfants illégitimes sont irréguliers, et ce n'est
point sur eux que l'Église jette les yeux pour remplir le nombre de ses ministres; mais les pauvres la-
boureurs, les artisans, entrent en foule dans le
sanctuaire où refusent d'entrer les fils des riches et
des puissants.

2e alinéa de la page 13o—131.

1. « En 1811, par suite des intrigues de la coali-
» tion de l'étranger, et des injustes entreprises de
» Napoléon sur les états du pape, ce pontife de

---

(1) A qui doit-on l'établissement des petits séminaires ? Au clergé.
Qui sacrifie sa fortune et sa santé pour augmenter les élèves du sanctuaire ? C'est encore le clergé. La philosophie s'évertue à nous donner
des théories plus mauvaises que bonnes; le clergé seul exécute ce qu'il
y a de bien.

» nouveau suspendit l'épiscopat français par des
» rébus arbitraires de bulles , subordonnant les in-
» térêts spirituels de l'Eglise de France aux inté-
» rêts temporels de la cour de Rome. »

C'est, comme nous l'avons déjà dit , par suite des
injustes entreprises de Napoléon sur les états du
pape , par suite des mauvais traitements que cet
usurpateur du trône de St. Louis exerçait sur le
vicaire de J.-C. , que Pie vii refusa de donner
l'institution canonique aux sujets que Bonaparte
lui présentait. L'excommunication du chef du gouvernement était un motif légitime du refus du
souverain pontife , sans qu'on y ajoute la supposition d'une coalition avec les puissances ennemies
de la France. Les papes Pie vi et Pie vii expoliés,
emprisonnés , maltraités par la république et Napoléon , ne prirent aucune couleur dans les diverses
luttes que la France eut à soutenir avec les puissances. Ne pouvant , comme dans les premiers
siècles de la monarchie, s'ériger en médiateurs ,
et travailler à la pacification générale de tous les
royaumes chrétiens, une exacte neutralité fut la
seule digue qu'ils opposèrent à l'envahissement de
l'Europe ; et cette digue, on le sait , ne put les
défendre contre l'esprit antichrétien des révolutionnaires , ni contre l'ambition démesurée de
Napoléon.

2. « Alors un concile national de France et d'Italie
» eut la sagesse de proclamer qu'en pareil cas ,
» il était juste que les évêques nommés par le
» prince fussent institués par le métropolitain , ou

» l'ancien évêque suffragant, suivant l'esprit de
» l'antique discipline. »

Nous avons dit au mot *Concile* (voyez ce mot)
que celui de 1811 ne statua rien, et qu'il fut
dissous par la force qui l'avait convoqué, celle
de Napoléon ; mais, si ce prétendu canon avait
existé, il est à présumer qu'il aurait été mis à
exécution, et cependant jusqu'à la restauration les
diocèses dont les pasteurs étaient morts demeurè-
rent sans évêques. (Voyez au surplus les mémoires
pour servir à l'histoire de l'Eglise gallicane cités
à l'article *Concile*).

3. P. 131.—« Le pape captif, il est vrai, admit
» cette nécessaire décision par le concordat de
» Fontainebleau du 25 Janvier 1813, accordé très-
» expressément en forme de convention, mais aussi
» comme indult, comme grâce révocable. »

Pourquoi le pape aurait-il refusé jusqu'en 1813
de confirmer les canons de 1811, lorsque l'épiscopat
français devenait tous les jours moins nombreux ?
Pourquoi cette confirmation n'eut-elle pas plus de
suite que la disposition du concile pendant l'année
que le pape demeura encore en France ? (Voyez
les mémoires ci-dessus cités).

4. « Ce pouvait être un remède palliatif ; mais,
» d'après l'état politique de l'Europe, Pie vii,
» espérant une prompte révolution, se refusa de
» suite à l'exécution du moins abusif de tous les
» concordats connus. »

Si le pape avait consenti à ce prétendu concordat,

il est à présumer qu'il l'aurait exécuté ; s'il le
signa, ce fut par force, et l'on sait comment il
était traité à Fontainebleau par les suppôts de
Bonaparte ; il en est de ce concordat comme
de l'approbation du divorce attribuée à M. Aymery,
supérieur général de St.-Sulpice, et des canons
d'un concile dissous aussitôt qu'assemblé. (Voyez au
surplus les mémoires ci-dessus cités).

1er alinéa de la page 131.

1. « Louis xviii rappelé au trône de ses ancêtres
» en 1814 eut de mauvais conseillers, qui l'enga-
» gèrent à méconnaître le concordat de 1801,
» quoiqu'il adoptât les cinq codes Napoléon, etc.
» En conséquence, la suspension de l'épiscopat
» français continua durant quatre années consé-
» cutives, et l'on méditait un nouveau concordat. »
Louis xviii était le maître d'accepter les cinq
codes émis sous le gouvernement de Napoléon ;
et il faut convenir que, malgré leur imperfection
dans certaines dispositions que l'on doit attribuer
dans le code civil à l'esprit républicain qui dominait
encore, et dans les derniers codes, notamment
dans le code d'instruction criminelle et le code
pénal, à l'esprit du despotisme du chef de l'état,
il eut été difficile de les remplacer : on ne pouvait
qu'en corriger peu à peu les dispositions vicieuses ;
mais le concordat de 1801 était un traité fait entre
Bonaparte et Pie vii qui ne pouvait convenir qu'à
la dynastie de Napoléon, et qui ne pouvait lier

la famille de nos princes légitimes. Ce concordat avait des vices inséparables des circonstances dans lesquelles il avait été fait ; le chef de l'état avait lui-même anéanti son concordat , en ne l'exécutant pas, en voulant contraindre le pape par toutes sortes de violences à l'anéantir lui-même , et à en signer un autre plus contraire aux droits de la cour de Rome , et plus favorable aux vues de Napoléon. Il fallait donc ou revenir au concordat de 1516 , ce qui était assez difficile , ou en faire un nouveau , et c'est ce dernier parti qui fut embrassé. Un acte de cette nature ne put être terminé sans qu'il y eût des difficultés à applanir, des intérêts à ménager, les règles de la discipline à conserver. Tout cela, joint à l'opposition de la philosophie antichrétienne, a produit les obstacles qui ont empêché son exécution.

2. « On le sollicite chaudement , sans nécessité,
» sans utilité , ne regardant que le passé, ne con-
» sultant ni le présent, ni l'avenir, ni les prévoyan-
» ces qui doivent servir de guide , quand on veut
» pactiser diplomatiquement et avec Rome sur
» les droits de l'Église et de l'état. »
Ce n'est pas à nous à juger de sa nécessité et de son utilité : le roi agissait dans l'intérêt de l'état, combiné avec son respect pour la religion catholique ; le pape agissait dans l'intérêt de l'Eglise de France , combiné avec son attachement aux princes de la maison de Bourbon. Les évêques et tous les bons catholiques désiraient un nouvel accord avec le pape ; ils désiraient voir remplacé cet acte,

dicté en quelque sorte par Napoléon, par un pacte libre des deux côtés ; ils désiraient voir augmenté le nombre des pasteurs , dont la juridiction trop étendue entravait leur gouvernement.

Ce concordat ne s'occupait pas seulement du bien présent , mais il réglait le sort de l'avenir. Du reste on a tort de prétendre que les négociations diplomatiques n'aient pas été assez réfléchies, puisqu'il se passa un temps assez long , au moins deux ans , entre le commencement et la fin des discussions qui amenèrent ce nouveau pacte religieux et politique. Nous devons encore ajouter que la cour de Rome n'est point celle dont il faut se méfier ; le pape ne stipule dans son concordat que le bien de la religion , et n'empiète point sur l'autorité royale.

2ᵉ alinéa de la page 131.

1. « Enfin parut le projet de concordat de 1817 » qui devait rétablir purement et simplement le » concordat de 1516, volume désormais inappli- » cable , odieux , ridicule. »

Et c'est pour rendre ce concordat de 1516 applicable aux nouvelles circonstances que le concordat de 1817 avait été fait ; ce concordat était, il est vrai, celui de 1516, modifié par les dispositions qu'exigeait la nouvelle position de la France. (Voyez au surplus nos précédentes observations).

2. « A l'exception des évêques nommés et bullés » prématurément , au mépris de la loi en vigueur,

» il ne se trouva personne qui voulût du nouveau
» projet, rédigé et signé pour avoir exécution du
» jour de sa date, et véritablement exécuté à
» l'avance. »

Nous demanderons d'abord à l'auteur au mépris
de quelle loi le nouveau traité avait été signé ;
serait-ce au mépris du concordat de 1801 ? Sous
quel rapport le traité fait par Bonaparte avait-il
plus force de loi que celui de Louis xviii ? Les
Bourbons ne se sont-ils pas réservé par la charte
le droit de faire des traités, et, d'après cet axiôme
de droit, qui veut la fin veut les moyens, le roi
n'avait-il pas le droit d'exécuter ce traité par une
ordonnance ? Jusques à quand appellera-t-on légal
tout ce qu'a fait l'usurpateur, et illégal ce que le
roi a jugé dans sa sagesse favorable à la religion
et au bien du royaume ? Pourquoi ces prétendus
amis de l'ordre légal se donnent-ils comme les
défenseurs de ce qu'ils appellent nos libertés, toutes
les fois qu'ils veulent empêcher une mesure favorable à la religion, et cherchent-ils à contraindre
le roi lui-même, malgré ses principes et ses désirs,
à user hardiment de son pouvoir, lorsqu'il s'agit
de restreindre ce même bien ? Pourquoi, pendant
que le philosophisme est impudemment enseigné
dans la capitale, l'université est-elle impuissante
pour empêcher ces leçons scandaleuses, pendant
que non-seulement les jésuites qui présentaient
tant de garanties au gouvernement, mais tous les
corps enseignants religieux à qui les conseils généraux demandaient à grand cris que l'on confiât

14

l'éducation de la jeunesse, sont aujourd'hui interdits, poursuivis devant les tribunaux comme de misérables ennemis du repos public.

3. « Les ministres eux-mêmes ne l'ont présenté » aux chambres qu'en le reconnaissant nul, excepté » pour la nomination royale, c'est-à-dire pour ce » qui n'avait jamais été contesté entre les parties. »

L'opinion des ministres de ces temps ne peut faire juger de la légalité du concordat ; on sait effectivement sous quel ministère il a été présenté aux chambres ; mais le roi n'était point obligé de le soumettre à leur approbation : la charte lui laissait le droit de faire le traité, et par conséquent de le mettre à exécution.

1er alinéa de la page 132.

1. « Ainsi des quatre concordats qui devaient » régir la France catholique, arrêtés et signés » entre le gouvernement et le pape en 1516, 1801, » 1813 et 1817, les deux premiers ont asservi » l'Eglise de France, violé sa discipline ou plutôt » la discipline générale voulue par les conciles » généraux et les papes, et ont jeté l'Eglise de » France dans des embarras périlleux et inex- » plicables. »

Le premier a asservi l'Église de France en ce sens que les élections ont été livrées à l'autorité séculière ; car l'Église, comme nous l'avons démontré, n'est point asservie au pape qui est son chef naturel et le vicaire de Jésus-Christ sur la

terre. Le concordat de 1801 ajouta à cet asservis-
sement des droits tellement exhorbitants en faveur
du chef de l'état, et une telle diminution de l'autorité épiscopale, dont les nominations devaient
toujours être approuvées de lui par l'intermédiaire d'un ministre laïque, que les évêques de
France appelaient avec juste raison servitudes de
l'Eglise gallicane ce que Bonaparte appelait liberté.

2. « Le troisième, qui fut donné comme un remède
» nécessaire et consolant dans un mal extrême,
» ne dura que peu de jours, et succomba sous la
» politique mondaine de la cour de Rome, et le
» quatrième a été reconnu tout-à-fait insoutenable.»

Le troisième, s'il exista, fut le résultat de la
force tyrannique d'une part, et de la faiblesse
opprimée de l'autre. Il ne put soutenir les regards
du clergé qui ne vit point de consentement dans
ce concordat, et il ne put servir qu'à annuler
celui de 1801, demeuré sans exécution par la faute
des parties ; non par celle du pape, comme le
prétend l'auteur, mais par la faute de Napoléon.
Le quatrième rétablissait les choses dans un meilleur
état, en augmentant le nombre des évêques mal-
à-propos diminué en 1801

2ᵉ alinéa de la page 132.

1. « Disons ici pour mémoire que le pape a fait
» dans le 18ᵉ siècle divers concordats plus ou moins
» connus ; un avec le roi d'Espagne en 1753; un
» avec le grand-duc de Milan en 1757 ; un en 1770

» avec la Sardaigne ; un avec le roi de Naples en
» 1791 ; un en 1807 avec la république italienne;
» un en 1815 avec le grand-duc de Toscane ; un
» avec le roi de Bavière le 4 Juin 1817 ; et un avec
» le roi de Naples le 23 Juin 1818. Tous sont anti-
» canoniques, puisque tous ont pour base la préten-
» tion inouïe, avant les bas siècles, que le pape
» soit collateur naturel des prélatures et des béné-
» fices, et le seul qui puisse donner une mission
» régulière aux évêques de la religion catholique. »

Tous les concordats faits depuis 1516 jusqu'en
1818 sont anticanoniques ; c'est-à-dire que tous les
évêques de la chrétienté qui les ont approuvés du
moins par leur silence, et en concourant à leur
exécution, sont contraires aux canons. Mais qu'est-
ce qu'un canon, sinon une loi émise du consentement des évêques du monde chrétien? Or, si une
loi dans l'ordre civil peut être abrogée par une
loi postérieure, n'en est-il pas de même des canons
qui sont des lois ecclésiastiques? Or, il est reconnu
que le consentement de l'Eglise dispersée a le même
pouvoir que celui des conciles œcuméniques, et
c'est ce que Bossuet répète souvent dans sa défense
de la déclaration du clergé de France de 1682.
On doit donc reconnaître que les concordats peuvent déroger aux canons précédents, mais qu'ils ne
sont point anticanoniques.

On ajoute que tous ont pour base la prétention
inouïe avant les bas siècles que le pape soit collateur
naturel des prélatures, etc.

A cela nous répondons que si l'auteur de cette

notice avait étudié avec soin l'histoire ecclésiastique,
et s'il avait pris la peine de réfléchir sur les événements arrivés dans le monde chrétien depuis la
prédication des apôtres jusqu'à nos jours , il aurait
vu que dans les premiers temps les apôtres, dispersés
sur toute la surface de la terre , instituèrent des
évêques chez toutes les nations , afin d'avoir des
successeurs dans l'administration des sacrements :
quelques-uns fondèrent les divers patriarchats de
l'Orient, et Pierre , le chef de tous, transférant
son siège à Rome , fut le chef immédiat de l'Eglise
latine , et le chef médiat de l'Église grecque. Ce
fut le pape qui envoya dans les Gaules St. Denis,
St. Martial , St. Génulphe , et les autres missionnaires a qui l'on a donné le nom d'apôtres des
Gaules. Ce fut lui qui, sous le règne de Charlemagne,
envoya des évêques dans le nord de l'Europe et
chez les anglais , et , par une disposition de la
Providence qui tendait sans doute à augmenter de
jour en jour la puissance du successeur de Pierre,
les patriarches et les Eglises d'Orient étant tombées
dans l'hérésie et dans le schisme , l'Eglise romaine
seule sut conserver la pureté du dogme et des
traditions apostoliques ; et qu'on ne dise pas
qu'il n'existe aucune raison pour attribuer la
vérité à l'Eglise romaine , plutôt qu'aux Eglises
dépendantes des patriarches d'Antioche , de Constantinople, etc. , parce que dans le temps de leur
union , toutes les Églises chrétiennes ont reconnu
leur dépendance de l'Eglise romaine. Elles ont
reconnu le pape comme chef de cette Église ; et

d'un autre côté , en comparant les décisions des
premiers conciles généraux avec le dogme adopté
dans notre Eglise et celle des orientaux , on voit
que les latins demeurent soumis aux mêmes règles
de foi que les pères de ces conciles , et qu'au
contraire les grecs les ont considérablement déna-
turées. Cependant N. S. J.-C. a promis que l'Eglise
subsisterait jusqu'à la consommation des siècles;
aujourd'hui qu'il y a schisme , qu'il y a séparation
entre les chrétiens de diverses communions , quelle
est celle qui est la véritable ? C'est sans doute celle
qui est demeurée constamment unie à son chef
successeur de St. Pierre ; c'est sans doute celle
dont la doctrine est demeurée conforme à celle
des premiers pères de l'Eglise. Mais aujourd'hui
l'Eglise n'a presque plus dans son sein que les
peuples conquis à la foi par les missionnaires envoyés par les papes. C'est précisément de ces bas
siècles que date la conversion des peuples de l'Europe. Dès l'instant qu'ils ont été introduits dans le
bercail, ils ont reconnu leur dépendance de l'autorité
pontificale. Ils ne peuvent donc plus s'en affranchir
aujourd'hui sans renoncer au titre de chrétien fidèle,
et à l'héritage que Jésus-Christ a promis aux enfants
de l'Eglise. Aussi voit-on qu'en Europe tous ceux
qui se sont séparés de l'autorité pontificale ont
aussi abandonné la croyance de leurs pères , depuis
les luthériens jusqu'aux anglicans. C'est ce que
l'immortel Bossuet a si bien démontré dans son
histoire des variations, et ce que l'expérience nous
confirme tous les jours.

2. » Puisqu'en outre ils supposent que les
» évêques doivent être nommés par les rois ou
» autres gouvernements , et que le pape est admi-
» nistrateur spirituel , immédiat , et habituel hors
» de son propre diocèse. »

La nomination des évêques par les rois est une
concession de l'autorité pontificale à l'autorité civile,
concession contre laquelle l'épiscopat n'a point
réclamé , et qui doit par conséquent être exécutée
tout le temps que l'autorité civile et l'autorité
religieuse seront d'accord à cet égard. Le pape a
pouvoir hors de son diocèse, c'est ce qui a été
reconnu de tout temps même par les grecs. Il n'est
point administrateur immédiat et habituel, puisque
les évêques sont chargés de cette administration ;
mais il peut se réserver , et ce point a toujours
été reconnu , une branche d'administration plus
ou moins étendue ; il peut se réserver des absolutions, des dispenses ; il peut déléguer ses pouvoirs
souverains ; il peut enfin canoniquement exempter
telle portion du troupeau de la juridiction de
l'ordinaire. Ce droit découle de la mission que
ses prédécesseurs ont donnée à ceux qui ont
converti nos ancêtres païens ; ce droit est inhérent
non-seulement à la papauté, mais au titre de patriarche de l'Eglise latine ; ce droit lui est d'ailleurs
acquis par un long usage , sans opposition du moins
canonique de la part des évêques de l'Occident.

1ᵉʳ alinéa de la page 133.

1. « L'Amérique républicaine et catholique fera-

» t-elle aussi avec les papes des concordats, pour
» se faire gouverner ecclésiastiquement à deux
» mille lieues d'elle-même ? Voudra-t-elle préférer
» à ces irrégularités diplomatiques la discipline des
» apôtres et des conciles généraux des premiers
» siècles chrétiens, la discipline perpétuelle des
» romains ? En un mot, les Eglises d'Amérique
» seront-elles régies pour le spirituel comme des
» provinces ecclésiastiques de Rome, tandis qu'au
» civil elles n'ont pas voulu ni dû rester provinces
» de Madrid ? Le temps résoudra ce problème. »

On trouve tout à la fois dans ce passage l'éloge
de la révolte civile, et le conseil de la révolte
religieuse. Les républiques de l'Amérique n'ont
pas voulu, n'ont même pas dû rester soumises à
la métropole, elles ont bien fait de secouer le
joug.... Voilà de beaux principes, bien faits pour
maintenir l'obéissance envers les souverains et la
tranquillité des états. Nous ne pousserons pas plus
loin la réfutation de la partie politique de ce passage, parce que la France étant aujourd'hui peu
intéressée dans ces révoltes toujours affligeantes
des colonies contre leurs métropoles, il n'entre
pas dans notre plan de discuter ces questions de
politique étrangère ; mais comme nous tenons à
l'intégrité de l'Eglise, comme nous désirons avec
ardeur non-seulement qu'elle conserve ses conquêtes, mais qu'elle les étende suivant la promesse de
son divin auteur dans toutes les parties de la terre,
nous répondrons :

Que la discipline de l'Eglise romaine est aujour-

d'hui la seule qui soit basée sur les conciles généraux,
sur la doctrine des apôtres et sur l'Evangile. Les
peuples de l'Amérique, bien loin d'être indépendants de cette Eglise, doivent lui être d'autant
plus soumis que c'est à elle et à elle seule qu'ils
doivent d'être éclairés des lumières de la foi qui
ne leur ont été apportées ni par les grecs, ni par
les anglicans, ni par les luthériens, ni par les
calvinistes. Nous ne savons pas plus que l'auteur
si ces républiques feront des concordats, peut-être
feront-elles bien de ne pas en faire ; mais il est
certain que si elles veulent marcher dans la seule
voie qui conduit au port de l'éternité, elles doivent
reconnaître l'autorité du pape en matière religieuse,
et, sous ce rapport, elles doivent comme nous demeurer provinces ecclésiastiques de Rome.

3e alinéa de la page 133.

1. « Ces concordats ne peuvent être que des
» contre-canons et des contre-lois, résultat affli-
» geant du long règne de l'ignorance et des passions,
» des préjugés et des fausses décrétales. »
Nous avons déjà répondu à ce passage en prouvant que les rois ayant le pouvoir de faire des
traités, et les papes étant les maîtres de la discipline
de l'Eglise, qu'ils doivent régler d'après ses besoins,
on ne peut appeler contre-lois ce qui ne nuit point
aux lois établies dans un gouvernement, et contre-
canons, ce qui n'excède point le pouvoir du souverain pontife, surtout lorsque l'Eglise par son

approbation a donné , en quelque sorte , la sanction à ces actes des deux puissances.

2. « L'Eglise et les gouvernements chrétiens se » sont passés de tous concordats jusqu'aux 12ᵉ » siècle ; n'est-ce pas là une grande présomption » contre eux ? »

Si l'Église s'est passée de concordats jusqu'au 12ᵉ siècle, c'est parce que l'esprit d'indépendance contre l'autorité pontificale n'avait pas fait les mêmes progrès. Mais à cette époque il devint nécessaire d'établir une ligne de démarcation entre l'autorité spirituelle et l'autorité des souverains. Tant que deux parties sont d'accord , elles n'ont pas besoin de régler leurs droits , mais si des intérêts les divisent , si une pomme de discorde est jetée entre elles, qui ne voit avec plaisir les querelles terminées, les dissensions apaisées par une transaction dans laquelle les parties, faisant respectivement le sacrifice de ce qu'elles croient leur être dû , rétablissent entre elles la bonne intelligence , la paix et l'union. Avant le 14ᵉ siècle , je dirai plus , avant la réforme, les rois étaient soumis, en matière religieuse et sans contestation , à l'autorité des papes ; des prétentions réciproques des souverains pontifes sur les royaumes, et des princes laïques sur le gouvernement de l'Eglise , firent craindre des dissensions entre le pouvoir spirituel et le pouvoir temporel ; des concordats terminèrent ces discussions. Que trouve-t-on là d'anticanonique, qu'y trouve-t-on qui ne soit avantageux à la paix de l'Eglise et des états temporels ?

3. « Encore : le concordat allemand de 1122
» ne fit que rappeler et confirmer la liberté cano-
» nique des élections et prélatures, et les concordats
» allemands de 1447 et 1448 la consolidèrent
» aussi, même en acceptant plusieurs nouveautés
» serviles. »

Ces prétendues nouveautés existaient depuis la
prédication de l'Evangile en Allemagne : du reste
voyez les observations précédentes.

4. « Il faut descendre à Léon x et à François 1er
» pour trouver la pensée et la volonté d'anéantir
» cette liberté religieuse et politique. (Voyez les
» observations précédentes). »

5. « Ce fut un attentat à la discipline générale
» des conciles généraux, aux libertés religieuses,
» et aux lois du royaume, reconnus par St. Louis,
» par ses successeurs, par le clergé français, et
» enregistrés dans les parlements. Le pape gardien-
» né des canons était tenu de les observer, et le
» roi seul ne pouvait, surtout au profit de sa per-
» sonne et de ses courtisans, dépouiller le clergé
» et la nation de leurs franchises. »

L'acte d'un maître qui règle les affaires qui le
concernent n'est point un attentat; les papes étaient
gardiens de la discipline, mais non pour ne point
user des pouvoirs qu'ils avaient de la modifier selon
les circonstances ; si des usages contraires à ceux
qui furent consacrés par le concordat de 1516
étaient en vigueur avant le règne de François 1er,
c'est parce que les papes, gardiens des intérêts de
l'Eglise d'une part, et les rois, souverains absolus

de l'autre , l'avaient voulu ainsi ; des discussions
s'élèvent, des intérêts opposés menacent de troubler la bonne harmonie entre l'autel et le trône,
et les parties intéressées terminent leurs discussions
par une transaction politico-religieuse. Que trouve-
t-on là de contraire aux lois et aux canons?

6. « Les états généraux ne cessèrent de décla-
» mer contre cette violence ; enfin l'un des tra-
» vaux de l'assemblée constituante fut d'abroger
» radicalement le fatal concordat, et de rétablir les
» élections. »

Mais que résulta-t-il de cette abolition du concordat? C'est que, depuis l'établissement de la constitution civile du clergé jusqu'au traité de 1801,
la France fut séparée de l'Eglise catholique, et
qu'en conservant le dogme et les sacrements,
elle fut protestante à-peu-près comme l'Eglise anglicane. Ce ne furent point les seuls maux qui dé-
coulèrent de cette abolition bien plus funeste que
le concordat contre lequel on déclame aujourd'hui.
Tous les évêques chassés de leurs sièges et remplacés par des intrus , les pasteurs les plus respectables également chassés et remplacés , tous les
prêtres fidèles à leurs devoirs poursuivis comme
réfractaires , obligés de s'expatrier , déportés , condamnés à mort, et l'Eglise de France livrée aux
hommes les plus méprisables et les plus indignes
du ministère sacré ; voilà ce que l'on vit dans les
temps heureux que M. Lanjuinais voudrait faire
revivre; et quant aux élections qu'il prétend avoir
été rétablies par l'assemblée constituante , furent-

elles conformes aux canons qui ne donnaient le
droit d'élire qu'au clergé du diocèse? Non, elles
furent exercées par une vile populace que les plus
ambitieux ou les plus habiles firent mouvoir au gré
de leurs désirs (1).

1er alinéa de la page 134.

1. « De tels concordats, renversant par violence
» continue et la constitution de l'Eglise et celle de
» l'état, détruisant l'indépendance de l'un et de
» l'autre, n'ont pu devenir par la coutume ni ca-
» noniques, ni légitimes. »

J'ai déjà expliqué la cause et le but du concordat dans les précédentes observations ; il doit me
suffire ici de dire qu'il ne renversa ni la constitution de l'Eglise, ni celle de l'état ; qu'il ne détruisit l'indépendance ni de l'une, ni de l'autre ;
que certains usages purent être changés à la vérité,
mais que ces usages ne tenaient pas à l'organisation essentielle de l'Eglise, qui ne consiste que
dans la hiérarchie des pouvoirs et la supériorité
du pape sur tous les évêques du monde. Quant à
l'état, il demeura toujours soumis au roi comme
il l'avait été auparavant.

---

(1) Les juifs, les protestans, etc., furent compris au nombre des
électeurs qui avaient le droit de nommer les évêques et les autres pasteurs. Était-ce conforme aux canons?..... Ces élections se faisaient avec
tant de sagesse, que l'on rapporte qu'un électeur, venant de concourir
à la nomination d'un évêque, interrogé sur ce qu'il venait de faire,
répondit : Nous avons nommé pour évêque M. P..., c'est un bien brave
homme, mais seulement il est un peu huguenot. (Cet évêque était
soupçonné de jansénisme).

2. « L'abus des mauvaises coutumes crie sans cesse;
» il n'est jamais trop tard d'attaquer et d'abolir les
» actes violateurs des constitutions. »

Quelles constitutions les concordats ont-ils violées ? Nous avons démontré que ce n'est point celle
de l'état, puisque le roi était absolu et qu'il avait
surtout le pouvoir de faire des traités. Est-ce celle
de l'Eglise ? Elle n'a pas été violée non plus, puisque la hiérarchie et la supériorité du pape ont
été maintenues, et que l'on ne peut trouver dans
ces actes que quelques légers changements à la liberté d'élection qui n'était pas essentielle à l'Église.

3e alinéa de la page 134.

1. « *Quatrième principe*. Ces actes ayant pour
» objet de régler les droits les plus importants de
» l'Eglise et de l'état, le pape et le roi ne peu-
» vent valablement et régulièrement les faire seuls;
» s'ils en prennent l'initiative, il faut y joindre le
» libre consentement de l'Eglise universelle, ou
» du moins nationale, et les formes requises par
» les lois de l'état, comme on l'a reconnu en 1516,
» 1801 et 1817. »

Mais puisque les formes que désire l'auteur ont
été observées en 1516 par l'enregistrement du concordat, en 1801 et 1817 par leur prétention au
pouvoir législatif (quoique cet enregistrement et
cette présentation ne fussent dans le fond nullement nécessaires), puisque l'Eglise de France les
a exécutées et qu'elle n'a point réclamé contre leurs

dispositions, pourquoi les appelle-t-on aujourd'hui *antilégaux*, *anticanoniques* ? Dans le fait, ils ne sont ni l'un, ni l'autre.

4ᵉ alinéa de la page 134—135.

« *Cinquième principe.* Ces sortes d'actes supposés
» faits avec toutes les clauses et les formes les
» moins nuisibles, demeurant toujours *en droit*, et
» en fait, imparfaits et précaires ; *en droit*, puis-
» qu'il y a défaut réel de pouvoir dans les con-
» tractants ; et en fait, puisqu'il est très-certain,
» constamment enseigné, et abusivement pratiqué
» à Rome, que ces grâces sont vues par le pape,
» comme des grâces révocables et modifiables à
» volonté, puisque d'ailleurs il n'existe aucun
» moyen de droit pour obliger le roi à nommer,
» le pape à donner les bulles, et empêcher le roi
» ou son conseil de les retenir. L'expérience tient
» école et nous enseigne ces tristes vérités. »

Oui, ces actes demeurent toujours en fait et en droit imparfaits et précaires, puisque le pape n'a de pouvoir contre les rois qu'en lançant les fou-dres du Vatican qui ne sont pas toujours redoutées, et que le roi de son côté n'a aucun pouvoir sur le pape. Nous avons démontré qu'il n'y a pas dé-faut de pouvoir dans les contractants qui sont respectivement les maîtres, le pape en matière spirituelle, le roi en matière temporelle. Il est encore vrai qu'il n'existe aucun moyen temporel

pour obliger le roi à nommer (1) et l'empêcher de
retenir les bulles lorsqu'elles ont été accordées; il
n'en existe pas non plus pour forcer le pape à les
donner ; cependant nous ne devons pas désirer que
la constitution touche à ces points délicats ; malheur
à l'Eglise de France si l'autorité législative préten-
dait s'immiscer dans le gouvernement de la religion ; avec les meilleures intentions , elle s'égare-
rait sans doute , parce que ce n'est pas à elle que
Jésus-Christ a confié les clés du royaume des cieux.
Le pape et le corps épiscopal sont les seuls juges
légitimes de ces matières. Les rois chrétiens pro-
tégent et défendent les droits de l'Eglise, ils jouissent des priviléges qu'elle leur a accordés , mais
ils ne gouvernent que le temporel.

1er alinéa de la page 135.

« *Sixième principe*. Si un pape concordatiste
» refuse obstinément les bulles , comme il est sou-
» vent arrivé , par humeur , par système ou par
» artifice politique ; s'il suspend ainsi l'épiscopat
» et menace de l'éteindre dans tel pays , l'autorité
» législative a le droit incontestable et le devoir
» de rompre le concordat, et de requérir l'ins-
» titution des évêques, par le ministère du métro-
» politain ou de son ancien suffragant, comme
» faisaient nos rois de la première et de la seconde

(1) Cependant si le roi ne nomme pas dans les six premiers mois de
vacance , il perd son droit de présentation.

» race, alors même que par un despotisme usur-
» pateur ils empêchaient les élections, visant à
» les détruire à leur profit, et s'attribuant exclu-
» sivement le choix de l'évêque. (D'Héricourt. *Lois*
» *ecclésiastiques*, part. 1re, chap. 6, n° 11.).

D'Héricourt ne met certainement pas le pouvoir
législatif en opposition avec le roi, puisque lorsqu'il a fait sa compilation de lois ecclésiastiques,
le pouvoir législatif était exercé par le roi lui-
même ; du reste ce ne serait même point aujour-
d'hui au corps législatif à rompre le concordat,
si, sans cause légitime, le pape s'obstinait à refuser
des bulles aux évêques qui seraient nommés par
le roi ; tout au plus les évêques existants pour-
raient-ils supplier le pape de pourvoir aux sièges
vacants dans le royaume ; mais messieurs les ultra-
gallicans nous conduisent ainsi de supposition en supposition jusqu'à l'absurde et à l'impossible. Que
ces messieurs sachent donc que Jésus-Christ, fondateur de l'Eglise, veille sur elle ; que le Saint-
Esprit qui l'éclaire ne permettra jamais que le
pape persiste dans une détermination qui pourrait
nuire au catholicisme. Ce ne sont ni les rois, ni
le corps législatif, qui ont reçu de Dieu la mission de pourvoir au bien de l'Eglise ; la constitution civile du clergé et ses suites doivent nous
prémunir contre toute tentative que l'on pourrait
faire pour accorder aux laïques l'administration
de la hiérarchie épiscopale.

———

2ᵉ alinéa de la page 135.

« *Septième principe*. Ces sortes d'actes, revêtus
» des formes de la loi, demeurent toujours im-
» parfaits, sujets à d'énormes inconvénients; et
» de leur nature subversifs des lois de l'Eglise et
» de l'état, ne sont jamais que des règles imparfai-
» tes, provisoires et révocables. »

Oui, les concordats sont révocables, selon que
les besoins de l'Eglise et la constitution de l'état semblent l'exiger, et c'est aux rois et aux papes à
veiller au bien de l'une et de l'autre, mais ils ne
sont pas subversifs des lois de l'Eglise et de l'état.
(Voir les observations précédentes).

3ᵉ alinéa de la page 135.

« *Huitième principe*. Le concordat de 1516 n'a
» jamais été revêtu des formes de la loi, n'a
» jamais été que de fait, la règle provisoire, le
» fatal *statu quo* de l'Eglise du royaume de France. »

J'ai dit qu'en 1516 et même long-temps après
il n'existait d'autres lois que le bon plaisir du monarque, qui pouvait alors dire sans crainte d'être
contredit *sic volo, sic jubeo, sit pro ratione vo-
luntas*. Il n'a jamais été que provisoire en ce sens
qu'il dépendait des deux puissances qui l'avaient consenti de l'anéantir pour en faire un autre; qu'il dépendait du pape de refuser de l'exécuter en ce qui
concernait le bien de l'Eglise; qu'il dépendait du

roi de retirer la protection qu'il accordait à la
religion. Nous avons dit aussi que celui qui tient
dans ses mains le cœur des rois, ne permet que
dans sa colère que les souverains s'écartent de leurs
devoirs religieux, et nous ajouterons que, si ce
malheur nous arrive un jour, nous devrons l'imputer non au défaut de règles certaines et de lois
positives, qui seraient toujours impuissantes devant la volonté des souverains fortement exprimée,
mais à notre esprit philosophique, qui veut raisonner sur tout ce qui n'est point du ressort des
simples fidèles ; nous le devrons à la corruption
de notre esprit et de notre cœur.

Dernier alinéa de la page 135 — 136.

1. « *Neuvième principe*. Ce concordat a cessé
» d'être le *statu quo* de la France : 1° par le rap-
» pel des élections en 1790 ; 2° par les lois qui
» ont suivi ; 3° par la convention de 1801 ; et si
» l'on pouvait le regarder comme notre provisoire
» actuel, un tiers de la France uni ou réuni de-
» puis 1516, n'ayant pas été compris dans cet acte,
» serait redevenu (selon les prétentions politiques
» dont Rome ne se départ point) pays d'obédience,
» c'est-à-dire soumis sans exception concordatiste
» à toutes les abusives réserves et règles de chan-
» cellerie romaine, à toutes les exactions, inven-
» tions et *dénominations fabriquées, avec lesquel-
» les on trafiquera des âmes*, suivant la prophétie
» de St. Pierre, dans sa seconde épître canonique. »

En 1790, l'ordre de choses qui succéda à l'exécution du concordat de 1516 ne fut ni légitime,
ni catholique ; il ne détruisit donc en aucune manière le concordat de 1516, pas plus que les lois
rendues sur le culte depuis le concordat de 1801.
A cette époque, il est vrai, le pape, reconnaissant pour le bien de la religion le gouvernement
de fait de l'usurpateur, changea conjointement avec
lui les dispositions du concordat de 1516 en celles
du concordat de 1801 , et alors le nouvel ordre
de choses fut le *statu quo* de la France jusqu'à la
restauration ; alors le roi modifia en partie ce
dernier concordat par celui de 1817 , et nous vivons
aujourd'hui sous un 3e *statu quo* qui pourra encore, changer lorsque le pape et le roi jugeront
utile de le faire pour concilier le bien de la religion avec celui de l'état.

On parle beaucoup contre les prétendues exactions
de la cour de Rome ; nous avons dit ailleurs que
ces exactions prétendues se réduisent au paiement
de ce qui est justement nécessaire pour les frais
des établissements qui servent à assurer la correspondance de la cour de Rome avec les puissances, et avec les particuliers qui ont recours à
elle.

Dans notre premier volume nous avons eu occasion de réfuter l'application que font les auteurs de
l'encyclopédie moderne à la seconde épître canonique de St. Pierre , et nous avons prouvé que
la prophétie dont ils parlent s'applique à ceux qui
ne rougissent pas de s'élever au-dessus de la puis-

sance légitime et d'établir de nouvelles sectes, et
qui trafiquent ainsi des-âmes de leurs frères ; il
est inutile de s'étendre davantage sur ce sujet.

1ᵉʳ alinéa de la page 136.

« *Dixième principe*. Le concordat de 1801 étant
» approuvé par les trois branches du pouvoir lé-
» gislatif de France, et n'ayant jamais été abrogé
» par une loi, demeure notre règle provisoire,
» notre *statu quo légal*; il n'a pu être détruit
» par le concordat de 1817, rejeté par l'opinion
» comme intolérable, retiré par les ministres,
» enfin demeuré simple projet, simple conven-
» tion préparatoire diplomatique. »
Le concordat de 1801 était un traité, il a pu
être aboli par un traité postérieur. Le concordat
de 1817 n'a pas reçu son entière exécution, et
sous ce rapport nous sommes régis aujourd'hui par
le concordat de 1801, modifié par la partie exécutée de celui de 1817; mais, je l'ai déjà dit, le
concordat de 1817 à le bien prendre était bien
moins intolérable que celui de 1801, qui avait
excessivement restreint le nombre des évêques.

2ᵉ alinéa de la page 136.

« *Onzième principe*. La loi organique de ce con-
» cordat, cette loi du 8 Avril 1802, et notre seul
» code général ecclésiastique, est demeurée loi du
» royaume, sauf quelques modifications connues,

» tacitement admises, par usage raisonnable, par
» connivence plus ou moins digne d'excuse. »

Cette loi organique n'a jamais pu avoir aucune
force, puisqu'elle était contraire à un traité contracté entre le pape et le chef du gouvernement
français, que le pape a réclamé contre elle, et
qu'elle renferme plus d'un principe schismatique;
d'ailleurs les modifications apportées aux dispositions du concordat du consentement du pape et
du souverain ne peuvent être appelées des résultats
de la connivence. On appelle de ce nom ce qui
se fait entre des personnes sans droit, qui s'entendent pour violer des droits acquis à des tiers, ou
des dispositions qui existent dans les lois dans l'intérêt général.

3ᵉ alinéa de la page 136—137.

1. « *Douzième principe*. Une sage politique doit
» conserver, quant à présent, le *statu quo* du
» concordat de 1801, à moins qu'il ne redevienne
» *intolérable*, notamment par la suspension arbi-
» traire de l'épiscopat, ou que l'examen des cir-
» constances ne fasse voir pour un temps plus
» d'inconvénient que de bien public à rentrer
» dans l'ancien droit commun des élections. »

L'on doit conserver le *statu quo* de 1801 jusqu'à
ce que l'on croira ne plus devoir le conserver;
voilà certainement une proposition qui est trop
évidente pour qu'il soit possible de la réfuter; mais
il peut être faux de prétendre que les élections

fussent de droit commun. Cet usage fut le droit commun de l'Église d'Orient, qui fut en quelque sorte le berceau de la religion ; le pape fut, dès la translation de son siège à Rome, le seul missionnaire en chef de l'Occident ; les premiers évêques des Gaules, de la Bretagne, de l'Espagne et de la Germanie, reçurent de lui la mission immédiate d'annoncer l'Evangile : ce fut lui qui distribua à son gré les titres de primat, d'archevêque ou d'évêque, à ceux qu'il envoya; et, s'il laissa au clergé le droit d'élection (1) dans le cas de vacance, c'est qu'il voulut bien l'en laisser jouir, mais il a pu depuis reprendre ou accorder à d'autres le privilége dont il jouissait. Ainsi l'on doit reconnaître que ce droit du pape sur les évêchés a été plus étendu sur les Églises de l'Occident que sur celles de l'Orient, puisque c'est au successeur de St. Pierre, ou aux missionnaires qu'il nous a envoyés, que nous devons le titre de chrétien. Nous sommes donc soumis en matière spirituelle à sa pleine puissance, sauf les décisions des conciles œcuméniques.

2. « Ce droit commun sera toujours cher aux » chrétiens instruits, aux bons citoyens, aux prélats » non courtisans, qui désirent, comme autrefois » St. Bernard et tant d'autres, revoir l'Église comme

---

(1) Nous ne prétendons pas que le pape ne pût, en sa qualité de chef de l'Eglise, enlever le droit d'élection aux Eglises d'Orient; il a d'ailleurs renouvelé presque toutes ces Eglises que le schisme des grecs avait séparées de l'Eglise universelle.

» elle fut aux jours anciens ; qui admettent pour
» l'administration des intérêts locaux, spirituels et
» temporels, ces éternelles maximes : on doit élire
» dans les localités ceux envers qui les localités
» doivent se montrer dociles ; et toute élection
» faussée, ne donnant que de faux effets, ne
» donne que des autorités irrégulières. Jugez,
» disait le sage abbé Fleury, si la règle des élec-
» tions était bonne, comptez les saints évêques
» des premiers siècles. »

Je suis loin de blâmer les élections des premiers
pasteurs, et l'on a vu effectivement un grand nombre de saints parmi les premiers évêques ; mais quelque temps avant le concordat, la simonie, l'intrigue, la corruption, et une foule de désordres
s'étaient glissés dans ces élections ; on ne cessait
de demander la réforme du clergé dans son chef
et dans ses membres, et la Providence divine, sans
l'ordre ou la permission de laquelle rien n'arrive
dans le monde et principalement dans l'Eglise,
permit que les élections fussent supprimées pour
faire place à la nomination royale et à l'institution
canonique par le chef de l'Eglise. On nous dit qu'il
y eut un grand nombre de saints parmi les évêques nommés par le clergé inférieur, nous sommes
loin de le contester ; les évêques missionnaires
n'en ont-ils pas fourni, et pour terminer la réfutation de ce passage, en rappelant un fait qui est
à la connaissance des contemporains, l'épiscopat
français, élu en entier par le roi Louis XVI, ne
s'est-il pas montré digne du haut rang qu'il occu-

pait dans l'Eglise , en refusant de reconnaître cette
constitution civile du clergé , qui mettait l'Eglise
de France sous la dépendance des séïdes de la révolution.

Alinéa de la page 137—138.

1. « Comme tout dans le monde est relatif, dans
» tout changement d'un mal supportable pour un
» bien en soi, il faut peser les circonstances im-
» périeuses qui peuvent se rencontrer ; il faut se
» tenir en garde contre l'impatience , contre les
» passions aveugles, et contre ces pessimistes qui
» poussent au bien à contre-temps , qui font ou-
» trer le bien ou le font déshonorer par des acces-
» soires odieux ou criminels. »

On ne peut blâmer le passage que l'on vient de
lire ; on doit plutôt l'appliquer à ces pessimistes
de la philosophie moderne qui, n'observant pas
même les préceptes les plus absolus de l'Eglise,
se font les défenseurs de l'ancienne discipline au
préjudice de celle que l'usage et les besoins des
fidèles lui ont substituée.

2. « Avant de toucher à l'abus très-réel des con-
» cordats relativement plus ou moins supportables,
» il faudrait avant tout rectifier l'ordre politique ,
» rétablir conséquemment et développer la charte
» jurée, ce couronnement de justice et de liberté ,
» posé sur le vaste édifice d'un entier despotisme ,
» ce couronnement altéré, changé en vain fan-
» tôme. »

L'auteur ne s'aperçoit-il pas qu'il retombe ici dans cette manière d'agir des pessimistes, qui veulent tout changer, tout améliorer, et qui ne craignent point de substituer au bien qu'une longue expérience nous a montré, le mal réel de l'innovation? L'ordre politique a été renouvelé par la révolution, et la France a appris à ses dépens ce qu'il en coûte de faire des changements au gouvernement. Louis XVIII, bien plus sage que les réformateurs, a par sa charte maintenu la partie des produits de la révolution, qui n'était pas entièrement incompatible avec la religion catholique et un gouvernement légitime ; nos optimistes s'obstinent à demander de nouvelles concessions pour la révolution qui, comme Saturne, dévore ses propres enfants ; ils se plaignent de la non exécution de la charte ; eh ! si elle est violée, c'est dans leur intérêt ; c'est en chassant, contre le vœu de tous les pères de famille qui tenaient à donner une éducation religieuse à leurs enfants, les jésuites, et les corps religieux enseignants. Oui, nous désirons autant et peut-être plus que M. Lanjuinais l'entière exécution de la charte ; nous désirons autant et plus que lui de voir la France heureuse et libre ; mais est-ce en persécutant les ministres de l'Eglise catholique, comme le voudraient nos réformateurs, est-ce en méconnaissant l'autorité du pape, vicaire de Jésus-Christ, que l'on peut laisser la liberté aux catholiques, c'est-à-dire à l'immense majorité des français ?

3. « Il faudrait avoir créé des administrations

» locales électives, seule garantie nécessaire de la
» libre élection des députés ; il faudrait avoir vu
» cesser les parjures anticonstitutionnels ; il fau-
» drait, selon le pur texte du pacte social, que
» personne n'a pu changer sans forme spéciale et
» à son profit personnel, il faudrait avoir des dé-
» putés quinquennaux et sortant par cinquième,
» et choisis avec une liberté réelle, sans diminu-
» tion inconstitutionnelle du nombre des élec-
» teurs, par diminution arbitraire des contributions,
» sans privilége de double vote, sans intervention
» dite du conseil d'état, sans artifices ministériels,
» préfectoraux, sous-préfectoraux, municipaux. »

Dans un article destiné à faire connaître les concordats, et ce qu'ils peuvent avoir d'utile ou de
dangereux pour le bien de l'Eglise et de l'état,
notre auteur s'occupe des libertés politiques qui
ne peuvent avoir aucun rapport avec la religion.
Nous avons déjà fait connaître notre manière de
penser à l'égard de ce que nous dit M. Lanjuinais dans le passage que nous réfutons ; mais, puisqu'il nous rappelle sur ce même terrain, nous
allons répondre succinctement à ce qu'il nous dit
dans ce passage.

1° *Il faudrait avoir créé des administrations*
locales électives, seule garantie nécessaire de la
libre élection des députés.

Nous désirons certainement autant que l'auteur la libre élection des députés, libre non-seulement de l'influence ministérielle, mais de celle
bien plus dangereuse du comité directeur ; nous

ne pouvons concevoir en quoi et de quelle manière des administrations locales électives seraient
une garantie de liberté d'élection. Oui, nous désirerions aussi des administrations locales; nous
voudrions que, chargées de la répartition de l'impôt par département et de l'administration des
intérêts locaux, elles n'exerçassent aucune influence
sur les grandes élections, sans quoi nous retom-
berions dans le danger que l'auteur voudrait éviter
de voir les élections des députés gênées par une
autorité qui serait d'autant plus à craindre, qu'elle
serait plus influente, et qu'elle serait locale.

2° *Il faudrait avoir vu cesser les parjures in-
constitutionnels.*

Nous n'aimons pas plus les parjures que l'auteur,
mais nous devons convenir que messieurs les prétendus libéraux donnent souvent le nom de violation de la charte à ce qui n'en est que l'exécution.

Nous avons vu avec peine nous-même la septennalité introduite dans la chambre représentative,
et en cela nous convenons que l'auteur a raison;
c'est la seule atteinte portée à la charte avant
l'interdiction d'enseignement aux jésuites et autres
corps religieux. Quant à la diminution du nombre des électeurs par le fait de celle des impôts,
c'est vouloir faire un crime au roi de ses bienfaits que de lui reprocher le bien qu'il a voulu
faire à ses sujets en les déchargeant d'une partie
des contributions foncières, puisque ce dégrève-
ment a été uniforme, et que d'ailleurs, pour quel-

ques électeurs que l'on a perdus, le peuple a
éprouvé un soulagement sensible.

Nous n'avons pas approuvé les artifices des ministres, des préfets et autres employés du gouvernement, pour obtenir les nominations que l'on désirait;
nous croyons même que ce sont ces artifices qui
ont porté le coup le plus funeste à l'indépendance
du trône ; mais, quant au double vote, nous l'avons
dit ailleurs, il n'est point contraire à la charte.

4. « Il faudrait avoir restitué à la France une
» instruction publique réglée par les lois, surveillée
» par des administrateurs locaux, et non réglée par
» un *en seul*, par un prélat tout à la fois législa-
» teur unique, exécuteur suprême en cette partie. »

On désire une instruction publique religieuse et
catholique, sauf aux protestants à avoir eux-mêmes,
s'ils le désirent, des écoles pour leurs enfants ; car
on a remarqué que c'est précisément le mélange
d'enfants de plusieurs communions différentes qui
détruit la foi chez les jeunes gens qui sont les plus
religieux. Oui, des corps religieux enseignants sont
ce qu'il y a de mieux pour l'instruction publique,
et, parmi ces corps, les jésuites sont, quoiqu'en
disent leurs ennemis, ceux qui présentent le plus
de garantie pour une éducation monarchique, religieuse et patriotique.

5. « Il faudrait que le royaume ne se trouvât pas
» constitué en ligue et conciliabule jésuitique, et
» qu'il fût délivré complètement de tout ce qui
» n'est que milice ultramontaine, occulte ou pa-
» tente, c'est-à-dire de toutes sociétés ou congré-

» gations sédentaires ou ambulantes , exemptées
» de l'ordinaire , et qui à ce titre ont toujours
» troublé , scandalisé l'Eglise et l'état. »

Les hommes religieux et monarchiques, les jésuites eux-mêmes , ne veulent point de la puissance
temporelle des papes sur les royaumes catholiques,
mais ils veulent le maintien de la religion de nos
pères ; il veulent la suprématie du pape en matière
spirituelle. Il n'existe point de ligue , point de conciliabule jésuitique, et point de milice ultramontaine,
occulte ou patente, qui s'occupent du gouvernement temporel. Ces prétendus conciliabules , ces
associations d'hommes choisis , veulent le maintien
de la religion et des mœurs , ils veulent aussi l'indépendance du roi et les libertés publiques , et se
contentent de les demander au ciel sans rien faire
eux-mêmes pour hâter le bien ou pour empêcher
le mal. Quant aux congrégations sédentaires ou
ambulantes , nous les avons suffisamment justifiées
dans notre premier volume ; aussi nous contenterons-
nous ici de dire qu'elles n'ont aucun rapport avec
le gouvernement de l'état. Elles tiennent cependant
à la religion catholique , qui doit être du moins aussi
libre que les autres communions chrétiennes, aussi
libre que le judaïsme et l'islamisme ; mais nos philosophes tolérants permettent tout , excepté la religion
de Jésus-Christ.

1er alinéa de la page 138.

1. « *Treizième principe*. La lettre de Louis XIV,
» citée en atténuation ou par abolition de nos lois

» sur les quatre articles de 1682 , et les lettres de
» regret d'avoir signé ces articles avec cinquante
» évêques unanimes , ces lettres écrites par des
» abbés attendant leurs bulles pour être évêques ,
» tout cela n'a rien absolument des caractères essen-
» tiels d'un concordat légitime. »

On ne prétend pas que ces lettres écrites ou non,
établissent un nouveau concordat, puisque celui
de 1516 a été exécuté jusqu'à l'émission de celui
de 1801. Quant à l'utilité ou au danger des quatre
articles de 1682, nous avons dit qu'il n'entre pas
dans notre plan de nous en occuper ; mais voyons
ce qui suit.

2. « Ce n'étaient que des politesses, des formules
» convenues de retour à la concorde, à la bonne
» intelligence dans le commerce diplomatique épis-
» tolaire ; les lois sur l'enseignement des quatre
» articles sont restées lois de l'état, comme l'ont
» jugé récemment deux glorieux arrêts de la cour
» royale de Paris. Qui ose violer ces lois est punis-
» sable des peines quelconques, suivant les circons-
» tances du délit, prévu expressément ou imprévu
» par notre code criminel. »

Voilà donc la tolérance philosophique ! Elle se
récrie beaucoup sur les mesures prises dans les
premiers temps de la réforme pour en empêcher la
propagation ; contre les représailles un peu dures,
à la vérité, mais légitimées par les droits de la
guerre, et de la guerre civile, excercée contre les
protestants ; contre la révocation de l'édit de Nantes ;
et si un pasteur respectable, dont l'opinion peut

être exagérée et qui n'en est pas moins le maître
de l'enseignement ecclésiastique , refuse de faire
enseigner les quatre articles dans son séminaire,
il est coupable au dernier chef , il doit être puni
comme désobéissant aux lois , on doit lui appliquer
les dispositions du code criminel s'il en existe quelqu'une , et s'il n'en existe pas il faut lui appliquer
une peine arbitraire. Voilà ce que prêchent les amis
de nos libertés, les amis de la charte, les amis de la
tolérance ; mais, n'en déplaise à ces messieurs, l'enseignement religieux ne peut être réglé par les lois
humaines , il appartient exclusivement à l'autorité
religieuse , et les magistrats , qui ne peuvent rien
prescrire en matière de religion , peuvent seulement
empêcher que l'on enseigne rien contre les lois ou
contre la sûreté de l'état.

2e alinéa de la page 138.

« Tous ces principes découlent avec une grande
» clarté de la raison naturelle , et des faits de
» l'histoire, et des plus exactes notions du droit
» ecclésiastique et politique. C'est au lecteur à juger
» entre cette doctrine et les prétendus *vrais prin-*
» *cipes* de M. l'abbé Frayssinous , et des autres
» ouvrages analogues. »
Nous avons prouvé que la plupart des principes
que l'auteur donne comme les meilleurs sont contraires aux vraies libertés de l'Eglise , qu'ils tendent
à la séparation de l'Eglise gallicane , de l'Eglise
romaine , et par conséquent de l'Eglise universelle,

cela posé, nous ne doutons pas qu'un catholique
ne donne la préférence aux principes posés par
l'évêque d'Hermopolis sur ceux que professe l'auteur
de cette notice.

Dernier alinéa de la page 138.

« Cet article devait offrir une bibliographie des
» concordats, c'est assez de renvoyer pour cet objet
» à la bibliothèque choisie des livres de droit, qui
» se trouve à la suite des lettres *sur la profession*
» *d'avocat* ; mais on doit ajouter aux indications
» qui s'y trouvent celle de l'ouvrage très-remar-
» quable de M. l'archevêque de Malines, intitulé
» *les quatre concordats*, Paris 1818, in-8°, 3 vol.,
» et le livre curieux de l'archevêque d'Aix,
» Génébrad, intitulé *liber de jure et necessitate*
» *sacrarum electionum ad ecclesiæ gallicanæ redin-*
» *tegrationem*, in-12, Paris 1593. »

Nous rendons aux talents de M. Dupin et de M.
de Prad toute la justice qu'ils méritent ; mais l'élo-
quent avocat qui prend le monogramme commun
à tous les chrétiens pour un signe jésuitique, et
qui, dans un ouvrage sur les libertés de l'Eglise
gallicane, transcrit la charte et laisse de côté l'article
i a le plus de rapport à son ouvrage (l'art. 6
qui dispose que la religion catholique est la religion
de l'état), M. de Prad dont les principes ne sauraient
être adoptés par des hommes religieux et monarchiques, ne sont pas faits pour nous inspirer une
grande confiance. Quant à M. Génébrad, archevêque

d'Aix, on sait qu'il fut un des plus zélés ligueurs,
et que le livre cité par l'auteur fut condamné au
feu par le parlement, comme attentatoire aux droits
qu'Henri IV possédait en vertu du concordat.

CONCOURS (*littérature et arts*). P. 139—163. — TISSOT.

Alinéa des pages 154—155—156.

1. « Les éloges de Thomas, malgré les défauts
» de l'homme et du genre, méritent de garder
« une place dans l'estime publique; un talent réel,
» la probité, la candeur, la noblesse de l'âme,
» ont élevé plus d'une fois l'écrivain jusques à la
» haute éloquence. Ce n'est pas d'ailleurs une gloire
» médiocre que tout soit vérité dans les écrits de
» ce modeste citoyen, tandis qu'il y a tant d'erreurs,
» d'illusions, et même de mensonges magnifiques,
» dans les oraisons funèbres de l'orateur sublime
» que Labruyère appelait un père de l'Eglise. »
Je ne prétends point contester les talents de M.
Thomas, pas plus que ses vertus privées, sa modestie
et sa bonne foi ; mais il est bien loin de pouvoir
être comparé à celui que Labruyère appelle un
père de l'Eglise. Bossuet a célébré principalement
les vertus chrétiennes des grands dont il faisait
l'oraison funèbre; et, s'il a parlé de ces vertus avec
la pompe exigée dans le temple de Dieu, on ne
peut lui en faire un crime ; mais il y a loin de
célébrer avec force les hautes qualités des morts,

à débiter de magnifiques mensonges. Le dernier écrivait en chrétien , et le premier en philosophe ; voilà la cause de la comparaison que fait ici l'auteur en faveur de M. Thomas.

2. P. 155. — « Pour que la raison donnât son » suffrage à ces sortes d'ouvrages , il faudrait qu'elle » y trouvât les défauts et les qualités , les vertus » et les vices des personnages en face les uns des » autres , et qu'elle pût dire en connaissance de » cause : Voilà Henriette d'Angleterre et le prince » de Condé , voilà Corneille , voilà Racine ; je les » reconnais maintenant , et j'en remercie le peintre » fidèle et consciencieux qui n'a rien omis , rien » dissimulé de ce qui était vrai , rien imaginé » au-delà. »

L'auteur d'une oraison funèbre ne doit rien dire de faux , parce que le mensonge est indigne de l'homme , et à plus forte raison du ministre sacré qui vient faire entendre sa voix dans le temple du seigneur ; mais on ne doit point pour cela lui faire une obligation de révéler au public , en présence de la famille du grand décédé , les défauts qu'il pourrait connaître : l'historien doit, comme le témoin appelé en justice , dire toute la vérité et rien que la vérité , parce que, comme le lecteur s'attend à trouver dans l'histoire le récit complet des actions et de la vie des personnages qui ont joué un rôle important dans le monde , toute réticence est une fausseté. Que fait l'auteur d'une oraison funèbre ? Il loue ; mais la louange a encore un but , celui de porter les auditeurs à imiter plutôt

qu'à admirer le héros dont on déplore la perte.
On ne doit certainement pas s'attendre à voir sortir
de la bouche du prêtre le récit des actions basses
de celui dont le cadavre est quelquefois présent.
Les faiseurs d'oraisons funèbres du cimetière du
père La Chaise font-ils connaître les défauts des
morts qu'ils veulent honorer ? Les académiciens,
obligés à faire l'éloge de leurs prédécesseurs,
disent-ils ce qui peut nuire à la réputation de
ceux-ci ? Non certainement. Un académicien distingué
par ses nombreux et beaux ouvrages, appelé à faire
l'éloge de Chénier son prédécesseur, osa, dans un
temps regretté par nos philosophes, dire ce qu'il
pensait au sujet de ce coryphée de la révolution
et de l'impiété. On sait quelles persécutions sa franchise lui attira, lorsqu'au lieu de l'éloge de Chénier,
il eut le courage de peindre la révolution et ses
partisans sous leur véritable couleur.

Alinéa de la page 158—159.

1. « L'imposante cérémonie dont l'attente excitait
» tant d'espérances, n'a point été célébrée par des
» motifs qui ne sont point connus. Mais cette manière
» de récompenser et d'exiler le talent l'eût em-
» porté sur les pensions de Louis xiv, et même
» sur les paroles par lesquelles ce prince, sans
» déroger à sa dignité théâtrale, daignait quelque-
» fois se populariser pour payer noblement la gloire
» et les services de son siècle. »

L'idée des prix décennaux était grande et libérale,

cela est vrai ; mais , comme le dit l'auteur , la
cérémonie de leur distribution n'a point eu lieu.
Serait-ce parce qu'elle était impossible. Nous n'oserions l'affirmer. Au défaut de cette cérémonie
imposante, pourquoi déprécier ce qui en approche
le plus , c'est-à-dire les récompenses accordées par
un grand roi aux talents connus , et aux services
rendus à la patrie ? Que signifie le nom de dignité
théâtrale donné à la majesté de Louis xiv, de ce
roi sous lequel brillèrent les plus grands hommes
dans tous les genres, et qui, à quelques rares exceptions près, sut reconnaître tous les talents et les
récompenser dignement ?

2. « Henri iv qui a plus fait peut-être pour les
» lettres que François 1er et Louis xiv., Henri iv
» qui écrivait avec tant d'estime et de franchise à
» Casaubon en l'appelant à Paris, Henri iv qui
» retranchait chaque jour quelque chose de sa table,
» pour appliquer le fruit de cette économie à ses
» professeurs du collége de France , aurait adopté
» volontiers l'idée du concours établi par Napoléon.»

Henri iv aimait les lettres, on ne saurait le contester ; il est même à présumer que, si une mort
prématurée ne l'avait enlevé à ses sujets, s'il avait
pu voir son royaume tranquille après les guerres
de religion qui l'avaient désolé , et avaient épuisé
les finances de l'état, il aurait beaucoup fait pour
hâter le temps des lumières qui ne brillèrent réellement que sous le règne de Louis xiv. François 1er
jouit d'un plus long règne ; il favorisa les lettres
de tout son pouvoir , et sous lui parut le premier

poète digne de quelque estime , et dont le style quoique suranné est plein de grâce. Henri IV ne fit que passer, malheureusement pour la France; il fit ce qu'il put pour agrandir la sphère des connaissances, mais il ne put faire beaucoup. Louis XIV, que l'on appela LE GRAND à juste titre , acheva ce qu'avaient commencé Charlemagne , François Ier et Henri IV. Sous lui tous les genres de talents littéraires furent élevés jusqu'à la plus haute perfection. Massillon, Bossuet pour l'art oratoire religieux , Corneille , et bientôt après Racine qui le surpassa pour le genre tragique , Molière pour la comédie , et Lafontaine pour les fables , deux auteurs qui ont fait le désespoir de tous ceux qui ont voulu les imiter ; tous ces talents, qui ont fleuri en même-temps au milieu de beaucoup d'autres moins brillants , attestent l'influence favorable que Louis-le-Grand a excercée sur les lettres. Il n'appartient qu'à la philosophie moderne de le décrier; mais tous les hommes sensés se feront un devoir de reconnaître que depuis le siècle de Louis XIV la littérature n'a rien gagné , et que, si l'on a vu depuis des orateurs et des poètes peut-être en plus grand nombre , c'est à l'imitation des auteurs du grand siècle qu'on les doit ; encore leur manque-t-il cette trempe forte qui caractérise les hommes de génie du 17e siècle.

3. « Elle aurait plu également à son bon sens, » à son amour des lettres et à sa popularité. » Louis XIV peut-être aurait craint de commettre

» la royauté dans une institution qui eût rappelé
» les jeux et les concours d'une république. »

L'idée de faire concourir les artistes ne vint pas
à Louis XIV, et l'on ne peut raisonnablement exiger
qu'il ait pensé à tout ce qui ne devait être inventé
que long-temps après lui. Mais Napoléon eut l'idée
d'établir ce concours, nous dit l'auteur, et cependant il ne l'exécuta pas ; en supposant la mesure
avantageuse aux progrès des arts, et mettant de
côté les obstacles qui ont pu l'empêcher, qui devrait
être blâmé de ne pas l'avoir adoptée ? Serait-ce
Louis XIV qui employa tous les moyens connus sous
son règne pour favoriser les progrès des lumières ?
Est-ce Napoléon qui, avec les plus grands moyens
de les protéger, ne récompensa que ses flatteurs,
et sut comprimer par son despotisme tout élan
généreux ? Nos modernes philosophes suivent une
marche contraire. Ils louent d'abord, et je ne les
en blâme point, le projet formé par Napoléon de
récompenser les meilleurs artistes en les faisant
concourir ; et ensuite, sans reprocher à Bonaparte
l'inexécution de son projet, ils remontent à Louis XIV,
à celui à qui nous devons la gloire de notre nation,
et le blâment avec aigreur de ce que *peut-être* il
n'eût pas approuvé ce projet. Peut-on pousser plus
loin la partialité ?

Dernier alinéa de la page 160 — 161.

« C'est au concours qu'elle a dû cette pépinière
» de professeurs distingués qui, résistant à la lan-

» gueur et au découragement introduits dans toutes
» les parties de la vieille monarchie , depuis le
» ministère jusques dans les colléges , avaient formé
» les hommes qui ont paru avec tant d'éclat dans
» le cours de notre révolution politique. »

On croit faire l'éloge du concours en faisant celui
des hommes qui se sont fait un nom dans notre
révolution politique ; mais les Mirabeau , les Robespierre , les Sieyes , et une foule d'autres , avaient-
ils reçu une éducation chrétienne et conforme à
leur état de sujets d'un roi absolu ? Et , s'ils l'avaient
reçue , pourquoi se lancèrent-ils dans l'arène de
la révolution , lors de laquelle , et par une
suite nécessaire , il se commit tant d'horreurs ?
Cependant malgré la destruction des jésuites la
meilleure éducation n'était point celle des professeurs laïques ; les bénédictins , les oratoriens et les
doctrinaires , avaient des maisons montées sur le
meilleur ton , on n'a qu'à nommer Juilly et Sorèze
pour en être convaincu. Mais, nous le répétons,
ni les bénédictins, ni les autres corps religieux,
ni les professeurs laïques obtenant leurs places
aux concours, ne remplacèrent les jésuites : leur
expulsion forma dans notre malheureuse patrie un
vide qu'il eut été impossible de remplir.

Je ne suis point ennemi du concours pour les
places de professeur dans les écoles spéciales et
dans l'université, parce que, si l'on prend des laïques
pour les occuper, on doit désirer en eux le plus
de garantie possible. On devrait aussi avoir égard
à la religion , aux mœurs des aspirants , et rejeter

du concours tout homme sans mœurs ou sans respect pour la religion. Les jeunes gens trouvent assez de mauvais exemples parmi leurs condisciples, sans qu'il soit permis d'autoriser encore leurs vices par l'exemple de la mauvaise conduite de leurs maîtres. Par une suite de la corruption de notre nature, un seul professeur impie ou libertin fera dans une école plus de mal, que dix professeurs religieux et de mœurs pures ne pourront faire de bien. Que le gouvernement y fasse attention, il y est plus intéressé qu'on ne le croit ; il ne remplacera jamais les jésuites avec son université ; mais au moins qu'il ne fasse pas de ces écoles des repaires de l'impiété et du libertinage.

1ᵉʳ alinéa de la page 162.

1. « Ces exemples sont des leçons ; ils parlent » bien haut, et devraient faire sentir la nécessité » des concours pour toutes les places dans un pays » soumis au régime constitutionnel. On ne devrait » devenir juge, avocat du roi, chef de bureau, » administrateur, ministre, que par la même voie » qui conduit les concurrents à devenir médecins, » chirurgiens, professeurs publics d'une séance » quelconque. »

Un pays soumis au régime constitutionnel n'est pas pour cela une république, et ce n'est que dans une république qu'il serait moins difficile d'admettre le concours pour toutes les places.

Sous le régime de la charte, il est bien certain

qu'il serait ridicule de vouloir que les places admi-
nistratives qui exigent plus d'aptitude et de dévouement que de connaissances acquises fussent données
au concours. Le roi doit choisir ses ministres, et
ceux-ci les employés de leurs bureaux. Les nominations aux places importantes dans les départe-
ments doivent aussi, sous un régime constitutionnel
qui n'est pas une république, appartenir au roi.

La magistrature, il est vrai, exige des connaissances étendues, et le concours des aspirants serait
sans doute un moyen de choisir des magistrats
éclairés, et de donner aux juges de première
instance et d'appel l'avancement qu'ils pourraient
mériter ; mais ne serait-ce pas encore empiéter
sur les droits que le roi s'est réservés dans la charte,
que de constituer un corps aussi important que
celui de la magistrature indépendamment de la
nomination du roi.

Il y aurait cependant un moyen terme qui pourrait concilier la prérogative royale avec l'avantage
qui résulterait du concours ; ce serait d'ouvrir ce
concours dans chaque tribunal ou cour où il y
aurait une place vacante, afin de former les présentations des trois candidats que les chefs envoient
aux ministres : le roi pourrait choisir parmi les concurrents, comme il choisit parmi les créatures des
présidents et procureurs du roi ; mais ces concours
malgré leur utilité seraient embarrassés de si grandes
et de si nombreuses difficultés, que je doute qu'ils
pussent jamais avoir lieu.

2. » Au lieu de suivre cette marche de la raison,

» la faveur ministérielle et les caprices du pouvoir
» éloignent le mérite et la réputation. »

Non, le mérite et la réputation ne sont pas
éloignés, du moins pour les hautes places qui
en général ne sont données qu'à des hommes avan-
tageusement connus. Pour les places inférieures,
on peut bien convenir que la haine des hommes
chargés de faire les présentations peut exclure des
hommes de mérite, et en admettre d'incapables ;
heureusement les hommes qui se laissent entraîner
par leurs passions ou leurs caprices dans le choix
des candidats sont très-rares ; leurs manœuvres
peuvent être signalées, et ils peuvent être remplacés par des hommes plus dignes de la confiance
du souverain ; mais, je le répète, puisque le
régime constitutionnel nous laisse un roi n'en faisons
pas un être inutile.

3. « A la place des hommes distingués qui sont
» parvenus dans l'administration par des travaux
» qu'une noble émulation avait en quelque sorte
» mis au concours, à la place des arbitres ou des
» maîtres de la science qui devaient leur rang ou
» à de véritables concours qui avaient été les degrés
» de leur élévation successive, ou à un choix de
» leurs pairs devant lesquels ils s'étaient présentés
» avec des ouvrages exposés aux regards du public,
» arbitre souverain et juste de toutes les renommées,
» on voit surgir des hommes nouveaux, sans talent,
» sans titre, et incapables même de parler couram-
» ment la langue de la science qu'ils veulent en-
» seigner. »

Ceci est l'affaire du gouvernement, qui préfère des hommes dévoués à ceux qui n'ont dû leur élévation qu'à un gouvernement ennemi de la dynastie légitime. Il a été opéré très-peu de changements dans la grande machine de l'administration ; ceux qui ont eu lieu ont été jugés nécessaires, et si l'on a été obligé d'en éloigner des hommes connus par leurs talents, et par cela même d'autant plus dangereux, on ne saurait en blâmer les ministres, qui ont préféré la sûreté du trône, et la tranquillité de l'état, au plaisir d'avoir pendant quelques années des administrateurs un peu plus habiles. D'ailleurs la science de l'administration s'acquiert par un long usage, et il est à présumer que les nouveaux employés égaleront bientôt les anciens, sans laisser craindre les mêmes dangers.

4. « Les ministres ont voulu corrompre les
» concours électoraux, et violer la conscience du
» peuple français, ou insulter à ses droits, ne veulent plus de suffrages libres et éclairés nulle part,
» et tendent nécessairement à détruire tous les
» genres de concours, toutes les véritables épreuves
» que le mérite se plaît à subir dans des luttes généreuses avec ses rivaux, en présence de ses juges
» naturels. »

Les élections ne sont point un concours, puisque les candidats ne viennent pas disputer, devant des juges naturels, de talents et de mérite personnel. Tout ce que font quelquefois les candidats, c'est de faire imprimer leur profession de foi, exacte ou non, et qui penche toujours à favoriser le parti

que l'on croit le plus puissant ou le plus nombreux.
La véritable lutte ne s'engage pas entre les différents
candidats qui aspirent au suffrage de leurs concitoyens, mais entre le parti de la monarchie, de la
religion, de la stabilité du gouvernement, et celui
des mécontents, des ennemis du trône et de l'autel.
Les ministres d'un côté, le comité directeur de l'autre, redoublent d'efforts pour faire admettre leurs
créatures. Le parti du ministère a pour lui la force
du gouvernement et les employés salariés ; le comité
directeur a en sa faveur tous les ambitieux, et j'a-
joute les hommes faibles trompés par ses belles
promesses, et ses plaintes contre des abus qu'elle
exagère et qui souvent n'existent pas ; et, au milieu
de ce flux et reflux d'opinions et de recommanda-
tions, les électeurs sont les seuls qui n'ont point
de volonté, et qui sont portés tantôt à droite,
tantôt à gauche, selon le système du jour. Que
faut-il faire pour remédier à ce double attentat à
la liberté ? Il faut que le ministère ne nomme plus,
surtout avec autorité, les candidats qu'il désire ;
mais il faut aussi que le comité directeur soit stric-
tement surveillé ; il faut que tout individu qui sera
convaincu d'agir pour l'un ou pour l'autre parti,
surtout s'il emploie des moyens réprouvés par
l'honneur ou par la loi, soit sévèrement puni. Alors
chaque électeur, libre cependant de consulter ses
amis, ne sera plus entraîné à droite ou à gauche
par les menaces des uns, par les craintes inspirées
par les autres, et les choix seront véritablement
nationaux.

CONFESSION (*religion*). P. 178 — 180. — SAINT - AMAND.

1er alinéa de la page 179.

1. « La confession des péchés paraît avoir été
» observée parmi les chrétiens dès les premiers
» temps de l'Eglise ; mais ce n'est que successive-
» ment que cette pratique a revêtu ses formes et
» son caractère actuel. »

M. de St.-Amand convient que la confession des
péchés a existé depuis les premiers temps de l'Eglise.
Si ce point d'histoire avait été nié, il nous aurait
été facile de l'établir ; mais on nous dit que ce n'est
que successivement que cette pratique a revêtu ses
formes et son caractère actuel.

Il est néanmoins positif que les formes substan-
tielles de cette partie du sacrement de pénitence
ont toujours été l'aveu des péchés fait à un ministre
ayant le pouvoir d'en donner l'absolution.

Son caractère a toujours été le même ; c'est-à-dire
que le prêtre, ayant reçu de Dieu le pouvoir de
remettre et de retenir les péchés, a pu selon les
circonstances donner, suspendre ou refuser cette
absolution, but ordinaire de la confession. On a
vu des confessions publiques, mais ces confessions
étaient rares, et n'avaient ordinairement lieu que
de la part des chrétiens dont les désordres avaient
été publics : ainsi nous avons vu, dans notre malheureuse révolution, des prêtres qui avaient prêté

le serment montrer publiquement leur repentir·

2. « Avant le 5e siècle, la confession, dans le plus
» grand nombre de cas , se faisait publiquement
» dans l'assemblée des fidèles ; à cette époque, elle
» fut rendue secrète, auriculaire selon l'expression
» consacrée , et les prêtres seuls en devinrent les
» dépositaires. »

Non, avant le 5e siècle, toutes les confessions
n'étaient pas publiques ; il est des péchés secrets ,
des péchés honteux, que l'on n'aurait pu décemment
révéler devant une nombreuse assemblée de tout
âge et de tout sexe. La confession publique fut
admise non pour révéler des péchés cachés, mais
pour manifester , aux yeux de tous ceux que l'on
avait scandalisés par une faute publique , le repentir
dont on était pénétré.

3. « Le 4e concile général de Latran, tenu sous le
» pontificat d'Innocent III , ordonna à tous les fidè-
» les, par le célèbre canon *omnis utriusque sexûs* ,
» de confesser leurs péchés au moins une fois l'an.
» Ce canon est le premier connu qui ait fait de la
» confession une loi de l'Eglise. »

Bergier, dans son dictionnaire théologique , au
mot *Confession* , p. 178 et suivantes, établit, par
une foule de faits historiques, que la confession
auriculaire existait dès les premiers siècles de
l'Eglise.

Après avoir rappelé les paroles de N.-S. Jésus-
Christ, *tout ce que vous lierez sur la terre sera*
lié dans le ciel , etc. Math. chap. , 18 , v. 18 ; —
recevez le St.-Esprit , les péchés seront remis à

ceux à qui vous les remettrez , etc. Jean chap. 20,
v. 22, il cite les Actes des Apôtres, chap. 19,
v. 18, où il est dit qu'une multitude de fidèles
venaient trouver St. Paul, confessaient et accu-
saient leurs péchés.

Origène, *homélie* 2 , *in levit.* n° 4, et *hom.* 2,
in ps. 37, v. 19 , n° 14 , p. 24 , dit, qu'un moyen
pour le pécheur de rentrer en grâce avec Dieu est
de déclarer son péché au prêtre du Seigneur, et
d'en chercher le remède.

St. Cyprien *de Lapsis* , p. 190 et 191 , fait mention de ceux qui confessaient au prêtre la simple
pensée qu'ils avaient eue de retomber dans l'idolâtrie , etc.

Dès le second siècle, Origène parle d'une confession faite au prêtre et non au commun des
fidèles ; au 3ᵉ, St. Cyprien s'explique de même des
péchés secrets confiés aux prêtres , et de la rémission accordée par eux , donc il l'entend, nous dit
Bergier , de l'absolution sacramentelle et de l'absolution.

« Bingham, qui a tant étudié l'antiquité, continue M. Bergier, après avoir rapporté les trente
arguments que Daillé a faits contre la confession
auriculaire , est forcé de convenir que les anciens,
tels qu'Origène , St. Cyprien , St. Grégoire de
Nice , St. Bazyle , St. Ambroise , St. Paulin, St.
Léon , etc. , parlent souvent d'une confession faite
aux prêtres seuls. »

Ceux qui voudront avoir de plus grands détails
sur la confession auriculaire et sur son antiquité,

pourront lire l'article du dictionnaire théologique de Bergier, où cette matière est traitée avec plus d'étendue que les bornes que nous nous sommes prescrites ne nous permettent.

Il suit de ce que nous avons dit que le concile de Latran, tenu en 1215 sous Innocent III, n'a point établi un droit nouveau en ordonnant aux fidèles de se confesser à un prêtre au moins une fois par an ; mais il a consacré une disposition écrite, un usage rigoureusement observé depuis la prédication des apôtres ; c'est ainsi qu'à mesure que la ferveur et la foi des chrétiens se sont ralenties par l'effet des hérésies, les conciles ont consacré non de nouvelles doctrines, mais des doctrines anciennes auxquelles les vrais chrétiens étaient toujours demeurés fidèles ; c'est ainsi que Dieu écrivit d'abord lui-même et dicta ensuite à Moïse les préceptes du décalogue, qu'il avait cependant gravés dans le cœur de tous les hommes dès l'origine de la création.

CONFIRMATION (*religion*). P. 180 — ST. AMAND.

4e alinéa de la page 180.

1. « Les protestants ont rejeté la confirmation
» comme n'étant point d'institution divine. Il paraît
» en effet que dans l'origine cette pratique n'était
» qu'une solennité par laquelle l'évêque, qui était
» alors le seul ministre du baptême, reconnais-
» sait la validité de ce sacrement chez ceux qui

» l'avaient reçu provisoirement de la main d'un
» prêtre. »

M. Bergier, dans son dictionnaire théologique,
(V. *Confirmation*, p. 189 et suivantes), réfute
encore les erreurs des protestants, renouvelées par
les philosophes de nos jours.

« Les protestants, dit-il, qui rejettent ce sacrement comme une institution nouvelle, prétendent
qu'il n'en est pas question dans l'Ecriture-Sainte,
ils se trompent : J.-C., Jean, chap. 14, v. 16,
dit à ses apôtres : Je prierai mon père et il
vous donnera un autre consolateur, afin qu'il
demeure avec vous pour toujours ; c'est l'esprit
de vérité, etc. »

« Chap. 8, v. 17, et chap. 19, v. 6 : Les apôtres
imposaient les mains sur les baptisés, et leur
donnaient le St.-Esprit. »

Autrefois l'évêque administrait le sacrement de
baptême aux catéchumènes, et immédiatement
après il donnait le St.-Esprit aux nouveaux baptisés.
Lorsque ce sacrement était administré par un simple prêtre, celui-ci ne pouvait donner le St.-Esprit;
l'évêque seul administrait le sacrement de confirmation. St. Jérôme, *dialogue contre Lucifer*, témoigne que tel était l'usage de son temps, et le concile d'Elvire, tenu vers la fin du 3e siècle, l'a
ainsi ordonné.

Au second siècle, St. Théophile d'Antioche,
liv. 1, *ad autol.* n° 12, dit : « Nous sommes
nommés chrétiens parce que nous recevons l'onction d'une huile divine. »

Au troisième, Tertullien, liv. de bapt., chap 7, dit : « Au sortir des fonds baptismaux nous recevons l'onction d'une huile bénite. Suivant l'ancien usage de consacrer les prêtres par une onction, cette onction ne touche que la chair ; mais elle opère un effet spirituel. Ensuite on nous impose les mains en invoquant, par une bénédiction, le St.-Esprit. Liv. *de Resurrectione carnis*, chap. 8 : La chair est baptisée afin que l'âme soit purifiée ; la chair reçoit une onction, un signe, une imposition des mains, afin que l'âme soit consacrée, fortifiée, éclairée par le St.-Esprit. »

St. Cyprien, épître 73, *ad Jubaianum*, p. 131 et 132, dit : « Si quelqu'un dans l'hérésie et hors de l'Eglise a pu recevoir la rémission de ses péchés par le baptême, il a pu recevoir aussi le Saint-Esprit, et il n'est plus besoin lorsqu'il revient de lui imposer les mains et de le signer afin qu'il reçoive le St.-Esprit. Or, notre usage est que ceux qui ont été baptisés dans l'Eglise soient présentés aux évêques, afin que par l'imposition des mains ils reçoivent le Saint-Esprit et soient marqués du signe du Seigneur. » Il le répète épître 74, *ad Pompeium*, pag. 139.

Le pape Corneille, dans une de ses lettres, dit de Novatien « qu'après son baptême il ne fut point signé par l'évêque, que par le défaut de ce signe il n'a pu recevoir le St.-Esprit. (Dans Eusèbe 46, chap. 43, p. 313). »

M. Bergier cite encore au 4e siècle les conciles d'Elvire, de Nicée et de Laodicée, Optat de Mi-

lève, St. Pacien de Barcelone, St. Cyrille de Jérusalem, St. Ambroise et St. Jean-Chrysostôme ; au
5ᵉ, St. Jérôme, le pape St. Innocent 1ᵉʳ, St.
Augustin, Cyrille d'Alexandrie, Théodoret, etc.

Ce n'était donc point comme le dit M. Saint-
Amant une simple reconnaissance de la validité
du sacrement de baptème, mais le sacrement de
confirmation, qui donne le St.-Esprit, que con-
féraient les évêques aux néophytes baptisés par
de simples prêtres. Lorsque l'on n'étudie la religion que dans les ouvrages des protestants ou des
philosophes qui les ont copiés, il n'est pas étonnant que l'on tombe dans des erreurs aussi gros-
sières que celles de cet article.

CONSCIENCE (*philosophie morale*). P. 231—250.
SOTER.

Alinéa de la page 235—236.

1. « La sensibilité se révèle dans l'animal par
» des mouvements brusques, imprévus, indéter-
» minés. Le sensorium naît pour ainsi dire sous
» le microscope, il s'y forme, il s'y développe,
» et il paraît dans l'insecte avec tous les attributs
» de l'instinct ; mais la liberté ne s'y montre pas.
» L'intelligence y est trop évidemment sous l'em-
» pire de la sensibilité, tantôt attirée par des affec-
» tions sympathiques, tantôt repoussée par des
» affections antipathiques. C'est le premier degré

» de la conscience, celui de la sensibilité passive,
» ou de l'instinct. »

On voit bien par ce que dit l'auteur qu'il ne
parle pas ici de la conscience considérée comme
le juge intérieur du bien et du mal moral, et
qu'il n'entend traiter que de la sensation réfléchie ;
mais ne va-t-il pas trop loin, lorsqu'il prête la
réflexion de la sensation à des animaux aussi
ineptes que des moucherons ?

2. « A mesure qu'on s'élève dans l'échelle de
» l'organisation, l'instinct s'affaiblit, la volonté
» se dégage et se lie plus facilement à l'intelli-
» gence ; la liberté paraît avec la réflexion, et
» nous voyons de grands animaux exécuter des
» suites d'actions délibérées, balancer les motifs
» de crainte et d'espérance, exercer même un
» certain empire intellectuel sur les brusques dé-
» terminations de la volonté. »

Je ne nierai point qu'il n'y ait une gradation
dans la faculté de sentir, qui monte depuis le
polype jusqu'à l'homme exclusivement, parce que
l'homme est doué d'une intelligence supérieure
qui lui fait saisir à la fois le passé, le présent, et
l'avenir, dans lequel il aime à s'enfoncer par des
conjectures, quoiqu'il ne lui soit pas donné de le découvrir. Mais M. Soter ne prête-t-il pas trop d'intelligence aux grands animaux, lorsqu'il dit qu'on
leur voit exécuter des suites d'actions délibérées,
balancer les motifs de crainte ou d'espérance, et
exercer un certain empire intellectuel sur les brusques déterminations de la volonté ? Tout ce que

nous savons de l'âme des bêtes, c'est qu'elle ne
s'élève pas à la connaissance du bien et du mal
moral, qu'elle ne peut remonter par la réflexion
jusqu'à la connaissance d'un créateur, et que toutes
ses réflexions ne vont jamais qu'à lui faire obtenir
un avantage sensuel, ou à lui faire éviter un mal
imminent. On voit beaucoup de prétendus philosophes dont les connaissances ne s'étendent pas
plus loin.

Alinéa de la page 234—235.

1. « L'homme est au sommet de l'échelle animale;
» nous ne pouvons nous empêcher de l'y compren-
» dre avec Linnée, et de l'en séparer avec Buffon.»

Oui, nous l'avouons, l'homme est un animal, mais un animal joint à une âme raisonnable; cette âme, quoique liée à son animalité,
quoique emprisonnée dans un corps de boue comme
celui des brutes, n'en est pas moins entièrement
différente de celle des autres animaux.

2. P. 235. — «Toutefois ses nobles qualités seraient
» demeurées stériles, elles auraient péri dans leur
» germe; il aurait vécu sous l'empire des lois
» naturelles comme les autres espèces, et n'aurait
» respecté la sienne que comme des animaux de
» même espèce se respectant entre eux, si la
» sociabilité ne lui eût été d'abord donnée comme
» un supplément à sa faiblesse et à son indigence,
» et ne fût devenue ensuite le principe de sa supé-
» riorité et de sa grandeur. »

Nous convenons encore que la sociabilité était nécessaire à l'homme pour qu'il fût à même de faire valoir ses hautes qualités ; mais cette sociabilité est de son essence ; et sans elle non-seulement il ne se serait pas élevé au point de supériorité qu'il a obtenu , mais il aurait depuis long-temps cessé d'exister.

3. « Si en développant l'amour de soi et l'in-
» térêt elle n'en avait pas fait dériver les mer-
» veilles des actes qui assurent nos jouissances ,
» si en excitant l'activité de l'âme elle n'avait pas
» créé l'amour-propre et l'émulation , mobile de
» l'ambition des rangs et des honneurs , de la
» culture des beaux-arts et des sciences. »

Toutes ces choses annoncent la supériorité de l'homme sur la brute , mais ce n'est point ce qui l'élève le plus ; on pourrait ajouter : si Dieu ne l'avait créé à son image et à sa resssemblance , s'il ne lui avait donné l'assurance de l'immortalité et l'espoir d'une vie plus heureuse , s'il ne lui avait donné lui-même les premières connaissances, et s'il ne s'était manifesté à lui par la révélation, l'homme , malgré la supériorité de son esprit, malgré ses arts, ses sciences, son ambition , ne serait guère plus qu'une bête. Les philosophes voudraient borner notre supériorité à la sociabilité et aux passions qui en découlent ; les abeilles , les oiseaux, les castors, les éléphants , sont sociables et ils ne sont point des hommes.

4. « Si en donnant naissance à l'humanité et à
» la justice elle n'eût imprimé un caractère moral

» à nos actions , et ne les eût séparées de l'ordre
» matériel ; si en faisant germer nos goûts intel-
» lectuels elle n'avait ajouté à l'activité de l'âme,
» développé notre perfectibilité , agrandi la sphère
» de notre gloire et de notre bonheur. »

Oui , sans cela l'homme ne serait point différent
de la brute ; ce que dit l'auteur n'est que l'effet qui
provient d'une cause dont il ne parle pas , et cette
cause est cette âme raisonnable que le créateur a
unie à son animalité.

5. « Si enfin , éclairant la raison , elle n'avait
» fixé et épuré le sentiment religieux qui con-
» sole les misères de l'homme , encouragé ses
» efforts vers la vertu , et réprimé ses penchants
» vicieux en lui montrant d'autres destinées au-delà
» de la vie. »

Tout cela est fort bien , mais c'est encore prendre
l'effet pour la cause.

1.er alinéa de la page 235—236.

1. « Ainsi, par la sociabilité, la conscience passe
» du domaine de la nature dans celui de l'homme,
» c'est son troisième état , l'état moral sous le-
» quel nous allons l'examiner. »

Si de tous les animaux l'homme était le seul
sociable , on pourrait peut-être attribuer d'une
manière plus plausible les qualités qu'il possède à
la sociabilité ; mais on voit une foule d'animaux qui se
rassemblent en troupes , qui vivent , soit sous l'apparence d'un gouvernement monarchique comme

les abeilles, soit sous l'apparence d'un gouvernement démocratique comme les castors ; et cependant ces animaux n'ont rien inventé , ils font
aujourd'hui comme aux premiers temps de la création : concluons donc que la sociabilité est bien
de l'essence de l'homme, mais qu'elle est la suite
de son intelligence.

   2. « D'abord nous observons que les besoins et
» les penchants ne sont plus contenus dans la sen-
» sibilité physique ; que le caractère intellectuel
» de l'imagination qui les exalte , les met en
» contact avec l'activité de l'âme, et, sous le nom
» de passions , porte en quelque sorte son intensité
» dans l'infini ; que d'autres fois l'énergie de la
» volonté les maîtrise ; mais ce n'est jamais qu'une
» force opposée à une autre force , l'irascibilité
» du caractère opposée aux molles affections de
» la sensibilité. D'un côté , l'orgueil ; de l'autre ,
» la volupté ; ici le stoïcisme, là l'épicureïsme.
» L'homme rentre dans l'état normal en soumettant
» la volonté à la raison , en recherchant la loi
» qu'elle prescrit à ses actions , qui constitue le
» principe de la justice. »

   Tout cela est vrai jusqu'à un certain point. Les
passions nous portent au mal, et la raison nous
porte au bien. Mais combien d'hommes qui se mé-
prennent dans la connaissance de cette raison ?
L'un , le stoïcien , prend pour raison un orgueil
qui lui fait mépriser ses semblables , et une parfaite
insensibilité ; l'épicurien la trouve dans les plaisirs;
l'avare blâme comme dépourvu de sens l'homme

sensible et généreux qui , au lieu d'entasser écu
sur écu , vient au secours de la veuve , de l'orphelin
et du misérable. Dans cette diversité d'opinions
philosophiques (car l'avare a aussi ou croit avoir sa
philosophie) , quelle est la véritable raison ? C'est
sans contredit celle qui conduit à un bonheur plus
complet et plus durable. Tout le monde en con-
viendra ; mais quelle est donc la véritable raison?
C'est , je n'hésite pas à le dire , celle qui fait mépriser tous les honneurs, tous les biens de la fortune,
tous les plaisirs des sens ; celle qui nous rend
humbles au faîte des honneurs ; pauvres au milieu
des richesses , et qui nous fait éviter avec soin
toutes les joies corrompues de ce monde. La véritable raison surtout est celle qui s'humilie devant
les vérités de la religion.

1er alinéa de la page 236—237.

1. « Mais , la société n'étant pas moins l'œuvre de
» notre intelligence que de nos penchants , il est
» conforme à la raison sociale que nous nous abs-
» tenions de certains actes malgré nos désirs,
» et que nous en fassions d'autres malgré notre
» répugnance , qu'il y ait des jugements abstraits
» fondés sur les relations sociales , et que ces juge-
» ments , ne devant point rester dans leur nature
» abstraite comme les jugements mathématiques,
» trouvent dans la volonté un organe pour les
» réaliser. »

La société , avons-nous dit , est non-seulement

dans nos penchants, elle est non-seulement l'œuvre de notre intelligence, mais elle est nécessaire à l'homme qui ne pourrait absolument vivre isolé. Ce n'est point à la raison humaine seule que nous devons de nous abstenir de ce qui nous plaît, et de faire ce qui répugne à nos goûts. L'intérêt humain ne suffirait pas pour nous porter au bien moral, si la religion n'était en cela notre principal moteur. « Dieu me préserve, disait Voltaire, de vivre sous un roi athée ! S'il pouvait penser qu'il lui fût avantageux de me piler dans un mortier, à coup sûr je serais pilé. »

2. « Elle (la justice) exclut les sentiments du » cœur, les calculs de l'intérêt personnel, les » combinaisons de l'amour-propre, les vues de » l'intérêt public, les motifs de la religion. »

Oui la justice exclut quelquefois les sentiments du cœur, les calculs de l'intérêt personnel, les combinaisons de l'amour-propre ; elle exclut aussi quelquefois les vues de l'intérêt public, quoiqu'elle l'emporte rarement sur cette sorte d'intérêt ; mais elle n'exclut point les motifs de religion. La religion est la justice révélée, elle ne commande rien je ne dirai pas d'injuste, mais qui ne soit d'une exacte et rigoureuse justice, parce que la première justice consiste à rendre au créateur l'hommage de respect et d'obéissance que lui doit la créature, et de croire surtout que ce créateur souverainement parfait, et par conséquent souverainement juste lui-même, ne peut rien exiger de nous qui ne soit conforme aux règles de sa justice éternelle.

2. P. 237. — « Mais la charité découle d'un dogme
» de la religion chrétienne, et la loi morale d'un
» principe de la raison; elles se rencontrent, mais
» elles ne s'engendrent pas. Et combien de religions
» s'écartent du principe moral, et en consacrent
» la violation. »

Nous savons que la religion et la raison sont deux
choses différentes ; mais la raison bien entendue
doit être réglée par la religion, sans quoi elle
s'égare à perte de vue, et ne peut engendrer que
de vaines hypothèses en morale, encore plus qu'en
physique. Combien de religions, nous dit l'auteur,
s'écartent du principe moral ; il devrait dire, combien de cultes, car il n'existe qu'une seule religion;
et celle-ci, bien loin de rien prescrire contre la
morale, nous donne dans son Evangile des préceptes infiniment plus conformes à la raison que
ceux des anciens philosophes, sans en excepter
les stoïciens.

Alinéa de la page 238—239—240.

1. P. 238. — « L'animal a le pouvoir de choisir
» entre divers moyens qui ont pour objet la posses-
» sion ou la jouissance de quelque objet qui flatte
» ses sens; il sait même s'abstenir pour jouir, selon
» le précepte d'Epicure ; voilà quelle est sa liberté;
» c'est aussi celle de l'homme livré à ses penchants.
» Mais par la raison qui constitue son attribut
» essentiel, ses pensées ayant un autre but, les

» motifs de ses délibérations étant différents, il
» jouit aussi d'une liberté différente. »

Il est certain que l'on ne sait jusqu'où s'étend
l'intelligence de l'animal, pourvu toutefois qu'on
ne la suppose pas capable du bien et du mal moral.
Mais l'auteur ne lui prête-t-il pas une capacité trop
étendue, lorsqu'il suppose qu'elle choisit entre
divers objets qui flattent les sens, et que l'animal
va même jusqu'à s'abstenir pour jouir ? Quoique la
philosophie d'Epicure convienne mieux à des bêtes
qu'à des hommes, je ne puis admettre que la brute
abandonne une satisfaction présente pour en avoir
une supérieure un peu plus tard. Quon dise si l'on
veut que les bêtes se blâsent comme les hommes
par une jouissance continue, et que fatiguées
elles refusent de profiter d'une occasion de les
satisfaire, on pourra le croire, parce que cela
peut appartenir à leur organisation ; mais que
ce soit par suite d'un calcul, on ne pourra
le supposer. Nous ne pensons pas non plus que
la brute ait une véritable liberté ; elle suit à l'instant
l'impulsion la plus forte, mais elle ne délibère
pas.

2. P. 239. — « Le devoir est obligatoire, par
» conséquent désintéressé ; il est son but à lui-
» même ; il cesserait d'être tel, s'il avait en vue
» quelque jouissance, quelque satisfaction. »

Il est des devoirs faciles qui au lieu de contrarier
la nature la secondent pour ainsi dire. Si ces devoirs
ne sont pas en opposition avec une forte passion,
on les remplit aisément sans beaucoup de mérite ;

alors même la satisfaction inhérente à l'accomplissement de ce devoir est une récompense nécessaire ; ainsi, communément une mère et un père
chériront leurs enfants ; mais si la mère, dont
l'amour pour sa progéniture est le plus prononcé,
croit voir dans sa réputation un obstacle à cet
amour maternel, la passion détruit en elle la
douceur du devoir, et elle devient infanticide.

Le devoir est obligatoire, cela est vrai, mais
il n'est pas désintéressé. L'intérêt qui nous porte
à le remplir est dans ce monde la satisfaction
attachée au bien que l'on fait ; et, pour les devoirs
plus difficiles à remplir, pour ceux où l'homme a
de grands intérêts à sacrifier, de fortes passions
à combattre, cet intérêt se trouve dans la joie pure
d'une conscience qui se réjouit de se trouver en
harmonie avec la volonté d'un Dieu souverainement aimable et souverainement parfait.

Il est une sanction bien plus importante aux
lois divines qui fixent nos obligations. Une récompense éternelle, promise à celui qui les remplit
avec exactitude, et une éternité de peines à celui
qui les viole (1). La philosophie a beau prétendre
que le devoir est indépendant de l'intérêt, celui
qui ne sera retenu ni par la crainte des lois humaines,
ni par la religion, ne manquera jamais de satisfaire

_____

(1) On ne doit cependant pas exclure l'amour désintéressé qui n'est pas,
il est vrai, un état permanent dans cette vie, mais qui peut et doit
même quelquefois être le principe de quelques-unes de nos actions. J. Al.

ses passions toutes les fois que l'occasion s'en présentera.

3. « Ainsi le bonheur n'est pas le but que nous
» devons nous proposer dans toutes nos actions ;
» c'est se faire une fausse idée de la morale que
» de lui donner pour unique fin le bonheur, ou,
» selon le mot de la philosophie ancienne, le
» souverain bien. »

Oui il est vrai que l'on se tromperait grossière-
ment si l'on ne faisait le bien que dans la vue d'un
bonheur terrestre, comme les épicuriens ; car il
est hors de doute que la reconnaissance est une
vertu bien rare, et que la satisfaction intérieure
que l'on goûte en faisant le bien, est un bien faible
motif, si l'on n'y ajoute celui que l'on doit tirer
de la religion. Je me priverai du nécessaire pour
secourir un malheureux dont j'aurai souvent éprouvé
l'ingratitude ; mais l'espoir d'obtenir de Dieu la
récompense du bien que je fais, me soutiendra
dans cette action pénible à la raison humaine.
Je pourrai utiliser une circonstance favorable pour
m'enrichir, en profitant de la misère de mon prochain ; mais la crainte des jugements de Dieu me
retiendra, et je secourrai le misérable prêt à se jeter
dans une mauvaise affaire. Je ne parle pas des assassinats, des vols et autres crimes que la justice
humaine flétrit assez par les peines infamantes qu'elle
prononce, et l'ignominie attachée à ces peines :
je parle des vices communs aux hommes du monde
et aux philosophes. Sénèque écrivait sur la pauvreté
sur des tables d'or. Combien de philosophes de ce

jour prêchent la tolérance lorsqu'ils cherchent à
détruire la seule vraie religion ! Combien prêchent
l'humanité, et laissent mourir le pauvre sans le secourir ! Combien prêchent la justice, et ne se font
pas scrupule de faire ce qu'ils appellent de bonnes
affaires, lorsqu'ils ne sont pas exposés à la vindicte
des lois ! Mais la religion, la religion seule, en
sanctionnant ses lois morales par la crainte et
l'espérance, écarte de l'homme vertueux non-seulement les vices publics, mais les vices cachés; non-
seulement les crimes punis par la loi, mais les
moyens de s'enrichir que la charité réprouve.
Choisissez, pour guider les hommes, entre la religion
et la philosophie.

4. « Mais parce que l'homme n'est pas une pure
» intelligence, que la loi du devoir lui impose
» le plus souvent des sacrifices contraires ou des-
» tructifs du bonheur auquel il a droit comme être
» sensible, et que le sentiment intérieur ne peut
» être regardé comme une compensation suffisante,
» l'idée du mérite ou du démérite résulte, comme
» conséquence nécessaire, de l'accomplissement ou
» de l'infraction du devoir. »

Cela est vrai ; mais c'est parce que cela est vrai,
que l'on doit chercher hors de la philosophie la
sanction des obligations morales qui nous sont
imposées. Cette simple idée de mérite ou de démérite serait bien peu de chose, si l'on ne pouvait
y joindre la certitude d'une récompense à obtenir
et d'un châtiment à éviter. Comme le créateur
est souverainement juste, l'on doit nécessairement

être convaincu que, s'il laisse dans ce bas monde
prospérer le vice et souffrir la vertu, ce monde
n'est qu'un lieu de passage et d'épreuve, duquel nous
passerons à un examen rigoureux de nos actions
bonnes ou mauvaises, et à la peine ou à la récompense que nous aurons méritée.

Alinéa de la page 240—241.

P. 241.— « Nous dirons que l'autorité ne peut
» jamais faire taire la voix de la conscience, qu'elle
» ne peut en usurper les droits sans dépouiller
» l'homme de sa moralité. On peut consulter sur
» ce point les lettres provinciales ; on y verra
» avec quelle force de raisonnement Pascal foudroie
» la doctrine jésuitique connue sous le nom de
» probabilisme. »

L'autorité ne peut faire taire la voix de la conscience, mais elle doit la régler, parce que tel
homme a une conscience trop facile et a besoin
d'être serré de près, tel autre donne dans des
scrupules plus nuisibles qu'avantageux à son salut.
Il doit être tranquillisé et éclairé ; un pécheur qui
cherchera à allier ses mauvaises habitudes avec la
religion, et qui recherchera dans ce but un directeur trop indulgent, aura à s'imputer ses mauvaises
dispositions ; et l'autorité qui l'encouragera ne
pourra le justifier devant le juge éternel. Mais
l'homme de bien qui s'adresse pour être conduit
dans la voie du salut à un homme pieux et éclairé,

peut, lorsque son choix est fait, se reposer sur cette autorité. Celui qui vous écoute m'écoute, dit J.-C. à ses apôtres. Il est donc vrai sous ce rapport que la conscience peut être gardée par l'autorité.

Les lettres provinciales sont bien écrites ; elles sont pleines de raison lorsqu'elles ne penchent pas vers le jansénisme ; mais elles péchent par leur base ; c'est-à-dire que les erreurs condamnées par Pascal, et qu'il attribue aux jésuites, ne doivent pas être imputées à ce corps respectable. On sait, je l'ai déjà dit, que Pascal fut induit à erreur, et qu'il écrivit sur de faux mémoires.

CONSEIL D'ÉTAT (*lexicologie*, *science du droit public*, *ou des usages d'intérêt public*).

3ᵉ alinéa de la page 255.

1. « 3° La charte, art. 54, ne donne qu'aux
» ministres ou secrétaires d'état, qui sont huit
» aujourd'hui, et qui pourraient être cent et mille,
» faute de loi sur l'organisation des ministères,
» la charte ne donne qu'à eux l'entrée dans les
» deux chambres, et le droit d'être entendus quand
» ils le demandent. »

Il peut et il doit même y avoir une loi sur la responsabilité du ministère, puisque la charte dit expressément que les ministres sont responsables, et que l'on ne sait comment assujettir les ministres à cette responsabilité, s'il n'existe pas de loi qui règle les poursuites à exercer contre eux ; mais on

ne saurait exiger que l'organisation du ministère
soit elle-même réglée par une loi ; ce serait par
trop restreindre l'autorité royale, à qui seule appartient le droit de choisir ses ministres, et de régler
leurs attributions. Si l'on écoutait nos réformateurs,
le roi serait le moins libre du royaume ; il ne pourrait faire élever ses enfants sans une loi, il ne
pourrait peut-être choisir ses valets qu'en vertu
d'une loi ; mais comptons un peu plus sur la bonté
paternelle des Bourbons, qui n'ont abandonné une
partie de leurs droits que parce qu'ils ont cru
faire notre bonheur.

2. « Eh bien ce droit incommunicable, avec
» une ordonnance ils l'étendent habituellement
» à tous les conseillers d'état et aux maîtres des
» requêtes, ce qui est encore abusif et anticons-
» titutionnel. »

On nous a dit dans le passage précédent que
l'article 54 de la charte ne donne qu'aux ministres
l'entrée dans les deux chambres, et le droit d'y
être entendus quand ils le demandent, et l'on en
conclut que ce droit est incommunicable, et que
la loi ne peut nommer des commissaires pour présenter et défendre les lois qu'ils se proposent d'émettre ;
mais, pour détruire cet argument insidieux, trans-
crivons cet article 54 de la charte de 1814 dont
on veut encore se servir pour restreindre l'autorité
royale.

54. « Les ministres peuvent être membres de la
chambre des pairs et de la chambre des députés. Ils
ont en outre leur entrée dans l'une et l'autre chambre,

et doivent être entendus quand ils le demandent. »

Que résulte-t-il de cet article ? Il en résulte que les ministres ont le droit dont il est parlé par la charge qu'ils occupent ; mais le roi ne s'est point interdit la faculté d'avoir d'autres agents, d'autres commissaires. Qu'on se rappelle que nous avons dit dans le volume précédent, au mot *Charte*, que cet acte, émané de la pleine puissance et de la bonté du roi, ne devait être interprêté que dans le sens le plus favorable à sa puissance.

4ᵉ alinéa de la page 255.

1. « L'enregistrement des brefs et des bulles de
» Rome est aussi par ordonnance attribué au con-
» seil d'état ; il n'est pas douteux que c'est quel-
» quefois une fonction d'ordre législatif qu'on ne
» peut recevoir que de la loi. »

L'enregistrement des brefs et des bulles ne peut appartenir au corps législatif, mais au roi qui n'a pas aliéné le droit de traiter avec les puissances étrangères. Malheur à la France catholique, si l'examen des actes de l'autorité spirituelle n'appar- tenait plus au roi très-chrétien, et s'il passait à une assemblée qui, malgré le grand nombre de catho- liques que possède la France, pourrait trouver une majorité de protestants, ou, ce qui est pire, de prétendus catholiques philosophes !

2. « On cite, il est vrai, la loi de 1802 sur
» la police des cultes ; mais le conseil d'état indiqué
» par cette loi était un conseil d'état constitution-

» nel, et qui à ce titre exerçait sur les ministres
» la surveillance et un contrôle effectif, qui enfin
» avait ses actes indépendants des ministres, au
» lieu que le conseil d'état d'aujourd'hui dépend
« des ministres, reçoit chaque mission d'un ministre,
» et ne donne que des avis qui ne sont rien que
» comme ordonnances ministérielles, que le roi
» même ne connaît pas ou ne signe pas, puisqu'il
» n'en signe que des listes ou bordereaux inconnus
» du public. »

La loi de 1802 sur la police des cultes attribue
au conseil d'état l'enregistrement des bulles ; voilà
un fait convenu, on ne nous dira donc plus que ce
n'est pas en vertu d'une loi que cet enregistrement a lieu. Mais on ose faire une parallèle entre
le conseil d'état de Bonaparte et celui de la légitimité ; et, comme on doit bien s'y attendre, celui
de l'usurpateur dont le sénat, quoique très-consti-
tutionnel, était le premier corps d'esclaves, avait
d'après l'auteur toutes les qualités requises ; cependant ce conseil d'état était formé comme celui du
roi. Qu'y a-t-il donc de changé aujourd'hui ? Le
voici : Au lieu d'un usurpateur nous avons un roi
légitime, au lieu d'un tyran qui faisait tout plier
sous ses volontés, nous avons un Bourbon qui a juré
de maintenir la charte octroyée par son auguste
frère, et qui ne respire que pour le bonheur de
son peuple, auquel il accorde avec la plus grande
joie une sage liberté

3. « D'ailleurs les brefs et bulles s'exécutent sans
» qu'ils soient connus, et puissent être connus du

» public autrement que par leurs dates seules in-
» sérées au bulletin. »

Ne faudrait-il pas, pour plaire à nos modernes
réformateurs, que le peuple souverain eût le droit
de contrôle sur les bulles du pape et autres actes
de l'autorité ecclésiastique ? La religion n'est et ne
peut être un objet de discussion populaire ; obéissance et soumission aux chefs spirituels, voilà notre
seul droit, notre seul devoir.

1ᵉʳ alinéa de la page 256.

1. « 4° Il est également extra - constitutionnel
» que le conseil d'état connaisse des appels comme
» d'abus, puisque les conseillers sont amovibles
» et juges non-naturels ; puisque leurs jugements
» n'ont d'existence que par la volonté des ministres ;
» puisque le conseil d'état, quoiqu'il condamne
» aux dépens, juge dans le secret absolu et sans
» ministère public. »

Je conviens que le conseil d'état ne devrait pas
connaître des appels comme d'abus ; mais ce n'est
pas parce qu'il est composé de juges amovibles, ce
n'est pas parce que les magistrats qui le composent
ne sont que les conseillers du roi, c'est parce que
les actes de l'autorité ecclésiastique ne devraient
pas être soumis à de purs laïques, peut-être à des
protestants. Les parlements en connaissaient autrefois ; mais ces parlements, composés de conseillers
clercs et de conseillers lais, avaient sur les actes
de l'autorité ecclésiastique une juridiction sinon

légitime, du moins apparente. Si l'on veut mettre en harmonie la religion avec le gouvernement, il faudrait peut-être établir dans chaque cour royale une chambre spéciale, composée d'ecclésiastiques respectables et des laïques les plus religieux, qui jugeraient non des actes purement de conscience (car, même d'après la jurisprudence de la cour de cassation et du conseil d'état, les actes purement de conscience ne peuvent régulièrement donner lieu à l'appel comme d'abus), mais les matières dans lesquelles le spirituel et le temporel se trouveraient confondus. On pourrait, si le roi le jugeait à propos, établir cette chambre au conseil d'état : l'essentiel est que des philosophes ne jugent pas les actes de l'autorité religieuse.

2. « Puisqu'enfin il est notoire que sa compé- » tence, en matière d'appel comme d'abus, ne » produit point de jugements entre les parties, et » se réduit à l'équivalent d'un état complet de déni » de justice. »

Lorsque les plaintes portées par les parties ne concernent que la conscience, et n'ont aucun rapport avec le droit civil, le conseil d'état fait très-sagement de se déclarer incompétent ; devra-t-il par exemple donner gain de cause à la famille d'un homme mort dans l'habitude du mépris de la religion, qui exigera que le cadavre reçoive les honneurs funèbres réservés aux enfants de l'Eglise, et contraindre les curés dans l'exercice de leurs fonctions pastorales ? On a beaucoup plaisanté les anciens seigneurs qui, à coups d'arrêts de parlement, for-

çaient les curés à faire pour eux des prières publiques , et à leur donner l'eau bénite ; mais ces
seigneurs au moins n'étaient pas des impies ; ils
pouvaient par leur attachement aux plaisirs du
monde , par leur ambition , par leur orgueil, déplaire aux ministres d'un Dieu qui donna l'exemple
de l'humilité , de la douceur , et du mépris des
honneurs et des plaisirs , mais ils ne maudissaient
pas Dieu pendant leur vie pour venir l'insulter par
leur présence dans le lieu saint après leur mort.

2ᵉ alinéa de la page 256.

1. « On fonde cette attribution (de l'appel comme
» d'abus au conseil d'état) sur la constitution im-
» périale, c'est-à-dire que la charte n'est qu'un
» acte additionnel aux constitutions du consulat et
» de l'empire. Blasphème qu'il serait inutile de
» discuter. »

Si c'était par respect pour la légitimité , et la
charte qui la consacre , que l'auteur invectivait
contre les décrets impériaux , nous ne manquerions
pas de nous joindre à lui , et d'appeler de tous nos
vœux la réformation de cette législation bisarre ,
qui soumet en quelque sorte l'autorité royale à des
actes émis par des régicides , et à des décrets de
l'usurpateur. Nous le désirons également ce nouvel
ordre de choses, sur lequel une commission était
chargée de présenter un travail ; mais ici l'auteur
ne parle que dans le but de gêner l'autorité royale
elle-même, à qui la constitution de l'an 8 laisse

encore quelques droits dont Bonaparte a abusé ,
mais dont les Bourbons n'abuseront jamais. Laissez
à la charte sa signification littérale , ne restreignez
pas l'autorité du souverain au profit du libéralisme
philosophique , et aussi contraire à une douce et
sage liberté, que favorable à l'impiété et à l'anarchie,
et le roi saura présenter lui-même les lois qui doivent expliquer les dispositions de l'acte fondamental
que son auguste frère, Louis XVIII, a bien voulu nous
octroyer ; et, en attendant que ces lois paraissent ,
n'appelons pas blasphème l'usage que le roi veut
encore faire de ces lois de l'usurpation, qui doivent
être considérées plutôt comme un supplément provisoire à la charte , que comme le fondement de
cette loi *fondamentale.*

Dernier alinéa de la page 256 — 257.

« Le mal est dans les élections vicieuses et faus-
» sées de nos députés ; il est dans leur septennalité.
» Un retour à la constitution est le plus grave et
» plus urgent de nos besoins. »
Oui, la septennalité est contre la charte , et la
charte doit être respectée ; il est dans ces élections
dirigées par ce comité directeur qui blâme toutes
les influences , et qui exerce sur les électeurs la
plus dangereuse de toutes. Il faut retourner à l'exécution de la charte ; il faut rendre aux évêques le
pouvoir de choisir les directeurs et professeurs des
petits séminaires ; il faut rendre aux corps religieux
l'enseignement que les ordonnances du 16 Juin 1828

leur ont ôté; après cela nous dirons aussi qu'il ne
faut point préférer pour les emplois publics les
hommes d'une caste, mais les plus capables et les
plus vertueux. La révolution d'un côté, et la Vendée
de l'autre, nous ont prouvé que dans toutes les
classes de la société on peut trouver les talents et
l'attachement aux Bourbons.

1er alinéa de la page 257.

« On ne saurait trop le répéter, sous un gouver-
» nement constitutionnel et représentatif, il ne
» peut y avoir d'autorité judiciaire légitime que
» celles qui sont fondées par des lois conformes
» aux principes des garanties sociales, et aux dis-
» positions, à l'esprit de la constitution jurée. Sur-
» tout il ne peut y avoir de juges amovibles à
» volonté, et dont les actes, secrets en eux-mêmes,
» dépendent tout-à-fait du bon plaisir des ministres. »
Sous un gouvernement constitué par une charte
émanée d'un roi, absolu avant l'émission de la constitution qu'il octroie lui-même à ses peuples, le
roi, on ne saurait trop le répéter, s'est réservé les
droits qu'il n'a pas aliénés. S'il lui plaît donc de
maintenir un conseil d'état avec certaines attributions judiciaires, il le peut, pourvu que la charte
ne s'y oppose pas. Or, bien loin de s'y opposer, elle
dispose, article 59, qu'il ne sera rien changé dans
l'ordre judiciaire qu'en vertu d'une loi; mais on ne
prétendra pas sans doute que le roi soit forcé de
la présenter aux chambres; ce serait attenter à

la prérogative royale. Concluons donc que, tant que le roi le jugera à propos, le conseil d'état pourra être composé comme il l'est, et conserver les attributions qu'il avait lors de l'émission de la charte.

2e alinéa de la page 257 — 258.

1. « Encore un fait, un double abus intolérable
» en matière de conseil d'état. Il y a une section
» privilégiée, que réprouve l'article 1er de la charte.
» Ce comité qui érige des majorats privilégiés, et
» qui est tribunal d'attribution en cette matière,
» se paye par ses mains, et lève, sous le nom de
» droits de sceau, de grandes contributions dont
» il n'est pas rendu compte aux chambres. »
Non, la commission du sceau des titres n'est pas réprouvée par l'article 1er de la charte ; cet article ne réprouve nullement le conseil d'état, et la commission du conseil du sceau des titres. Cette commission existait sous le gouvernement de Bonaparte, qui créait comme Louis XVIII, et en plus grand nombre, des ducs, des comtes, des barons et des majorats. Cette commission percevait les mêmes droits qu'elle perçoit aujourd'hui, et nos libéraux non-seulement se gardaient bien de le trouver mauvais, mais ils se pressaient auprès de Bonaparte qui les distribuait, et payaient sans se plaindre les droits exigés. Ces droits ne sont pas un impôt ; c'est une rétribution volontaire qui appartient au souverain, seul maître de donner ou de refuser des titres de noblesse et d'établir des majorats. Cette rétribution

n'est payée que par ceux qui croient augmenter la gloire de leur famille en obtenant des titres ou la faculté de créer un majorat ; chacun est libre de ne pas demander ces faveurs, et celui qui ne demande rien n'a rien à payer.

2. « Le droits de sceau sont un grappillage indigne » du gouvernement d'un peuple riche et généreux, » et qui paye chaque année en contributions con- » nues plus d'un milliard. »

Si les droits de sceau étaient un impôt dont les ministres dussent rendre compte aux chambres, bien loin de me récrier sur leur paiement, je manifesterais le vœu que cet impôt fût augmenté, afin de soulager d'autant les pauvres cultivateurs, parce qu'il est bien plus juste de prélever pour l'utilité publique le superflu du riche, que le nécessaire du pauvre. Je le répète, ces droits appartiennent au roi, qui réclame ce qu'il lui plaît, qui en fait ce qu'il lui plaît, et que ne payent que ceux à qui il plaît de les payer ; je respecte la volonté du roi, qui n'est pas d'ailleurs contraire à la charte, et il me semble que tout bon citoyen devrait en faire autant.

3. « Si l'on était réduit à la mesquine ressource » des droits de sceau, le roi devrait en fixer le » tarif, et le produit en devrait être versé au » trésor public. »

Voilà de ces observations que l'on trouve à chaque page dans les brochures et les journaux libéraux. Veut-on faire du roi un esclave ? Veut-on qu'il ne puisse fixer lui-même les rétributions

relatives aux titres qu'il confère ? Veut-on le priver
des émoluments attachés au droit qu'il a de con-
férer ces titres ?

CONSOMMATION (*économie politique*). P. 277 —
  284. — J.-P. PAGÈS.

Dernier alinéa de la page 279—280.

« Mais si l'on remarque qu'à Paris , la ville de
» France où la viande , les légumes et l'abondance
» de toutes les denrées , doivent engager à manger
» le moins de pain possible , chaque individu con-
» somme 19 onces de pain blanc par jour , c'est-
» à-dire environ 70 fr. par an ; trois onces de plus
» par jour , ou 33 fr. par an , que l'habitant des
» campagnes manquant de toutes les autres den-
» rées ; on se convaincra que les besoins sont bien
» loin d'être satisfaits dans les provinces , et que
» la disette y règne encore , malgré les incalcula-
» bles bienfaits de la révolution. »
Dites donc que c'est précisément à la révolution
que l'on doit la disette des provinces , et notamment celle des campagnes. Avant 1789 , la grande
propriété appartenait aux seigneurs, qui, moyennant
un prix peu considérable , affermaient leurs terres
aux pauvres cultivateurs de leurs paroisses, qui
vivaient bien , et quelquefois faisaient fortune ;
ou bien elle appartenait aux ordres religieux , qui
affermaient aussi aux mêmes conditions et avec les
mêmes avantages pour les cultivateurs, et qui em-

ployaient la majeure partie des revenus qu'ils en
retiraient à secourir les malades et les pauvres.
la révolution est arrivée, ceux qui l'ont faite
ont cru faire le bonheur du peuple en vendant
à bas prix ces mêmes biens. Qu'est-il arrivé?
Les pauvres ont peu acheté, et quelques fortunes se sont rapidement élevées sur les débris des
anciennes. Les nouveaux possesseurs ont augmenté
le prix de leurs fermes, ils n'ont pas porté aux
paysans les secours qui leur étaient accordés par
les moines ou par les seigneurs, et la misère a
augmenté ; voilà le fruit de la révolution. Que veut-
on de plus aujourd'hui? Une loi agraire. Mais l'honnête paysan n'en profiterait pas davantage.

3e alinéa de la page 280.

« Mais, si l'on recule dans la route de la liberté,
» il faut tenir pour certain que nous avancerons
» dans le chemin de la misère, car les institu-
» tions politiques sont la pierre angulaire de la
» richesse d'un pays, quelles que puissent être
» d'ailleurs toutes les conditions de prospérité. »
L'esclavage conduit à la misère, cela est vrai ;
mais la licence l'engendre aussi, et l'une et l'autre de
ces causes par les mêmes moyens. Un malheureux
cultivateur attaché à la glèbe, obligé de travailler
pour un seigneur qu'il déteste, et n'espérant point
un profit personnel de son travail, ne prendra que
les soins absolument nécessaires pour ne pas mourir de faim dans le moment, et ne pensera point

à l'avenir. Si à une sage liberté dont nous jouissons sous le gouvernement paternel des Bourbons succède la licence, le peuple victime d'une faction audacieuse, celle des philosophes (car ce n'est que pour eux que ces messieurs demandent la liberté, et ils s'occupent fort peu du sort des misérables habitants des campagnes), cette licence sera suivie de trouble, de désordre, d'anarchie (1), on reviendra au système des réquisitions employé sous les gouvernements que les philosophes appellent libres, ceux de Robespierre et de Napoléon ; et, le dégoût s'emparant des propriétaires, les champs demeureront sans culture. Pour augmenter l'aisance, respectons le roi, soumettons-nous à son gouvernement, et soyons persuadés que les descendants d'Henri IV désirent autant et plus que nos réformateurs que leurs sujets puissent mettre la poule au pot.

CONSTITUTION (*lexicologie*). — P. 297—302. —
LANJUINAIS.

« La vraie constitution de l'Eglise catholique,
» les lois et les règles fondamentales de son gou-
» vernement, se trouvent non point dans les faus-
» ses décrétales, dans les décrets et les bulles des
» papes, où ils se font seigneurs suprêmes, spiri-
» tuels et temporels de toute la terre, non point
» dans les concordats, ni dans les lourds et absur-

---

(1) Ceci était écrit avant la révolution de 1830.

» des volumes des ultramontains anciens et mo-
» dernes de tous pays, ni dans Bellarmin, ni
» dans les livres d'aucun autre jésuite; mais dans
» les textes du nouveau testament, dans les règles
» et les usages observés par les apôtres, dans le
» premier concile de Jérusalem, dans les déci-
» sions des quatre premiers conciles œcuméniques
» et des papes, jusqu'à St. Léon et St. Grégoire,
» dans la pragmatique sanction de St.-Louis de
» 1268, dans plusieurs décrets des conciles de
» Constance et de Bâle, en partie dans la prag-
» matique sanction de Charles VII de 1438, dans
» beaucoup d'articles des libertés gallicanes, rédi-
» gés par Pithon, enfin dans les œuvres du car-
» dinal Dailly, du vénérable Gerson, du savant
» et courageux Edmond Richer, du docteur
» Lannoi, et particulièrement dans les quatre
» articles de la déclaration du clergé de France
» de 1682, et dans la belle et authentique dé-
» fense de cette déclaration par le grand Bossuet. »

La constitution de l'Eglise catholique ne se
trouve point dans les auteurs ultramontains ; elle
ne se trouve point dans les concordats qui ne sont
que des traités du souverain spirituel avec un souverain temporel ; mais elle ne se trouve pas non
plus dans les pragmatiques et dans les ouvrages
du grand Bossuet, encore moins dans les auteurs
cités par M. Lanjuinais, notamment dans Pithon
et dans Edmond Richer, condamnés par le clergé
de France lui-même. Elle est dans l'Evangile dont
le divin auteur a établi Pierre chef de l'Eglise ;

elle est dans les actes des apôtres ; elle est non-
seulement dans les quatre premiers conciles, mais
dans les dix-huit conciles œcuméniques ; elle est
dans la suprématie du pape en matière spirituelle
sur chacun de tous les évêques du monde chrétien.
Les disputes entre les ultramontains et les gallicans
ne touchent pas à cette constitution, et ni Saint
Louis, ni le grand Bossuet n'ont eu la prétention,
l'un en faisant sa pragmatique, l'autre en défen-
dant la déclaration du clergé de France, de
s'ériger en législateurs de la discipline de l'Eglise
universelle.

2ᵉ alinéa de la page 298.

1. « La constitution de la sainte-alliance con-
» sidérée comme une forme ou une règle de gou-
» vernement de l'Europe, et jugée dans ses
» résultats, est un fait et non un droit propre-
» ment dit, ce n'est que le droit du plus fort
» ou des plus forts. »
Voilà une chose que personne ne contestera ;
tout le monde sait que les traités sont ordinairement dictés par les plus forts aux plus faibles ; mais
il ne suit pas de là qu'ils ne puissent quelquefois
être justes, et avantageux à tous. Ainsi que con-
cluera-t-on de ce que les premières puissances
auront traité entre elles, et qu'elles se seront promis réciproquement de soutenir les droits des souverains contre les entreprises de la rebellion et
des partisans de l'anarchie ? Tout homme judi-

cieux conclura qu'elles ont bien fait d'user de leur force pour assurer la tranquillité de l'Europe.

2. « Il est notoire que les peuples et les rois » en ont beaucoup souffert, et l'on cherche quel » bien en est résulté pour l'espèce humaine ; elle » a été utile à des classes privilégiées ; elle a perdu » l'Espagne, et combattu la Grèce pour la tenir » sous le joug de l'oppression la plus barbare. »

La sainte-alliance nous a délivrés deux fois des tyrans qui comprimaient l'amour des français pour leur roi légitime ; elle a délivré le roi d'Espagne, conduit de prison en prison jusqu'aux extrémités de la Péninsule, d'une mort inévitable ; elle a rétabli l'ordre à Naples et à Chambéry, et fait trembler les révolutionnaires, disposés à détruire partout l'ordre et la paix, pour y substituer le règne de la philosophie moderne. En voilà sans doute plus qu'il n'en faut pour la faire maudire par les prétendus réformateurs de l'espèce humaine ; mais les honnêtes gens ne cesseront, tant que leur cœur battra, de remercier la Providence qui inspira aux souverains de l'Europe l'idée heureuse de se liguer pour écraser l'hydre des révolutions. Les grecs ont pu souffrir de l'interprétation des principes sur lesquels était basé le traité ; mais les puissances ont enfin reconnu que, loin de nuire à la cause des Hellènes, ces principes devaient servir à les faire protéger. Les grecs en effet (nous l'avons dit ailleurs) ne peuvent être comparés aux révolutionnaires français, aux descamisados et aux carbonari.

Dernier alinéa de la page 299 — 300.

1. « On trouve encore chez les israélites, dans
» la loi de Moïse, que les chrétiens croient divine,
» on trouve la représentation nationale et le gou-
» vernement électif, le gouvernement par com-
» munes, et l'esclavage réduit à une sorte de louage
» d'ouvrage pour un temps fixe; enfin la cons-
» titution donnée en forme de pacte social, ac-
» ceptée par les pauvres comme par les riches,
» et jurée par tous, et, ce qui est bien remar-
» quable, jointe aux lois secondaires dès le temps
» de son apparition ; on y trouve la puissance
» royale réglée et limitée. »

Chez les israélites et dans les lois de Moïse que
les chrétiens croient divines, et qui le sont en effet,
on ne trouve point la représentation nationale,
le gouvernement électif, ni le gouvernement par
communes ; on trouve le gouvernement théocratique jusqu'à Saül, et quelquefois les anciens con-
sultés par les chefs. L'esclavage était, il est vrai, sous
certains rapports un simple louage d'ouvrage, si
l'on peut considérer comme tel celui qui pouvait
durer 50 ans, car ce n'était qu'au bout de cette
période d'un demi-siècle que les juifs esclaves
étaient remis en liberté, et que chacun rentrait
librement dans les biens qu'il avait vendus.

Si l'on veut voir comment la puissance royale,
qui d'ailleurs ne fût pas élective, mais toujours
théocratique, fut réglée et limitée, on n'a qu'à lire

ce que dit Samuël au peuple qui demandait un roi, liv. *des Juges*, chap. 8, v. 11—22.

2. « Aussi a-t-on appelé la constitution mosaïque, » nomothésie ou le gouvernement de la loi. »

La constitution mosaïque était le gouvernement de la loi, mais *de la loi de Dieu* publiée par Moïse, et non de la loi humaine votée par des sujets.

3. P. 300. — Voilà ce que c'est que la vraie po- » litique de l'*Écriture-Sainte*, quoiqu'elle ressem- » ble au pur despotisme dans l'ouvrage de Bossuet, » écrit sur ce même titre ; mais sous Louis xiv, » esclave et dupe des jésuites, *qui posait pour* » *premier fondement sa volonté bien absolue*, qui » disait : L'état c'est moi, et qui affecta d'entrer » au parlement et de le dissoudre, en y siégeant » sur le trône un fouet à la main. »

Que le lecteur lise l'ouvrage de M. Bossuet et qu'il prenne la peine de le comparer avec l'Ecriture-Sainte, et il donnera sans doute la préférence à l'opinion du grand défenseur du pouvoir des rois. Le passage que nous avons cité suffit pour lui donner une idée de l'exactitude du nouvel auteur.

Louis xiv fut un roi absolu ; mais il ne fut pas l'esclave des jésuites, qui n'ont jamais prétendu se faire des esclaves, et Bossuet, qui n'était pas jésuite et qui, nous pouvons l'avouer, était un peu prévenu contre eux, ne peut être accusé d'avoir écrit à leur instigation.

Dernier alinéa de la page 300 — 301.

1. « La loi naturelle qui est une loi divine , cette
» loi des lois , base nécessaire de tout gouverne-
» ment juste et de toute constitution durable, assure
» à tous les hommes liberté personnelle , liberté
» d'opinion et de religion , liberté de penser ,
» de parler , d'écrire et de publier ses pensées ,
» propriété et liberté d'industrie , enfin égalité
» des droits , conciliée avec l'obéissance et le res-
» pect envers les autorités , conciliée avec tous
» les genres du domaine légitime , avec toutes les
» supériorités d'opinion qui naissent des bons ser-
» vices publics , des talens et des vertus. »

Il est bien facile de disserter sur la loi naturelle qui n'étant point écrite laisse à chacun ses
opinions qu'il prend pour la raison éternelle, et pour
la loi gravée au fond du cœur de tous les hommes ; mais je me trompe, elle est écrite cette loi
naturelle , Dieu lui-même voulut la graver sur des
tables de pierre et donner ces tables à Moïse ,
conducteur du peuple d'Israël, lorsqu'il vit que les
nations se corrompaient , et substituaient le résultat de leur imagination en délire aux préceptes qu'il
avait imprimés au fond des cœurs. Cette loi est
le décalogue que tout les enfants de parents catholiques savent par cœur , et auquel les modernes
réformateurs veulent substituer ces deux mots :
LIBERTÉ, ÉGALITÉ. Cette loi divine n'a pas empêché
l'esclavage, parce que le droit de se défendre étant

un droit naturel, il a existé des guerres ; que les
guerres ont donné le droit d'affaiblir ses ennemis
pour les empêcher de nuire, et qu'il a paru dès
les premiers temps plus avantageux et beaucoup
plus humain de faire servir les vaincus que de les
immoler à la sûreté du vainqueur : voilà, d'après
Justinien, l'origine de l'esclavage que l'on peut
considérer d'après les dispositions des lois romaines
comme établi *præter jus naturale*, mais qui n'est
nullement en opposition avec ce droit rigoureux
et positif.

Il faut n'avoir aucune connaissance de l'Ecriture-
Sainte et de ce décalogue expliqué par l'Esprit Saint
dans le lévitique, et par Jésus-Christ dans son
Evangile, pour vouloir faire dériver du droit naturel la liberté de religion. Cette liberté n'existe
point, il est au contraire rigoureusement nécessaire de se soumettre à un créateur qui nous a
donné l'existence, et qui a formé pour nous une
quantité innombrable de créatures. Or, ce Dieu
nous a ordonné de l'aimer, de lui demeurer soumis,
de n'adorer que lui seul. La désobéissance au premier commandement émané de la toute puissance
de Dieu, a fait perdre à l'homme son innocence,
avec elle, la dignité dont Dieu l'avait revêtu, et
le bonheur dont il devait jouir sur la terre. Il a
été condamné à la mort, et après sa dernière
heure à être précipité dans les flammes éternelles
avec le démon, premier philosophe de l'univers ;
mais Dieu a eu pitié d'une créature faible et fragile, il lui a promis un rédempteur, et, sans croire

à ce rédempteur , l'homme des premiers temps
ne pouvait espérer de salut. Ce rédempteur est
enfin venu. La seconde personne de la sainte trinité a bien voulu se faire homme pour expier le
crime de l'homme ; mais Jésus-Christ a donné son
Evangile , c'est-à-dire sa loi de grâce et d'amour;
il a établi une Eglise , dont il a constitué chefs
St. Pierre et ses successeurs., avec commandement
exprès de leur obéir. C'est donc cette Eglise d'après
la loi de Dieu, avec laquelle la vraie loi naturelle ne saurait être en opposition , qui doit fixer
l'opinion en matière de religion , et le culte que
l'on doit à Dieu. Celui qui s'écarte de la croyance
imposée par l'Eglise , pèche donc contre la loi
divine ; il ne peut donc réclamer en sa faveur
l'exécution d'un droit naturel , qui n'est autre chose
dans ce cas que l'impossibilité à tout autre qu'à
Dieu de scruter le fond des cœurs et de punir
les pensées ; il dépend de l'autorité civile , également établie par Dieu pour gouverner les hommes, d'émettre des lois pour punir les opinions
perverses , manifestées au-dehors. Ce droit de punir
le blasphème a été appliqué par les païens aux
premiers chrétiens qui n'étaient cependant pas des
blasphémateurs ; il a été appliqué par les athé-
niens qui poursuivaient et condamnaient à mort
les ennemis des dieux ; il a été appliqué dans les
pays protestants , notamment en Angleterre , où les
chrétiens catholiques ont été persécutés, et exclus
de toute fonction civile. Ce droit de régler les
opinions religieuses a été usurpé sur la puissance

légitime, et exercée au commencement de la révolution pour abolir le culte chrétien, et établir celui d'un être suprême qui n'était pas le Dieu d'Abraham, d'Isaac et de Jacob.

Mais, si l'autorité a le droit incontestable de punir tout acte extérieur contraire à sa volonté, elle peut empêcher décrire et de publier ce qui lui est opposé : voilà pour ce qui concerne le droit qu'ont les gouvernements absolus et les gouvernements constitutionnels à qui il est accordé. Mais, pour nous qui craignons les persécutions de la philosophie, bien plus que les philosophes n'ont sujet de craindre celles de l'autorité chrétienne, nous désirons aussi la liberté de penser, la liberté de manifester son opinion au-dehors, sauf les lois répressives pour punir la révolte et l'impiété.

2. « L'égalité des droits ainsi entendue est le point » central vers lequel gravite l'immense majorité euro- » péenne, injustement combattue par des rois mal » conseillés, par des privilégiés qui ne songent qu'à » eux-mêmes, par des prêtres et une congrégation » que le faux zèle anime, qui n'entrent pas, mais » qui empêchent d'entrer, qui pervertissent la reli- » gion, qui en font une folie, suivant l'expression » des Écritures, et la rendant odieuse provoquent » les apostasies. »

Une poignée de philosophes qui ont pris leurs instructions chez les protestants prétendus réformateurs de la religion, et plus tard chez l'apôtre du déisme, Voltaire, qui n'en reconnaissait aucune, ne forme pas heureusement l'immense majorité européenne.

Les rois défendent les droits qu'ils ont reçus de Dieu pour faire le bonheur de leurs peuples, et non pour leur laisser la liberté de faire le mal. Les prêtres et les congrégations défendent tout à la fois par leurs prédications, par leur soumission envers la double autorité religieuse et civile ; ils défendent, disons-nous, l'autel contre les profanes réformateurs de la philosophie moderne, et le trône contre les empiètements de la révolte et de l'anarchie. Les prêtres et les membres des congrégations veulent être libres aussi, ils veulent pouvoir faire le bien sans obstacle, et ils savent que, du moment où les philosophes auront triomphé, la religion sera persécutée, les prêtres et les chrétiens seront poursuivis, emprisonnés, mis à mort. Ils soutiennent le trône protecteur de cette liberté, et c'est pour cela qu'ils combattent les efforts des prétendus amis de la liberté. Ils ne pervertissent point la religion, et, s'ils en font une folie selon l'expression de l'Ecriture, c'est parce que l'Ecriture elle-même commande aux hommes l'abandon de la sagesse du monde pour embrasser le folie de la croix. Oui, d'après la religion, ce sont les *fous*, ou du moins les hommes appelés de ce nom par les sages du siècle, qui posséderont le royaume du ciel.

1er alinéa de la page 301.

« Tels sont les droits de l'homme selon Dieu

» et la nature, droits antérieurs et supérieurs à
» toute convention humaine, à toute concession,
» à toute charte, à toute espèce de gouvernement. »

Non, ce ne sont point les droits de l'homme
d'après Dieu et la nature. (Voyez les observations
précédentes). Ces droits de l'homme, qui n'ont
jamais été pleinement excercés parce qu'un parti
a toujours écrasé l'autre, datent du contrat social
de Jean-Jacques Rousseau, adopté par Mably, et
si libéralement interprêté par Robespierre et ses
dignes satellites.

CONTRAINTE PAR CORPS (*législation*). P. 366 —372. — BARBAROUX.

1er alinéa de la page 371.

1. « Toutefois et malgré l'exacte prestation des
» aliments, l'emprisonnement ne saurait se per-
» pétuer trop long-temps. La loi n'a pas voulu
» qu'une rigueur inspirée par la haine pût à jamais
» priver un citoyen de sa liberté. »

Nous sommes loin de blâmer les vues pleines
d'humanité de l'auteur ; mais la loi n'est pas aussi
indulgente que lui. L'emprisonnement pour cause
civile n'a pas de terme fixé, les arrêts ont tout
au plus décidé que la loi du mois de germinal an 8,
qui fixe à cinq ans le terme de l'emprisonnement,
était applicable aux engagements commerciaux.

2. « Lorsqu'après cinq années il n'a point satisfait
» son créancier, il devient évident qu'il n'a pu

» se procurer les moyens de recouvrer sa liberté,
» et la loi le rend à la société et le libère de la
» contrainte. » (Voyez l'observation précédente).

CONTRE-CANON et CONTRE-LOI (*lexicologie*).
P. 390—393. — LANJUINAIS.

***

Droit politique , et Morale.

4e alinéa de la page 390.

1. « Les commandements humains qui se trouvent
» contraires à ces maximes supérieures dont ils
» doivent découler , ne sont réellement que des
» fautes, des scandales, ou des crimes, de ceux qui
» exercent l'autorité publique. »
Oui, il est certain que, toutes les fois que les
hommes prescrivent quelque chose contre la loi
de Dieu, leurs commandements sont des scandales
et des crimes ; mais les maximes de la philosophie
ne sont pas le type de la loi naturelle ; ses dogmes
sont trop controversés, trop différents entre eux,
pour qu'ils puissent former une autorité. L'homme
qui ne connaîtra d'autre guide que la philosophie
sera trop embarrassé dans le choix de ce qui est
vrai. Qui pourra par exemple prononcer entre
Zénon et Epicure ? La religion seule a conservé la
loi naturelle dans sa pureté primitive ; le choix
d'un autre côté n'est pas difficile entre la vraie
religion et celles qui lui sont opposées. La religion

la plus ancienne, la plus étendue, celle que les attaques de l'impiété et les persécutions de la philosophie moderne n'ont pu ébranler, est le seul guide de nos droits et de nos devoirs que doivent consulter les rois et les peuples.

2. « Ils ne lient donc pas la conscience des hommes » par eux-mêmes, comme font les lois justes ; mais » la prudence engage à s'y soumettre, et telle » peut être la force des conjectures, que ce soit » un devoir moral d'obéir à ces fausses règles, tout » au moins à l'extérieur ; encore est-il vrai de dire » que si des préceptes humains sont vraiment des » transgressions évidentes de la loi de Dieu, natu- » relle ou révélée, plutôt que de les exécuter, » on doit quelquefois s'exposer à souffrir, et s'il » le faut à mourir. »

S'il ne s'agit que des maximes de la philosophie moderne, comme la philosophie ne peut être considérée comme une règle suffisante de morale, et que c'est à la religion chrétienne et *catholique* qu'appartient l'interprétation de toutes les règles qui fixent nos devoirs, il est certain que nous ne pouvons nous dispenser d'obéir aux puissances non-seulement à l'extérieur, mais dans notre vie privée ; non-seulement par prudence, mais par devoir, *non solùm propter iram, sed propter conscientiam.* Mais si une autorité quelconque nous commande des choses contraires aux commandements du décalogue, loi naturelle, loi divine, loi éternelle, ou aux commandements de l'Eglise, alors nous devons non-seulement nous exposer au danger de

mourir, mais souffrir tous les tourments, et donner
jusqu'à la dernière goutte de notre sang, plutôt que
de transgresser les préceptes de Dieu ou de l'Eglise.

Dernier alinéa de la page 390—391.

« C'est une vérité indéniable, et dont les exemples
» ne manquent pas, qu'il y a des canons comme
» il y a des lois qui sont le plus directement con-
» traires à la justice universelle, à la constitution
» de l'état, à ses plus justes lois ; en un mot, au
» cri de la raison naturelle, à la volonté divine
» révélée, ou bien manifestée par la seule nature
» des choses, comme l'ordre de tuer ou d'exiler sans
» jugement de malheureux proscrits, comme la
» défense par bulle de reconnaître un roi déposé
» par le pape ou par des prélats, pour quelque
» motif que ce puisse être. »

Non, il n'y a point de canons reconnus par
l'Eglise directement contraires à la justice universelle, à la constitution de l'état et à ses plus justes
lois : du reste, si les canons des conciles se trouvaient en opposition avec les lois de l'état, ce serait
la faute du législateur d'avoir émis des lois civiles
contraires à celles de l'Eglise ; les canons étaient
plus anciens que les lois qui nous régissent, et, si
la philosophie prétend que la loi doit être athée,
elle n'exigera pas, nous l'espérons, que les canons
de l'Eglise consacrent l'athéisme.

Ils ne sont point contraires aux vérités révélées,
puisque ceux qui les ont émis étaient juges uniques

et infaillibles ; et conservateurs de ces mêmes vérités.

Quant au droit de tuer ou d'exiler avec ou sans jugement, il est subordonné au pouvoir de l'autorité temporelle, qui dans ces cas peut avoir un droit humainement légal, mais dont elle ne peut abuser sans blesser la justice éternelle, et sans s'exposer à la punition que Dieu réserve aux tyrans et aux homicides. Il est même des cas, nous l'avouons, où un sujet doit refuser l'obéissance, c'est lorsque le maître prescrit un assassinat, ou tout autre crime contraire au décalogue ou à la loi de l'Eglise.

Quand un maître au sujet prescrit des attentats,
On présente sa tête et l'on n'obéit pas.

1er alinéa de la page 391.

1. « Il y a donc des contre-canons et des contre-
» lois auxquels on ne peut obéir sans que par là
» même on se rende coupable de superstition gros-
» sière, d'infidélité, d'immoralité, même de crime. »
Nous avons répondu à ce passage en prouvant, dans nos précédentes observations, qu'il n'y a point de contre-canons reconnus par l'Eglise catholique. Quant aux contre-lois, il en a existé, et les hommes religieux ont sacrifié leur vie plutôt que de leur obéir.

2. « Et tenir ce langage n'est point sans doute
» enseigner la révolte, professer l'anarchie, c'est
» uniquement proclamer que la conscience éclairée

» de chacun est un sanctuaire inexpugnable ,
» que ne sauraient forcer justement, ni les iniques
» préceptes des chefs ecclésiastiques, ni les volontés
» des monarques ou de leurs ministres , ni celle
» d'aucune assemblée législative. »

Non, et nous l'avons dit au mot *Conscience*, la conscience de l'homme ne peut seule le garder dans la pratique du bien et la fuite du mal ; la conscience ne peut être éclairée que par ces chefs ecclésiastiques auxquels on s'oppose. La femme qui se brûle avec le corps de son mari , le fils qui tue son père par respect et par amour filial , commettent des crimes approuvés par leur conscience. La philosophie veut , dit-elle , éteindre le fanatisme, et c'est pour cela qu'elle cherche à rendre les dépositaires de la foi odieux ou méprisables ; mais elle prépare un genre de fanatisme bien plus dangereux, celui des passions humaines. Sans doute la conscience de l'homme juste sera une conscience éclairée ; mais celle de l'homme ardent, passionné pour un parti , pour une opinion , pour ou contre une caste , sera une conscience erronée qui conduira non-seulement à des erreurs graves , mais quelquefois à de grands crimes. L'homme ne peut se garder lui-même , il lui faut un garde qui ne puisse le tromper , et il ne peut le trouver que dans le sein de la religion.

3. « C'est reconnaître avec tous les théologiens
» qu'il y des préceptes et des lois *injustes* qui
» n'obligent personne ; c'est-à-dire avec l'Evangile
» que, *si l'aveugle conduit un autre aveugle, tous*

» *deux tombent dans la fosse* ; *et avec les* apôtres
» *qu'il faut obéir à Dieu plutôt qu'aux hommes.*

Oui, il peut exister des préceptes et des lois injustes, et alors il vaut mieux obéir à Dieu qu'aux
hommes ; mais ces préceptes et ces lois ne sont
injustes qu'autant qu'ils sont contraires aux commandements de Dieu et de l'Eglise, hors de ces cas
l'obéissance est le devoir du sujet et du chrétien.

4. « En un mot, c'est enseigner une saine doc-
» trine, qui seule peut conserver la religion, la
» morale, et maintenir les droits, les devoirs de
» l'homme, sa dignité contre tous les genres de
» despotisme. »

Résister aux puissances qui prescrivent des actions
contraires à la loi de Dieu est un acte de courage
et de vertu ; c'est ce qu'ont fait les apôtres, les
martyrs, et les prêtres persécutés lors de la révolution ; mais hors de ces cas le simple particulier ne
peut résister aux puissances sans se rendre coupable
de révolte. Sous un gouvernement absolu, il doit
céder et obéir ; sous un gouvernement constitutionnel, il ne peut employer que les voies légales
admises par le pacte fondamental qui régit l'état.

Dernier alinéa de la page 391 — 392.

1. « La moitié au moins du corps du droit cano-
» nique publié dans les ténèbres de l'ignorance
» par l'autorité des papes, et enseigné trop long-
» temps dans les écoles de France, n'est que des
» contre-canons, soit comme textes faux, ou textes

» vrais copiés sur les faux , soit comme offrant les
» plus déplorables erreurs de doctrine , des maxi-
» mes en contrariété avec nos lois et nos usages ;
» la théorie par exemple de l'atroce inquisition
» pour la foi , celle des officialités supprimées
» en France par la loi , et ressucitées de fait ; les
» théories contraires à la sûreté du roi et de l'état,
» aux saintes libertés gallicanes ; enfin à la pré-
» cieuse et unanime déclaration du clergé de France
» de 1682, pure et vraie règle ecclésiastique , sage
» loi de l'état, que n'ont pu détruire de simples
» lettres écrites au pape par le roi, par quelques
» prélats , et démenties ensuite par l'usage certain ,
» notoire , et par une foule de monuments histo-
» riques. »

Je ne défendrai point les fausses décrétales in-
sérées dans le corps du droit canon pour faire
valoir les prétentions des papes sur le gouvernement temporel des rois. Je dirai toutefois que , si
le droit canonique a été enseigné dans nos écoles ,
les professeurs avaient bien soin de réfuter ce qu'il
contenait de contraire à la puissance des souverains.
Je dois encore ajouter que tout ce que nos philosophes blâment dans le droit canonique n'est pas
répréhensible ; par exemple les officialités (voyez
ce mot), qui n'existent plus aujourd'hui avec autorité coactive , et que l'on ne pourrait supprimer
en entier sans s'exposer à nuire à l'autorité spirituelle des évêques. Nous verrons aussi au mot
Inquisition que cette institution n'est pas aussi
atroce que l'on a bien voulu le prétendre.

Quant à ce que le droit canon a de contraire à la déclaration du clergé de France de 1682, que Louis XIV et les évêques n'ont pas aboli par de simples lettres au pape (1), on sait encore de quelle manière ces articles étaient expliqués aux élèves, qui puisaient aux écoles publiques non pas l'ultramontanisme, mais les principes d'une liberté gallicane souvent outrés.

1er alinéa de la page 392.

« Tous les canons de discipline du concile de
» Trente, la plupart de ceux de nos conciles pro-
» vinciaux, sont encore ou par leur nature, ou
» par nos lois et nos usages, de nulle autorité en
» eux-mêmes dans le royaume, des contre-canons
» dont un évêque ne saurait, par aucun acte légi-
» time, ordonner l'exécution. »

Quant au concile de Trente, concile œcuménique qui par conséquent devait l'emporter sur toutes les lois humaines s'il avait été légalement publié en France avec force d'exécution, l'on doit convenir que, consacrant les usages de la majeure partie du monde chrétien en matière de discipline, il aurait

----

(1) Le roi Louis XIV et les évêques, en écrivant au pape, ont professé la plus grande soumission à l'autorité pontificale, et c'est ce qu'a fait M. Bossuet lui-même dans sa défense de la déclaration du clergé de France.

On sait d'ailleurs que Louis XIV, par la lettre qu'il écrivit au souverain pontife, avait pris l'engagement d'abolir les ordonnances par lesquelles il obligeait à enseigner la déclaration de 1682; et s'il a eu un tort, c'est celui de manquer à la parole qu'il avait donnée.

du recevoir en France son exécution, si, d'après les
usages de l'église gallicane, celle-ci n'avait acquis
le privilége de recevoir ou de rejeter, en tout ou
en partie, les canons de discipline. Ainsi, en ce
qui concerne le mariage, les canons du concile de
Trente n'ont pas été suivis, et tout mariage contracté contre le gré des parents, par des enfants
mineurs, est toujours réputé nul malgré la décision
du concile de Trente. Mais les canons qui n'étaient
point en opposition avec les lois de l'état, comme
la communion pascale, la confession annale, *la
continuation* de l'obligation imposée aux prêtres de
garder le célibat, et la communion des laïques sous
la seule espèce du pain, ont été mis à exécution
par les évêques de France.

On ne doit donc pas déclamer contre le saint
concile de Trente, qui a réformé de nombreux
abus, condamné les erreurs du temps qui l'avait
précédé, établi une discipline généralement avantageuse au bien public et au salut des fidèles ; mais
sachons bon gré aux pasteurs des âmes de ce que,
profitant des canons dont l'exécution pouvait s'étendre à toute la chrétienté, ils ont par une sage
dispense affranchi les fidèles de ce royaume d'obligations dispensables, qui se seraient trouvées en
opposition avec les lois de l'état.

2e alinéa de la page 3g2.

1. « Le trop fameux canon du concile de Trente
» qui, après seize siècles de validité des mariages

» contractés par simples formes civiles, prescrivit
» à peine de nullité la bénédiction nuptiale, est
» redevenu en France ce qu'il y fut bien long-
» temps après le concile , un contre-canon, une
» usurpation de pouvoir insupportable. »

Le mariage est un sacrement qui confère des
grâces à ceux qui le reçoivent ; il appartient à
l'Eglise de régler ce qui peut faire un sacrement de
l'alliance entre l'homme et la femme , et, pour
empêcher les abus qui pouvaient résulter d'une
union secrète ou contractée devant des personnes
peu habiles à la constater, le concile de Trente
a pu déclarer nul tout mariage qui ne serait pas
béni par le propre curé de l'une des deux parties.
Ce canon fut mis à exécution par le clergé de
France, et il était en vigueur lorsque la révolution,
bouleversant tout ce qui était bien , établit une
autre espèce de mariage , et abolit dans l'ordre
légal celui qui résultait de la bénédiction nuptiale.
Les nouvelles lois sur la célébration du mariage
n'ont pu faire un contre-canon d'une décision d'un
concile reçu en ce point dans le royaume. Tout
ce qui peut résulter de la différence qui existe
aujourd'hui entre ces deux législations diverses,
c'est que le mariage contracté devant le propre
curé donne seul les grâces du sacrement, et qu'il
est seul valide dans l'ordre religieux ; mais celui
qui est contracté devant l'officier public, est seul
valide dans l'ordre de la loi, et donne seul les
droits civils qui résultent d'un contrat légal. Voilà
pourquoi tous ceux qui ont conservé quelque res-

péct pour la religion catholique ne manquent jamais, après la célébration du mariage civil, de se
présenter devant leur curé, pour y recevoir la
bénédiction nuptiale ; ils obéissent à la loi comme
citoyens, et au canon du concile de Trente comme
chrétiens, et ne s'avisent point de trouver des
contradictions entre ces deux dispositions législatives qui se concilient parfaitement.

2. « Par un retour le plus convenable au droit
» naturel, au droit ecclésiastique du 16ᵉ siècle, ce
» canon usurpateur et imprudent, et l'édit qui le
» confirma passagèrement, sont abrogés en France
» depuis 1690. »

Ce canon n'établit pas un droit nouveau relativement à la bénédiction nuptiale, mais seulement
relativement à la présence du propre curé. Du
reste il n'avait aucun rapport au droit civil, et
il dépendait du roi de donner une sanction légale
aux mariages contractés pardevant notaire comme
on l'avait fait quelquefois. Ce fut l'édit qui, donnant une force civile à un canon qui n'avait qu'une
force de discipline ecclésiastique, établit une nouvelle jurisprudence, et la loi de 1790 put abolir
l'édit, mais ne put faire perdre au canon la force
spirituelle qu'il avait *par lui-même*.

3. « C'est donc un contre-canon d'autant plus
» répréhensible, qu'il est affecté, qu'il tend à com-
» promettre l'état des personnes, qu'il force les
» citoyens au célibat ou au sacrilége, lorsque tel
» ou tel évêque ose ordonner, contre nos lois,
» que la bénédiction nuptiale des catholiques pré-

» cède l'acte civil , ce que le concile de Trente
» n'exige pas , et ce qui souvent n'a pas lieu, ou
» peut ne pas avoir lieu, selon le droit canonique
» de l'Espagne elle-même. »

J'ai déjà dit qu'un canon plus ancien que nos
lois doit nécessairement l'emporter sur elles , quand
même l'autorité qui l'a émis n'aurait qu'une puissance égale à celle de nos législateurs. Mais qui y
a-t-il d'*affecté* dans un canon de discipline ecclésiastique , émis pour la sanctification du mariage, ou
d'une loi qui , en ordonnant que le mariage civil
précède la bénédiction nuptiale, semble en quelque
sorte insulter aux lois religieuses ?

Cependant il est faux qu'aucun évêque ait ordonné , contre la disposition de nos codes, de célébrer
le mariage religieux avant le mariage civil ; tous
les bons catholiques se soumettent à la loi civile
en se présentant devant l'officier public , et à la
loi religieuse en recevant la bénédiction nuptiale.

4. « C'est ainsi qu'à force de scandale et d'audace
» on contribue à faire calomnier la religion, à
» l'affaiblir , à l'éteindre dans les cœurs. »

Ce n'est point en faisant observer les canons des
conciles que l'on contribue à faire calomnier la
religion, à l'affaiblir , et à l'éteindre dans les cœurs ;
mais bien en attaquant par tous les moyens ses
usages et sa discipline , en cherchant à avilir le
clergé par des imputations outrageantes , en supposant un intérêt temporel aux ministres les plus
respectables et les plus désintéressés du culte catholique.

5. « C'est ainsi que l'on prépare des apostasies ,
» des réactions , des persécutions cruelles contre
» des croyances qui ne peuvent sembler haïssables ,
» qu'autant qu'elles sont perverties par ceux qui
» les professent. »

Oui , c'est en blâmant continuellement les actes
de l'autorité civile qu'on fait des mécontents et des
ennemis du gouvernement ; c'est en blâmant les
actes et la discipline de l'Eglise , que l'on fait des
schismatiques , des hérétiques , des apostats. C'est
ainsi que procédèrent Arius, Nestorius, Pélage , etc. ;
plus tard , Luther , Calvin , Zuingle , etc. ; et enfin ,
de nos jours , les partisans de la philosophie moderne , et leurs auxiliaires les jansénistes.

1er alinéa de la page 393.

1. « Il n'y a rien aussi de plus contre-canonique ,
» surtout en France , que le serment d'obéissance
» et de fidélité féodale que nos évêques osent
» encore prêter au pape dans leur consécration ,
» pendant que les deux autorités législative et
» exécutive connivent par leur silence à la con-
» tinuation de ce désordre. »

Le serment que prête l'évêque lors de sa consécration n'est pas un serment féodal , mais le
serment de l'obéissance de l'inférieur à son supérieur , et de remplir tous les devoirs qui lui sont
imposés par sa dignité (Voyez au surplus le Pontifical).

2. « C'est par les contre-canons tolérés que l'ap-

» pel comme d'abus demeure comme changé en
» un simulacre, ainsi que d'autres institutions ou
» garanties non moins nécessaires. »

L'auteur qui a tant blâmé les concordats (voyez
ce mot) appelle aujourd'hui contre-canons ce qui
gêne l'exercice des appels comme d'abus, qui cependant ne pourraient être tolérés qu'en vertu de
ces mêmes concordats ; car enfin on doit reconnaître en principe que l'autorité religieuse est
comme telle indépendante de l'autorité civile ; s'il
en est ainsi, il ne peut appartenir à l'autorité
civile de réformer les actes de la première. Aussi,
dans les premiers siècles de l'Eglise, on ne reconnaissait point les appels comme d'abus ; on appelait de l'évêque au métropolitain, du métropolitain au pape, et jamais l'autorité civile ne s'était
ingérée dans les affaires ecclésiastiques. Les parlements reçurent ensuite ces sortes d'appels, et
Dieu sait comme ils en abusèrent lors des querelles
suscitées par le jansénisme ; et cependant les parlements avaient dans leur sein un certain nombre
de conseillers clercs, et les conseillers lais euxmêmes n'étaient pas, comme sont aujourd'hui les
philosophes, étrangers à toute connaissance théologique.

3e alinéa de la page 393.

1. « Lorsque les contre-canons sont fréquents et
» impunis, c'est que de fait ou de droit on manque de tribunaux séculiers qui les répriment, ou

» même d'un ministère public qui veuille cette
» répression. »

Si des canons de conciles ou des ordonnances
particulières ne se mêlent que d'affaires de religion, les tribunaux séculiers n'ont aucun pouvoir
pour les réprimer, c'est à l'autorité ecclésiastique seule que ce droit pourrait appartenir ;
si ces canons empiètent sur l'autorité civile, nous
avons l'ordre judiciaire dans l'ordre commun, et
le conseil d'état dans l'ordre des appels comme
d'abus ; si enfin des ecclésiastiques fomentaient la
révolte contre l'esprit de l'Evangile et les épîtres
de St.-Paul, nous aurions pour les réprimer l'autorité des cours royales ou de la chambre des pairs;
mais nous ne pouvons nous empêcher de déplorer
avec la plus vive douleur que les partisans de la
liberté des cultes déclament continuellement contre la religion de l'état. On voit souvent le même
auteur se plaindre des persécutions exercées contre
les protestants, et applaudir aux excès commis par
ceux-ci contre les catholiques ; on les voit tonner
contre l'inquisition, et ils sont eux-mêmes les inquisiteurs les plus redoutables et les plus injustes
envers les pasteurs et les fidèles de l'Eglise romaine.
A la vérité ils ne condamnent pas à une réclusion
perpétuelle (car aujourd'hui on ne brûle plus,
même en Espagne), mais ils excitent contre eux le
mépris, la haine et toutes les passions des hommes. Que feraient-ils s'ils étaient les maîtres ? Les
crimes de la révolution doivent nous en avertir.

2. « L'on ne devrait jamais oublier que les con-

» tre-canons causèrent autrefois la guerre de la
» ligue contre le plus aimé de nos rois, et le
» firent en définitive assassiner. »

Ce ne furent ni les canons ni les contre-canons qui formèrent la ligue, ce fut le désir de
défendre le pouvoir légitime d'Henri III contre
la révolte, et la religion catholique contre les
protestants. Plus tard l'ambition des Guise la
dénatura, et sous prétexte de zèle pour la religion
catholique, ils firent assassiner Henri III et firent
la guerre à Henri IV son successeur. On trouve
donc deux époques bien distinctes dans la ligue, la
première en fait une ligue utile à l'état et à la
religion, la seconde un acte de révolte contre un
souverain légitime. Mais, quoique nous ne parta-
gions pas l'opinion des ligueurs qui voulaient exclure Henri IV du trône sous prétexte de religion,
nous demanderons si ce n'est point pour motif de
religion et pour soutenir une religion fausse que
Charles Ier fut décapité, et Jacques II chassé de
ses états ; nous leur demanderons si lorsque pendant plus de trois cents ans on voit les partisans
d'une religion nouvelle en Angleterre, en Suède,
et dans d'autres pays protestants, exclure les catholiques, soit du trône, soit de toute fonction
publique, on doit se borner à blâmer ceux qui
soutiennent la religion catholique sans blâmer l'intolérance des autres.

3. « D'autre part, quand ce sont les contre-lois
» qui se multiplient dans l'état représentatif, c'est
» un grand symptôme de sa dissolution. Alors exa-

» minez les élections des députés, vous trouverez
» que les élections sont maîtrisées, faussées par
» une faction; que la nation est représentée par
» ses ennemis naturels et ardents, en raison in-
» verse de ses intérêts les plus légitimes. »

Oui, lorsque les lois sont contraires à la charte,
à la légitimité et à une liberté bien entendue, ce
sont des contre-lois dirigées contre le corps de la
nation ; mais par qui ces élections sont-elles faussées, quels sont les ennemis naturels et ardents
du peuple français ? Les élections sont faussées par
le comité directeur, qui exclut tout ce qui est
royaliste comme ennemi du peuple, et tout ce
qui est religieux comme jésuite. Mais quels sont les
vrais ennemis de la nation ? Ce sont ces hommes
qui prêchent tout haut l'humanité et qui ne rêvent
que révolution ; ces hommes qui, avec le mot de
tolérance continuellement sous leur plume, déver-
sent le fiel à pleines mains sur les ministres de
la vraie religion ; ces hommes qui font sonner bien
haut les réactions des catholiques contre les protestants, et des royalistes contre les bonapartistes
et les révolutionnaires, et qui ne disent rien ni
des horreurs de la révolution, ni des excès commis par les protestants sur les catholiques. Du
reste il est reconnu que l'élection la plus libre, la
moins influencée, fut celle de 1815, et la chambre qui fut élue à cette époque fut bien loin
d'être dans le goût de nos prétendus philosophes.

COSMOGONIE. — P. 533 — 542. Choppin D'Arnouville.

« Alexandre l'épicurien, qui vivait vers le siècle
» après Jésus-Christ, s'est rapproché de l'opinion
» des Xénophanes, en disant que Dieu n'était pas
» distinct de la matière, que tout était essentielle-
» ment Dieu, que les formes n'étaient que des
» accidents purement imaginaires, sans existence
» réelle, enfin il ne voyait dans tout ce qui existe
» qu'une seule et unique substance. Cette opinion
» eut des partisans parmi les chrétiens du moyen-
» âge, et se propagea même dans l'Orient jusqu'au
» Japon. »

Nous ne contestons point l'existence de l'opinion
bisarre d'Alexandre l'épicurien, mais nous devons
prévenir le lecteur que, si cette opinion fut adoptée
par quelques chrétiens du moyen-âge, elle ne le
fut jamais par l'Eglise, et que, les chrétiens dont
parle l'auteur suivant des sectes d'anciens hérétiques et très-peu éclairés d'ailleurs, on ne peut les
confondre avec les catholiques ennemis de toute
innovation en matière de dogme.

Dernier alinéa de la page 540—541.

1. « Anaxagore, le premier parmi les grecs, en-
» seigna que le monde est l'ouvrage de Dieu; cette
» cosmogonie s'accrédita peu à peu chez ce peu-
» ple, puis chez les romains, qui l'adoptèrent

» généralement, nonobstant les efforts de Lucrèce
» pour introduire la doctrine d'Epicure ; on peut
» voir à ce sujet le commencement des métamor-
» phoses d'Ovide , où on trouve une ressemblance
» frappante avec le premier chapitre de la Genèse. »

Les peuples de la terre , quelque corrompus
qu'ils fussent , avaient conservé des vestiges de
l'ancienne tradition, consignée dans les livres de
Moïse ; ainsi les égyptiens , les perses , les chinois ,
les peuples de l'Inde, ont conservé plus ou moins
la mémoire de la création. M. le vicomte de Chateaubriand cite encore , dans son voyage en Amérique , des croyances des sauvages du Canada , qui
rappellent les mêmes souvenirs. D'où peut venir
cet accord de tous les peuples de la terre sur les
faits consignés dans les livres saints ? Il ne peut
sans doute provenir que de l'existence d'une tige
commune , dont les différentes branches se seront
plus tard séparées.

2. « On a conclu de là , d'après un passage de
» Clément d'Alexandrie , que le Pentateuque était
» connu à Rome et en Grèce avant l'ère vulgaire ;
» ce n'est pas ici le lieu d'examiner cette question ,
» toutefois la connaissance n'en est pas nécessaire ,
» car ces deux cosmogonies parallèles peuvent
» avoir pour origine commune , et, si l'on peut
» le dire , à l'insu l'une de l'autre , des traditions
» qui se perdent dans la nuit des temps. ».

Nous nous abstiendrons de réfuter ce passage ,
puisque, comme le dit l'auteur, une tradition ancienne a pu conserver, chez les peuples idolâtres,

des souvenirs vagues d'une chose plus fidèlement
retenue par le peuple de Dieu.

3. « Au reste l'imitation n'est pas rigoureusement
» impossible de la part des grecs et des romains,
» mais on ne s'avisera pas, je pense, de tirer la
» même induction de l'analogie qu'on remarque
» entre la cosmogonie juive, et celle des indiens,
» exposée dans *les lois de Menou*. Le traducteur qui
» nous a donné un extrait de ces lois dans les
» *Asiatic. researches*, ne sait à laquelle des deux
» accorder la priorité, et se déclare incompétent
» pour juger cette question. Il fallait trouver un
» expédient qui conciliât les droits incontestables
» de la nation indienne à la plus haute antiquité,
» avec les traditions de *la tribu arabe* dont s'est
» formé le peuple juif; on a, en conséquence,
» supposé que Moïse n'était pas le seul homme à
» qui Dieu eût révélé le mystère de la création
» du monde. »

Nous ne disconvenons point que Moïse n'ait
écrit ses livres sous l'influence de l'inspiration divine, qui lui révéla des détails qui pouvaient avoir
été oubliés en partie par les hommes; mais on
doit aussi reconnaître que la tradition s'était conservée plus fidèlement chez les descendants d'Abraham, avec lesquels Dieu avait eu de fréquentes
communications, et qui d'ailleurs avaient observé
plus religieusement la loi gravée au fond de leur
cœur, que les peuples connus sous le nom géné-
rique de *nations*, qui s'étaient livrés inconsidéré-
ment à leurs passions, avaient créé de nouvelles

ivinités , et n'avaient pu par conséquent conserver
ure la tradition des choses révélées à l'homme dès
e commencement du monde.

Les peuples de l'Inde sont très-anciens , nous en
onvenons , leur formation date de peu de temps
après la dispersion des hommes , après la confusion des langues , et peut être considérée comme
contemporaine à la fondation de l'empire des assyriens. Mais l'auteur se trompe lorsqu'il fait descendre les juifs d'une tribu arabe. Abraham était
chaldéen , il fut choisi de Dieu au moment où
l'empire assyrien n'existait point encore , et conduit
par l'esprit divin dans cette terre , qui fut depuis
soumise à l'empire de ses descendants ; Abraham
eut de sa femme Sara un fils appelé Isaac , qui
fut père de Jacob , appelé aussi Israël , d'où les
juifs ont pris le nom d'Israélites. Le même Abraham eut de son esclave Agar un fils nommé Ismaël ,
qui se retira dans le désert , et qui devint le père
des arabes , qui se reconnaissent encore comme
descendants d'Ismaël , et prennent souvent le nom
d'ismaélites.

On voit par ce que nous venons de dire 1° que les
juifs ont conservé l'ancienne tradition pure et sans
tache , et que l'inspiration du St.-Esprit put d'ailleurs suppléer aux connaissances qu'avait Moïse
lui-même ; 2° que , malgré l'antiquité des indiens ,
les juifs , en les faisant remonter à Abraham , ne sont
pas moins anciens ; 3° qu'il est faux que les juifs
descendent d'une tribu arabe ; mais que les arabes
descendent au contraire d'Abraham , reconnu

comme le premier juif, puisque c'est avec lui que
Dieu contracta l'alliance qui fut depuis perpétuée
jusqu'à la mort de Jésus-Christ. Nous conclurons
encore de là, qu'il n'est pas nécessaire que Dieu
ait révélé de nouveau aux peuples de la Chine
et de l'Inde l'histoire de la création, puisque Noé
la connaissait, et que ses descendants dispersés
purent la conserver.

1er alinéa de la page 542.

1. « On voit par cet exposé que les opinions des
» hommes sur la foi de l'univers peuvent, sauf
» quelques nuances, se réduire à trois propositions
» assez simples, qui donnent lieu à autant de ques-
» tions, sur lesquelles ont été et seront toujours
» divisés les investigateurs de ce problème inso-
» luble, *quot capita, tot sensus* ».

Ce problème peut être insoluble pour la philosophie incrédule, mais il ne l'est point pour le
vrai chrétien. Tous les hommes doués de la foi,
depuis la création du monde jusqu'à sa fin, ont
été et seront du même avis ; et, si l'on compte
autant d'opinions que de têtes chez les orgueilleux
philosophes qui s'obstinent à vouloir juger sans
témoins, il n'est qu'une seule opinion chez les
hommes qui reconnaissent la divinité de la religion
et l'authenticité des livres saints ; mais voyons
qu'elles sont ces questions insolubles.

2. « Personne, dit un auteur anglais, ne fut
» témoin de la création du monde ; l'homme,

» suivant le même, n'a donc pu en avoir connais-
» sance que par la révélation. »

Cela est d'autant plus vrai, que l'homme fut la
dernière des créatures créées ; mais la création
put et dut même être révélée au premier homme
dans l'état d'innocence, lorsque Dieu conversait
familièrement avec lui ; et la tradition a dû se
conserver dans les familles fidèles jusqu'à Noë ; et,
après le déluge, elle a pu se maintenir dans sa première pureté jusqu'à Moïse, et avec un mélange
de fables qui l'ont dénaturée chez les peuples de
l'Orient et du reste du monde.

3. « Pour nous, dans notre ignorance, nous
» laissons à de plus habiles la gloire de pénétrer
» ce mystère ; notre intention n'était pas de soule-
» ver le voile dont sont enveloppées ces matières,
» ni de concilier entre elles les fictions contradic-
» toires des philosophes et des poètes, mais de
» rapporter fidèlement les opinions accréditées
» chez les principaux peuples de l'antiquité : *non*
» *nostrum est tantas componere lites.* »

Si l'on s'écarte des livres saints, le mystère dont
parle l'auteur est réellement impénétrable, et
l'histoire du genre humain ne fournit point assez
de matériaux pour résoudre ce grand problème.
Mais l'ordre observé dans les livres saints, leur
style tout à la fois simple et sublime; mais les rapports entre les histoires écrites même par les païens
du monde anciennement connu, et l'histoire de ce
peuple destiné par le tout-puissant à fournir aux
nations des preuves de la bonté et de la miséricorde

de Dieu , et ensuite de sa juste vengeance; mais l'existence même de ce peuple , jeté en quelque sorte au milieu des nations qui le méprisent , le haïssent et le persécutent , tandis que les goths, les vandales , les huns , furent exterminés aussitôt que vaincus, et qu'il n'en reste plus que le souvenir ; toutes ces choses établissent d'une manière irréfragable l'autorité des livres saints , qui résolvent en même temps une foule de problèmes que la philosophie s'obstine à regarder comme insolubles.

4. « Les sources où l'on peut puiser sont la Genèse, » Héziode, Diogène-Laërte, Nonnus de Panopolis, » Eusèbe , Philon le juif , Pline, et Diodore de » Sicile. »

Nous invitons nous-même le lecteur à examiner et à comparer les ouvrages cités dans ce passage, en apportant dans cette comparaison un esprit chrétien, et prémuni contre les erreurs de la philosophie, et nous sommes convaincu que cette étude faite de bonne foi sera tout à l'avantage de la religion.

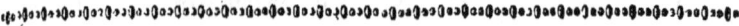

RÉFUTATION

DU NEUVIÈME VOLUME

DE L'ENCYCLOPÉDIE MODERNE.

CRÉATION (*histoire naturelle*). P. 13 — 16. —
BORY DE SAINT-VINCENT.

M. BORY DE SAINT-VINCENT a fait pressentir dans
le grand nombre d'articles que nous avons réfutés ce qu'il dirait au mot *Création*. Le lecteur
connaît sans doute ce qui est consigné à cet égard
dans la Genèse ; mais nous avons la croyance qu'il
ne sera pas fâché de savoir ce que c'est qu'une création philosophique.

Dernier alinéa de la page 13 — 14.

1. « Ce n'est pas sous la multitude des points
» de vue philosophiques dans lesquels se pourrait
» considérer le grand acte de la PUISSANCE ÉTER-
» NELLE désigné sous ce nom, qu'il en doit être
» question par rapport aux sciences naturelles.
» Dans notre *Dictionnaire classique* (t. v, p. 40),

» nous en avons esquissé l'histoire, relativement
» à l'introduction successive dans l'univers des êtres
» organisés. »

Ce n'est point par des conjectures plus ou moins
dénuées de fondement que l'on peut faire l'histoire
de la création. Si Dieu ne nous eût pas révélé
comment le monde a été créé, la discussion serait
sans doute entièrement libre, et les divers systèmes
des philosophes peuvent nous faire conjecturer
ce que nous pourrions découvrir. Mais d'un côté
Dieu est tout puissant; il a créé l'homme dans un
âge parfait, entre la jeunesse et l'âge mûr; les
arbres ont été créés avec leurs fruits, la mer avec
ses poissons, l'air avec ses oiseaux, et, si l'homme
n'a été mis au jour que le dernier, c'est parce que
Dieu a voulu lui marquer une place distinguée dans
l'ordre de ses ouvrages. Il a donc pu donner l'existence à la terre et aux rocs qu'elle contient, avec
les marques d'antiquité qu'on leur suppose; mais
en admettant ce système, que M. le vicomte de
Chateaubriand a très-judicieusement émis dans son
Génie du christianisme, nous ne le regardons cependant pas comme exclusif. Tout fait présumer
que cette apparence d'antiquité n'est qu'illusoire,
et que tous les effets signalés par les naturalistes
sont dus au déluge. (V. le mot *Animaux fossiles*).

On trouvera au même mot *Animaux fossiles* la
réfutation de l'opinion de M. Bory de St.-Vincent,
qui prétend que les animaux ont été introduits
successivement dans l'univers.

2. « Nous avons examiné si tous ces êtres !

» durent apparaître à la fois, et si la puissance
» créatrice, fatiguée d'engendrer, brisa ses moules.
» pour demeurer toujours stationnaire après avoir
» produit le genre humain. »

Ces êtres y parurent dans l'ordre assigné par la
Genèse ; et, quoique Dieu ne puisse être fatigué,
il se reposa lorsqu'il eut créé son dernier ouvrage
L'HOMME.

Comme l'on rapetisse l'Ecriture-Sainte, lorsque
l'on emploie pour parler des choses consignées dans
le livre divin des figures tirées du langage de
l'homme ! Dieu créa tout de rien ; il n'eut donc
pas besoin de moules comme nos artistes, et il se
reposa le septième jour, sans qu'il fût nécessaire
qu'il brisât ses moules qui n'existaient point.

3. P. 14. « Il n'en pourrait donc être question
» ici que *supplémentairement*, et pour examiner
» si les corps, soit qu'ils végètent, soit qu'ils vivent,
» furent créés du premier jet, tels que nous les
» voyons sur le globe, ou s'ils furent le résultat
» d'une expérience accrue, que ses propres cures
» complétaient chez l'auteur de la nature. »

Tout est possible à Dieu qui est immuable, et
qui de toute éternité a porté en lui le plan du
monde qu'il a créé ; c'est un blasphème de supposer qu'il lui a été nécessaire de tâtonner et
d'essayer comme les artisans mortels. S'il est immuable, s'il est *omniscient* et tout-puissant, il a dû
créer chaque ordre de créatures à sa place, sans
qu'il lui fût nécessaire d'expérimenter l'utilité de
l'une avant de passer à une autre. Voilà ce que

c'est que la philosophie. Les chrétiens ont vu dans la diversité des œuvres de Dieu un motif de plus pour glorifier sa puissance, *Deus creavit* (dit un père de l'Eglise) *in cælo angelos, et in terra vermiculos nec major in illis, nec minor in istis*. M. Bory de St.-Vincent ne voit dans le créateur de l'univers qu'un apprenti qui n'est parvenu qu'à force d'étude à créer un être tel que l'homme, qu'il met cependant quelquefois au-dessous des abeilles et des fourmis.

4. « Nous démontrerons incessamment dans un » essai sur *l'histoire de la création*, combien cette » dernière idée, dont on ne peut aborder la défense » sans entrer dans de longs détails que ne com- » porte pas le cadre d'un simple article, nous » démontrerons combien cette idée reçoit un appui » victorieux du texte même des livres où l'on pré- » tendrait trouver une autorité pour l'attaquer. »

Nous n'avons entrepris d'autre réfutation que celle des erreurs contenues dans l'encyclopédie moderne, et nous ignorons si la divine Providence nous accordera le temps d'examiner l'ouvrage qu'annonce ici M. Bory de St.-Vincent, et beaucoup d'autres qui ont déjà paru, ou qui pourront sortir de sa plume éloquente, mais dangereuse. Cependant je dois le dire ici avec douleur, ces ouvrages, où sous le miel de la science la philosophie cache, je ne dirai pas l'amertume, mais le poison de l'incrédulité et de l'irréligion, sont très-dangereux pour la jeunesse studieuse, et nous émettons le vœu que quelque savant religieux, et parfaitement instruit de l'histoire naturelle , réfute les fausses opinions de ce philosophe enthousiaste de l'erreur et de l'incrédulité.

5. « Il suffira de faire remarquer ici que les
» créatures vivantes sans exception , et l'homme
» autant que la chenille et le papillon , sont des
» preuves de cette subordination des parties cons-
» titutives qui , par un enchaînement de métamor-
» phoses , doivent être successivement ajoutées les
» unes aux autres , pour conduire chacune de ces
» créatures vers leur fin. »

Nous ne prétendons point nier l'accroissement et les métamorphoses successives des parties constitutives de notre corps , qui d'abord nous étant étrangères s'identifient avec nous , et qui ensuite s'écoulant par la transpiration , par la croissance des ongles et des cheveux, cessent de faire partie de nous-même ; mais poursuivons.

6. « Ainsi le fœtus de cet orgueilleux mammifère
» qui se qualifie de roi de la nature n'est d'abord
» qu'un grain presque imperceptible dans l'ovaire
» maternel, auquel, selon M. Dumas, un zoosperme,
» animalcule invisible, apporte l'existence..... pour
» devenir ensuite un système nerveux. »

Oui cet homme qui n'est presque rien dans le sein de sa mère, qui ne vient à la vie que pour souffrir , cet animalcule qui n'était rien peu de temps avant qu'il ne fût appelé à la vie , est cependant le roi de la nature.

7. » Nous ne garantissons pas l'authenticité de
» cette introduction , mais de celle où le zoos-

» perme se trouvant jouer un rôle quelconque date
» *l'instant* mystérieux d'une véritable création pour
» l'homme , comme pour tout autre animal. »

Nous ne prétendons pas contester cette création
individuelle opérée cependant , du moins quant
au corps , suivant les lois établies par la sagesse et
la puissance éternelle lors de la création universelle.

8. « Cependant quelle distance immense sépare
» encore l'avorton conçu du diadème auquel il
» osera prétendre. »

Sans doute la distance est immense ; mais c'est
cependant à ceindre ce diadème qu'il est destiné
par la bonté et la toute-puissance de Dieu.

9. « Pour marcher un jour à la tête des légions
» organisées , il faudra que sa carcasse cartilagi-
» neuse devienne un squelette solide par l'intro-
» duction d'une substance minérale ; pour com-
» mander , il faudra qu'un encéphale pulpeux se
» développe en replis dans une boîte osseuse.»

Il faudra bien plus , puisque les chiens et les
chats qui ne commandent pas possèdent *cet encéphale pulpeux développé en replis dans une boîte
osseuse*. Il faudra que Dieu unisse à son corps une
âme raisonnable , et que cette âme soit éclairée
par l'étude et fortifiée par le courage.

10. P. 15. « Enfin , pour le développement de
» ces choses, il faudra principalement qu'un estomac,
» à qui tout sera soumis, puisse servir de laboratoire
» chymique dans la machine. »

Il est vrai que sans estomac l'homme ne saurait

vivre ; mais ce n'est pas l'estomac qui le distingue des purs animaux , c'est son âme raisonnable.

11. « Ces divers éléments ne se développeront pas
» à la fois ; ces temps où les Prométhée animaient
» des statues de boue avec le feu d'une férule ,
» et les Pygmalion des statues de marbre avec
» une oraison à quelque divinité sont à jamais
» passés. »

Cela est vrai : il faut du temps , et un temps très-long , avant que l'homme soit arrivé à l'état de perfection dont il est susceptible. Les temps des Prométhée et des Pygmalion ne sont point passés, ils n'ont jamais existé. Mais ces fables , conservées parmi les païens , peuvent être considérées comme des restes de la tradition concernant la création , le déluge , et le renouvellement de la race humaine , par le moyen de Noë conservé dans l'arche.

12. « Pour qu'un être vive , il faut que toutes
» les conditions vitales s'y soient développées, cha-
» cune à leur tour , dans certaines proportions , et
» selon les besoins de chaque âge. »

Ceci est vrai , mais voyons ce qui suit.

13. « Elles y sont comme des créations partielles
» ajoutées les unes aux autres par une force merveil-
» leuse toujours agissante, et les créatures vivantes
» sont à cet égard des images du monde lui même ,
» lequel dut commencer par un état d'enfance, où
» les eaux l'environnaient, ainsi que celles de l'am-
» nios dans les ténèbres du sein qui nous porta. »

Le monde a commencé , comme le dit la Génèse,

et toutes les hypothèses et toutes les suppositions
des naturalistes ne peuvent rien contre les livres
de Moïse. C'est au commencement que Dieu a créé
le monde en six jours , et la toute-puissance de
Dieu, en supposant que dans l'ordre commun cet
état d'enfance et de croissance ait été nécessaire,
a pu le lui faire obtenir pendant le plus court
délai , et même l'en affranchir entièrement, comme
il en affranchit le premier homme et la première
femme.

14. « Les productions des eaux durent donc,
» ainsi que nous l'avons dit ailleurs , précéder celles
» d'une terre que submergerait un océan sans rivages.
» Les végétaux purent plus tard , seulement quand
» cette terre fût inondée et suffisamment desséchée,
» parer son étendue primitivement fangeuse. »

Ceci est vrai : et voici comment s'exprime la
Genèse à cet égard.

« *Dixit verò Deus congregentur aquæ quæ sub
cælo sunt in locum unum et appareat arida ; et
factum est ita, et vocavit Deus aridam terram :
congregationesque aquarum appellavit maria. Et
vidit Deus quod esset bonum et ait : germinet
terra herbam virentem et facientem semen, et
lignum pomiferum, faciens fructum juxta genus
suum, cujus semen in semetipso sit super terram :
et factum est ita, et protulit terra herbam virentem , etc..... Et vidit Deus quod esset bonum : et
factum est vesperè et manè dies tertius.* »

15. « Les animaux herbivores les y suivirent dans
» le pompeux cortége des existences perfection-

» nées ; les espèces sanguinaires vinrent à leur tour,
» l'homme apparut enfin , et , dans son orgueil ,
» imagina que l'univers était achevé. »

Lorsque l'homme fut créé, il n'était point orgueilleux. Il crut ce que Dieu lui révéla avec la soumission que la créature doit à son créateur , et
ce Dieu ne le créa le dernier que pour lui donner
un royaume achevé, un royaume orné de toutes
les beautés de la nature ; mais la philosophie bien
plus orgueilleuse abjure ce royaume de la terre
que Dieu a donné à l'homme , pour se dispenser
de la soumission et de la reconnaissance envers le
créateur. Le philosophe ne veut pas être roi de la
nature, parce qu'il ne veut pas être sous la dépendance de Dieu : *Liberté* , *égalité* , voilà le système
de l'humaine raison.

16. « Cependant il devait encore éclore d'innom-
» brables séries de créatures organisées qui , vivant
» aux dépens des créatures déprédatrices même,
» et habitant la propre substance de celles-ci, n'au-
» raient pu se développer, si les corps qu'ils dévo-
» rent vivants n'eussent vécu précédemment , et
» comme pour leur fournir une curée. »

Ceci ne prouve point que l'homme ne soit point
le dernier être créé ; si l'on suit le système de nos
philosophes sur l'antiquité du monde avant la création de l'homme, système que Buffon a cherché
à accorder avec la Genèse, les vers et les autres
animaux parasites ont certainement eu le temps
de se former avant la création d'Adam et d'Eve ;
mais nous n'avons pas besoin de suivre ce système

pour reconnaître que ces animaux ont été créés
avant l'homme. Dieu a pu répandre dans l'air et
dans les corps solides des germes habiles à se
développer selon telles conditions, et dans telles
circonstances.

17. P. 15 et 16. — « Ainsi la création qui, passant
» du simple au compliqué, s'était élevée du monde
» au genre humain, se terminait par des séries,
» non moins simples dans leur organisation que
» celles par où tout avait commencé, comme si,
» dans la totalité de ce qui la compose, la nature
» s'était plu à se renfermer dans ce vaste cercle. »

Nous avons répondu à ce passage dans nos précédentes observations. Mais combien le lecteur a
dû être péniblement affecté en voyant, dans la notice
entière de M. Bory de St.-Vincent, une création
philosophique, substituée à celle que les livres saints
rapportent avec une sublime simplicité. Ce n'est
plus Dieu, l'être des êtres, qui ordonne au néant
de cesser, et au monde de se montrer dans les
espaces. Ce n'est plus ce sage législateur qui, après
avoir créé la matière, en tire successivement dans
un court intervalle les diverses créatures qui doivent
l'orner et la remplir ; c'est la nature, être sans
intelligence, qui se plaît à se renfermer dans un
cercle, ou un architecte impuissant ou peu habile
qui essaie ses forces, va du simple au composé,
et ne passe à un ouvrage plus parfait que lorsqu'il
a fait l'expérience de ses progrès dans l'art qu'il
cultive. Philosophes, que vous êtes petits avec vos
systèmes ! Combien est préférable la vérité confirmée

avec simplicité dans les écrits du législateur des hébreux !

CRÉDIT (*économique politique*). P. 16 — 28. — J.-P. PAGÈS.

4e alinéa de la page 416.

1. « Ce crédit mesquin et peu honorable qui
» vient de la terre et non de l'homme , qui prend
» sa source dans la richesse et non dans la moralité
» de l'emprunteur , est celui de la noblesse , et de
» tous les *possedenti* qui vivent noblement , c'est-
» à-dire sans rien faire. »

Oui les *possedenti* ne font point banqueroute,
leurs biens paient toujours leurs dettes.

2. « Il n'est qu'un crédit au-dessous du leur ; celui
» des fils de famille et des prodigues, empruntant
» pour dépenser : on ennoblit celui-ci du nom
» de crédit usuraire, il déshonore même le titre
» qu'il usurpe. »

Il est encore un crédit plus honteux relativement à celui qui en est l'objet , et qui mérite peut-
être à plus juste titre le nom de crédit usuraire,
et cependant ce crédit repose sur une espèce de
confiance , c'est celui qui est accordé à des usuriers de profession , qui empruntent à un taux plus
ou moins élevé, et qui ajoutent un droit de commission , et une agmentation plus ou moins forte,
à l'intérêt qu'ils exigent des malheureux auxquels
ils prêtent. Un usurier qui a emprunté à usure pour

ruiner un malheureux propriétaire , obligé ainsi
de payer un intérêt ajouté à un intérêt exhorbitant , est à mon avis bien plus méprisable qu'un
fils de famille entraîné par la violence de ses passions, et qui se ruine pour les satisfaire. Le dernier est fortement à plaindre et moins blâmable
que celui qui lui prête. Le premier est un vam-
pire qui, non content d'employer ses propres fonds
à consommer la ruine d'une foule d'honnêtes cultivateurs , spécule encore sur la misère, je ne
dirai pas des nobles , je ne dirai pas des grands
propriétaires , mais des malheureux cultivateurs qui
se voient enlever d'abord le prix de leur sueur,
et qui ne peuvent malgré leurs pénibles travaux
sauver leurs champs paternels de l'expropriation,
poursuivie enfin par les usuriers. Sans doute le
crédit fondé sur la probité serait le plus honorable , mais malheureusement dans le siècle où nous
vivons le crédit fondé sur la probité est très-rare
et très-petit, et, à parler franchement , le crédit
hypothécaire est toujours le plus honorable.

1er alinéa de la page 18—19.

1. « Les cortès espagnoles empruntaient loyale-
» ment pour fonder la liberté ; l'Espagne a par-
» juré leurs promesses ; les régences de la Pénin-
» sule empruntèrent pour rétablir le despotisme,
» et, pour qu'il puisse vivre, ce despotisme sera
» forcé de remplir leurs engagements. »
Les cortès espagnoles empruntent pour se pro-

urer les moyens de changer le gouvernement
établi, pour révolutionner l'Espagne, pour renouveler dans la Péninsule les horreurs de la France
de 93 ; et l'Espagne qui n'approuvait ni leurs projets,
ni les moyens qu'ils employaient, refuse de payer
une pareille dette. Elle fait très-bien, tant pis
pour les prêteurs ; et, puisque ceux-ci calculaient
sur la rentrée de leurs fonds, ils devaient mieux
prévoir les chances de succès ; ils ne sont point à
plaindre, il serait même à désirer que de pareils
prêteurs fussent tous ruinés ; peut-être qu'alors
les rêveurs de liberté, les fabricants de révolutions,
ne trouveraient plus de complices à argent, et ne
tenteraient plus l'exécution de projets incendiaires
sur les croyances de l'Europe.

Les régences de la Péninsule empruntèrent
pour rétablir le gouvernement légitime que notre
auteur appelle despotisme, et ce gouvernement a
bien voulu se charger d'acquitter les dettes con-
tractées en sa faveur ; il n'a pas besoin d'y être
contraint par son propre intérêt, la justice lui en
fait un devoir, tandis qu'il ne doit que du mépris
aux prêteurs malavisés qui avaient fourni leurs
fonds pour contribuer à le renverser.

2. P. 19. — « Pour tout dire en un mot, la dé-
» fiance qu'inspirent nos vieilles monarchies tient
» à leur propre organisation, celle qu'éprouvent
» ces jeunes républiques naît des circonstances
» indépendantes de leurs constitutions. »

Les vieilles monarchies sont loin d'inspirer de
la défiance ; leur constitution d'une antiquité

reculée atteste leur solidité, et leur procure le
crédit nécessaire à leur gouvernement; mais si
l'anarchie se réveille, si les novateurs sont assez
puissants pour exciter des troubles, la confiance
cesse, il est vrai, dans les âmes pusillanimes et
peu affectionnées, mais elle ne cesse que par
l'effet d'une cause extérieure, celle du danger
des révolutions.

La défiance qu'éprouvent les jeunes républiques
naît de ce sentiment de justice qui repousse
toute révolution, et qui considère long-temps les
gouvernemens abolis comme les seuls légitimes,
quelque tyranniques qu'il eussent été auparavant.

1er alinéa de la page 22.

1. « Ainsi le crédit se perd lorsqu'on refuse de
» remplir ses engagements à heure fixe, ou qu'on
» dénature de mauvaise foi ceux qu'on devait croire
» loyalement contractés. »

Ceci est vrai, mais ce qui suit n'en est pas une
conséquence juste.

2. « Ferdinand a perdu le sien pour n'avoir
» pas reconnu, sous la tutelle des moines, les
» promesses qu'il avait faites sous l'ascendant des
» cortès, comme un simple citoyen perdrait toute
» confiance, s'il abdiquait sa signature par le vain
» prétexte qu'elle fut donnée sous l'empire d'évé-
» nements malheureux. »

Ferdinand n'était pas plus obligé d'acquitter les
dettes des cortès, qu'un honnête homme n'est obligé

d'acquitter un billet que des brigands l'auront contraint de signer en lui mettant le pistolet sur la
gorge. Pourquoi les cortès empruntaient-elles ? C'était
pour avoir plus de moyens de diminuer la puissance légitime du roi, de le forcer à faire toutes
leurs volontés, pour le traîner de ville en ville
jusqu'à l'extrémité de l'Espagne. Le roi, affranchi
de la tyrannie des cortès, a donc dû se soustraire
aux obligations que ces perturbateurs de la tranquillité de l'Espagne lui avaient fait contracter.

Il n'en est pas de même de l'emprunt fait par
les royalistes. Ceux-ci défendaient la cause sacrée
de la légitimité, et, avec le secours d'une armée
commandée par un héros descendant de St. Louis,
ils ont enfin délivré le roi de la servitude des
descamisados. Ferdinand a donc dû faire sa dette de
celle qui avait été contractée par ses fidèles sujets,
et cette dette, si décriée par les prétendus libéraux,
inspire de jour en jour plus de confiance.

CRIME (*législation*). P. 34 — 48. — Le comte
BERLIER.

Dernier alinéa de la page 37.

« Chercherons-nous maintenant des exemples
» chez des états contemporains du nôtre ? Nous
» verrons que plusieurs admettent la polygamie,
» qui en soi n'est pas un crime, et ne l'est devenue
» chez nous qu'à raison de son incompatibilité avec
» nos institutions civiles. »

22

Dès l'origine du monde, Dieu créa un seul homme et une seule femme, et ce ne fut qu'après le déluge que Dieu permit la polygamie pour augmenter la population de la terre ; et il est à présumer qu'alors les femmes naquirent en plus grand nombre que les hommes, car sans cela la polygamie n'aurait pas atteint le but désiré.

Cet ordre de choses subsista jusqu'à la venue de Jésus-Christ, qui dans son Evangile défend positivement non-seulement la polygamie, mais le divorce. Ainsi ce n'est pas parce que la constitution de l'état s'oppose à ce qu'un mari épouse plusieurs femmes que la polygamie est un crime parmi nous, c'est parce qu'elle est défendue par l'Evangile, c'est parce que, dans un temps où les deux sexes viennent au monde en nombre égal, elle serait contraire au droit naturel, elle serait une injustice.

3e alinéa de la page 42.

1. « Quel législateur par exemple oserait, dans » l'état actuel de nos lumières, entreprendre de » faire revivre ce crime absurde et chimérique » de *chimie* et de *sorcellerie*, qui pourtant coûta la » vie au malheureux urbain Grandier (1), et à

---

(1) L'infâme plutôt que *malheureux* urbain Grandier, quand il n'aurait pas été convaincu de magie, ce qui paraîtra cependant assez bien prouvé à tout homme impartial, aurait mérité pour ses autres crimes le supplice auquel il fut condamné.   G. A.

» tant d'autres victimes de la cruauté aidée par
» la superstition de nos pères. Si l'on voit encore
» aujourd'hui des hommes qui, se disant doués
» de la faculté de lire dans l'avenir, abusent de
» la crédulité des simples, il suffit de poursuivre
» et de punir en eux des *escrocs*, dont la race n'est
» malheureusement pas éteinte, mais non des sor-
» ciers, puisqu'il n'en existe pas dans la nature. »

Je conviens avec l'auteur qu'il fut un temps où
l'on voyait partout des sorciers et des magiciens,
et qu'un grand nombre d'innocents furent victimes
des soupçons qui s'étaient élevés contre eux, et je
pense comme lui que tout individu se disant
sorcier, qui extorque tout ou partie de la fortune
d'autrui, doit être condamné comme escroc et puni
correctionnellement. Je pense aussi que si cet individu, par suite de l'illusion qu'il répand sur quelques personnes, les porte à commettre quelque
crime, il doit être réputé complice des crimes
que cette illusion fait commettre. Nous voilà d'accord sur les conclusions, mais non sur la question, qui consiste à savoir s'il existe ou s'il peut
exister des magiciens ou sorciers dans le monde.

Et d'abord il est certain qu'il en a existé. L'ancien testament rapporte une foule de faits desquels il résulte que certains hommes consultaient
les démons, et faisaient par leur moyen des choses
extraordinaires ; les magiciens de Pharaon chan-
gèrent leurs baguettes en serpents, la pythonisse
fit apparaître devant Saül l'ombre de Samuël.
Dans l'histoire ecclésiastique nous lisons que Simon

le magicien avait le don de marcher en l'air, et qu'il fut précipité par l'effet des prières de St. Pierre. La même histoire attribue à Apollonius de Thiane des choses merveilleuses, et qui n'ont pu être faites qu'avec le secours des démons.

Je ne parlerai point des temps intermédiaires, parce qu'on pourrait peut-être *dans notre siècle de lumières* accuser de crédulité nos bons ancêtres, qui tout bonnement ont cru aux sorciers ; mais nos pères n'étaient pourtant pas si imbécilles qu'on le suppose aujourd'hui. Ils n'étaient point aussi polis que nous, les sciences naturelles n'avaient point fait les progrès qu'elles ont fait de nos jours; mais ils y voyaient, et les livres de jurisprudence et de théologie sont pleins de faits extraordinaires qui n'auraient pu arriver par le seul secours des causes naturelles, de sorte que nous pouvons croire, sans crainte de passer pour crédules ou superstitieux, qu'il a existé des magiciens dans le moyen-âge.

Mais peut-il en exister et en existe-t-il effectivement aujourd'hui ? Voilà une question double dont la première partie doit sans doute être résolue affirmativement, à moins que l'on ne prétende que nous sommes dans la période de mille ans pendant lesquels, d'après l'apocalypse, Satan doit demeurer enchaîné au fond du puits de l'abîme; mais si les hommes sont aussi dépravés qu'autrefois, si la plupart d'entre eux, bien loin de se distinguer de leurs ancêtres par une religion plus éclairée, ont substitué à la religion catholique

une indifférence sceptique et une philosophie des-
tructive de toute religion, on devra reconnaître qu'il
peut encore exister des magiciens et des sorciers.

Cependant on n'en voit point, les lumières de
la raison répandues à grands rayons sur la terre ne
laissent plus voir dans les prétendus sorciers que des
physiciens plus ou moins habiles, que de plus ou
moins adroits escamoteurs. Voilà ce que disent les
philosophes du jour contre l'existence des sorciers; mais pour nous qui ne nous laissons point
intimider par les mauvaises plaisanteries des prétendus esprits forts, nous qui, écrivant pour la défense de la religion catholique, foulons aux pieds
les préjugés de l'incrédulité, nous qui, dans notre
soumission à l'autorité de l'Eglise, conservons la
liberté de penser dont voudrait aujourd'hui nous
priver la philosophie, nous disons qu'il est aujour-
d'hui peu de sorciers, mais que tout porte à croire
qu'il en existe encore. S'ils sont plus rares qu'autrefois, c'est à la philosophie moderne qu'on en
doit la disparition, et en cela elle aurait produit
un bien sur la terre, si les maux qu'elle a causés
elle-même à la religion et à l'humanité n'étaient
beaucoup plus graves et en plus grand nombre que
ceux qu'auraient pu causer quelques malheureux,
assez insensés pour implorer l'esprit de ténèbres.
On ne voit plus de sorciers dans les pays civilisés,
quoiqu'il y en ait sans doute encore parmi les
sauvages. Pourquoi cela ? C'est parce que chez un
peuple simple et ignorant, même chez un peuple
religieux, l'ennemi de Dieu porte l'esprit de

l'homme vers la superstition, il cherche à le dé-
tourner du culte honorable de la divinité pour
l'induire à de vaines cérémonies qui s'adressent
à lui directement ou indirectement; et, pour mieux
l'engager à lui rendre ces hommages aussi ridicules
qu'impies, il lui donne le pouvoir de faire des
choses supérieures à la nature humaine. Dans un
siècle de philosophie, dans un siècle d'incrédulité,
il fait plus de victimes en propageant les nouvelles doctrines qu'en s'attirant les hommages de quelques hommes ; enfin l'apparition des sorciers prouverait l'existence des anges rebelles ; et une des
ruses du démon secondé par la philosophie est
de faire regarder leur existence commme une
chimère.

Dernier alinéa de la page 42 — 43.

« Autre exemple : Quel législateur oserait au-
» jourd'hui rallumer les bûchers pour punir l'émis-
» sion de quelques opinions religieuses qu'on pré-
» tendrait suspectes d'*hérésie* ? A la vérité il
» n'existe encore que trop de ces hommes à qui
» pourraient complaire même des dragonnades et
» des *St. Barthélemy*, mais le corps de la nature
» est loin de penser comme eux : la majorité
» immense de cette nation n'est ni fanatique, ni
» hypocrite ; elle n'est que religieuse et tolérante.»
Aujourd'hui que la douceur de l'Evangile est
passée des prêtres du Seigneur chez les rois et les
puissants de la terre, on reconnaît que ce n'est

point par des supplices, mais par la persuasion,
que l'on peut convertir les hommes, et voilà sans
doute pourquoi aucun législateur ne s'aviserait de
réprimer l'hérésie par des bûchers. J'ignore s'il
existe des hommes qui voulussent voir renouveler les horreurs de la St. Barthélemy ; s'il en est,
je les plains de tout mon cœur ; ils ne sont pas
dans la voie de la douceur tracée par le divin
auteur de notre religion. J'ai dit ailleurs ce que
furent les dragonnades, une simple garnison chez
un peuple révolté, pour le porter à la soumission,
et non une exécution militaire, comme on voudrait
le faire entendre. Je dirai encore que le corps de
la nation est tolérant, mais que les plus tolérants
sont ces catholiques romains, ces missionnaires,
ces jésuites, que la philosophie du jour voudrait
faire soupçonner d'avoir des opinions ultramontaines et intolérantes. Quant à la douceur des
jésuites, j'en appelle à M. Dupin, qui leur en
a plus voulu de leur douceur que de leur prétendue intolérance.

2e alinéa de la page 48.

« De ces deux codes (le code pénal et le code
» d'instruction criminelle, en y ajoutant quelques
» *lois de circonstance* qui ne les ont certainement
» pas améliorés, les lois de tendance et de sacri-
» lége) se compose notre législation pénale tout en-
» tière, et il est aisé de prévoir, dans la disposition
» actuelle des esprits, que, si ces codes étaient sou-

» mis à une révision , ils auraient à répondre à des
» adversaires de deux classes fort différentes, et
» fort opposées entre elles. »

Nous convenons que les nouvelles lois n'ont guère
amélioré nos codes , parce qu'elles sont demeurées
imparfaites , elles n'ont fait que des mécontents
dans tous les partis ; mais il faut convenir aussi que
nos codes auraient besoin d'une sage révision. Le
code civil a déjà éprouvé quelques améliorations
par l'abolition du divorce ; mais, au lieu d'un droit
fixe d'aînesse que voulait le ministère de M. de
Villèle, on aurait dû porter la portion disponible
au tiers dans tous les cas. Elle est trop forte fixée
à la moitié lorsque le père veut avantager un
étranger au préjudice de son enfant ; elle est trop
faible fixée au quart pour un père qui tient à conserver le lustre de sa maison.

Le code de procédure civile aurait besoin d'être
revu , notamment en ce qui concerne la contrainte
par corps.

Le code pénal contient une foule de dispositions
qu'il serait essentiel de réformer : la peine contre
l'incendie est trop forte lorsqu'il n'a détruit
qu'une grange inhabitée ou une meule de grains.
Le crime de la fausse monnaie est puni de mort,
mais la peine est beaucoup trop grave. Les travaux
forcés à perpétuité pour la falsification des monnaies d'or ou des billets de banque ; les travaux
forcés à temps pour la falsification des monnaies
d'argent , et la réclusion pour celle de la monnaie
de billon , seraient des peines plus proportionnées

aux crimes , qui seraient d'ailleurs d'autant plus
rares , que les coupables seraient toujours atteints.

CROCODILE Crocodilus (*histoire naturelle*).
P. 81 — 107. — Bory de Saint-Vincent.

Dernier alinéa de la page 94 — 95.

1. « Le chamsès était autrefois commun jusques
» dans le Delta ; aujourd'hui il faut beaucoup re-
» monter le Nil pour le rencontrer , ce qui prouve
» que les régions qu'arrose ce fleuve , maintenant
» beaucoup moins peuplées qu'elles l'ont été , et
» surtout qu'elles pourraient l'être , ne le furent
» cependant jamais autant qu'on l'a prétendu.
» En dépit du respect que purent avoir pour les
» crocodiles des peuples superstitieux , il n'est pas
» croyable qu'on les eût laissé se multiplier au
» point qu'aux environs d'Ambos et d'Arsinoë , il
» y eût du danger à se laver les mains dans la
» rivière. »

Ce sont des faits qu'atteste l'histoire ancienne ,
et que l'on ne peut révoquer en doute sans faire
profession de pyrrhonisme. On sait que les égyptiens adoraient les crocodiles , que celui qui en
aurait tué un seul aurait été puni de mort comme
un sacrilège ; rien d'étonnant alors qu'il fût dangereux de se laver dans les rivières où ils étaient
établis. (Voyez *l'Histoire générale* de Millot,
tom. 1 , pag. 74).

2. « Quel que fût son respect héraldique pour
» les ours qu'elle nourrissait dans les fosses de sa
» capitale, l'aristocratique république de Berne
» n'en faisait pas moins donner la chasse aux autres,
» ours de son territoire. »

Les bernois avaient des ours pour armes, comme
les anglais ont des léopards, et la France des fleurs
de lis ; mais les suisses, les anglais et les français,
n'ont jamais adoré les ours, les léopards et les lis,
comme les égyptiens adoraient les crocodiles, les
ibis, les chats et les oignons.

3. « Les crocodiles et les ours, comme tous les
» animaux de proie dangereux ou incommodes pour
» l'homme, deviennent nécessairement rares, et
» finissent même par disparaître partout où notre
» espèce affermit sa domination. »

Cela est vrai dans l'ordre commun ; mais si
l'homme favorise lui-même la multiplication de ces
animaux, surtout s'il regarde comme un sacrilége
de leur faire du mal, bien loin de disparaître, ils
se multiplient en raison directe de la protection
qui leur est accordée. On connaît au sud de l'Afrique une espèce de serpent qui a retenu le nom de
serpent Fétiche, du culte que lui rendent les nègres.
Heureusement ce serpent n'est point vénimeux,
mais il est d'une incommodité telle, qu'il fait souvent ses petits sur la couche des nègres ; qu'il souille
de sa vilaine présence les tables, les sièges et jusqu'aux aliments de ses hôtes. On ne lui fait aucun
mal, aussi est-il plus multiplié que ne le sont chez
nous les animaux domestiques.

1er alinéa de la page 95.

1. « Malgré la forte odeur de musc qu'ils répan-
» dent, les habitants des rivages qu'ils fréquentent
» aujourd'hui en recherchent la chair , ainsi que le
» faisaient les anciens habitants d'Éléphantine, où
» cependant on élevait des temples aux crocodiles.
» On voit par cet exemple que l'idée de manger
» des dieux , comme tant d'autres singularités hu-
» maines , s'est rencontrée chez plus d'un peuple ,
» et n'est pas une nouveauté dans l'histoire des
» religions. »

Ce n'est qu'avec la plus grande répugnance que
nous nous sommes vu forcé de transcrire un passage
comme celui que l'on vient de lire. Quelle comparaison choquante ! Quelle irrévérence envers la
religion ! En vérité M. Bory de St.-Vincent abuse
de la liberté de la presse.

3e alinéa de la page 101.

« Le crocodilus *galeatus* qui n'est connu que
» par la figure et la description qu'en ont données
» des missionnaires jésuites , auxquels M. Cuvier
» semble accorder plus de confiance que notre dic-
» tionnaire classique d'histoire naturelle.... »

J'avoue que je partage l'opinion de M. Cuvier.
Les jésuites étaient instruits , et avaient vu ce qu'ils
décrivaient.

1er alinéa de la page 104.

1. « § IV. Crocodiles fossiles. Les crocodiles sont
» des animaux antiques sur le globe, ils y précé-
» dèrent évidemment l'homme, et sans doute pres-
» que tous les mammifères. »

Pour ce qui concerne cette prétendue antiquité
du globe, voyez le mot *Animaux fossilles*, 1er
volume de cet ouvrage.

CROISADES. P. 107 — 137. — THOURET.

4e alinéa de la page 107.

« Dès les premiers temps de l'Eglise, les chré-
» tiens allaient visiter tous les lieux que le divin
» rédempteur avait sanctifiés par sa présence. On
» adorait jusqu'à la poussière de la Palestine, on
» en faisait des envois dans les diverses contrées
» de l'Europe, et celui qui en possédait quelques
» grains n'avait plus à redouter la malice du diable. »

Voilà des inepties qu'il est inutile de réfuter :
tout le monde sait que les chrétiens n'ont jamais
adoré la poussière de la Palestine. Cependant il y
a un culte d'adoration *relatif* qui se rend à la croix,
aux images de Notre-Seigneur Jésus-Christ, et qui
peut en quelque sorte se rendre à la poussière de
son tombeau. Si c'est une pareille adoration que
l'auteur veut tourner en ridicule, on ne peut laisser
passer une ironie aussi déplacée.

Dernier alinéa de la page 107 — 108.

1. « Au 4e siècle, on publia que la croix sur la-
» quelle Jésus-Christ avait répandu son sang pour
» le salut du genre humain venait d'être décou-
» verte à Jérusalem ; les fidèles accoururent en
» foule ; chacun donna son argent et reçut un
» morceau du bois sacré. On avait beau mutiler
» la croix, elle restait toujours entière. »

Comment peut-on dénaturer aussi impudemment
les faits historiques les mieux constatés ? Qui ne
sait que Ste. Hélène, mère de l'empereur Constantin,
résolut de découvrir la croix sur laquelle était
mort notre Sauveur. La croix ne se découvrit point
par hasard ; mais, après avoir adressé à Dieu des
prières ferventes, Ste. Hélène ordonna des fouilles
sur le calvaire où la tradition annonçait qu'elle avait
été enfouie. On trouva trois croix que l'on jugea
être celle de Notre Seigneur, et celles des deux
larrons entre lesquels il avait été crucifié. La ressemblance de ces croix causa de l'inquiétude aux
personnes qui les trouvèrent. Quelle est, se disaient-
elles, celle sur laquelle s'est opéré le salut du genre
humain ? Ste. Hélène, pleine de foi et de confiance
en Dieu, ne désespéra point de découvrir la vraie
croix. Elle compta sur un miracle, que Dieu voulut
bien lui accorder. Sur trois cadavres que les trois
croix touchèrent, un recouvra la vie, et l'on fut
alors convaincu que celle qui avait touché le mort
ressuscité était celle de J.-C. Voilà des faits par-

faitement précisés dans toutes les histoires ecclésiastiques , et qui ne peuvent laisser de doute à
d'autres qu'à des philosophes ennemis de la religion
chrétienne.

Il est encore vrai que les fidèles accoururent en
foule pour contempler ce bois sacré sur lequel un
Dieu avait donné sa vie pour le salut du genre
humain ; mais le trafic honteux dont parle l'auteur
était bien éloigné et des vertueux pèlerins qui
venaient adorer la croix , et de Ste. Hélène qui
l'avait trouvée : on put donner à quelques-uns de
ces pèlerins quelques parcelles de ce bois précieux,
mais on ne les vendit pas.

Du reste M. Thouret n'a sans doute jamais vu
des reliques de la vraie croix ; s'il en avait vu, il
ne ferait pas ici une mauvaise plaisanterie sur la
conservation de cet arbre précieux ; il faut donc
que M. Thouret apprenne qu'avec un pouce cube
de ce bois , on a pu faire une quantité innombrable
de reliques.

Il faut cependant remarquer que , selon une tradition qui existait du temps de St. Cyrille de
Jérusalem , dans ce temps-là les parcelles que l'on
ôtait de la vraie croix n'en diminuaient pas le
volume.

2. P. 108. — Au bout de quatre cents ans, la
» superstition rassasiée de cette espèce de relique
» chercha un nouvel aliment. Alors le clergé latin
» de la Palestine annonça que la veille de pâques,
» aussitôt que les grandes lampes de l'Eglise de la
» résurrection étaient éteintes , elles se rallumaient

» au souffle de Dieu même. Des troupes de dévots
» vinrent du fond de l'Occident pour voir ce miracle,
» et pour recueillir une étincelle de cette flamme
» divine, qui avait la propriété de guérir toutes les
» maladies de l'âme et du corps. »

La piété (et non la superstition) ne s'est point
encore rassasiée de cette espèce de relique ; on
recherche aujourd'hui avec le plus grand empressement des parcelles de la vraie croix, n'en déplaise
à M. Thouret.

Quant au miracle des lampes de l'Eglise de la
résurrection, il ne surpasse pas la puissance de
Dieu. Le sage peut demander des preuves pour y
croire, mais il n'y a que l'impie qui s'en moque.

1er alinéa de la page 110.

1. « L'ignorance, le fanatisme, le goût des
» expéditions lointaines et périlleuses, disposaient,
» ou pour mieux dire, entraînaient l'Europe aux
» croisades. On était persuadé qu'on peut et qu'on
» doit répandre la religion par les armes. »

Les grecs avaient supporté patiemment le joug
des turcs pendant plusieurs siècles ; tout-à-coup
l'amour de la liberté se réveille en eux ; ils font
de nobles efforts pour sortir de l'esclavage ; toutes
les âmes généreuses s'intéressent à leur sort ; et l'on
doit en convenir ici, malgré leurs idées dangereuses, les libéraux ont été les premiers à souscrire
en faveur des grecs et à leur procurer des secours,
et en cela ils ont pu faire quelque bien ; mais d'où

vient que ces libéraux blâment encore les croisades?
J'avoue que cette manière d'agir de leur part ne
contribue pas peu à me faire suspecter leur
attachement aux grecs, que je désire aussi bien
qu'eux de voir affranchir de la tyrannie des mahométans. Nos pères étaient chrétiens comme les grecs,
mais ils étaient catholiques romains ; ils apparte-
tenaient à la même communion que les pèlerins
et autres chrétiens qui s'étaient fixés dans la Palestine.
Aussitôt que les sarrasins se furent emparés des saints
lieux, les habitants chrétiens furent maltraités,
accablés de tributs. Les pèlerins, comme nous
l'avons dit dans le précédent volume, ne purent
qu'à force d'argent obtenir la faculté de visiter les
lieux saints ; souvent même ils étaient assassinés
par les infidèles. Les rois catholiques voulurent
enfin rendre l'accès des saints lieux plus libre aux
chrétiens ; ils voulurent préserver les lieux témoins
de la naissance, de la vie et de la mort du Sauveur,
des profanations des mécréants ; ils voulurent ce
que l'on veut aujourd'hui en faveur des grecs ;
délivrer des chrétiens du joug des barbares infidèles.
Voilà le fanatisme tant reproché à nos pères par
les philosophes du 18e siècle, et que ceux du 19e
ne devraient point leur imputer sous peine de se
mettre en contradiction avec eux-mêmes.

On ne croyait pas plus du temps des croisades
qu'aujourd'hui que la religion chrétienne pût être
répandue par les armes. Nos ancêtres pensaient
que non-seulement on pouvait, mais qu'on devait

mêmc voler au secours des chrétiens persécutés
par une puissance infidèle et usurpatrice.

2e alinéa de la page 111.

1. « Plusieurs historiens prétendent que dès
» l'origine les papes et les monarques européens
» favorisèrent les croisades, ceux-là pour soumettre
» l'Eglise grecque et pour augmenter leur puis-
» sance aux dépens des empereurs et des rois ;
» ceux-ci pour se débarrasser de leurs vassaux et
» accroître leurs domaines. »

Les historiens qui ont écrit dans ce sens ne sont
pas des historiens contemporains ; ce sont des philosophes entichés de la manie de raisonner sur tout,
et principalement de chercher à rendre odieux les
papes et les rois. Que les papes aient eu le désir
de réconcilier l'Eglise grecque et de la ramener
dans le bercail, on ne saurait le contester ; mais ce
désir n'eut jamais lieu que dans un intérêt purement
spirituel et non dans le but de se soumettre les
rois et les empereurs. Ce qui prouve d'ailleurs que
les papes ne songèrent pas à soumettre les schismatiques grecs par la force des armes , c'est leur
vive opposition à la conquête de Constantinople
par les croisés. Quant aux rois, ils surent profiter
des circonstances pour affaiblir les grands vassaux
qui leur étaient si opposés dans ces temps de féodalité ; mais le récit fidèle des événements prouve
assez que dans le principe ils n'y pensèrent point.

2. « C'est prêter aux uns et aux autres plus de

» finesse et de pénétration qu'ils n'en avaient réel-
» lement. Ils cédèrent d'abord à un zèle fanatique;
» plus tard, ils aperçurent les avantages qu'ils
» pouvaient retirer de ces guerres, et ils surent
» en profiter. »

Nous avons dit dans la précédente observation
que les papes et les rois ne pensèrent point d'abord
aux avantages que les croisades pouvaient leur
procurer. Ils ne cédèrent qu'à un zèle religieux,
et au désir de secourir leurs frères maltraités par
les sarrasins.

3e alinéa de la page 111.

« Ces différentes circonstances expliquent non-
» seulement l'ardeur avec laquelle les croisades
» furent entreprises, mais encore la longue durée
» de cette dévotion sanglante. »

Nous avons dans plusieurs articles justifié les
croisades dans leurs motifs. Aussi ne nous arrête-
rons-nous pas à ces épithètes outrageantes pour une
cause aussi juste et aussi humaine qu'aucune de
celles qui ont pu amener les hommes à se faire
la guerre.

4e alinéa de la page 111.

» Pierre l'Hermite, gentilhomme de Picardie,
» devenu pèlerin après avoir été soldat, marié et
» prêtre, fit le voyage de la Palestine en 1093,

» pour aller pleurer ses péchés sur le saint sé-
» pulcre. »

Nous ne réfuterons pas les fades plaisanteries
contenues dans l'article de M. Thouret, elles
portent en elles-mêmes leur critique. Ces platitudes,
aussi contraires au bon goût qu'outrageantes envers
une religion divine, ne valent seulement pas la
peine d'être relevées. Que Pierre l'Hermite ait été
soldat avant d'être pèlerin, qu'il ait été marié,
et qu'il ait reçu les ordres sacrés après la dissolution
de son mariage, peu importe pour l'histoire des
croisades ; ce qu'il y a de certain, c'est qu'il ne fut
point marié et prêtre tout à la fois.

2e alinéa de la page 112.

« Deux cent mille aventuriers sans généraux
» composaient la quatrième division ; ils avaient
» pour gardes une oie et une chèvre auxquelles
» ils supposaient une inspiration divine. »

Lors de la première croisade tout le monde voulut
s'engager à la délivrance de la Terre-Sainte. Les
uns, braves chevaliers, guerriers expérimentés,
formèrent la partie la plus saine de l'armée, et
suivirent Godefroi de Bouillon et les héros chantés
par le Tasse. D'autres, guidés par un zèle que l'on
peut appeler fanatique, parce qu'il n'était point
éclairé, se composaient d'une foule d'aventuriers,
dont quelques-uns ne quittaient leur patrie que pour
éviter la juste punition de leurs crimes, ou les
poursuites de leurs créanciers : on les sépara de la

partie choisie de l'armée, dans laquelle ils auraient
apporté le désordre qui fut la cause de leur perte.
Je n'ai vu nulle part qu'ils eussent pris pour guide
une oie et une chèvre. Si l'oie ou la chèvre n'étaient
point les armoiries peintes sur la bannière de quelqu'un de leurs chefs, c'est sans doute une des brillantes inventions de la philosophie ; mais cela ne
pourrait d'ailleurs détruire le mérite des guerriers
qui volèrent au secours des lieux saints et de leurs
frères persécutés, ni celui des papes et des pré-
dicateurs qui engagèrent à cette guerre sainte.

1er alinéa de la page 113.

« Tandis qu'ils assiégeaient la citadelle d'Antio-
» che, ils furent investis eux-mêmes par une armée
» de 200,000 turcs et persans que commandait
» Korbourgo, émir de Mossul. *Pour les rassu-*
» *rer*, un prêtre leur annonça qu'il avait eu révé-
» lation de l'endroit où était enfouie la lance qui
» avait percé le côté de J.-C. On fouille, on trouve un
» vieux fer de lance ; *on crie au miracle.* La bataille
» est résolue ; la lance portée de rang en rang
» inspire un courage héroïque ; Korbourgo est
» vaincu.

Les faits rapportés dans ce passage sont vrais,
et cependant on ne peut s'empêcher de reprendre
le ton de plaisanterie avec lequel il est écrit. Oui
ce fut la lance trouvée immédiatement avant la
bataille qui enflamma le courage des croisés, et
qui leur attira la victoire, soit qu'elle ait été la

suite d'un courage naturel, inspiré par la confianc e
en la protection de Dieu, soit qu'elle doive être
attribuée à un miracle. Ce ne fut point le fruit
de la ruse d'un prêtre qui aurait imaginé un moyen
adroit d'exciter l'ardeur des croisés, comme l'auteur
de l'article que nous réfutons voudrait le faire
entendre.

1er alinéa de la page 114.

« Les vainqueurs égorgèrent 70,000 musulmans,
» brûlèrent les juifs dans leur synagogue , et se
» rendirent en procession au saint sépulcre qu'ils
» arrosèrent de leurs larmes. »

Les turcs et les chrétiens se faisaient une guerre à
mort, et les premiers ne ménageaient pas plus les
croisés, que ceux-ci ne les ménageaient eux-mêmes.
Les juifs faisant cause commune avec les turcs partagèrent leur sort. Aujourd'hui l'on serait plus généreux envers des vaincus. Qu'on ne s'y trompe
point ; ce n'est point à la philosophie qu'on le
doit, mais au perfectionnement des vertus du christianisme.

2e alinéa de la page 114.

« Le légat Damberto se fit nommer patriarche,
» et prit possession de ce petit royaume au nom
» du pape ; il fallut que Godefroi reçut l'investiture
» des mains de cet orgueilleux prélat. »

D'après l'idée générale des peuples, le pouvoir
du pape s'étendait sur tout l'univers. C'était, comme

nous l'avons dit ailleurs, le droit commun de ces
siècles de barbarie. Mais si le pape avait ou croyait
avoir la suzeraineté sur tous les états chrétiens, il
devait l'avoir à plus forte raison sur un pays consacré
par l'origine de la religion, sur un pays conquis
à son instigation ; le pape quoique absent était en
quelque sorte l'âme des croisades ; il ne combattait
pas, mais les guerriers combattant pour la religion
chrétienne se trouvaient heureux de conquérir
pour le pape. Rien d'étonnant alors que Godefroi
de Bouillon ait reçu l'investiture du royaume de
Jérusalem des mains d'un patriarche légat du pape.

Note de la page 117.

L'auteur nous dit, à la page 116, 117, que Sala
Eddyn rallia sous ses étendards toutes les forces
musulmanes, et fit alliance avec Isaac Lange,
empereur de Constantinople, et il met en note,

« Rien ne prouve mieux les excès des croisés
» que cette alliance de l'empereur grec avec ses
» ennemis naturels. »

Cette alliance prouvait bien plutôt l'esprit de
vertige qui dirigeait dans ces malheureux temps
ceux qui gouvernaient l'empire grec. Ils firent
alliance avec les turcs, et parurent favoriser les
chrétiens qu'ils trahirent en leur donnant des guides
infidèles. Plus tard les latins s'emparèrent de leur
empire ; mais les grecs, l'ayant recouvré, ne
tardèrent pas à devenir les esclaves de ces turcs avec

lesquels ils s'étaient alliés pour repousser les libé-
rateurs de la Palestine (1.),

1er alinéa de la page 118.

1. «Dans l'année 1204, Foulques, curé de Neuilly,
» prédicateur ignorant et fougueux, ralluma le feu
» des croisades. »

Voilà des épithètes que l'on n'a pas besoin de
relever ; on voit assez quel est l'esprit qui les a
dictées. Foulques était un saint prêtre plein de zèle,
et rien moins qu'ignorant. (Voyez l'histoire de
l'Eglise gallicane).

2. « Les croisés profitèrent de la conjoncture.
» Ils prirent d'assaut Constantinople, et la rempli-
» rent d'horreurs ; les Eglises même furent livrées
» au pillage, et souillées par des chansons obscènes. »

Il paraît que l'auteur a suivi dans sa notice les
histoires faites par les grecs, qui ont attribué aux
croisés qui prirent Constantinople des horreurs
que ceux-ci n'avaient point commises. Que l'on
prenne un terme moyen, comme l'on doit raisonnablement le faire lorsqu'on se trouve obligé
d'opter entre des histoires écrites par des hommes
de divers partis. Nous n'applaudirons point aux
mauvaises actions, qui demeureront sur le compte
des croisés ; mais que l'on ne rejette pas sur les

---

(1) Il est à présumer que l'empire des turcs à Constantinople finira
par suite d'une alliance avec les grecs.

croisades ce qui ne peut être attribué qu'à l'indis-
cipline des troupes de ces temps de barbarie.

3. « Les vénitiens et les français se partagèrent
» leur proie ; ceux-là eurent la Morée , l'Archipel
» et les îles Ionniennes , ceux-ci occupèrent les
» autres provinces et la capitale. Ainsi tomba l'em-
» pire grec, et s'éleva celui des latins, dont Baudoin
» fut le premier possesseur. Cette nouvelle domina-
» tion ne subsista que cinquante-sept ans , et n'eut
» ni force , ni gloire , ni prospérité. Tel fut le
» résultat de la quatrième croisade : deux villes
» chrétiennes emportées d'assaut , un empire chré-
» tien ravagé et mis en lambeaux par des catholiques
» qui croient gagner le ciel. »

On sait les obstacles que les grecs avaient opposés aux occidentaux lors des premières croisades.
Lors de la quatrième les chefs s'étaient ravisés,
ils avaient vu qu'ils ne pourraient passer en sûreté
pour se rendre en Palestine s'ils ne s'emparaient
eux-mêmes de ce pays ; les divisions de la maison
régnante leur servirent de prétexte , comme de
notre temps les divisions du roi d'Espagne et de
son fils firent concevoir à Napoléon l'idée de se
rendre maître de la Péninsule. Cette entreprise
était-elle juste ? Nous sommes loin de le prétendre. Le chef de l'Eglise lui-même s'empressa de
la blâmer dès qu'elle parvint à sa connaissance.
(V. la même hist. de l'Eglise gallicane). Mais
pourquoi rendre responsables des abus de la politique les bons catholiques, qui ne marchaient à

la Terre-Sainte que pour délivrer Jérusalem du joug des mahométans ?

Note de la même page.

« Le pape excommunia les croisés pour la prise
» de Zara , qui ne lui procurait aucun avantage ; il
» leur accorda l'indulgence plénière pour la con-
» quête de Constantinople , qui lui soumettait
» l'Eglise grecque. »

Nous avons dit que la prise de Constantinople
par les croisés fut blâmée par le pape ; mais cette
conquête était au moins colorée de quelque ombre
de justice, au lieu que celle de Zara n'était autorisée
par aucun prétexte spécieux ; mais pour l'intelligence du lecteur , malgré le désir que nous aurions
d'être court, nous sommes forcé de revenir sur
les faits que M. Thouret ne nous paraît pas avoir
assez connus.

Les croisés prirent la ville de Zara nonobstant
les lettres du pape qui le leur défendaient ; et en
leur donnant l'absolution de l'excommunication
qu'ils avaient encourue par cette conquête , le
chef de l'Eglise leur défendit aussi de s'emparer
de Constantinople. Voici ce que dit Fleury, tom.
11 , p. 83 , de son *Histoire ecclesiastique*, édit.
in-8º.

« Cependant le pape ayant appris le traité que
les croisés avaient fait avec le jeune Alexis , pour
l'établir empereur de Constantinople, leur écrivit
une lettre où il dit : Que personne de vous ne se

flatte qu'il lui soit permis d'envahir ou de piller la terre des grecs, sous prétexte qu'elle n'est pas assez soumise au saint siège, et que l'empereur a usurpé l'empire sur son frère. Quelque crime que lui ou ses sujets aient commis, ce n'est pas à vous d'en juger, et vous n'avez pas pris la croix pour venger cette injure, mais l'opprobre de Jésus-Christ. Nous vous exhortons donc et vous mandons expressément de ne vous pas tromper ni vous laisser tromper par d'autres, pour faire, sous apparence de piété, ce qui tournerait à la perte de vos âmes; mais, sans vous arrêter aux prétextes frivoles et aux nécessités prétendues, passez au secours de la Terre-Sainte, où vous prendrez sur les ennemis ce que vous seriez peut-être obligés à prendre sur vos frères, si vous séjourniez en Romanie, autrement nous ne pouvons vous promettre le pardon. »

Les croisés se présentèrent à Constantinople pour remettre sur le trône le jeune Alexis, légitime souverain; ils furent obligés d'assiéger la ville qui se rendit, et l'empereur Alexis y entra avec eux et prit possession de ses droits. Mais, en l'année 1204, Mourchoufle s'empara de l'empire, confina dans une prison affreuse le jeune Alexis, et, après avoir tenté deux fois inutilement de l'empoisonner, il l'étrangla.

Ce fut pour chasser et punir l'usurpateur du trône d'Alexis que les croisés prirent une seconde fois Constantinople, et qu'ils établirent cet empire latin qui ne prospéra point entre leurs mains.

Le pape ne leur aurait point pardonné d'avoir gardé
cette conquête pour eux lors de la première prise ;
mais à la seconde le légitime empereur étant
mort, il crut pouvoir les absoudre de cette conquête, mais ne leur donna point l'indulgence plénière pour avoir pris Constantinople, comme le
dit l'auteur sans aucun fondement.

Dernier alinéa de la page 118—119.

1. « Vers l'année 1212 , plus de 50,000 enfants
» allemands et français se croisèrent sous la con-
» duite d'un grand nombre de prêtres et de mar-
» chands, parce que Dieu, selon l'Ecriture , a tiré
» sa gloire des enfants ; les uns périrent en chemin,
» les autres furent vendus en Egypte par leurs
» conducteurs. »

D'après ce que dit l'auteur , il semblerait que des
prêtres fanatiques ou mal intentionnés , se coali-
sant avec des marchands , engagèrent un grand
nombre d'enfants à se croiser pour abuser de leur
inexpérience ; eh bien ! il n'y a de vrai dans tout
ce qu'il dit que la croisade de ces enfants , qui
bien loin d'avoir été vendus en Egypte ne dépas-
sèrent pas l'Italie.

Voyez encore ce que dit Fleury , p. 226 du
tome que nous avons cité :

« Vers le même temps (1213) plusieurs enfants
de toute la France et l'Allemagne , tant des villes
que des villages , s'assemblèrent croisés pour aller
à la Terre-Sainte avec grand empressement, *mais*

sans chef et sans conduite, et, quand on leur demandait où ils allaient, ils répondaient qu'ils allaient
à Jérusalem par ordre de Dieu. Plusieurs furent
enfermés par leurs parents, et trouvèrent le moyen
de s'évader et de continuer leur chemin. A leur
exemple, quantité de jeunes gens et de femmes se
croisèrent pour aller avec eux. Il y eut aussi quelques méchants hommes qui, s'étant mêlés avec ces
enfants, leur emportèrent ce que les gens de bien
leur donnaient, et se retirèrent secrètement. On
en prit un qui fut pendu à Cologne. Plusieurs de
ces pauvres enfants s'égarèrent dans les forêts et
les déserts, où ils périrent de chaud, de faim
et de soif. Quelques-uns passèrent les Alpes, mais,
aussitôt qu'ils furent entrés en Italie, les lom-
bards les dépouillèrent et les chassèrent. Ils revin-
rent couverts de honte, et, quand on leur demandait pourquoi ils étaient partis, ils répondirent
qu'ils ne savaient. Le pape ayant appris ces nouvelles dit en soupirant : Ces enfants nous font un
reproche de nous endormir, tandis qu'ils courent
au secours de la Terre-Sainte. »

2. « A l'occasion d'une croisade si ridicule,
» Innocent III avait auguré que la puissance de
» Mahomet touchait à sa fin, puisque, disait-il,
» c'est la bête de l'apocalypse, dont le nombre
» est 666, et qu'il y en a déjà près de 600 de
» passés. »

Je n'ai vu dans aucune histoire cette réflexion du
pape Innocent III ; il est même ridicule de l'attribuer à ce grand pape, un des plus savants qui aient

occupé le saint siège ; mais l'auteur n'y avait pas vu non plus la croisade qu'il rapporte, et qu'il a trouvée on ne sait où, avec les broderies qu'il y ajoute. Et cependant il est parlé de cette excursion d'enfants dans Fleury, Vely, Longueval, et dans une foule d'autres historiens.

Premier alinéa de la page 119.

1. « André, roi de Hongrie, et plusieurs autres » princes de l'Occident, débarquèrent à Ptolemaïs » en 1217, et se réunirent à Jean de Brienne, alors » roi titulaire de Jérusalem. C'est la 5ᵉ croisade. » D'après ce que nous avons dit, cette croisade serait la sixième si elle avait eu des suites ; mais après avoir débarqué d'abord en Chypre, ensuite en Egypte, les croisés se lassèrent, et résolurent de se rendre dans leurs pays respectifs. — Fleury, pag. 318, même vol.

2ᵉ alinéa de la page 119.

1. « Les malheurs d'une croisade ne servaient » qu'à en attirer une autre. La sixième commença » vers l'an 1228. Frédérik II, empereur d'Allema- » gne, avait épousé Yolande, fille unique de Jean » de Brienne, et s'était engagé, sous Innocent III, » à une guerre contre les infidèles. Grégoire IX, » qui avait des démêlés avec ce prince, lui ordonna » d'accomplir son serment, le força de s'embar- » quer, et l'excommunia parce qu'il était revenu

» à Brindési, malade, après trois jours de navigation.
» Frédérik partit l'année suivante, et, comme il ne
» s'était pas fait absoudre avant son départ, il fut
» de nouveau excommunié. »

Tout le monde connaît les querelles du pape et
de l'empereur Frédérik, et quoique les avis aient
été partagés dans le temps sur la question de
savoir à qui les plus grands torts devaient être
attribués, il est hors de doute que le pape avait
des raisons au moins plausibles pour agir comme il
le fit. Frédérik avait d'abord promis de partir pour
la Terre-Sainte, et avait pris la croix, qui était le
signe d'un vœu obligeant, sous peine de péché
mortel. Il avait d'abord différé son départ, et avait
même obtenu un délai du pape Grégoire ix; mais
après l'expiration de ce délai, le pape le presse
d'accomplir son vœu; l'empereur diffère encore
et est excommunié. Il est vrai qu'il alla jusqu'à
Otrante, où les uns prétendent qu'il fut malade,
d'autres qu'il feignit de l'être. Le pape ayant
embrassé cette dernière opinion lança contre lui
l'excommunication dont il l'avait menacé. L'empereur envoya à Rome une apologie, où, sous prétexte de se justifier des délais qu'il avait apportés
à son départ et de son retour précipité, il se plaint
amèrement des papes qui ont occupé le saint siège,
ce qui fut cause que son excommunication fut réi-
térée. L'empereur excommunié ne pouvait point
accomplir son vœu sans avoir obtenu l'absolution;
mais il méprisa l'excommunication, et partit pour
la Terre-Sainte, après avoir célébré avec magnifi-

cence la fête de Pâques , le 26 Mars 1228. Cependant il avait excité les Frangipanes et d'autres romains
des plus nobles et des plus puissants à soulever le
peuple contre le pape ; ensorte que , dit Fleury,
p. 453 , « le lundi de Pâques , comme il célébrait
la messe à Saint-Pierre, suivant la coutume , ils
vinrent lui insulter , avec de grands cris mêlés de
menaces , même pendant le canon. Ainsi le pape ,
ne se croyant pas en sûreté à Rome , en sortit au
mois d'Avril , et vint avec bonne escorte à Riéti ,
d'où il passa ensuite à Spolette et à Pérouse. »

Les personnes qui désireront étudier avec soin
l'histoire de cette lutte entre l'empereur Frédérik
et Grégoire IX , pourront consulter , outre l'histoire
ecclésiastique de Fleury , et l'histoire de France de
Vély et continuateurs , l'histoire de l'église gallicane de Longueval , Daniel, et Béraud Bercastel.

2. P. 120. « L'empereur entra dans Jésusalem
» sans avoir versé une goutte de sang , et, n'ayant
» point trouvé de prêtre qui voulut faire la céré-
» monie du couronnement , il se couronna lui-
» même dans la principale Eglise ; il se hâta de
» retourner en Europe au secours de ses états me-
» nacés par Grégoire , et conclut en partant une
» trève de dix années avec les mahométans. »

Voilà donc un empereur excommunié pour avoir
différé d'accomplir le vœu qu'il avait fait de voler
au secours de la Terre-Sainte , qui , lorsqu'il s'est
rendu indigne de l'accomplir , s'obstine à partir
malgré la défense du pape. Il arrive à Jérusalem ;
on croit peut-être que c'est pour aider à la con-

quête des saints lieux.... Ce n'est point cela.... Il
va prendre possession d'une couronne qui ne lui a
rien coûté ; il ne trouve aucun prêtre assez ennemi
de son devoir pour communiquer avec un excommunié en le sacrant ; il prend lui-même la couronne, et termine sa belle œuvre en accordant aux
ennemis du nom chrétien une trève de dix ans ;
ce qui fut pour la chrétienté le traité le plus dé-
sastreux dont l'histoire des croisades fasse mention.
Voilà l'homme digne de recevoir les éloges des
philosophes.

RÉSULTAT DES CROISADES.

Dernier alinéa de la page 123—124.

P. 124. 1. « Nous pensons avec Mosheim et
» Gibbon que les croisades ont multiplié et fortifié
» les abus du régime ecclésiastique ; avec Robert-
» son, qu'elles ont amélioré l'état politique et
» favorisé le commerce ; avec Herder, qu'elles ont
» puissamment contribué à cette révolution, mais
» qu'elles n'en sont pas l'unique cause, et qu'elles
» n'ont fait que l'accélérer. »

Nous pensons avec l'auteur de cette notice, et
nous l'avons dit dans d'autres articles, que les
croisades ont amélioré l'état politique et favorisé
le commerce, mais que cette cause a agi concur-
remment avec d'autres pour produire l'heureux résultat qui a amené la civilisation et le bien-être des
peuples de l'Occident. Les croisades ont aussi fortifié

la puissance ecclésiastique ; mais, bien loin de produire les abus de ce régime, elles ont au contraire
éclairé les prêtres sur leurs véritables droits. On
n'a pas vu depuis les croisades des évêques se coa-
liser pour détrôner un souverain ; et, si les papes
ont encore pendant quelque temps prétendu à la
suzeraineté sur tous les princes chrétiens, cette
prétention s'est peu à peu anéantie, et l'autorité
ecclésiastique ne réclame plus aujourd'hui que le
droit qui lui a été donné par le divin fondateur de
notre religion, de régler souverainement les affaires
qui concernent le salut.

1er alinéa de la page 124.

« Examinons d'abord leur influence sur l'esprit
» religieux, et sur le gouvernement ecclésiastique. »
Je prie le lecteur de l'examiner lui-même avec
attention, et de comparer les observations de l'auteur avec nos réponses.

2e alinéa de la page 124.

1. « Elles armèrent le fanatisme, et lui donnèrent
» un degré de férocité inconnu jusqu'alors. Le
» meurtre devint un acte de piété, et non-seule-
» ment les mahométans, mais encore les juifs et
» les chrétiens hérétiques furent livrés à la fureur
» du glaive. »
Si l'on parcourait l'histoire, on y verrait que
la férocité dans les guerres ne date pas seulement

du temps des croisades. Les guerres entre les peuples civilisés de la Grèce avant l'établissement de la religion chrétienne, plus tard celle des goths et des visigoths, des huns', des vandales et des francs, sans parler des romains; plus tard encore celles des français sous les mérovingiens, et les carlovingiens, fourniraient des exemples de cette férocité dans les guerres. Lors des croisades, les soldats quoique chrétiens étaient encore barbares, et n'étaient pas parvenus au point de civilisation que la religion de Jésus-Christ devait leur faire atteindre; et, s'ils commirent des horreurs, on doit les imputer non à la religion qui leur prescrivait la douceur et la modération, mais à leurs habitudes anciennes et à la férocité naturelle de leur caractère.

Cependant il ne faut pas croire qu'ils aient considéré le meurtre comme un acte de vertu, à moins qu'on ne regarde comme meurtre l'action de donner la mort dans les combats; l'indulgence ne fut point promise aux assassins, mais aux guerriers. La conduite du pape envers les croisés, lors de la prise de Jaffa, prouve suffisamment que les excès des croisés à l'égard des hérétiques ne furent point mis au même rang que leurs combats contre les sarrasins.

2. « Les croisades contre les albigeois parurent » aussi méritoires, aussi nécessaires que les croi- » sades contre les sarrasins; l'inquisition alluma » ses bûchers, et le sang coula par torrents dans » le midi de la France. »

Les croisades contre les albigeois (nous mettons
de côté l'abus que la haine et la politique purent
en faire) furent plus nécessaires encore que celles
que l'on dirigea contre les mahométans. Les
premières furent entreprises pour délivrer la Terre-
Sainte du joug des infidèles ; les secondes pour défendre le trône et les chrétiens du Midi contre
des hérétiques, qui, ne se bornant pas à innover
en matière de religion et à se séparer de l'Eglise,
voulaient forcer leurs concitoyens à embrasser leurs
funestes erreurs. Ces *bons hérétiques* chassaient
les curés de leurs paroisses , brûlaient les monastères, exerçaient toutes sortes de violences contre
les moines et les religieuses , abattaient les croix,
et tendaient à établir un gouvernement républicain sur les ruines de la monarchie. L'inquisition
fut créée pour les reconnaître et les empêcher
de renouveler les troubles qu'ils avaient excités ,
mais les lois qui les punissaient ne devinrent pas
plus sévères qu'elles ne l'étaient auparavant. Au
surplus voyez les mots *Albigeois* et *Inquisition*.

3. « La persécution étendit ses ravages jusqu'au
» nord de l'Europe; les chevaliers tentoniques ,
» le fer et la flamme à la main, convertirent ,
» ou plutôt exterminèrent les habitants de la Prusse
» et de la Lithuanie. Ainsi la vertu que la reli-
» gion recommande avant toutes les autres , la
» bienveillance pour ses semblables , fut oubliée
» ou méprisée. »

Chaque pas que nous faisons dans l'examen de
l'encyclopédie moderne nous découvre de nou-

velles erreurs, que nous voulons bien ne pas imputer aux auteurs de cet ouvrage, mais à ceux dans lesquels ils ont puisé ce qu'ils avancent. Dans le passage précédent les chevaliers teutoniques sont regardés comme des fanatiques qui ne faisaient la guerre aux peuples de la Prusse et de la Lithuanie, que dans le seul but de les convertir.

Voyez encore ce que dit à ce sujet l'historien Fleury :

« Après que les idolâtres eurent été quelque temps en paix avec les nouveaux convertis, ils leur firent une cruelle guerre dans la province de Masovie, où commandait le duc Conrad; et, comme il ne s'opposa pas à leurs premières violences, ils poussèrent plus avant et firent de grands ravages en Pologne : ils brûlaient les maisons, tuaient les hommes, et amenaient en esclavage les femmes et les enfants. Ils détruisirent ainsi par le feu 250 paroisses, outre les chapelles et les monastères d'hommes et de femmes. Ils massacraient les prêtres et les clercs jusqu'au pied des autels, foulaient aux pieds les saints mystères, et employaient les vases sacrés à des usages profanes.

Le duc Conrad, ayant envain essayé d'apaiser ces barbares par des présents, institua, par le conseil de l'évêque Christien, un ordre militaire à l'exemple des chevaliers du Christ de Livonie.....
Le duc était convenu avec ces chevaliers de partager également les conquêtes qu'ils feraient sur ces infidèles, qui l'ayant appris vinrent en grand

nombre attaquer le château de Dobrin , et le ser-
rèrent de si près, qu'à peine aucun des nouveaux
chevaliers n'osait se montrer dehors.

» Conrad , voyant donc que ce secours était trop
faible , résolut d'appeler les chevaliers de l'ordre
teutonique , qui étaient en grande réputation pour
leur valeur , leur puissance et leurs richesses. Il
communiqua sa pensée à quelques évêques et aux
nobles de sa dépendance , qui l'approuvèrent tout
d'une voix , ajoutant que les chevaliers teutoniques
étaient fort agréables au pape , à l'empereur et
aux princes d'Allemagne , ce qui faisait espérer
que le pape , en leur faveur , ferait passer des
croisés au secours de la Prusse. Le duc Conrad
envoya donc une ambassade solennelle à Herman
de Salse , qui était alors maître de l'ordre teutonique. Après plusieurs délibérations , et par le
conseil du pape Grégoire et de l'empereur Frédérik , il accorda au duc de Moscovie ce qu'il
désirait , et l'acte du consentement de l'empereur
est daté de l'année 1226. Herman de Salse envoya
donc en Moscovie un de ses chevaliers nommé
Conrad de Landsberg , avec lequel le duc Conrad
fit un traité où il donna aux frères de l'ordre teutonique tout le territoire de Culme pour le posséder toujours en pleine propriété , et toutes les
terres qu'ils pourraient retirer d'entre les mains
des infidèles. Cette donation fut faite la même
année 1226 et souscrite par trois évêques, Gon-
ther de Masovie , Michel de Cusavie , et Christien
de Prusse. Tel fut l'établissement des chevaliers

teutoniques en Prusse, qui eut des suites considérables. Pour les seconder dans la guerre contre
les païens, le pape écrivit à tous les fidèles des
provinces de Magdebourg et de Brême, à ceux
de Pologne, de Poméranie, de Moravie, de Hol-
sace et de Gothie, les exhortant à prendre les
armes contre les païens de Prusse, et à agir contre
eux suivant les conseils des chevaliers teutoniques. La lettre est du 13 Septembre 1230. Le
pape écrivit en même temps aux frères pré-
cheurs pour les animer à cette mission, et au
duc de Moscovie pour le louer de les avoir appelés dans ses états. » (*Fleury* , liv. 80 , n° 2, p. 483).

On voit dans ce passage de Fleury que les païens
commettent des excès horribles contre les nouveaux convertis ; que pour défendre ces derniers
on crée d'abord un ordre de chevalerie, et que
plus tard on appelle les chevaliers teutoniques,
plutôt pour se préserver des irruptions des barbares, que pour contraindre ceux-ci à embrasser
la religion chrétienne. Si l'on fait venir des missionnaires, c'est pour convertir les peuples vaincus dans une juste guerre, une guerre défen-
sive ; mais ce n'est point la guerre que blâment
les philosophes, c'est la mission.......

3e alinéa de la page 124—125.

1. « Les croisades accrurent considérablement les
» richesses et l'autorité du clergé, et surtout de
» la cour de Rome ; elles continuèrent la grande

» révolution commencée par Grégoire VII ; elles
» mirent la puissance spirituelle au-dessus de la
» temporelle. Le souverain pontife fut le chef
» suprême des guerres sacrées et le dominateur
» du monde chrétien ; il traita les rois comme ses
» premiers soldats , les appelant sous les drapeaux ,
» leur accordant ou leur refusant des congés ;
» et par ses légats il dirigea les opérations mi-
» litaires, et gouverna les provinces conquises. »

C'est sans doute à cette opinion que les croisades ont augmenté l'autorité des papes , que l'on doit
le blâme de tous les philosophes contre ces guerres
religieuses ; ce n'est point parce que lors des croisades on a répandu du sang , on a pillé des villes
(malheurs nécessaires que le chrétien déplore avec
plus de sincérité que l'incrédule), que l'on a tant
déclamé contre les guerres religieuses ; mais la
philosophie s'est encore trompée dans le fait , et ces
guerres n'ont point augmenté l'autorité des papes.
Long-temps avant cette époque , les souverains
pontifes avaient donné la couronne impériale à
Charlemagne ; ils avaient exercé une grande autorité sur les rois ; ils avaient disposé de la couronne
de France en faveur de Pepin, au préjudice du
reste du sang de Clovis, et confirmé l'usurpation
d'Hugues Capet sur les descendants de Charlemagne. C'est donc par suite de cette autorité déjà
reconnue que les papes furent considérés comme
chefs des croisades, quoiqu'ils n'aient pas toujours
eu l'autorité que notre auteur leur attribue , et
ce n'est point par suite des croisades que les papes

ont acquis cette autorité, mais par suite de la supériorité de leurs connaissances sur les laïques, et du respect que les premiers chrétiens durent avoir pour le chef de l'Eglise, et le vicaire de Jésus-Christ.

2. « En même-temps il usurpa sur le clergé une
» autorité absolue. Pour allumer et nourrir le feu
» des croisades, il envoya de tous côtés des nonces
» revêtus de la plénitude du pouvoir spirituel, qui
» se mirent au-dessus des autres prélats, évoquè-
» rent à leur tribunal, ou renvoyèrent à Rome
» toutes les causes ecclésiastiques, et dérobèrent
» à la surveillance épiscopale les monastères et les
» ordres religieux. »

Ce que dit ici l'auteur est encore dénué de vérité. L'autorité immédiate (1) sur le clergé ne prend pas sa source dans les croisades, mais dans les missions envoyées par le souverain pontife pour convertir les infidèles. Les légats représentant le pape durent se mettre au-dessus des prélats, et ils l'avaient fait avant les croisades. Les appels au saint siège avaient lieu en France pendant le gouvernement des rois de la première race.

3. « Un grand nombre d'évêques allaient en
» Palestine, le pape fait desservir leurs diocèses
» par des suppléants, autre espèce de légats appelés
» grands vicaires, dont la révocabilité assurait la
» soumission. »

_____

(1) Je parle ici de l'autorité immédiate que le pape exerce comme patriarche; car comme chef de l'Eglise le pape a une autorité suprême sur le clergé de tout l'univers chrétien. A.

Notre auteur est sans doute plus instruit de l'histoire ecclésiastique que Fleury, Béraud-Bercastel, et l'auteur des Mémoires pour servir à l'histoire de l'Eglise gallicane et de l'histoire de l'Europe ; que le père Daniel, Vely et Anquetil : nous l'en félicitons, et le prions instamment de nous faire connaître les faits dont il vient de parler. Quelques évêques passèrent en Palestine, mais ils furent en petit nombre, et il est à présumer qu'ils choisirent eux-mêmes leurs grands vicaires, comme ils l'ont toujours fait depuis. Mais, quand le pape aurait suppléé à leur négligence, je ne vois pas trop quelle raison peut avoir la philosophie de déclamer contre ces nominations.

4. « Il défendait vigoureusement contre les rois
» l'immunité des biens ecclésiastiques ; mais, sous
» prétexte de subvenir aux frais des croisades, il
» autorisa quelquefois des levées d'impôts sur ces
» mêmes biens, et par là il se fit considérer comme
» le maître du temporel. »

On ne peut trouver mauvais que les papes aient défendu l'immunité des biens ecclésiastiques contre les tentatives du pouvoir temporel ; on ne peut les blâmer non plus d'avoir usé du droit que leur qualité de chefs de l'Eglise leur conférait sur l'administration de ces mêmes biens, en accordant des décimes aux rois qui se proposaient de les employer à la défense de la religion. Du reste ces droits du pape sur les biens ecclésiastiques ont été formellement reconnus dans le concordat de 1801.

5. « Une partie de ces deniers détournée de sa

» destination entrait dans les coffres de St. Pierre.
» Le clergé, rançonné par les rois et par les papes,
» sut bien se dédommager aux dépens des seigneurs
» et des peuples. Non-seulement l'effervescence
» de la dévotion multiplia les donations pieuses,
» mais la noblesse, ayant besoin d'argent pour le
» voyage d'outre-mer, fut obligée de vendre ses
» domaines à vil prix, et l'Eglise en acheta la
» plus grande partie. Elle acquit ainsi des richesses
» immenses, qui achevèrent de corrompre les
» mœurs de ses ministres. »

Il est vrai que lors des croisades les seigneurs,
qui comptaient ou mourir, ou faire des établissements avantageux dans les pays qu'ils allaient conquérir, firent des donations très-étendues au clergé
et aux moines ; il est vrai que certains autres ayant
besoin d'argent abandonnèrent à vil prix les terres
qu'ils possédaient dans leur patrie, et l'on ne peut
pas plus blâmer le clergé d'avoir profité de ces
circonstances, qu'on ne blâmerait des particuliers.
On doit dire cependant que ce furent ces donations
et ces acquisitions qui en enrichissant le clergé préparèrent les voies à l'affranchissement des serfs.

Nous avons dit dans notre premier tome que les
évêques et les prêtres tendaient de toute leur puissance à délivrer les malheureux habitants des campagnes de la tyrannie des seigneurs ; nous avons
dit aussi que les biens ecclésiastiques étaient spécialement consacrés à secourir les indigents et les
affligés ; d'où il suit encore que l'accroissement
des richesses du clergé n'aurait pas contribué à en

corrompre quelques membres (car quoique on dise la corruption ne porta jamais que sur la minorité de ce corps respectable), si tous les possesseurs de bénéfices s'étaient pénétrés de leurs obligations à cet égard. Ainsi ce ne sont point les richesses qui ont corrompu une partie du clergé , mais ses liaisons avec le monde quelles rendaient plus faciles et plus attrayantes.

Note du même alinéa.

« Un seigneur de Chatillon céda la seigneurie et
» les vastes domaines de Suguy à St. Bernard , qui ,
» en échange, lui promit dans le ciel un espace
» égal à la contenance de Suguy et de toutes ses
» dépendances. »

Il n'est question dans l'histoire ecclésiastique de Fleury d'aucune acquisition faite par St. Bernard à un seigneur de Chatillon , ni d'aucune donation que ce seigneur lui aurait faite. Nous ne contesterons cependant pas le fait principal qui aurait pu avoir lieu; mais ce qu'on ne saurait croire sans partager l'esprit d'opposition des philosophes modernes , c'est qu'un homme , le plus vertueux et le plus instruit de son siècle, ait vendu le paradis à la toise !.... On n'avance de pareils faits que pour jeter du mépris sur la religion ; mais le ridicule retombe tout entier sur ceux qui les inventent.

Dernier alinéa de la page 125— 126.

1. « Cette corruption portée à l'excès , l'avarice ,

» l'arrogance et la tyrannie des papes, le scanda-
» leux trafic des indulgences, excitèrent l'indigna-
» tion, et produisirent de nouvelles sectes, qui,
» sous le nom de calharéens, d'apostoliques, de
» vandois, d'albigeois, prêchèrent le mépris des
» richesses et des grandeurs, et voulurent rétablir
» l'Eglise dans sa pureté primitive. »

Nous avons parlé dans notre tome premier de
ce prétendu trafic des indulgences, et de la prétendue pureté des sectaires dont parle ici l'auteur
de cette notice (Voyez le mot *Albigeois*). Mais
je demanderai ici si des hommes qui établissaient
leur religion par des massacres, qui brisaient les
croix pour lesquelles les premiers chrétiens eurent
la plus grande vénération, qui se révoltèrent contre
l'autorité légitime malgré les préceptes de l'Evangile, et les épîtres de St. Paul qui recommandent
d'obéir aux puissances, tendaient à rétablir l'Eglise
dans sa pureté primitive.

2. « Ces hérésies furent étouffées dans des flots
» de sang ; mais l'esprit des sectaires subsista, et
» n'attendit qu'une circonstance favorable pour
» éclater avec une force irrésistible. »

Nous avons encore répondu à ce passage dans le
tome premier de notre ouvrage *verbo Albigeois.*
Nous nous bornerons ici à répéter que, les hérétiques
étant des rebelles qui par leurs excès compromet-
taient la sûreté générale, il était juste de les réprimer par les armes et par les supplices.

2. P. 126, même alinéa. « M. Héeren est disposé
» à croire et n'ose avouer franchement que les

» croisades furent la cause éloignée de la réfor-
» mation. Il est certain qu'après avoir élevé au
» plus haut degré la puissance de Rome , elles
» servirent à la miner sourdement , et préparèrent
» sa décadence. »

Oui je conviendrai avec M. Héeren , et avec
l'auteur de cette notice , que les croisades furent la
cause éloignée et peut-être prochaine de la réformation , en ce qu'elles réveillèrent la jalousie de
Luther , et le portèrent à se séparer de l'Eglise
romaine ; mais ce n'est point en élevant Rome à
son plus haut degré de puissance , puisque nous
avons démontré que Rome était aussi puissante avant
les croisades qu'elle le fut depuis. Du reste la
puissance spirituelle de Rome est toujours la même,
et ce n'est pas le plus grand ou le plus petit nombre
de fidèles qui peut servir à faire connaître le degré
d'autorité qui appartient au pape. Quant à l'étendue
de cette autorité , les croisades qui semblaient
devoir l'augmenter ont amené la réformation qui a
fait perdre à l'Eglise un grand nombre de sujets ;
et la révolution française, qui semblait au contraire
devoir porter un coup funeste à l'autorité pontificale , l'a consolidée , si l'on peut s'exprimer ainsi,
par le concordat de 1801 , et a amené (ce qui
serait aisé à prouver) le libre exercice du culte
catholique , et l'émancipation des chrétiens soumis
au saint siège en Angleterre. Je ne désespère pas
de voir la lutte des grecs, ouvrage en partie de la
philosophie moderne, amener enfin , malgré cette
même philosophie , la réunion des deux Eglises ,

et la soumission des chrétiens d'Orient au successeur
de St. Pierre. C'est ainsi que Dieu pour nous
éprouver permet souvent que les efforts que nous
faisons pour le bien deviennent inutiles ; mais que
d'un autre côté il sait tirer sa gloire, et l'accomplissement de ses desseins de miséricorde, de la
guerre que ses ennemis déclarent à son culte.

1er alinéa de la page 131.

« La superstition, qui ne connaît d'autre vertu,
» d'autre devoir que l'obéissance à l'Eglise, aurait
» toujours élevé les papes au-dessus des rois, et
» les énormes abus du gouvernement ecclésiastique
» auraient toujours préparé la réformation. »

On nous apprend ici ce que depuis long-temps
nous cherchions à connaître, ce que la philosophie
moderne entend par superstition. Elle consiste, nous
dit-on, à n'avoir d'autre vertu, et à ne connaître
d'autre devoir que l'obéissance à l'Eglise. Eh bien,
les superstitieux ne sont point ceux qui obéissent
à l'Eglise ; ce sont au contraire les hommes qui
se font leur religion à eux-mêmes, qui pratiquent
des cérémonies non approuvées par l'autorité religieuse, et qui ont d'autres croyances que celles
de la mère commune des fidèles. Ce n'est donc
point la superstition que l'on attaque, mais la religion catholique. Ce n'est point les vaines croyances
et les observances ridicules de quelques vieilles
femmes que l'on proscrit, mais le christianisme
avec toutes ses obligations. Nous chrétiens catho-

liques, qui abhorrons la superstition autant et plus
que les philosophes peuvent l'abhorrer, nous ne
mettons pas les papes au-dessus des rois en matière
temporelle, mais nous reconnaissons que, si les
rois sont les maîtres de gouverner leurs états, les
papes sont les chefs de l'Eglise, et qu'à ce titre les
rois leur doivent, en matière spirituelle, la soumission et l'obéissance que leur doivent tous les
fidèles.

Nous répétons encore ici que ce ne sont pas les
abus de la cour de Rome qui ont amené la réforme,
mais l'esprit d'orgueil et d'indépendance des premiers réformateurs.

1ᵉʳ alinéa de la page 132.

« Les croisades n'ont produit que de faibles
» avantages scientifiques et littéraires. Les rudes
» guerriers de l'Occident n'étaient point capables
» d'une noble culture. Ils allaient en Orient pour
» conquérir. C'est envain qu'ils firent un long séjour
» dans l'empire grec, où le génie de l'antiquité
» jetait encore quelques étincelles. Les préjugés
» nationaux, la différence de langue et de reli-
» gion, mirent des obstacles insurmontables à la
» communication des idées. »
J'avouerai que les rudes guerriers de l'Occident
n'étaient guère susceptibles d'acquérir des connaissances littéraires et scientifiques ; que les préjugés
de leur éducation purement militaire, qui leur
faisait considérer l'étude comme une occupation

indigne de leur rang, durent retarder l'influence qu'exercèrent nécessairement de fréquents voyages, et un long séjour dans la patrie des sciences et des arts. Il n'est pas moins vrai que ces guerres tant blâmées par la philosophie amenèrent insensiblement et par degrés la civilisation de l'Europe. Le commerce y gagna d'abord, et les vénitiens trouvèrent dans les croisades les moyens d'établir leur puissance maritime.

D'un autre côté, tous ceux qui furent attirés par les croisades dans l'empire grec, ne furent point des soldats ignorants. Des prêtres et des moines instruits firent le voyage de Constantinople. Il s'établit, surtout pendant le règne des empereurs latins, des rapports fréquents entre l'Italie et la Grèce, et ces rapports conduisirent nécessairement au perfectionnement des connaissances chez les occidentaux. Ce qui contribue encore à prouver ce que nous avançons, c'est que l'Italie fut civilisée longtemps avant les autres régions de l'Europe ; et le siècle de Léon x, qui ne fut pour la France que le siècle de François Ier, fut pour l'Italie le siècle de Louis xiv, c'est-à-dire celui de la perfection de la littérature et des arts. On pourrait trouver dans beaucoup d'autres auteurs que ceux que nous avons cités, notamment dans *l'histoire des croisades* de Michaud, beaucoup plus de preuves de ce que nous avançons ici.

2e alinéa de la page 134.

« Terminons cet article par l'examen d'une ques-
» tion long-temps controversée : les guerres saintes
» furent-elles justes ? Il faut distinguer le motif
» religieux et le motif politique. »

Je demanderai à mon tour à l'auteur de cet
article s'il pense que la guerre entreprise par
les russes pour soutenir les grecs contre les turcs
est une guerre juste. Il me répondra sans doute
qu'elle l'est éminemment sous le rapport religieux
et sous le rapport politique. Sous le rapport religieux, puisque les russes défendent leurs coréli-
gionnaires injustement opprimés par les musulmans;
sous le rapport politique, puisqu'ils défendent leurs
frontières contre les barbares mahométans.

Or, M. Thouret nous dira sans doute qu'une
guerre est juste toutes les fois qu'une puissance
a un juste sujet de craindre qu'une puissance rivale
ne se rende tellement formidable, qu'il deviendra
impossible de la ramener dans les limites de ses
légitimes possessions. Or, nous dira-t-il, les turcs,
en s'emparant de la Moldavie et de la Valachie,
en massacrant les grecs dans tout leur empire,
ont cherché à accroître leur puissance au-delà des
bornes légitimes : ils ont donc rendu la guerre que
leur font les russes juste, sous le rapport religieux et
sous le rapport politique ; d'où il conclura que
cette guerre est juste.

Eh bien ! les croisades furent entreprises par les

princes de l'Occident coalisés non-seulement pour
secourir les chrétiens injustement opprimés, non-
seulement pour empêcher l'accroissement de la
puissance des sarrasins qui avaient bouleversé la
majeure partie de l'Europe, qui avaient conquis
l'Afrique, l'Espagne, qui avaient pénétré en France
jusqu'à Poitiers, où Charles Martel avait remporté
sur eux une victoire des plus signalées, qui avaient
même menacé la ville de Rome, capitale de l'empire
chrétien; mais les croisés, en marchant à la conquête des lieux saints, réclamaient ce qui avait
appartenu à la chrétienté, et ce qui avait été usurpé
par des barbares, ennemis de toute civilisation, et
qui établissaient leur religion par la force du sabre.
Il existait donc des raisons suffisantes non-seulement pour légitimer les croisades, mais pour les
rendre nécessaires et méritoires; ces guerres furent
donc justes.

2e alinéa de la page 134.

« Rien n'est plus opposé aux principes de notre
» religion que les croisades. Le christianisme ne
» respire que douceur et charité, et défend le
» pillage et le meurtre, même à l'égard des païens
» ou infidèles. D'ailleurs, comme l'observe l'abbé
» Fleury, les chrétiens n'ont aucun droit particu-
» lier sur la Palestine. »

Le christianisme ne respire que douceur et charité, cela est vrai; il proscrit le meurtre et le
pillage même à l'égard des païens; mais il ne défend

pas les guerres qui ont de justes motifs. Le meurtre
et le pillage commis hors de ces circonstances sont
expressément défendus ; mais dans des combats,
dans des batailles, il est permis de tuer son ennemi ;
il est permis de s'emparer des richesses trouvées
dans un camp abandonné ou surpris ; dans une ville
prise d'assaut dont les habitants se défendent encore, il est permis de piller et de tuer ceux qui
résistent. Voilà le droit des gens ; voilà le droit
dérivé d'une guerre juste. On nous dit que les chrétiens n'ont aucun droit particulier sur la Palestine ;
ils n'ont point, je l'avoue, un droit de propriété ;
mais ils ont le droit d'en faciliter l'accès aux fidèles,
droit qu'on ne peut leur contester, à moins qu'on
ne reconnaisse un droit contraire chez les barbares
musulmans. Mais, si malgré la possession des chrétiens avant l'invasion des sarrasins, les turcs sont
devenus, peu de temps après, les souverains légitimes des saints lieux, ils le sont aujourd'hui de
Constantinople, et de toutes les parties de la Grèce
qu'ils ont asservie à leur puissance despotique. Les
grecs ne sont plus que des rebelles indignes d'exciter la commisération des honnêtes gens ; et ceux
qui ont souscrit pour hâter leur délivrance sont des
fauteurs de rebellion. Nous sommes loin de partager
cette dernière opinion ; nous faisons des vœux pour
la délivrance des malheureux Hellènes ; mais qu'on
pardonne à nos ancêtres d'avoir fait autrefois pour
des catholiques ce que l'on fait aujourd'hui pour
les grecs.

1er alinéa de la page 135 — 136.

1. « La politique justifie-t-elle les croisades?
» Peut-on considérer ces expéditions comme dé-
» fensives, comme une digue opposée au débor-
» dement des turcs qui venaient d'inonder l'Asie? »

Nous avons déjà répondu affirmativement dans
les observations précédentes, et nous nous félicitons de partager en cela l'opinion du chancelier
Bacon cité par l'auteur, et des écrivains recommandables qui ont écrit sur cette matière.

2. « On répond qu'une juste défense suppose une
» agression actuelle ou imminente ; il ne suffit
» pas que le Coran déclare la guerre à l'Evangile,
» il faut des hostilités réelles qui mettent en péril
» la croyance et les possessions des chrétiens. »

Quoiqu'en dise l'auteur, la Palestine appartenait aux chrétiens avant l'invasion des sarrasins,
ceux-ci après leur conquête maltraitèrent les pèlerins catholiques qui se rendaient à Jérusalem ; ils
menaçaient par leur attitude évidemment hostile
tous les pays qui pouvaient être à leur bienséance;
tout faisait craindre que lorsqu'ils seraient assez
forts, ils ne fissent de nouvelles irruptions en
Occident. Le Coran lui-même leur imposait l'obligation de s'agrandir et d'étendre l'empire du
croissant, et l'on ne peut douter que l'agression
ne fût imminente ; elle était plus qu'imminente,
puisqu'elle avait eu lieu. Il n'y a que la mauvaise

foi philosophique qui puisse aujourd'hui la considérer comme problématique.

3. « Les croisades eussent été légitimes dans les
» deux premiers siècles de l'islamisme, lorsque
» les arabes, après avoir envahi l'Asie occidentale
» et le nord de l'Afrique, inquiétèrent l'Italie et
» pénétrèrent dans le cœur de l'Espagne et de la
» France, mais au temps des croisades aucune
» invasion ne menaçait la chrétienté. »

Comment ? Parce que les musulmans affaiblis
ne faisaient point de nouvelles tentatives contre
les possessions des chrétiens ; il était injuste de
profiter de cette faiblesse pour recouvrer ce qu'ils
avaient enlevé. Il fallait les laisser en possession
de l'Espagne, d'où ils ne furent entièrement expul-
sés que sous le règne de Ferdinand et d'Isabelle ;
il fallait leur laisser la possession des saints lieux,
en attendant qu'ils eussent recouvré assez de force
pour s'emparer de toute la Grèce, qu'ils conquirent un peu plus tard, de la France, de l'Italie,
et de la ville de Rome..... En politique il n'est
pas injuste de profiter de l'affaiblissement d'un
usurpateur pour recouvrer ce qu'il a conquis dans
d'autres temps. Or, les tartares n'avaient-ils pas
usurpé sur les chrétiens l'Afrique, l'Egypte et la
Palestine ?

4. « Non-seulement les turcs n'étaient point sortis
» de l'Asie, mais les divisions intestines les met-
» taient hors d'état d'entreprendre une guerre
» extérieure. Plusieurs émirs s'étaient rendus indé-

» pendants, et les forces des sultans s'épuisaient
» contre les rebelles. »

Les musulmans, on le sait, appartenaient à plusieurs nations différentes ; mais ils avaient la même
religion, les mêmes principes, et le même esprit
d'agrandissement. Les turcs n'étaient pas plus éloignés que les autres de cet esprit de conquête, puisqu'ils s'étaient étendus dans l'Asie, s'étaient emparés de l'Egypte et de la Palestine, et que plus
tard ils avancèrent dans l'Europe. Si dans le temps
des croisades ils étaient divisés entre eux et hors
d'état d'entreprendre une guerre extérieure, il
n'entrait pas moins dans leurs lois et dans leur
religion de profiter des premières circonstances
favorables pour s'emparer des pays qui pourraient
être à leur bienséance ; c'était alors en bonne politique que les croisés devaient diriger leurs efforts
pour éloigner ces barbares ambitieux et reconquérir les lieux saints.

5. « La seule croisade qui paraisse conforme
» aux lois d'une sage politique est la troisième
» contre Salah-Eddyn, dont le génie guerrier et
» les rapides conquêtes épouvantèrent les chré-
» tiens ; encore peut-on objecter que ce prince
» était loin de Constantinople ; qu'il lui restait à
» subjuguer toute l'Asie mineure et à traverser le
» Bosphore, entreprise hardie, qui peut-être excé-
» dait ses forces ou n'entrait pas dans ses projets ;
» car, en courant à de nouvelles conquêtes, il eût
» risqué de perdre les anciennes. »

On nous accorde cependant, avec la restriction

du doute, que la troisième croisade dirigée contre Salah-Eddyn fut plus conforme aux lois d'une sage politique ; cet homme, dont le génie guerrier et les rapides conquêtes épouvantèrent les chrétiens, pouvait leur inspirer des craintes assez bien fondées pour légitimer une croisade ; cependant, ajoute-t-on, ce prince était loin de Constantinople, il lui restait à subjuguer toute l'Asie mineure et à traverser le Bosphore ; peut-être cette entreprise excédait ses forces, etc. Il fallait donc, pour que les croisades fussent légitimes, que les croisés fussent assurés d'être écrasés par les barbares ; la guerre dirigée contre eux ne pouvait être juste qu'autant que le résultat nécessaire du combat devait être l'anéantissement des guerriers chrétiens, et tandis que les princes les plus religieux, je dirai même les plus scrupuleux, ont toujours profité de la faiblesse de leurs ennemis pour obtenir la réparation des dommages qu'ils en avaient reçus, la philosophie considère comme injuste une guerre qui tendait à secourir les fidèles, à recouvrer les lieux saints, et à repousser loin de l'Europe cette puissance barbare à qui sa religion fait un mérite de ses meurtres et de ses rapines.

CULTE (*philosophie religieuse*). P. 206—234. —
KÉRATRY.

1ᵉʳ alinéa de la page 209 — 210.

« Ce n'est pas seulement au corps ou à l'esprit

» que le culte doit parler ; il faut que par ses for-
» mes il se saisisse de l'ensemble de notre être ;
» de là il est facile de reconnaître que l'état d'ado-
» ration perpétuelle est impossible à soutenir, et
» que par conséquent le quiétisme, l'ascétisme,
» et la vie purement contemplative à laquelle on
» soumet des créatures d'une intelligence quelque-
» fois très - bornée, n'ont rien qui réponde aux
» besoins de l'homme social, tel que la Providence
» l'a voulu. »

L'auteur prétend ici, car il est bon d'expliquer
sa pensée qui ne pourrait pas être saisie par tous
les lecteurs, l'auteur prétend, disons-nous, que,
pour qu'un culte soit bon, il faut qu'il convienne
aux mœurs, aux habitudes, aux inclinations de
tous ceux qui l'embrassent. Cette idée est d'abord
fausse, puisque, lorsque les apôtres prêchèrent
l'Evangile aux nations, ils détruisirent les mœurs
et les habitudes corrompues des païens, et forcèrent
les nouveaux chrétiens à renoncer à leurs inclinations, et à embrasser avec joie les souffrances et
l'ignominie de la croix. Mais il faut du moins qu'il
soit possible de pratiquer un culte pour qu'il puisse
être admis. Or, nous dit-on, le quiétisme, l'ascétisme, la vie contemplative, sont impossibles ;
d'où l'on tire la conséquence que le culte catholique qui les admet ne peut être le culte du genre
humain. Que de choses on peut répondre à cet
argument ; les idées se pressent en foule ; il ne
reste que l'embarras de les coordonner, et de
les présenter dans un ordre méthodique !

Et d'abord nous devons élaguer des doctrines admises par l'Église catholique le quiétisme, opinion bizarre inventée par Molinos, soutenue par Mme Guyon, et blâmée avec tant de force et de talent par l'immortel Bossuet. Du reste rien de plus aisé que le quiétisme ; il consiste à se monter l'imagination, et à réduire toutes ses pensées à un seul objet, à Dieu, que l'on dégage même de tous les accessoires nécessaires de la religion et des croyances les plus essentielles. Ainsi, en ce qui concerne l'intelligence et l'adoration, le quiétiste ne pensera qu'à Dieu, n'adorera que Dieu, sans penser à la Trinité et aux trois personnes divines ; ainsi N.-S. Jésus-Christ qui nous a rachetés au prix de son sang, le Saint-Esprit qui nous a sanctifiés, et qui nous inspire tous les bons sentiments dont nous pouvons être pénétrés, n'entreront point dans l'âme du quiétiste ; mais si une fois il se croit parvenu à ce degré de perfection, alors tout lui sera permis ; les plaisirs les plus grossiers, les actions les plus infâmes et les plus criminelles ne seront point répréhensibles à ses yeux, et ne diminueront pas même sa perfection. Voilà la doctrine des quiétistes, foudroyée par le sublime Bossuet. On voit suffisamment par ce que nous venons d'exposer que telle n'est pas la croyance des catholiques.

Il resterait l'ascétisme et la vie purement contemplative ; et ici nous conviendrons avec l'auteur que ce genre de vie est non-seulement approuvé par l'Eglise catholique, mais qu'il est honoré et loué par elle. C'est le véritable état de perfection

auquel l'homme puisse atteindre sur cette terre de
misère et de péché ; mais, pour que cet état dût
être banni du culte , il faudrait ou qu'il fût exigé
de tous, ou qu'il fût impossible à ceux qui l'embrassent.

Mais il n'est point exigé de tous, puisque l'Evangile renferme des préceptes pour le commun des
fidèles , et que les conseils de perfection ne sont
donnés que pour ceux qu'une vocation particulière
appelle à une vie plus parfaite. Il est, nous dit
l'Ecriture , des demeures de différents degrés dans
le royaume des cieux ; il y a donc différents degrés
de perfection sur la terre : ainsi les uns , en conservant leurs richesses , pourront se marier, avoir
des enfants ; et en observant les commandements
de Dieu et de l'Eglise , et les devoirs de l'état qu'ils
auront embrassé, ils mériteront, dans l'exercice des
vertus faciles à pratiquer, une place dans le ciel.
D'autres , les prêtres du Seigneur , se voueront au
célibat , et, avec une vertu supérieure à celle des
laïques, ils obtiendront la couronne céleste , quoiqu'ils ne fassent point vœu de pauvreté ou d'obéissance aveugle. D'autres renonceront à toutes les
douceurs de la vie, et abandonneront leurs propriétés ; d'autres enfin se voueront à la vie la plus aus-
tère , et n'auront dans ce monde d'autre plaisir que
celui de penser à l'éternité bienheureuse. Sans doute
ces différents degrés de vertu ne peuvent être acquis
qu'à l'aide de la grâce de Dieu , que le tout-puissant
distribue à son gré, comme les talents dont il est
parlé dans l'Evangile ; mais ces grâces sont plus ou

moins abondantes, et le mérite doit être propor-
tionné à ces mêmes grâces : Dieu exigera plus de
celui à qui il aura donné plus.

Mais cet état de perfection est-il absolument impossible à ceux qui l'embrassent ? Sans doute il
serait impossible à l'homme dépourvu de la grâce
de Dieu ; sans cette grâce, il ne pourrait même pratiquer les vertus les plus communes ; avec la grâce,
l'homme peut faire les choses les plus extraordinaires ; il peut, comme saint Siméon - Stylite,
demeurer quarante jours sans manger ni dormir ;
il peut faire les miracles les plus étonnants ; mais
la contemplation perpétuelle n'est point exigée de
Dieu, quoique l'Ecriture nous dise qu'il faut prier
continuellement et ne jamais se ralentir : *oportet
semper orare et nunquam deficere*. Les théologiens
les plus recommandables pensent que cette prière
perpétuelle n'exclut ni les occupations intellectuelles ou mécaniques, ni les repas, ni le sommeil,
ni les récréations. Il faut élever souvent son cœur
à Dieu, lui offrir toutes ses actions, faire ses efforts
pour se conformer en tout à sa volonté, et lorsque
l'homme s'est efforcé de tout rapporter à Dieu,
quoiqu'il ne puisse toujours y penser, non-seulement son travail, mais le sommeil qu'il goûte est
une prière. Philosophes orgueilleux, laissez aux âmes
simples et aimantes leurs extases et leur contemplation ; puisque vous ne voulez pas les imiter dans
leur foi et leurs efforts, ne leur enviez pas les
secrets plaisirs que leur procurent leurs mortifications et leurs sacrifices !

1ᵉʳ alinéa de la page 110.

1. « Les idées religieuses et leur développement
» ne sont qu'un fruit de la société, il y aurait
» ignorance ou mensonge à les placer ailleurs. »
Voilà donc la religion qui nous élève jusqu'à
Dieu, traitée d'après les principes philosophiques;
le culte n'est plus un hommage rendu au créateur
par la créature; ce n'est plus un commerce de
grâces de la part de Dieu, et de prières de la part
de l'homme; c'est une invention humaine destinée
tout au plus, à rendre les hommes vertueux, et à
assurer leur bonheur dans ce monde.

D'après M. Kératry, c'est la société qui, sentant
le besoin d'une religion, en a conçu l'idée et l'a
développée plus tard; ainsi plus de premier homme
plus de Genèse, plus de livres saints, plus d'Evangile.
Tout cela est d'invention humaine, et destiné seulement à mettre un frein aux passions du peuple.
C'est là que se trouve la vérité, ajoute l'auteur,
et il y aurait ignorance ou mensonge à la placer
ailleurs. Eh bien! malgré le démenti que M. Kératry
nous donne d'avance, nous lui dirons que l'anacho-
rète, habitant seul les déserts, est plus religieux
que l'homme qui vit dans le monde dans l'exercice
de toutes les vertus communes; qu'il acquiert plus
de mérite devant Dieu, et qu'un plus grand bonheur lui est réservé dans le ciel. Nous dirons bien
plus : cet homme, privé de tout, ne se livrant à
aucun plaisir, couvert d'un cilice, dormant sur la

terre, ne mangeant que des légumes sans huile,
et ne buvant que de l'eau, est plus heureux, même
dans ce monde, que le riche voluptueux assis au
milieu d'une cour nombreuse, ne sortant de son
palais que dans un magnifique carosse, et jouissant
de tous les plaisirs de l'esprit et des sens. Ce que
je viens de dire est un paradoxe pour la philosophie, mais n'en est pas moins plein de vérité.

2. « La vie du cloître est une soustraction faite
» à la moralité de notre être, puisqu'elle en re-
» tranche les rapports avec nos semblable ; rapports
» qui sont évidemment une source et un motif
» de piété. »

L'auteur suppose ici que l'homme a été créé
pour l'homme, c'est une erreur ; il a été créé pour
connaître, aimer et servir Dieu dans les différentes
positions où sa vocation l'a placé. C'est la Providence qui règle l'ordre de l'univers physique et
moral ; c'est elle qui destine les uns à la société,
les autres à la solitude, et cet ordre n'est troublé
que lorsque la sagesse humaine, voulant réformer
les desseins de Dieu, ne s'attache qu'au bien apparent de la société, sans laisser à Dieu le choix des
âmes qu'il destine à une vie plus parfaite.

3. « L'autel peut se dresser au fond de la solitude,
» nous ne le contestons pas, encore faudra-t-il,
» avant que l'encens fume, y apporter l'offrande
» de sentiments ou de souvenirs puisés dans la vie
» sociale. »

Ici l'auteur semble convenir que l'on peut dans
la solitude s'occuper de la religion. Je dis plus, c'est

dans la solitude que l'on s'en occupe d'une manière
plus spéciale. On y apporte, nous dit-il, l'offrande
de ses sentiments, ou des souvenirs puisés dans la
vie sociale ; oui, on y apporte cette offrande, mais
comme un sacrifice que l'on fait à Dieu. St. Jérôme
dans le désert, tourmenté par le souvenir de pareils
sentiments, en témoignait à Dieu sa douleur. Il
craignait les tourments de l'enfer destinés à ceux
qui se livrent sans ordre à ces penchants puisés
dans la vie sociale. Ses efforts pénibles lui obtinrent
une couronne dans le ciel. Mais combien moins
il aurait eu à souffrir pendant sa vie, si, élevé
loin du monde corrompu, il n'avait pas eu à chasser
continuellement de son esprit le souvenir de la
société romaine ! Combien plus grand est le bonheur
de ces âmes simples qui, retirées dans la solitude
dès le printemps de leur vie, sont dégagées de
toute pensée de plaisir terrestre, et qui s'élèvent
d'autant plus dans la contemplation des divines
beautés, qu'elles sont plus simples et plus igno-
rantes des choses de la terre !

§ 2. — *Le culte ne doit blesser aucun sentiment
naturel.*

Cette pensée est développée dans les passages
que nous allons mettre successivement sous les yeux
du lecteur. Nous nous efforcerons de montrer combien elle est fausse, et de prouver la vérité de la
proposition contradictoire.

Dernier alinéa de la page 210 — 211.

1. « L'offrande et la prière sont les deux formes
» spéciales du culte ; à bien dire, elles en sont
» tout le langage. Le culte a commencé par la
» prière ; celle-ci ayant été inefficace ou repoussée,
» l'homme se sera souvenu de sa propre nature ,
» et, remarquant le pouvoir des présents sur ses
» déterminations , il aura déposé des dons auprès
» de l'autel ; ce en quoi on pourrait l'accuser d'avoir
» fait descendre la Divinité jusqu'à lui , au lieu de
» s'élever jusqu'à elle , si dans cet acte ne se trouvait
» la privation , premier et essentiel caractère du
» sacrifice. »

L'offrande et la prière sont les deux formes
spéciales du culte , et en sont tout le langage. Ceci
est rigoureusement exact. Le culte a commencé
par la prière , c'est encore vrai , puisque le premier homme , chassé du paradis terrestre ; par un
Dieu jaloux , mais compatissant à nos misères , a
dû, après avoir éprouvé sa justice et sa miséricorde,
plein de confiance en sa bonté , lui exposer ses
besoins , et lui demander son assistance. Cependant
on pourrait peut-être dire avec fondement que , si
le sacrifice n'a pas précédé la prière , il a dû la
précéder. En effet l'homme , étant placé au milieu
d'un séjour de délices , où tout ce qui pouvait lui
être non-seulement nécessaire mais agréable se trouvait en abondance , n'avait pas de besoin , et n'avait
ou ne croyait avoir rien à demander à Dieu ; mais

un sacrifice lui était imposé, celui du désir qu'il aurait de manger du fruit de l'arbre de la science du bien et du mal. Ne parlons pas de ce sacrifice imposé à l'homme innocent pour lui fournir une occasion de mérite. Nous convenons qu'après sa chute, l'homme dut d'abord s'adresser à Dieu par la prière ; mais ce ne fut pas parce que cette prière fût repoussée ou inefficace ; ce ne fut pas en remarquant le pouvoir des présents sur ses propres déterminations, que l'homme fit à Dieu des sacrifices ; mais ce fut parce que Dieu lui-même les exigea comme un hommage rendu à sa toute-puissance. Les sacrifices d'Abel furent reçus de Dieu avec bonté, ceux de Caïn furent rejetés, parce que les premiers étaient offerts par un cœur pur, et les seconds par un cœur ulcéré par la haine et par la jalousie. Plus tard on voit Abraham faire des sacrifices à Dieu ; on voit Moïse en imposer aux israélites, et ces sacrifices subsistent jusqu'à ce que le Fils de Dieu s'offrant lui-même comme victime, et mourant pour nous sur la croix, abolit les hosties sanglantes pour faire place aux sacrifices de paix et d'amour.

En sacrifiant à Dieu on ne lui donne rien, puisqu'il a tout créé, et que nous n'avons nous-mêmes aucun droit sur les choses dont nous n'usons qu'autant qu'il veut bien nous l'accorder. Mais, comme le dit l'auteur vers la fin du passage que nous venons de reproduire, l'idée de sacrifice emporte celui de privation. Comme c'est par le défaut de privation que le premier homme perdit son inno-

cence ; comme J.-C. dans sa vie mortelle a voulu
vivre dans une privation absolue, nous sommes
appelés à nous priver aussi tous des choses défen-
dues, d'autres en petit nombre des choses permises;
et ce sont ces différents degrés de privation qui,
ajoutés aux différents degrés de ferveur dans la
prière et dans la charité, forment le plus ou moins
de perfection dans les hommes qui ont embrassé
la religion de J.-C.

2. « Au reste l'offrande a débuté par être simple
» et modeste, comme le besoin dont elle était
» l'expression. Quand les esprits se sont aigris par
» la lutte des intérêts, quand les vœux ont eu
» l'audace d'attaquer ce que le ciel avait mis sous
» la sauve garde des affections douces et tendres,
» la piété en se dénaturant est devenue cruelle à
» son tour. Au lait, au miel, aux fleurs et aux
» fruits, ont succédé des victimes. »

Voilà encore une origine philosophique donnée
par M. Kératry. Malheureusement pour cet auteur,
cette origine n'est pas la vraie. L'homme par sa
désobéissance avait été condamné à la mort, il
avait besoin d'une victime qui pût le racheter de
son péché, et lui rendre des droits au ciel qu'il
avait perdus par sa faute. Un rédempteur lui avait
été promis, mais il devait s'unir d'intention au
sacrifice de ce rédempteur; et ne pouvant disposer
de sa vie, il devait sacrifier des animaux dont le
sang versé en l'honneur de la divinité devait être
à la fois une reconnaissance du pouvoir que Dieu
pouvait exercer sur lui, et une figure du sang qui

serait versé dans la suite des temps par le fils de
Dieu fait homme pour le salut du genre humain.
L'Ecriture Sainte ne parle pas de sacrifices offerts
par Adam. Mais nous voyons Abel le plus doux
des hommes immoler les prémices de ses agneaux,
tandis que le cruel Caïn n'offrait que des fruits
sur l'autel du Seigneur. Ce n'est donc point par
suite de la dégénération de l'espèce humaine que
les sacrifices sanglants furent offerts à Dieu, mais
parce que ces sacrifices, spécialement commandés,
ou tout au moins inspirés, devaient être la figure
de celui que Jésus-Christ consommerait lui-même,
en offrant son corps au supplice de la croix, et
son âme à toutes les angoisses qu'il éprouva peu
avant sa passion.

3. « D'une part, il a fallu les immoler ; de l'autre,
» il a fallu recueillir ces dons, les consommer
» même, pour que la puissance qui en recevait l'hom-
» mage ne semblât pas les dédaigner ; et, à défaut
» de la main des femmes et des enfants, plus
» timides que les animaux destinés à la mort, on
» n'a pu se passer d'un sacrificateur en exercice. »

Avant le déluge, et quelque temps après, jusques
à la sortie d'Israël d'Egypte, il n'y avait d'autres
prêtres que les chefs de famille. Dieu se manifestait
d'une manière plus visible que de nos jours, et,
lorsque le sacrifice lui était agréable, il arrivait
souvent qu'un feu envoyé par le tout-puissant con-
sumait la victime sur l'autel. Lors de l'établissement
du sacerdoce chez les juifs, la tribu de Lévi fut
choisie pour prendre soin des choses sacrées, et

la famille d'Aaron fut spécialement chargée des sacrifices. Chez les israélites, les victimes offertes en holocauste étaient entièrement consumées, et l'on ne faisait point comme chez les païens trafic des viandes immolées. Les pères de famille immolaient aussi au temps pascal un agneau qui devait être mangé en famille, debout, un bâton à la main, pour rappeler le passage d'Egypte dans la terre promise, et comme une figure du passage qui devait avoir lieu, lors de la venue du Messie, de l'ancienne loi à la loi nouvelle. Après la mort du Sauveur, les sacrifices sanglants furent abolis, et firent place au sacrifice non sanglant qui a lieu à la messe par le ministère du prêtre.

4. « Ainsi s'est fondé l'ordre des prêtres ; ainsi » se sont-ils emparés d'un ministère, d'abord saint » et officieux, bientôt redoutable ; car dès qu'ils » ont vu le sang rougir l'autel, et l'hostie palpiter » sous le couteau, ils ont compris que, dans ces » signes d'une fin violente, il leur était facile de » simuler une recherche de l'avenir sur lequel on » ne cessait de les l'interroger. »

Nous avons dit que le sacerdoce du vrai Dieu ne fut confié en des mains spéciales que lorsque Moïse, étant descendu du mont Sinaï, donna la loi aux israélites. Ce sacerdoce a existé jusqu'à l'établissement du nouveau sacerdoce par Jésus-Christ. Les sacrificateurs juifs n'ont jamais consulté les entrailles et les palpitations des victimes, d'où l'on doit conclure que le passage que nous venons de transcrire ne peut se rapporter qu'au culte des faux dieux et aux sacrificateurs païens.

Alinéa de la page 211—212.

« Les nécessités nationales se montrant plus pres-
» santes, on a cru que le sacrifice devait avoir
» plus d'éclat ; et de plus grandes douleurs ont été
» traînées au pied de l'autel, puisqu'on a osé y ravir
» le jour à la jeune vierge, à l'enfant au berceau
» et à l'esclave, au nom de Dieu qui, donnant la
» pudeur à l'une, l'innocence à l'autre, promit à
» tous le bonheur et la liberté. »

Ce n'est point au nom de Dieu que l'on immola la jeune vierge, l'enfant au berceau et le captif, c'est au nom de l'ennemi de Dieu, qui, après être parvenu à faire oublier à l'homme son origine et sa fin dernière, lui inspira de lui faire les horribles sacrifices dont parle M. Kératry, *dii gentium dæmonia*, ce passage ne doit donc point être appliqué aux sacrifices offerts au Dieu vivant.

1er alinéa de la page 212.

1. « Ces dégénérations du sentiment religieux
» ont dégradé l'homme quand elles ne l'ont pas
» rendu féroce. On les a vu paraître alors que les
» cultes se sont éloignés de leur simplicité primi-
» tive. La participation des prêtres au temporel
» les a toujours provoquées. »

Ce qui précède ne peut évidemment s'appliquer

qu'aux prêtres païens, et cependant il semble, dans la dernière partie de la phrase, qu'on veuille l'appliquer aux prêtres chrétiens ; eh bien ! nous répondrons que les prêtres juifs et les prêtres chrétiens sont ceux qui se sont le moins occupés d'affaires temporelles. Nous dirons bien plus : chez les romains le chef de l'état était en même temps le chef de la religion. Romulus et ses successeurs furent souverains pontifes. Après l'abolition de la royauté, le souverain pontificat fut considéré comme une des premières magistratures de la république. Chez les grecs les prêtres étaient tout-puissants, puisqu'au moyen de leurs oracles ils dictaient des conditions de paix, excitaient à la guerre, et disposaient de la liberté des villes. Les prêtres païens, avons-nous dit, furent les seuls qui immolèrent des victimes humaines ; ainsi point d'analogie entre nos prêtres et ceux du paganisme.

2. « La religion la plus pure, celle qui par la
» bouche de son divin fondateur ne profère que
» des paroles de paix, sous ce rapport n'a pas tou-
» jours été exempte de reproche. De l'offrande
» mystique du pain et du vin, elle a été conduite
» au sacrifice souvent immoral des plus doux sen-
» timents de la nature, aux fustigations sanglan-
» tes, aux châtiments sans crime, aux réclusions
» sans jugements préalables, actes consentis libre-
» ment, si on le veut, par des créatures douées
» de raison, mais placées sous le charme invinci-
» ble. »

On ne peut concevoir comment un chrétien

quelque peu instruit qu'il soit de sa religion, peut parler comme le fait M. Kératry dans ce passage (1); à l'entendre, c'est le sacrifice de la messe, ou plutôt *l'offrande mystique du pain et du vin* qui serait l'origine des austérités auxquelles se sont voués tant de saints honorés par l'Eglise ; mais reprenons les choses dès le principe, et voyons ce qui a pu amener ces privations et ces austérités :

Jésus-Christ Dieu voulut, en se faisant homme, partager toutes les misères de l'humanité ; fils d'une femme mariée à un homme pauvre, il naquit dans la pauvreté. Une étable fut le palais du roi des rois, et une crèche fut son berceau. Après avoir mené pendant trente ans la vie misérable d'un pauvre artisan, il se livra pendant trois années à l'enseignement de sa doctrine ; et à l'âge de trente-trois ans il se dévoua pour le salut du genre humain, en souffrant dans son esprit et dans son corps des tourments inouis ; enfin il fut flagellé, mis en croix, et donna sa vie pour les hommes ; son Evangile conseille la continence par-

_____

(1) Cette manière de parler ne doit pas étonner de la part de M. Kératry, qui est de la plus profonde ignorance sur ce qui tient à la religion : il demandait par exemple un jour à quelqu'un si tous ceux qui, au séminaire, portaient la soutane avaient le pouvoir de dire la messe. Cette ignorance de M. Kératry est partagée par bien d'autres, on pourrait citer M. Valimesnil qui dit que les maîtres d'école sont chargés d'enseigner le catéchisme et non le dogme; et M. Taill, qui dit que le dogme le plus saint, le plus excellent, est la morale; sans parler de M. Dupin, célèbre par la frayeur que lui inspira le monogramme J. H. S., qu'il attribua aux jésuites J. G. A.

faite, il annonce que ses serviteurs devront prendre part à ses souffrances et porter sa croix. Dès
les premiers temps de l'Eglise on a vu des hommes pousser la mortification au plus haut degré ;
se priver de tous les plaisirs de la vie, jeûner,
se livrer aux plus rudes travaux, et cela pour
avoir un trait de ressemblance de plus avec notre
divin Sauveur. Tout le monde n'est pas appelé à
cet état de perfection, mais puisque les saints
ne nous portent aucun préjudice, puisqu'au contraire ils nous préservent, par leurs mérites et
leurs prières, des fléaux que nous meritons par
nos crimes sans nombre, ne leur envions pas les
les consolations qu'ils éprouvent dans leurs souffrances.

2ᵉ alinéa de la page 212—213.

1 « On est allé plus loin : les ministres du plus fra-
» ternel de tous les cultes ont traîné, en grande
» pompe, vers le bûcher dévorant, pour une sim-
» ple dissidence de doctrine, des malheureux sur
» lesquels la patrie non moins criminellement
» abdiquait ses droits protecteurs, comme si le
» christianisme avait été condamné à la honte d'ab-
» soudre par son propre délire la cruauté de Rome
» antique, et les infanticides de l'africaine Car-
» thage (1). »

_____

(1) A entendre M. Kératry, on croirait que les juges séculiers jugeaient
d'abord les hérétiques et les livraient ensuite au bras ecclésiastique,
tandis qu'au contraire les juges de l'Eglise constataient le crime d'hérésie, et livraient ensuite le coupable au bras séculier, en recomman-
dant toutefois la douceur. J. G. A.

J'accorde à M. Kératry que les peines prononcées autrefois contre les hérétiques étaient beaucoup trop barbares, et par conséquent n'étaient point en harmonie avec la douceur que l'Evangile prêche aux hommes, et dont le divin fondateur de notre religion a lui-même donné l'exemple. Je répéterai même ce que j'ai dit dans le tom. 1er du *Dictionnaire critique*, que ce n'est point par des supplices que l'on doit convertir les infidèles, mais par la persuasion et l'exposition de la doctrine céleste que Jésus-Christ nous a enseignée, et en donnant l'exemple de toutes les vertus; mais je répéterai aussi qu'il est permis à un gouvernement légitime d'établir des lois sévères, la peine de mort même contre les perturbateurs de la société. J'ai dit au mot *Albigeois* que les hérétiques ont eu à se reprocher plus que des opinions erronées, on ne doit donc pas considérer les supplices qui leur ont été infligés comme des sacrifices faits à Dieu, mais comme une peine subie par les ennemis de l'ordre public et les infracteurs des lois civiles.

2. « Il est vrai que les traditions ont placé quel-
» ques excès de ce genre à côté du berceau de
» la race humaine. Des passages de la Bible, en
» confondant notre raison, attestent que ces cruels
» sacrifices n'étaient pas formellement défendus par
» la loi des hébreux. Abraham consentit à verser
» le sang de son fils Isaac sur la montagne de
» Moria. »

On ne trouve dans la Bible aucune trace de sacrifices humains, on trouve au contraire que dans plusieurs endroits les saintes Ecritures parlent de ces sortes de sacrifices comme d'une abomination ; notamment le Lévitique, chap. 18, v. 21, chap. 20, v. 2, Deut., chap. 12, v. 29, et suivants, chap. 18, v. 22, etc. On peut voir à ce sujet : *Lettres de quelques juifs*, par l'abbé Guénée, 3ᵉ partie ; *Lettre* 3, *et réponses critiques* de Bullet, tit. 3, p. 99 et suiv.

Abraham à la vérité consentit à verser le sang de son fils, parce que Dieu lui-même lui avait donné un ordre exprès de le faire. Bien loin de ressembler aux philosophes qui veulent tout examiner même ce qui vient de Dieu, dans la plénitude de sa foi, il ne doutait point que Dieu ne fût le maître de la vie de son fils ; qu'il ne pût lui ordonner de lui en faire le sacrifice ; et il ne doutait pas non plus qu'il ne pût, nonobstant la mort d'Isaac, exécuter la promesse qu'il lui avait faite de le rendre père d'une nombreuse postérité. Abraham est loué de s'être mis à même d'obéir aux ordres de Dieu ; mais l'éternel qui exigeait ce sacrifice arrêta le bras du père prêt à frapper le fils, et prouva par là que, si la foi et l'obéissance lui étaient agréables, il savait se contenter de ces dispositions, et n'exigeait point la consommation du sacrifice.

3. « Saül eut immolé son fils Jonathas pour la » transgression d'un vœu que ce jeune homme » ignorait après la bataille de Becht-Aven, si la » volonté du peuple n'y avait mis obstacle. »

Saül avait fait vœu pour lui et pour toute son

armée qu'on ne mangerait rien jusqu'au soir, et
il avait infligé la peine de mort à celui qui ne
l'observerait pas; ce vœu n'est point approuvé dans
l'Ecriture, et ne pouvait surtout obliger celui qui
n'en avait aucune connaissance. Cependant Jonathas,
absent lorsque la volonté de son père fut proclamée, et à qui elle était absolument inconnue,
pressé par la faim, prit avec sa baguette un rayon
de miel sauvage qu'il rencontra dans un bois. Saül
voulait non l'immoler comme une victime, mais
le punir pour n'avoir point exécuté ses ordres. Cette
punition aurait été le comble de l'injustice, aussi
le peuple, qui connaissait l'ignorance où était Jonathas du vœu et des ordres de Saül, s'opposa à ce
que son fils fut mis à mort; on ne peut trouver
rien là qui ressemble à un sacrifice de victimes
humaines.

4. « Il est remarquable que le pouvoir sacer-
» dotal n'entra pour rien dans cette résistance, et
» qu'il ne se manifesta pas davantage en faveur de
» la fille de Jephté. »

Le peuple s'opposa à la mort de Jonathas; or,
les lévites étaient une tribu d'Israël qui doit nécessairement être comprise dans cette généralité. Il
ne serait remarquable que le pouvoir sacerdotal
n'entra pour rien dans cette résistance, qu'autant
qu'il se trouverait nommément excepté, ce qui
n'est pas.

Quant à la fille de Jephté, ce chef d'Israël avait
encore fait un vœu imprudent, celui d'immoler
la première chose qu'il rencontrerait; sa fille court

au-devant de lui pour le féliciter, et se trouve ainsi la victime désignée au sacrifice que devait offrir son père. On voit dans l'Ecriture que la fille de Jephté demande à son père la permission de pleurer pendant quelque temps avec ses amies ; mais on ne voit nulle part qu'elle ait été immolée, encore moins que le souverain pontife ait prêté ses mains à ce sacrifice. Les interprêtes prétendent que la fille de Jephté ne perdit pas la vie, mais voua à Dieu sa virginité, et que par ce moyen elle accomplit le vœu de son père. Ces auteurs fondent leur opinion sur ce que les israélites espérant que le Messie naîtrait de leur nation, les femmes juives regardaient comme un grand malheur de ne pas devenir mères.

1er Alinéa de la page 213—214.

I. « Comme presque tous les cultes des temps » primitifs, le culte judaïque a eu le désavantage » extrême de familiariser son peuple avec le spec- » tacle du sang versé. Cette vue est toujours con- » tagieuse, qu'importe que la coignée frappe le » porc immonde, ou la blanche génisse. Si la vie, » ce don céleste, s'échappe, avec la liqueur qui » en est l'aliment, au milieu des tortures d'une » lente agonie, si des gémissements arrivent à » l'oreille, et si le cœur des néophytes cherche » peut-être des émotions qu'il devrait repousser. »

Nous ne disconviendrons point de la supériorité du culte actuel sur le culte ancien, c'est-à-dire sur

celui des juifs ; car celui des païens était un outrage
au vrai Dieu, au lieu d'être un moyen de l'honorer.
Le culte de nos jours est un culte de douceur et
d'amour, dans lequel J.-C. renouvelle à la vérité
la mémoire du sacrifice sanglant qu'il a offert pour
nous sur la croix, mais dans lequel il se donne à
nous sans effusion de sang, et ne produit dans le
cœur de ceux qui le reçoivent avec de bonnes
dispositions, que des émotions douces et tendres,
comme le Dieu qui les inspire. Le culte des juifs
au contraire ne pouvait exister que par le sang
des victimes ; mais ce culte était nécessaire pour
rappeler à l'homme sa chute, ses premiers crimes,
et la condamnation à la mort qui en avait été le
résultat. Il était aussi une figure du sacrifice sanglant
que devait offrir J.-C. Du reste chez les juifs on
sacrifiait les animaux, mais on ne se plaisait pas,
comme chez les grecs et chez les romains, à étudier
les entrailles palpitantes, et à leur faire souffrir
une agonie lente et cruelle.

2. « Ici le Deutéronome est en contradiction
» avec lui-même. Il défendit aux israélites de se
» nourrir du sang des animaux, parce que, disait-
» il, *le sang est l'âme de la créature.* A ce titre
» devait-il être davantage permis de le répandre
» sous les yeux d'un sexe paré de sa douceur, et
» en présence d'une génération naissante ? »

Non, il n'y a point de contradiction dans le Deutéronome. Il était défendu aux israélites de manger
le sang, parce que, dit l'Ecriture, il est *l'âme des*
créatures, et de plus parce que cette âme ou cette

vie appartient exclusivement à Dieu : cette prohibition tendait encore à les éloigner de la cruauté,
et à leur faire sentir le prix de la vie, même
dans les animaux. Il ordonnait des sacrifices sanglants pour montrer que cette vie si précieuse
n'était rien devant l'Eternel qui l'avait donnée,
pour rappeler en outre l'énormité des péchés de
l'homme, puisque, pour satisfaire à la divinité,
il était nécessaire de répandre le sang que la loi
considérait en quelque sorte comme sacré, puisque
ce sang des animaux était d'ailleurs insuffisant, et
n'était que la figure de celui que devait verser notre
divin rédempteur.

3. « Quand l'autel n'est plus qu'une oblation,
» la piété s'enfuit, et alors à qui s'adresseront d'un
» pôle à l'autre les supplications de l'infortune ;
» car ce ne sont pas des Jaël et des Judith qui
» seront les consolatrices du genre humain. »

La première loi est une loi de rigueur et non de
consolation. Les sacrifices étaient des expiations,
et la consolation ne pouvait se trouver que dans
l'espérance d'un rédempteur à venir. Jaël et Judith
délivrèrent le peuple de Dieu, en donnant la mort
au chef de l'armée ennemie. Ces actions qui paraissent aujourd'hui barbares furent dans le temps où
elles eurent lieu des actes d'héroïsme. Sous la loi
de rigueur, tout dut être sévère ; aujourd'hui
l'Evangile, en nous donnant une loi de grâce et
d'amour, a adouci nos mœurs et nos habitudes.

1ᵉʳ alinéa de la page 2¹4.

1. « Félicitons-nous de ce que le christianisme,
» arrivant en son temps propre, a mis fin à cet
» appareil hideux. Non-seulement, pour combler
» le vide que le judaïsme laissait entre le ciel et
» la terre, il nous a parlé avec netteté d'une autre
» vie, non-seulement il a ouvert une large porte
» à l'espérance, mais il a encore permis aux yeux
» de s'arrêter sans effroi sur l'autel. »

Sans doute on doit se féliciter avec l'auteur de
ce que le christianisme nous a parlé avec *plus de
netteté* d'une autre vie, de ce que l'espérance du
bonheuréternel nous a été plus clairement inspirée,
et de ce que les sacrifices sanglants ont été abolis.
Nous devons enfin nous féliciter d'être nés sous la
loi de grâce et d'amour, plutôt que sous la loi de
rigueur. Mais, je le répète, la nouvelle loi ne
pouvait convenir aux premiers hommes, et la
sagesse de Dieu a amené un nouvel ordre de choses,
lorsqu'il a jugé dans ses décrets éternels que cet
ordre nouveau pouvait convenir à l'humanité. Ainsi
au lieu de nous récrier contre les sacrifices sanglants,
contre la dureté du peuple juif, bénissons la sagesse
divine de nous avoir placés dans une période de
siècles plus conforme à la douceur que nous professons.

2. « Nous n'ignorons pas qu'il (le culte chrétien)
» est accusé d'attrister l'existence et de plonger l'âme
» dans le deuil par la majesté sombre de ses temples,

» de ses chants, de ses fêtes , et bien davantage
» par les menaces dont ses ministres se sont
» montrés prodigues. A ce reproche fondé , sous
» plus d'un rapport, nous répondrons, l'Evangile à
» la main , qu'il y a en ceci altération de la pensée
» première. »

Le culte chrétien a des fêtes de deuil et des
fêtes de joie. Il rappelle à certains jours marqués
les souffrances et la mort du Sauveur : ces fêtes
doivent être tristes, comme le sujet qu'elles rappellent. Nous ne saurions trop nous pénétrer de ce
que notre rédemption a coûté de larmes et de sang
à un Dieu qui s'est fait homme pour pleurer,
souffrir et mourir dans l'unique but de nous
entraîner avec lui dans un séjour de gloire qui nous
était destiné , et que notre premier père avait perdu
par sa désobéissance. Les fêtes de joie sont , il faut
en convenir , bien plus nombreuses que les fêtes
de deuil , et celles-là sont destinées à nous rappeler
les succès de la mission du Fils de Dieu , sa glo-
rieuse résurrection trois jours après sa mort, son
ascension qui a ouvert les portes du ciel à un nombre
infini de saints personnages qui gémissaient dans
les limbes , en attendant leur délivrance. La descente du saint esprit sur les apôtres qui a en quelque
sorte apporté le complément à l'établissement de
la religion chrétienne, en donnant aux disciples
envoyés par J.-C. les talents, la force et le courage
nécessaires pour accomplir le grand œuvre qui leur
était confié.

Nos temples , nos chants, nos cérémonies , sont ,

dit-on, trop majestueux, et inspirent la tristesse.
Faut-il donc, pour honorer l'éternel, des danses et
des festins, des billets et une musique bruyante,
comme dans les représentations de l'opéra, et est-ce
trop commander aux hommes que d'exiger d'eux,
dans le temple du Dieu trois fois saint, le recueillement, l'attention, le silence, que l'on observe
dans les cérémonies des rois ? Le culte chrétien
est grave, cela est vrai, mais il ne faut point confondre la gravité avec la tristesse. On peut être
triste dans une assemblée tumultueuse, au milieu
des divertissements où il y a le moins de décence
et le moins de réserve ; et l'on peut au contraire
trouver le bonheur dans un temple gothique, dans
l'obscurité d'une nef éclairée seulement à travers
des vitraux antiques et chargés de peintures. C'est
dans ce lieu de recueillement que l'homme dissipé
doit perdre, il est vrai, sa folle gaieté ; mais c'est
là aussi que le malheureux trouve des consolations
à ses maux, et l'espoir de les voir se changer en
un bonheur inaltérable ; c'est là que le juste vient
exhâler devant Dieu son âme embrasée de l'amour
le plus ardent et le plus saint ; c'est là que le coupable attendri se frappe la poitrine, déteste ses
péchés ; c'est de là qu'il se retire déchargé du pesant
fardeau de ses iniquités, et éprouvant au-dedans
de lui un bonheur inconnu que les plaisirs du
monde n'avaient qu'éloigné.

On accuse encore les ministres de l'Evangile de
s'être montrés prodigues de menaces ; mais devaient-
ils garder le silence sur les crimes des hommes,

lorsque leurs augustes fonctions leur faisaient un devoir de leur faire connaître, d'après l'Evangile, que nul ne peut servir deux maîtres, Dieu et le monde ; devaient-ils tolérer ces usures, ces impuretés, ces excès de tout genre punis de la perte de la grâce dans ce monde, et d'une éternité de peines dans l'autre ? Devaient-ils souffrir ces infidélités dans le mariage, ces fraudes dans les relations commerciales, ces plaisirs mondains qui en énivrant les sens disposent à l'impureté et à l'oubli de Dieu. Quelques prêtres, faisant un usage tout au moins imprudent de leurs connaissances, et des distinctions établies par l'Eglise entre la gravité de divers péchés, ont voulu trop préciser la différence entre ceux qui n'exposent qu'à des peines temporelles, et ceux qui méritent des supplices éternels, et Montesquieu, dans ses lettres persannes, fait dire à l'ambassadeur de Perse que, si son maître avait dans ses états des hommes qui enseignassent à ses sujets jusqu'à quel point ils peuvent l'offenser, sans mériter la peine de mort, il les ferait empaler ; et nos encyclopédistes eux-mêmes, dans un grand nombre de leurs articles, notamment au mot *Casuiste*, accablent de toute leur indignation ces casuistes relâchés qui permettent des accommodements avec le ciel.... Que veulent donc ces Messieurs ? Veulent-ils de la douceur ? Mais l'imputation qu'ils adressent aux jésuites d'être relâchés, l'éloge qu'ils font des jansénistes, prouverait au contraire qu'ils sont partisans d'une morale dure et sévère..... Est-ce ce dernier parti qu'ils embrassent ? M. Kératry

27

reproche ici aux prêtres les menaces qu'ils leur font de la justice de Dieu et des peines éternelles. Que ces Messieurs soient donc d'accord avec eux-mêmes s'ils veulent nous enseigner la religion ; et s'ils ne peuvent s'accorder, qu'ils nous laissent la pratique de nos devoirs, l'espérance qui nous soutient, et l'indulgence qui nous console.

3. « Neuves encore, les formes du culte se sont » offertes malléables à l'intérêt qui s'en est saisi, » la bonne foi est forcée d'en convenir. »

On ne sait trop ce qu'entend l'auteur par *ces formes malléables*, *et par l'intérêt qui s'en est saisi*. Nous lui demanderons quelle est la malléabilité du culte qui, à son origine, était fixé par l'Evangile et le décalogue, et qui n'offrait à ceux qui le pratiquaient que des souffrances à endurer, et une mort cruelle à supporter ? Nous lui demanderons quel intérêt avaient les apôtres à abandonner leurs femmes, leurs habitudes et leur patrie, pour courir dans le monde une croix à la main, et pour s'exposer au mépris des hommes, à la haine des prêtres des fausses divinités, et à la mort.

Si l'auteur entend parler des cérémonies qui ont été établies dans les temps où l'Eglise a obtenu une plus grande liberté, ce n'est pas l'intérêt des prêtres qui les a établies, mais la nécessité de donner au culte une majesté qu'il ne pouvait avoir lorsque les persécutions obligeaient les premiers chrétiens à célébrer les mystères dans les creux des rochers, ou dans les tombeaux avec des vases de bois. Dès les premiers temps de cette liberté, les fidèles se

sont empressés d'offrir au clergé d'abondantes aumônes, soit pour augmenter cette majesté, soit
pour fournir au clergé les moyens de vivre d'une
manière indépendante. Peut-on trouver mauvais que
le clergé, qui ne peut s'occuper que du service
de l'autel, y trouve sa subsistance, lorsque la magistrature, le barreau, et, n'en déplaise à ces MM.,
la philosophie, qui se vante de son désintéresse-
ment, trouvent les moyens de vivre dans l'exercice
de leur profession ?

4. « Ensuite, il ne faut pas trop oublier que le
» christianisme dans des jours d'orage, venant ten-
» dre la main à l'espèce humaine, partout foulée
» aux pieds, n'avait à donner que l'asile des cata-
» combes à ses premiers disciples, et le refuge
» d'une sainte mort aux victimes d'une vie usée
» par les proscriptions et les supplices. De là cette
» teinte de douleur restée peut-être trop dominante
» dans ses cérémonies comme dans sa morale. »

Nous avons déjà répondu à ce que l'on vient de
lire dans les observations précédentes ; mais que
M. Kératry se donne la peine d'aller assister à
l'office de sa paroisse les jours de pâques, de l'ascension, de la pentecôte, de la fête-Dieu, de
l'assomption, etc., et il verra si les cérémonies
sont tristes.

2e alinéa de la page 214—215.

1. « En supposant que la grande améliora-
» tion sociale qui s'approche ait, comme nous le

» croyons, une influence sur le christianisme, et
» en adoucisse les formes, encore faudra-t-il qu'il
» conserve des paroles pour la douleur. »

La philosophie nous parle d'une grande amélioration sociale, on en parlait aussi en 1788 et 1789,
et Dieu sait à quoi nous conduisit cette prétendue
amélioration ! Je suis persuadé que M. Kératry,
M. Benjamin Constant, et les autres rédacteurs de
l'encyclopédie, désirent le bien de l'humanité ; mais
s'ils tendent à ce but, qu'ils se contentent d'éclairer
les hommes dans les arts et les sciences qu'ils peuvent posséder ; mais qu'ils se gardent bien de toucher à la religion ou à la politique.... En voulant
réformer la religion, surtout en attaquant le clergé,
ils détruisent la confiance du peuple en leurs pasteurs, ils inspirent des doutes sur les récompenses
ou les punitions éternelles, ils détruisent le seul
frein qui puisse retenir les passions humaines. Bien
loin d'adoucir les hommes, ils les ramèneront à la
barbarie. S'ils touchent à la politique, ils détruisent encore l'amour et le respect des peuples pour
leurs souverains ; ils inspirent le désir non point de
la liberté, but apparent de leurs vœux, mais de
la domination. Ils font mépriser les lois et les
magistrats, et nous conduisent à grands pas vers
une révolution plus terrible que celle que nous
avons vue dans notre enfance. Non, le christianisme
ne peut être changé ; il est aujourd'hui tel que les
apôtres l'ont établi chez les nations, tel que Notre-
Seigneur Jésus-Christ l'a donné dans son Evangile ;
il doit demeurer tel qu'il a toujours été, et il ne

changera point jusqu'à la consommation des siècles.

Non-seulement il conservera toujours des paroles pour la douleur ; mais ces paroles terribles : malheur aux riches, *væ divitibus* ! malheur aux heureux de la terre ! malheur à ceux qui ne veulent point porter la croix de J.-C ! seront toujours les paroles de la religion. Celles-ci au contraire : heureux ceux qui pleurent, parce qu'ils seront consolés ! heureux ceux qui souffrent persécution pour la justice, parce que le royaume du ciel leur appartient ! seront toujours la consolation des malheureux et des opprimés. Une religion qui adopterait une autre manière de voir, qui consacrerait les plaisirs et les injustices du riche, quoiqu'elle donnât quelques consolations au pauvre, ne serait plus la religion de Jésus-Christ. Je le répète encore : MALHEUR AUX RICHES ! MALHEUR AUX HEUREUX DE LA TERRE !

2. « Nous le demandons : est-il bien certain qu'il » se fût formé un culte sur la terre, si la vie, » s'y consumant dans le délire de la joie, s'était » éteinte sans souffrance. »

Il est incontestable que, si Adam avait conservé son innocence, il aurait vécu dans la joie, et aurait passé sans interruption d'une vie heureuse sur la terre à une vie bien plus heureuse dans le ciel. Or, dans cette hypothèse il y aurait eu certainement un culte, parce que la créature doit toujours rendre ses hommages à son Créateur, et reconnaître son domaine absolu.

Mais dans l'état de choses où nous nous trou-

vons placés après la chute de nos premiers parents, »
les heureux, les dissipés, les hommes adonnés aux
plaisirs, ne pensent point à la religion, et s'ils ne
craignaient point pour eux-mêmes la douleur et les
peines dont ils voient de si terribles exemples chez
leurs semblables, si la crainte de la mort ne les
réveillait de temps à autre de leur assoupissement
léthargique, l'affaire de leur salut, l'unique affaire,
celle de laquelle dépend une éternité de bonheur
ou de malheur, les occuperait fort peu. Mais Dieu
après la dégradation de l'homme a permis, dans
sa miséricorde, que les maux assiégeassent pendant
la vie la misérable humanité, et ces maux sont
devenus tout à la fois la punition de nos offenses,
et un remède pour l'éternité.

§ 3. *Le Culte doit resserrer les liens sociaux.*

1ᵉʳ alinéa de la page 215.

« Voilà des traces d'homme : nous pouvons être
» tranquilles sur notre sort, disait un savant nau-
» fragé en apercevant des lignes de mathématiques
» sur le sable du rivage. Partout où il s'élève un
» temple vers le ciel, l'homme devrait être autorisé
» à dire aussi : à présent je suis certain de trouver
» des frères, et de ne pas manquer de protection. »
Si un étranger aborde chez des chrétiens, il trouvera des frères, il trouvera des hommes qui pratiquent une religion dont le second commandement
consiste à aimer les hommes comme ils s'aiment

eux-mêmes. Qu'aurait-il trouvé chez les païens
qui immolaient les naufragés à leurs fausses divinités?
Qu'aurait-il trouvé chez les gaulois nos ancêtres
avant l'établissement du christianisme ?

1er Alinéa de la page 216—217.

1. « Certes la doctrine régulatrice du culte
» judaïque, dont nous parlions il n'y a qu'un moment,
» renferme de beaux préceptes de bonté compa-
» tissante , mais l'esprit de nationalité y domine
» par-dessus tout. Si sa morale hospitalière accueille
» l'étranger , c'est toujours comme étranger qu'elle
» le protège , car il ne comptera jamais dans la
» famille. De Dan à Bersabée , on ne saurait pré-
» tendre au droit de communauté civile ou reli-
» gieuse, que l'acte de naissance à la main : on peut
» cesser d'être l'un des fidèles , d'aucune manière
» il n'est permis de le devenir. »

Les juifs étaient le peuple le plus hospitalier de
l'univers. Ils recevaient les étrangers avec bonté, ad-
mettaient même à la circoncision ceux qui désiraient
participer à leur culte ; mais ces étrangers ne pouvaient faire partie de la nation , puisque les familles
israélites étaient elles-mêmes distinguées, et que
nul étranger ne pouvait faire partie d'une de leurs
tribus. Le but de cette distinction était de conserver
intacte la tradition des événements anciens , mais
surtout d'assurer la généalogie du rédempteur.

2. « L'héritage promis à un peuple entier n'est
» que le droit d'exclusion de tous les autres. Jacob

» a été supplantateur en naissant ; plus tard il a
» lutté contre l'ange en signe de sa force domi-
» natrice, et on lui a fait une destinée dans le
» partage de laquelle personne ne saurait entrer,
» fût-ce son frère ou l'enfant de son frère. Ainsi,
» avec du judaïsme, n'aurez-vous jamais que des
» juifs : le cercle est profondément tracé, et il ne
» s'élargira pas. »

Il existait avant la venue de J.-C. des promesses
qui ne s'appliquaient qu'aux descendants de Jacob,
et d'autres qui intéressaient toutes les nations. Ainsi
la possession de la terre promise, la promesse que
le rédempteur naîtrait des descendants d'Israël, ne
pouvaient s'appliquer qu'aux juifs ; mais les récompenses éternelles n'étaient point circonscrites dans
le petit cercle dont on vient de parler. Le rédempteur lui-même était promis à tous les hommes quoiqu'il dût naître d'un israélite. Les juifs recevaient
au milieu d'eux des prosélytes admis à la circoncision, et à offrir des sacrifices à la divinité.

Jacob fut supplantateur en naissant, et supplanta
son frère Esaü qui, comme premier né, avait en
quelque sorte des droits acquis à l'exécution en
sa faveur des promesses faites à Abraham et à
Isaac ; et cette supplantation est la figure de celle
qui eut lieu, lorsque le peuple de Dieu fut réprouvé
et remplacé par les nations.

2e alinéa de la page 217—218.

1. « Le Coran a des pages admirables en faveur

» du malheur ; mais il coûte bien peu à ses dis-
» ciples de le faire naître où ils dominent ; elles
» sont empreintes de philantropie , mais il y perce
» un peu trop qu'elles sont tracées à la pointe
» du sabre . »

Ce que l'Alcoran a de bon et d'humain a été tiré
de l'Ecriture-Sainte , puisque l'islamisme n'est qu'une
modification de la religion juive et de la religion
chrétienne , faite dans le but de servir l'ambition
d'un homme : aussi ces pages pleines d'humanité
sont-elles en contradiction avec le précepte imposé
aux mahométans , d'étendre leur religion par la
force des armes.

2. P. 218. — « Le ciel est promis aux croyants,
» la menace est pour l'univers. L'extermination a
» dû marcher à la suite d'une pareille profession
» de foi. Ainsi en sera-t-il de tous les cultes exclu-
» sifs , ils ne pourront jamais triompher sur la
» terre, que pour la plus grande douleur de l'espèce
» humaine. Ce caractère n'est certainement pas
» celui du christianisme , et il ne se serait glissé
» dans le catholicisme que par dégénération. »

*Dans l'islamisme, le ciel est promis aux croyants,
la menace est pour l'univers.* Ce n'est pas ce qu'on
doit blâmer dans cette religion , parce que , si elle
était vraie , ceux qui la pratiquent seraient les seuls
à qui le ciel fût promis , et ils auraient raison de
menacer de la colère divine le reste de l'univers
qui n'adopterait pas leur croyance. Une pareille
profession de foi n'entraîne pas nécessairement avec
elle l'extermination. Les chrétiens aussi ont toujours

été exclusifs ; et c'est en versant leur propre sang,
et non en marchant à la tête des armées, que les
apôtres ont établi leur religion dans l'univers. Ce
culte chrétien a triomphé sur la terre, et au lieu
d'avoir apporté la douleur à l'espèce humaine, il
est venu adoucir les mœurs, calmer les passions,
abolir l'esclavage, assurer enfin le bonheur de
l'humanité.

L'auteur distingue ici entre le catholicisme et le
christianisme, et d'après lui le culte chrétien n'est
pas exclusif, et ce caractère ne se serait glissé
dans le catholicisme que par dégénération. L'Evangile dit bien aussi : *Celui qui croira et sera baptisé
sera sauvé* ; celui qui ne croira pas sera condamné;
et si l'Eglise catholique dit : Hors de l'Eglise point
de salut; ce n'est pas une nouvelle doctrine, il en
a toujours été ainsi depuis l'établissement de la
religion chrétienne.

1er alinéa de la page 218.

1. « Bannissant de l'hyménée la tyrannie, le
» christianisme (car il est venu fonder ici-bas le
» règne de l'égalité), il assure entre les époux des
» égards réciproques, et il invite le ciel à pro-
» longer en leur faveur ce qu'il y a de plus doux
» dans la vie, l'amour même qui a déterminé leur
» choix. »

Il n'y a à reprendre dans ce passage que les
mots qui se trouvent compris dans la parenthèse
(car il est venu fonder ici-bas le règne de l'égalité).

Le mari doit à sa femme de l'amour, des égards, de la complaisance, et sa protection. La femme doit à son mari amour, soumission et obéissance. Voilà les vérités enseignées dans la religion chrétienne. Il n'y a plus tyrannie et esclavage, mais il n'y a pas égalité entre les époux ; pas plus qu'il n'y a égalité entre le corps épiscopal et les simples fidèles. La religion chrétienne a prêché la douceur aux supérieurs, et en cela elle a adouci le sort des inférieurs ; mais elle a prêché à ces derniers le respect et l'obéissance. Voilà la doctrine de J.-C. qui, comme on le voit, n'est pas celle des philosophes.

2. « Qu'eût-il manqué à ce culte, déjà favorisé » par les conjectures qui entourent sa naissance, » pour faire le tour de la terre, pour la conquérir » en même-temps au bonheur et à son Dieu, et » pour la seconder de ses chastes étreintes, d'être » conservé dans l'esprit de charité qui l'a conçu ? »

Et cela ne lui a pas manqué. Depuis la naissance du christianisme jusqu'à nos jours, on a vu et l'on voit encore des hommes apostoliques, par amour pour les hommes qu'ils désirent conduire au bonheur éternel, s'exposer à tous les dangers, au mépris, aux persécutions, à la mort. Si l'auteur entend par charité cette indifférence pour tous les cultes qui porte à les considérer tous comme conduisant au même but, telle n'a pas été la charité de son fondateur, celle des apôtres et des martyrs. Aimer Dieu par-dessus toutes choses, et son prochain comme soi-même, pardonner à nos ennemis, faire du bien à ceux

qui nous font du mal , souffrir avec patience dans la
vue de plaire à J.-C. qui nous en a donné l'exemple,
les persécutions et les injustices des hommes , prier
pour la conversion des pécheurs et des infidèles,
exposer sa vie pour le salut de son prochain ; telle
est la vraie charité , la charité de l'Evangile, la
charité de l'Eglise catholique.

Alinéa de la page 219—220.

1. « Mais si dans le catholicisme d'une partie
» de l'Europe , nous cherchions envain cette sainte
» égalité, cette sainte solidarité de biens et de peines,
» qui a été le but de sa création ; si, des passions trop
» voisines de l'autel entrant en alliance avec celles
» du dehors , il ne suffisait pas à ses ministres d'avoir
» entouré les fonctions du sacerdoce d'une pompe
» prolongée dans la vie civile ; si , des grandeurs
» tout-à-fait mondaines venant à se mêler à celles
» qui sont déjà trop difficiles à expliquer , on était
» réduit à deviner le nom du prêtre parmi les
» titres qui le surchargent , et à chercher la croix
» de l'apôtre sur une poitrine couverte des fastueu-
» ses décorations des cours ; si le char qui trans-
» forme en voluptés la gêne des déplacements
» rendait superflu entre ses mains le bâton pastoral;
» et si enfin la nombreuse livrée de ses anticham-
» bres nous apprenait que nous ne parlons plus
» à notre frère , mais à un prince du temps et
» du siècle , il n'y aurait plus que le pauvre curé
» de village qui serait resté dans l'Evangile. »

Si l'Evangile était interprété judaïquement, nous convenons qu'un curé de village étant plus pauvre qu'un évêque en serait beaucoup plus près, mais le divin code des lois de J.-C. explique lui même qu'il promet le ciel aux pauvres d'esprit, c'est-à-dire à ceux qui vivent détachés des richesses, et qui en font un saint usage, ceux qui sont prets à y renoncer plutôt que d'abandonner le sentier de la vertu. Alors tel curé de village, qui avec son petit traitement cherchera à accumuler, sera certainement moins pauvre que tel archevêque, cardinal et pair de France, qui, distribuant aux indigents la majeure partie de ses revenus, gémit sous la pourpre qui le couvre, et donne la préférence à la croix sur les décorations qui brillent sur sa poitrine. Je l'ai dit ailleurs, les honneurs civils n'appartiennent point au culte catholique, mais ne sont pas défendus à ses principaux ministres : ce sont les princes chrétiens qui, pour honorer la religion, ont répandu sur les princes de l'Eglise les honneurs et les richesses de ce monde; ils ont donné des preuves de piété en les accordant, et les évêques ont donné des marques d'obéissance en les acceptant.

2. « Ainsi serait consommé tout ce qui est au
» pouvoir de l'homme, pour corrompre l'œuvre
» d'une profonde sagesse!... Qu'importerait en effet
» que certaines formes de l'ancien culte se fussent
» perpétuées dans le temple, puisque, son esprit
» ayant disparu, chacun reprendrait à la porte son
» orgueil et son égoïsme? »

La corruption de l'œuvre de la profonde sagesse

n'est point consommée ; les formes du culte catholique sont toujours les mêmes, et son esprit n'a point
changé. Il existe, cet esprit de charité, dans le saint
pape qui gouverne l'Eglise ; il a existé dans ses prédécesseurs, notamment dans les trois derniers. Il
existe dans cet épiscopat français qui a préféré
les persécutions, la pauvreté et la mort, à la fortune qui lui était offerte par les ennemis de la
religion, et qui aujourd'hui saurait faire les mêmes
sacrifices et s'exposer aux mêmes dangers. Il existe
dans ce clergé qui, suivant à la lettre le conseil de
l'Evangile, vit de peu, s'éloigne du monde et de ses
plaisirs, pour gagner ou conserver à Dieu les âmes
de quelques pauvres cultivateurs. Il existe chez ces
missionnaires si abhorrés par les ennemis de la
religion, et chez les enfants de St. Ignace de Loyola,
qui, en bute aux persécutions du deïsme, attendent
avec patience le moment où le roi très-chrétien
qui nous gouverne (1), détrompé sur les imputations
calomnieuses qui leur sont adressées, voudra leur
permettre d'exercer ce ministère de charité, principal but de leurs institutions, en retractant cette
prohibition qui leur est faite d'enseigner aux enfants
la pratique des vertus chrétiennes, l'amour, le respect et l'obéissance envers le souverain.

3. « Nous serions alors autorisés à nous demander
» ce qu'on a fait de cette religion qui pouvait
» devenir le patriotisme de l'univers ? »

---

(1) On voit que ceci était écrit avant la révolution de juillet.

Et nous repondrions : cette religion a été attaquée par les ariens, les nestoriens, les manichéens et un grand nombre de sectes des premiers temps : elle l'a été par les albigeois, les luthériens, et les sectes qui en découlent. Dans le 18e siècle, les philosophes lui ont déclaré une guerre à outrance ; la révolution française a cherché à l'éteindre dans le sang de ses plus dignes ministres. La philosophie de nos jours, plus modérée en apparence que celle du siècle précédent, semble n'en vouloir qu'aux abus, et agit néanmoins avec plus d'acharnement que la première ; mais la religion catholique triomphera toujours des attaques dirigées contre elle, et elle deviendra en effet la religion de l'univers.

4. « Nous demanderions comment elle relâche » aujourd'hui les liens sociaux quelle était appelée » à resserer ; comment elle range les hommes à » droite et gauche ; comment, après les avoir ainsi » parqués par caste, elle creuse entre eux un préci- » pice dix fois plus profond que la vallée qui séparait » les monts Hébal et Garizin ; pourquoi elle croise » ses mains en bénissant Ephraïm et Manassé, si tou- » tefois on bénit Manassé, et pourquoi elle transporte » au pasteur Jacob l'héritage du laborieux Esaü ? »

A cela nous repondrions encore :

1° Que le culte catholique ne relâche pas les liens sociaux, qu'il ordonne au contraire l'obéissance et la soumission aux puissances, tandis que les réformateurs cherchent à inspirer aux hommes un désir d'égalité et de liberté absolue, qui ne pourraient exister que chez des sauvages privés

de toute civilisation; nous dirions encore que
c'est pour resserrer les liens sociaux que les membres
du haut clergé ont accepté les dignités et les honneurs qui leur ont été accordés par les souverains,
et que les philosophes, en cherchant à les en exclure,
font du clergé une classe à part, au lieu de compter
ses membres au nombre des citoyens les plus utiles
et les plus dévoués au bien de leur patrie.

2° Que le catholicisme, qui range à la vérité les
hommes à droite ou à gauche suivant le culte
qu'ils professent, les appelle tous à la droite, et
que ce n'est que par leur faute qu'un certain nombre d'entre eux s'obstinent à se séparer des brebis
pour se ranger avec les boucs; ainsi il n'y a point
de précipice entre eux; la voie est ouverte aux
dissidents pour entrer dans le port du salut. On
ne distingue point dans le bercail les rois et les
sujets, les grands et les petits, les nobles et les
roturiers; mais on distingue les enfants soumis des
enfants révoltés, les chrétiens des infidèles, les
catholiques des hérétiques et des schismatiques;
mais l'Eglise qui condamne les opinions contraires
à l'Evangile, prie pour les personnes; elle les
convie, elle les presse d'entrer dans la salle du festin
de l'agneau.

3° L'Eglise ne transporte pas au pasteur Jacob
l'héritage du laborieux Esaü; J.-C. a par sa mort
donné droit à tous les hommes sur l'héritage
céleste, mais cet héritage ne saurait être accordé
à ceux qui le refusent opiniatrement, et qui
insultent les ministres chargés de le leur offrir.

l'Eglise ne croise plus les mains en bénissant Ephraïm et Manassé, elle bénit les fidèles en demandant pour eux au Seigneur la grâce de la persévérance dans le bien, elle bénit les païens, les juifs, les infidèles, les hérétiques et les schismatiques, en demandant pour eux la grâce de la conversion.

2e alinéa de la page 220.

1. « Le sentiment de la perfection de la morale
» évangélique seul, à bien dire, soutient le culte
» d'une partie de l'Europe au milieu des plus tristes
» écarts. Il parle tellement haut au cœur de l'homme,
» que, malgré les torts d'un catholicisme obstiné
» à rester au-dessous des besoins dont il a hâté
» le développement, ceux là même qui s'agitent
» aujourd'hui pour se créer une religion sur l'o-
» reiller de laquelle ils puissent reposer en paix,
» et qui, non contents de la demander à la nature
» entière, la cherchent au milieu des éclairs de
» l'illuminisme, n'ont pas encore cessé de se rallier
» à ce livre divin. »

L'Evangile est un livre divin, puisqu'il a été donné à l'homme par la divinité elle-même, et qu'il contient la morale la plus sûre et la plus sublime; et que, tandis que les lois humaines ne peuvent convenir qu'à certains peuples et à certain temps, l'Evangile seul est destiné à s'étendre dans tout l'univers, et à régner jusqu'à la consommation des siècles. C'est la loi de tous les hommes et de tous les temps. Il n'y a donc point de différence de lumières, de développement de besoins sociaux, de peuples et de climats, auxquels il ne puisse convenir. L'empire romain l'a adopté, le sauvage du Canada en fait sa principale étude, le français qui n'est point encore corrompu par la cupidité, l'ambition ou la mollesse, le respecte s'il ne le pratique point; mais cette loi universelle ne peut être modifiée. Il faut qu'elle soit exécutée non-seulement dans ses préceptes, mais encore dans ses conseils jusqu'à la consommation des siècles, et le catholicisme seul l'a conservée dans sa pureté et dans son intégrité. On a vu les premiers hérétiques de l'Orient, après avoir changé la croyance de l'Eglise, rentrer peu à peu dans son sein, ou se perdre dans le mahométisme; les albigeois et autres hérétiques des siècles moyens n'appartiennent plus qu'à l'histoire. Bossuet a fait voir dans son histoire des variations que les luthériens premiers réformateurs s'étaient divisés en une foule de sectes, et ces sectes se sont prodigieusement multipliées depuis la mort de ce grand évêque; mais il y a plus : non-seulement elles se sont divisées entre elles, mais elles ont marché à grands pas vers le socinianisme, le déisme et l'incrédulité absolue. Si l'on veut conserver ce code, il faut donc ne point attaquer l'autorité, seule dépositaire de ses croyances, il faut se soumettre à l'Eglise; et comme l'Eglise elle-même ne pourrait se maintenir si elle n'avait un chef, et que ce chef a été désigné par J.-C. lui-même dans la personne de Simon Pierre, premier évêque de Rome, c'est dans le pape successeur

de Pierre que l'on doit reconnaître la pierre fondamentale du monument qui doit nous conserver
cette loi éternelle. C'est dans l'Eglise romaine seule
qu'on peut trouver cette loi dégagée de toutes les
inventions humaines.

2. « Les nouvelles sectes qui se forment en
» Allemagne le prennent pour guide, celles de
» Swedemborg qui, après avoir jeté des racines
» profondes en Suède et en Angleterre, pousse des
» ramifications jusques en France, prétend ne pas
» sortir de l'Évangile. »

Si l'on admet le système de Luther, d'après
lequel chacun est libre d'interpréter l'Ecriture-Sainte
selon ses lumières, il n'est pas étonnant que ceux
qui s'écartent le plus de l'Evangile croient néanmoins s'y conformer.

3. « C'est cette charité chrétienne et philantro-
» pique que de toutes parts on aspire à faire revivre
» dans les formes d'un culte simplifié. D'un pôle
» à l'autre le sentiment religieux est livré à une
» sorte d'inquiétude; mais, nulle part, il ne con-
» sentirait à se détacher de son point d'appui
» primitif; il ne demande plus à raisonner sur la
» foi, mais à offrir son encens à l'être souverain
» d'une manière plus universelle et plus vraie. »

On ne trouvera nulle part la charité chrétienne
poussée à un plus haut degré que dans l'Eglise
catholique (1); on voit, il est vrai, des protestants

---

(1) La charité, ou plutôt la bienfaisance des protestans est toute d'os-
tentation. Il n'y a que les catholiques qui observent à la lettre le précepte
de N. S. J.-C. *Que votre main gauche ignore ce que fait votre main droite.*—
J.G.A.

zélés pour le bien de l'humanité secourir leurs
semblables, payer les dettes des prisonniers, faire
des souscriptions pour donner du pain aux malheureux ouvriers : mais le catholique impartial qui
voit ces bonnes œuvres, en loue la providence,
redouble ses prières en faveur de ses frères égarés,
et espère que l'observation de ce précepte de
l'Evangile qui ordonne au riche de venir au secours
du pauvre obtiendra enfin à celui qui le pratique
l'entrée dans la barque seule impérissable, et la
grâce du salut éternel.

Il existe d'un pôle à l'autre, nous dit-on, une
inquiétude vague relativement aux sentiments religieux, et cela ne peut pas être autrement chez
des hommes qui ne tiennent point au centre de
l'unité. Un certain malaise les avertit qu'ils sont
hors de la voie qui conduit au salut, et comme
Saint-Augustin avant sa conversion, ils cherchent
dans toutes les croyances cette vérité, objet de
leurs désirs; ils sentent qu'ils ne peuvent s'éloigner de l'Evangile; mais ils comprennent aussi que
dans cette diversité de croyances, toutes établies
sur le même fondement, une seule est vraie, une
seule est divine......... Eh bien, qu'ils ouvrent enfin
les yeux, qu'ils recherchent l'origine des sectes,
ils verront que toutes ont découlé d'une Église
mère qui seule a conservé la pureté de sa croyance.
Qu'ils lisent avec attention ces controverses de l'immortel Bossuet, qui opéra pendant sa vie un grand
nombre de conversions; qu'ils lisent la discussion
amicale de M. de Trévern, évêque de Strasbourg;

qu'ils confrontent les ouvrages des catholiques
avec ceux des réformateurs ; qu'ils continuent ces
bonnes œuvres qui les rendent si chers aux catholiques qui gémissent de leurs erreurs, mais qui
sont pleins du désir de sauver leurs âmes ; qu'ils
prient Dieu de les éclairer ; et, nous n'en doutons
pas, bientôt le voile qui leur cache la lumière se
dissipera, ils seront étonnés de trouver au milieu
de nous cette clarté qui les fuit, cette charité qu'ils
veulent pratiquer eux-mêmes, et il n'y aura plus
qu'un seul troupeau et un seul pasteur.

4. « Tout cela est un hommage au christianisme,
» dont le cercle est désormais infranchissable aux
» hommes, puisqu'ils n'ont rien à mettre à la place.
» Tout cela aussi annonce une nécessité à laquelle
» il est temps de se rendre. Les murs du temple
» ont été fondés solidément, c'est le lambris qui
» tombe de pourriture. »

L'homme n'a rien de mieux à mettre à la place
du christianisme ; c'est une vérité d'autant plus
évidente, que Dieu est au-dessus de la faible humanité. Non-seulement l'homme ne peut mettre à la
place rien de mieux, mais ce code divin ne peut
être changé sans que la face de la terre soit
bouleversée. Sans l'Evangile qui nous montre des
récompenses éternelles pour la vertu, des châtiments éternels pour le vice, il ne peut exister d'ordre
dans l'univers. Les crimes et les désordres chez
les rois vaincus plus tard par les romains, les crimes
des empereurs, les assassinats commis sur leurs
personnes, la barbarie des sectateurs de Mahomet,

sont une preuve convaincante de ce que nous avançons, et si l'Evangile cesse d'être pratiqué, ces horreurs se renouvelleront, et la terre deviendra un
repaire de brigands. Mais ce n'est que le catholicisme qui pourra le maintenir, et avec lui la paix
des états, et les bonnes mœurs des peuples. Les
murs du temple ont été fondés solidement, nous
dit M. Kératry, et nous ajouterons : ils ont ét fondés
sur la pierre choisie par le divin architecte Jésus-
Christ. Les lambris de ce temple sacré sont aussi
frais que le jour où ils furent placés, et ce ne
sont que les temples bâtis par des rivaux qui tombent en ruine, quoique plus récemment construits.

5. « Il a eu de beaux moments ; substitué à un
» lambris modeste, il a brillé d'or et de pourpre
» dans des jours de prestige , il a accompli sa
» destinée. »

L'Eglise catholique, dans ses différentes phases
de grandeur et d'humilité , a toujours été la même
quant au pouvoir spirituel. Dans les premiers temps
elle n'a eu d'autre lustre que le courage et le sang
des martyrs répandu pour sa défense. Lorsque la
croix fut placée sur la couronne des Césars, les
hommages des souverains et des grands des nations
firent éclater son triomphe sur les horreurs du
paganisme. Dans le siècle de Louis XIV , les plus
grands génies furent chrétiens croyants , et la
plupart catholiques. Malheureusement le règne du
philosophisme et de l'incrédulité à succédé de près
à ce beau siècle de Louis-le-Grand ; mais on aurait
encore de la peine à compter les hommes à grand

talent qui se sont voués à la défense des vrais principes. L'Eglise, disons-nous, a toujours eu la même
autorité. Dans les divers siècles qu'elle a parcourus,
elle a obtenu divers genres de gloire ; mais, malgré
les attaques réitérées de l'esprit de ténèbres, elle
est toujours sortie victorieuse des luttes qu'elle a
eues à soutenir, et la victoire complète qu'elle
remportera infailliblement sur la philosophie du
siècle des lumières, ne sera pas le fleuron le moins
brillant de sa couronne.

§ 4. — *Le culte doit éclairer les esprits, et marcher
au moins avec la civilisation s'il ne la précède.*

Nous convenons que le culte doit éclairer les
esprits. Mais dans quel sens doit-il les éclairer ?
Il doit enseigner aux hommes tout ce qui leur est
nécessaire pour remplir le but de son divin auteur.
Ainsi la religion chrétienne a été établie par J.-C.,
pour nous apprendre à connaître Dieu, à l'aimer,
à accomplir les devoirs que le tout-puissant exige
de tous les hommes, et à marcher ainsi vers le
bonheur pour lequel nous avons été créés ; le culte
ne s'oppose point aux lumières humaines, mais il
enseigne à les diriger, il enseigne aux hommes la
douceur et la bienfaisance envers leurs semblables ;
mais il ne leur enseigne pas la fausseté et la dissi-
mulation ; il fait marcher les hommes vers la civilisation, mais il cherche à les arrêter lorsqu'ils
descendent vers la corruption. Ainsi le culte catholique a conduit l'esprit humain pas à pas jusqu'au
siècle de Louis XIV ; mais il a condamné la licence

de celui de Louis xv, l'incrédulité de la fin du 18ᵉ
siècle, et l'insubordination du 19ᵉ; le culte chrétien et catholique a donc précédé la civilisation,
mais il a dû arrêter la dégradation qui l'a suivie.

1ᵉʳ alinéa de la page 221 — 222.

1. « Jaloux de la suprématie, le culte, dans
» certaines contrées, a pu tendre constamment à
» arrêter l'essor de la civilisation, ne fût-ce que
» par un sentiment de sûreté personnelle ; il a dû
» se régler ainsi dans tout gouvernement théocra-
» tique ou mélangé de théocratie. »

On voit que ceci ne peut s'appliquer qu'au culte
mahométan, et au gouvernement des sultans. Le
culte catholique n'a jamais cherché qu'à éclairer
les hommes sur leurs véritables devoirs et leurs
véritables intérêts, il n'a rien à perdre à la propagation des lumières; la corruption et les sophismes
de l'incrédulité sont ses seuls ennemis.

2. « Dès que par suite de son imprévoyance, ou
» par la force des choses, le moment arrive où
» la société ne se contente plus de l'état station-
» naire, il ne saurait en obtenir le respect qu'en
» s'accommodant du mouvement qui la travaille. »

L'on sait que la société, comme tout ce qui a
vie dans la nature, est travaillée d'un mouvement
continuel ; de la barbarie, elle monte vers la civilisation ; de la civilisation, elle redescent vers la
corruption qui l'entraîne de nouveau à la barbarie.
La religion chrétienne, ouvrage d'un maître im-

muable doit rester stationnaire au milieu de cette
oscillation continuelle, comme un phare placé entre
des écueils éclaire sans changer de place les vaisseaux battus par la tempête, et entraînés par les
vents et les courants. L'Evangile convient à tous les
temps et à tous les lieux ; l'Eglise est la mère des
fidèles de tous les âges et de toutes les nations ; elle
est immuable dans ses dogmes, comme le divin
époux qui lui a transmis sa puissance.

3. « Il n'a d'autre moyen de le régulariser qu'en
» y participant lui-même ; car il lui sera toujours
» plus facile de s'élever à la hauteur de son siècle,
» que de le faire descendre misérablement jusqu'à
» lui. Au reste, ce mouvement ne serait à craindre
» que par la violence des obstacles demandés à un
» faux système de religion. Si celui-ci était hostile
» contre tous, il aurait bientôt tous contre lui,
» les coups pourraient s'égarer dans la mêlée ; mais
» il n'en serait pas moins victime. »

Nous avons dit, en réfutant le passage qui a
précédé celui-ci, que le culte chrétien avait amené
la civilisation, et qu'il avait dû s'arrêter au point
où la corruption et la dégradation avaient commencé. Dès cet instant le culte a dû être en opposition avec les réformateurs, comme il le fut dans
le principe avec les philosophes païens, et avec les
prêtres des fausses divinités. Alors aussi le culte
était contre tous, il était l'ennemi de tous, il
déclarait la guerre aux passions, objet de l'adoration de tous, et bien loin de périr victime de cette
opposition aux doctrines du genre humain, il s'éleva

victorieux de tous ses puissants adversaires. La
religion a eu ensuite divers combats à soutenir ; les
sectaires qui l'ont attaquée ont cru l'écraser. Le
novateur Luther avait annoncé la chute de l'Eglise
romaine pour un temps qui s'est écoulé. Le protestantisme tombe en lambeaux, et la religion catholique est toujours pure et entière. La philosophie
moderne, qui croit sa chute prochaine, fait déjà
entendre des chants de victoire ; mais cette victoire
lui échappera, et le philosophisme sera lui-même
écrasé sous le poids de son adversaire.

4. P. 22, même alinéa. — « Quand tout s'éclaire
» à nos côtés, le désavantage est trop grand de
» vouloir rester dans les ténèbres. Le ministre des
» aute l tire aujourd'hui sa force de la morale qu'il
» prêche encore plus que du dogme. Ne rougissons
» point d'avouer que la morale a fait d'immenses
» progrès en Europe. Il n'y a pas un siècle d'écoulé
» depuis qu'elle pactisait avec la traite des noirs,
» la haine portée à la nation juive, les persécu-
» tions dirigées contre les protestants, et les for-
» tunes amassées par les aveugles largesses des
» princes. »

Si les protestants s'éclairent, ils ne sont pas encore parvenus à la vraie lumière ; excepté toutefois
ceux qui ont abjuré leurs erreurs pour rentrer dans
le sein de l'Eglise catholique. On voit à la vérité
parmi eux des hommes qui s'aperçoivent enfin qu'ils
sont sortis de la vraie religion, et qui regrettent
les usages, les solennités du catholicisme. Ils lut-
tent encore contre la vertu d'en haut qui les pousse

vers la vérité, et ils sont retenus par les préjugés
de leur éducation ; mais combien d'autres, au lieu
de s'approcher de la vérité, s'en écartent tous les
jours ; combien d'autres qui sont passés du luthéranisme ou du calvinisme pur au socinianisme,
au déïsme et à l'incrédulité. On peut bien dire que
ceux-là ferment les yeux à cette lumière divine *qui
éclaire tout homme venant en ce monde.*

La morale que prêche le ministre des autels est
quelque chose sans doute, puisqu'elle nous rappro-
che de la pureté d'un Dieu fait homme ; mais, je
le demande à la philosophie, qu'est cette morale
sans le dogme ? Elle n'a plus de sanction dans la
divinité de son origine, dans les récompenses ou
les peines de l'éternité ; elle ne peut arrêter l'essor
des passions et de la cupidité. On nous oppose l'abolition de la traite des noirs, la cessation de la haine
portée à la nation juive, et des persécutions dirigées
contre les protestants, et des fortunes amassées par
les aveugles largesses des princes. Mais, sous ce
rapport comme sous tous les autres, la morale de
l'Eglise catholique a toujours été la même.

Relativement à la traite des noirs, l'Eglise l'a
tolérée tout le temps que les souverains ne l'ont
pas condamnée, parce que l'esclavage est du droit
des gens, et qu'il n'est point formellement prohibé dans l'Evangile ; mais elle a cherché à adoucir
cet esclavage, comme elle avait adouci celui qui
existait lors de son établissement. Ce sont les ministres de la religion, bien plus ce sont des moines, des
membres du tribunal de l'inquisition tant abhorrés,

qui ont plaidé la cause de l'humanité contre l'avarice
et la cruauté des colons. La morale évangélique a
aboli l'esclavage sans le condamner ; elle a amené,
par l'esprit de charité qu'elle a apporté dans le
monde, l'abolition de la traite des noirs, également
ment sans la condamner.

Les catholiques n'ont jamais porté de haine à la
nation juive ; les prières que l'on adresse pour eux
à Dieu, datent d'une époque très-reculée ; l'Eglise
a déploré le crime des juifs, leur endurcissement ;
elle n'a jamais provoqué de persécutions contre
eux. On a vu un pape les défendre contre la fureur
populaire, dans un temps où ils étaient accusés
d'avoir empoisonné les fontaines : nous devons encore ajouter que cette haine générale contre les
juifs avait pour première cause, pour cause cachée
aux hommes qui en étaient animés, la note de
déicide qu'ils portent empreinte sur leur front en
punition du crime dont ils se sont rendus coupables,
et pour cause prochaine et évidente à tous les yeux,
leurs usures et leur avidité insatiables.

On a persécuté les protestants ; mais, si l'on consulte l'histoire, on vera qu'ils ont commis eux-mêmes
mille atrocités contre les catholiques. On doit déplorer ces réactions d'un parti contre un autre ;
mais on ne doit pas se borner à blâmer celui qui
pouvait invoquer l'antiquité et la justice de ses
droits, lorsqu'on ne dit rien du parti contraire.

Lorsque les rois étaient absolus, ils n'avaient
point de compte à rendre des revenus de l'état,
et ils pouvaient à leur gré enrichir leurs amis et

leurs créatures. Qui pourrait blâmer aujourd'hui celui qui accepterait du roi une pension considérable sur sa liste civile ? Combien de libéraux de notre siècle qui ne doivent la fortune immense dont ils jouissent qu'aux profusions que faisait Bonaparte aux dépens des peuples conquis ?

5. « C'est une belle chose que la religion ; mais
» c'est la pire de toutes quand elle obscurcit la
» raison, ou qu'elle fausse la conscience du genre
» humain ; par cela seulement qu'elle offrirait des
» sacrifices à la nuit et à l'érèbe, elle nous serait
» suspecte. »

La religion catholique n'obscurcit point la raison et ne fausse point la conscience ; c'est elle au contraire qui a fait sortir les hommes de la barbarie ; c'est elle qui a corrigé et adouci les mœurs des hommes ; elle répand ses lumières brillantes et inextinguibles sur tout homme qui cherche la vérité avec un cœur simple et droit ; elle laisse dans l'obscurité le philosophe orgueilleux qui pense la trouver hors de son sein.

1ᵉʳ alinéa de la page 222.

1. « Sans notre juste crainte de soulever dans
» ce recueil des questions à l'examen desquelles
» il n'est pas spécialement destiné, et qui incessam-
» ment se résoudront d'elles-mêmes, nous voudrions
» porter un jugement réfléchi sur l'utilité et les
» inconvénients d'un culte célébré dans une langue
» étrangère à l'idiome national. »

Un des avantages de la religion catholique est son immobilité, et la conservation des usages de la primitive Eglise. Lors des conquêtes des apôtres, l'univers connu était partagé principalement en deux langues, la langue grecque et la langue latine : de là l'origine des deux langues dans lesquelles le culte est célébré.

D'un autre côté, l'Eglise tient à conserver dans toute sa pureté les livres qu'elle révère ; et si ces livres n'étaient point conservés dans la langue que parlaient les chrétiens lors de l'établissement de l'Eglise, ils auraient dû être traduits toutes les fois que le langage s'est modifié ou s'est perfectionné (1), et il est certain que ces traductions

_____

(1) De l'extrême mobilité des langues vivantes, il résulte encore que ce qui était beau dans un temps devient ridicule dans un autre. Dans quelques temples protestants on chante encore les psaumes traduits par Marot : or voici comment ce poète si célèbre traduit le verset *amplius lava me* du psaume *miserere*.

« Lave-moi, Sire, et relève bien fort
» De ma commise iniquité mauvaise,
» Et du péché qui m'a rendu si ord
» Me nétoyer d'eau de grâce te plaise ;
» Car de regret mon cœur vit en émoi
» Connaissant, las ! ma grand faute présente,
« Et qui pis est mon péché se présente
» Incessamment, noir et laid devant moi...
» D'Hyssope donc par toi purgé serai,
» Lors me verrai plus net que chose nulle,
» Tu laveras ma trop noire macule,
» Lors en blancheur la neige passerai.

J. G. A.

successives auraient nécessairement amené des changements dans les textes, et alors de changement
en changement la croyance se serait dénaturée.

  Mais, en examinant cette question sous le rapport
philosophique et littéraire, n'est-il pas vrai que
le clergé et les moines, en apprenant la langue latine
dans les bas siècles, ont conservé la pureté de la
langue des Cicéron, des Virgile, des Horace et des
Tite-Live, qui se serait perdue comme celle des
carthaginois, si les religieux n'avaient dirigé leurs
études vers les livres saints ? N'est-il pas vrai que
dans ces temps de barbarie, l'étude des auteurs profanes n'était qu'un accessoire de celle de la littérature
sacrée, et n'était qu'un moyen dont on se servait
pour conserver la belle latinité. Si on le niait, nous
renverrions nos lecteurs à l'histoire, et même à
celle de l'encyclopédie moderne, où M. Dupaty
(voyez *Académie*) nous dit que Charlemagne favorisa principalement les lettres religieuses au préjudice des lettres profanes. Mais, s'il en était ainsi,
que seraient devenus les lettres, les sciences, les
arts et la civilisation, si la langue latine avait cessé
d'être celle de l'Eglise ? Nos chrétiens croupiraient
dans la plus honteuse ignorance ; non-seulement
les œuvres des Augustin, des Cyprien, etc., ne
serviraient plus à éclairer le clergé et les laïques
instruits, mais les œuvres de Virgile, d'Horace,
de Cicéron, les histoires de Tite-Live, de Salluste,
Tacite, etc., et une foule d'auteurs qui ont contribué à créer une nouvelle littérature, auraient
complètement disparu. Félicitons-nous donc, d'abord

comme chrétiens, ensuite comme hommes de lettres, de ce que l'Eglise catholique a maintenu dans ses offices la langue de l'empire romain.

2. « Ce serait le cas de se souvenir que, suivant
» Diodore de Sicile, dans l'inauguration du bœuf
» Apis, de jeunes chorèges, formés à l'école des
» prêtres égyptiens, chantaient, en l'honneur du
» nouveau Dieu, des paroles tout aussi peu com-
» prises par eux-mêmes, que par le peuple dont ils
» étaient suivis. »

La langue dans laquelle chantaient les prêtres égyptiens non-seulement était ignorée du peuple, mais il ne lui était pas même permis de l'apprendre. Il n'en est pas de même de la langue latine, que savent tous ceux qui ont reçu l'éducation la plus médiocre. D'ailleurs les femmes et le peuple ont des traductions, et ils peuvent suivre en français les prières que les prêtres font en latin.

3. « Il est trop certain que des cérémonies qui
» ne rattacheraient à aucun des bienfaits répandus
» par le ciel sur la terre, des mystères dont les
» prêtres se réserveraient inclusivement le secret,
» des pratiques sans but avoué de la raison, ou
» pénibles sans nécessité et une liturgie barbare,
» ne tarderaient pas à plonger l'espèce humaine
» dans une sorte d'ilotisme religieux. »

Les cérémonies du culte catholique se rattachent toutes aux bienfaits répandus par le ciel sur la terre, ou aux obligations imposées aux hommes par le créateur. (Voyez le mot *Cérémonie*, tom. 1er).

Il n'y a point dans cette religion de mystères

connus de prêtres , et cachés par eux. La foi des
pontifes eux-mêmes est aussi éprouvée que celle
des fidèles les plus ignorants ; comme ces derniers ,
ils croient sans comprendre les mystères de la
religion ; dans cette religion l'ignorance est volontaire et non forcée. Le devoir des prêtres est
d'instruire ; et si les fidèles ignorent une grande
partie de ce qu'ils devraient savoir , c'est parce
qu'ils ne veulent point écouter leurs pasteurs , ni
lire les ouvrages qui traitent de la religion.

Quant à la liturgie que l'auteur appelle barbare ,
on ne sait trop pourquoi elle est en latin , par les
raisons que nous avons développées dans une de
nos précédentes observations.

4. « Peut-être sous ce rapport est-il à regretter
» que les fidèles des deux sexes , sur une partie
» notable du territoire français , soient dans l'im-
» possibilité d'attacher une idée précise aux sons
» qui frappent la voûte de nos temples. La perte
» qui en résulte pour le sentiment religieux est
» réelle, puisqu'alors les chrétiens sont obligés
» de laisser leur pensée s'égarer au hasard , ou,
» même en la reposant sur des objets pieux , de
» la distraire de la grande pensée commune qui
» occupe l'Eglise dans ces jours de solennités. »

Voilà de belles raisons pour les personnes qui
ne sont point instruites dans la science de la religion
catholique. Les arguments de M. Kératry sont à
la vérité spécieux ; mais les vrais croyants, ceux
qui n'étudient point la religion catholique chez
les philosophes et chez les protestants , ceux qui

fréquentent nos temples , et assistent aux instructions que font au peuple les vénérables pasteurs,
savent très-bien que , si la liturgie antique et les
offices célébrés en latin ne sont point compris
de tous les fidèles , cette liturgie élève l'âme par
sa majesté , et qu'elle l'excite à la méditation des
choses célestes avec autant d'efficacité , que si la
langue était entendue. Mais le peuple, avons-nous
dit , a des traductions dans lesquelles il peut suivre
les offices célébrés en sa présence ; il a des prédi-
cateurs qui l'instruisent non-seulement en français,
mais dans les divers idiomes des campagnes, des
vérités de la religion , de tout ce qu'on peut savoir
sur les mystères , et des devoirs que la qualité de
chrétien impose aux hommes. Ainsi l'inconvénient
dont parle M. Kératry n'est rien , absolument rien,
et il est d'ailleurs racheté par de grands avantages.

5. P. 223. — « Il nous semble, en règle générale,
» qu'on doit au moins élever les intelligences à la
» hauteur du culte dont elles sont destinées à saisir
» l'esprit. Les ministres de l'autel qui seraient d'un
» autre sentiment, sils ne calomniaient en cela
» leur propre religion, feraient contre elle un bien
» triste aveu. »

Les ministres de l'Eglise catholique ne disent pas
comme ceux de l'ancienne Egypte, qu'eux seuls ont
le droit de pénétrer dans les secrets de la religion.
Ils disent aux fidèles : Parmi les choses que vous
devez croire , les unes sont des mystères impéné-
trables pour nous-mêmes ; nous croyons sans comprendre , parce que Dieu , auteur de toute vérité,

Dieu qui ne peut ni se tromper, ni nous tromper, nous les a révélées. L'esprit de l'homme est incapable d'atteindre à la hauteur de ces secrets divins. Mais il est d'autres connaissances que l'homme peut acquérir, et parmi ces connaissances se trouvent les preuves de la nécessité et de l'existence de cette révélation divine. Ce n'est pas nous que vous êtes obligés de croire sur parole, mais Dieu, duquel émanent ces vérités, et l'Eglise chargée par J.-C. de les expliquer; et cette autorité de l'Eglise est encore établie par des faits à la portée de tout homme qui veut s'instruire. Ces preuves se trouvent dans tous les livres divins, dans les saints pères, dans les ouvrages du grand Bossuet, de Fénélon et, parmi les auteurs les plus récents, dans les écrits de M. de Freyssinous, évêque d'Hermopolis, dans les discussions amicales de Mgr. l'évêque de Strasbourg, dans le traité de l'indifférence en matière de religion de M. l'abbé de La Mennais. Etudiez donc la religion. Bien loin de réserver cette étude pour nous, nous vous invitons à vous y livrer avec zèle; et si vous y apportez un cœur droit et un sincère désir de vous instruire, vos soins ne seront pas perdus. Voilà ce que le clergé dit tous les jours à ceux qui attaquent la religion sans la connaître. Quelques hommes instruits même parmi les protestants ont répondu à son ivitation, et ont été récompensés de leurs veilles et de leur bonne volonté, par la grâce d'un retour sincère à la religion de leurs aïeux.

———

1er alinéa de la page 223.

1. » Ce serait frayer la voie la plus convenable
» à un culte digne de l'homme que de commencer
» par favoriser partout la puissance du raisonne-
» ment. Notre assertion étonnera peut-être, mais
» elle est déjà justifiée par les *faibles progrès* du
» christianisme chez les nations encore mal civi-
» lisées de l'Inde, quels qu'aient été les efforts des
» jésuites et des missionnaires de la Grande-Bre-
» tagne. »

La religion catholique n'est pas ennemie des
sciences et du raisonnement ; mais ce raisonnement
ne doit porter que sur les preuves de la divinité
de la religion. Cette divinité une fois établie, et
elle l'est sans réplique dans les ouvrages que nous
avons cités plus haut, il ne reste plus au fidèle
qu'à se soumettre à l'autorité de l'Eglise : instruisez-
vous, cela vous est non-seulement permis, mais
ordonné. Raisonnez sur les matières sur lesquelles
l'Eglise n'a pas porté son jugement ; mais s'il est
prononcé, soumettez-vous, reconnaissez l'infériorité
de votre esprit, et l'infaillibilité de la mère commune des fidèles.

L'auteur attribue à une fausse cause les faibles
progrès du christianisme dans l'Inde, lorsqu'il
prétend que cela provient du défaut de civilisation
des peuples qui habitent cette partie du monde.
Les romains, il est vrai, étaient civilisés lors de
l'établissement du christianisme ; mais les philoso-

phes du temps furent ceux qui y apportèrent les obstacles les plus puissants et les plus nombreux. Les gaulois, moins civilisés que les romains, les bretons et les peuples du Nord, se convertirent presque en masse. La civilisation de la Chine et du Japon est un des plus grands obstacles à l'introduction de la religion chrétienne dans ces états. Ajoutons à cela que les missionnaires anglais, qui, comme protestants, laissent plus de latitude au raisonnement que les catholiques, ont fait infiniment moins de progrès que les missionnaires jésuites : c'est un fait attesté par tous les auteurs anciens ou contemporains qui ont cherché à connaître l'histoire et les mœurs des peuples éloignés.

2. « Quand on oppose à ce prosélytisme languis- » sant l'état d'Ecosse où les lumières appellent de » belles notions religieuses, et où l'effet devient » cause à son tour, quelle différence n'est-on pas » obligé de confesser dans les résultats ! On n'a » jamais rien gagné à abuser les peuples ; ils se » revendiquent tôt ou tard. Les siècles et les hémis- » phères déposent de cette loi de réaction. »

On ne sait trop ce que veut dire l'auteur dans le passage que l'on vient de lire : *Les lumières appellent en Ecosse de belles notions religieuses* ; et ces belles notions religieuses appellent à leur tour les lumières. Veut-on parler des catholiques d'Ecosse ? Veut-on parler des protestants ? C'est ce qu'on ignore, et ce qui rend impossible une réponse à ce passage.

Nous ne disconviendrons point que l'on ne gagne

rien à tromper les peuples. Mais qui les trompe ?
Ce sont évidemment ceux qui veulent leur faire
embrasser un faux système religieux et politique.
J'admets que ceux qui trompent sont trompés eux-
mêmes, ce qui peut à la rigueur les excuser de
mauvaise foi ; mais il est hors de doute que hors
l'Eglise catholique on ne peut trouver ni vérité,
ni salut.

3. « Partout ou la superstition a été adoptée
» comme un moyen de gouvernement, il a fallu
» recourir au plus vite à des sbires, à des inqui-
» siteurs et à des gendarmes. On a vu en même-
» temps le caractère national s'avilir, car l'inter-
» diction de la pensée est le plus grand malheur
» qui puisse frapper ici-bas notre espèce. »

Ce que dit l'auteur ne peut s'appliquer qu'aux
prétendues religions qui se sont séparées de la religion chrétienne et catholique. Ainsi Mahomet et
Cromwel se sont servis de la superstition comme
moyen d'autorité, mais tout le monde a reconnu
que la religion était le meilleur frein pour retenir
les peuples dans le devoir ; et dans un état sans
religion, les sbires, les inquisiteurs et les gendarmes, seraient loin d'être suffisants pour maintenir
la tranquillité publique.

La pensée n'est interdite à personne, et cette
interdiction serait d'ailleurs impossible ; mais la
religion ordonne de soumettre son jugement à
celui de l'Eglise.

4. « N'ignorant pas qu'en tuant l'homme moral
» on a bien meilleur marché de l'homme physique,

» toutes les grandes tyrannies ont débuté par l'op-
» pression de l'intelligence. »

La religion catholique ne tue point l'homme
moral, elle lui donne au contraire une vie plus
certaine que la philosophie ; elle n'opprime pas
l'intelligence, mais elle l'éclaire ; et si elle lui
commande de croire ce que l'homme ne comprend
point, elle lui donne pour autorité la véracité d'un
Dieu souverainement parfait, qui ne peut ni tromper,
ni être trompé.

2e alinéa de la page 223 — 224.

1. « Quoique le sentiment religieux tende à se
» créer en nous un sanctuaire privé au milieu
» de ses plus fortes aberrations, les formes du
» culte peuvent corrompre à la longue les conscien-
» ces et les individus. Une masse de faits historiques
» est là pour en rendre témoignage. »

Ce passage peut s'appliquer aux anciens idolâtres,
peut-être aux protestants ; mais il ne saurait convenir au culte catholique, qui prescrit toujours l'exercice de la justice et de la charité, et l'obéissance
aux lois de l'état.

2. P. 224. — « Faute de trouver en soi cette
» flexibilité de mouvements, incapable de monter
» avec la génération contemporaine, il s'éteindra
» dans le désert, à moins qu'il ne la ravale jusqu'à
» lui par une suite de travaux honteux et de con-
» cessions faites à la tyrannie. »

Nous avons répondu à ce passage dans les pré-

cédentes observations, lorsque nous avons dit que
le culte catholique est immuable, comme son auteur;
qu'à la vérité il pousse les hommes et les nations
vers les lumières et la civilisation, mais qu'il ne
peut les suivre dans leur décadence.

3. « Vers le quinzième siècle, on les vit se
» scinder en Europe, et obéir à deux forces oppo-
» sées que nous ne nous permettrons pas de juger
» présentement ; au surplus elles s'offrent encore
» toutes les deux, avec leurs résultats caracté-
» ristiques. »

L'une de ces forces est celle de l'autorité de
l'Eglise, basée sur celle de J.-C. ; ceux qui ont cédé
à cette force sont toujours demeurés dans la même
foi, ont toujours pratiqué le même culte, et ont
attendu les mêmes récompenses. L'autre est celle
de Luther, de Calvin, de Zuingle, et d'une foule
d'autres novateurs sans mission, et ne présentant
aucune garantie de la vérité des choses qu'ils annon-
çaient. Ceux qui ont obéi à cette force se sont
divisés et subdivisés à l'infini, n'ont pas été plus
d'accord entre eux qu'ils ne l'étaient avec l'Eglise
mère, de laquelle ils s'étaient séparés ; ils ont
bouleversé les états, amené partout le désordre
et l'anarchie, et porté cette liberté d'examen, principal caractère de leur secte, non-seulement dans
les pratiques extérieures du culte, mais dans les
dogmes les plus indubitables du christianisme.

4. « L'état des sociétés européennes atteste que
» l'une était progressive, et l'autre stationnaire.
» L'observateur attentif démêlera également, sans

» trop de peine de quel côté le sentiment religieux
» est resté plus long-temps dans son énergie.

On n'en doute pas : l'une de ces forces était stationnaire, mais elle poussait les hommes vers la vertu
et les sciences comme le Dieu dont elle émane, qui,
immobile et immuable, imprime aux corps célestes
ces mouvemens en sens divers qui se renouvellent
sans cesse avec la même justesse et la même précision. L'autre, émanée de l'esprit de ténèbres, entraîne les hommes vers des changemens irréguliers,
et destructeurs de toute religion et de tout ordre
dans la société. Elle inspire le mépris de l'autorité
de l'Eglise en matière de religion, l'insubordination
envers les puissances.

Il ne faut pas une grande attention pour voir
que le sentiment religieux est demeuré dans toute
son énergie chez les catholiques (j'entends chez
ceux qui, fidèles à leurs principes ne se sont
point écartés des règles primitives de la foi de
leurs frères, et qui enfants soumis ont reconnu
l'Eglise comme leur mère et leur unique guide en
matière de religion), et qu'au contraire les prétendus catholiques qui, sans se séparer visiblement
de cette même Eglise, ont embrassé les opinions
des protestants relativement à cette liberté d'examen
que l'on considère comme une si heureuse découverte, ont perdu peu à peu tout sentiment religieux,
et sont tombés dans l'indifférence la plus déplorable pour la vie à venir.

Alinéa de la page 224—225.

1. « Nous devons insister sur la nécessité d'ad-
» mettre, par intérêt religieux, la classe nombreuse
» au partage des lumières ; car malheureusement
» on peut ajouter des superstitions à un culte,
» lorsque l'enfance des peuples se prolonge : rare-
» ment on en retranche sans péril : la foi marche
» toujours, recevant sur sa route de la surcharge,
» et ne prononçant aucun refus jusqu'à ce qu'elle
» succombe sous le fardeau. »

On doit, nous dit l'auteur, admettre la classe nombreuse au partage des lumières, si l'on entend par
lumières, l'instruction, les connaissances, les
sciences. Je ne dirai point que la classe du peuple
doit être rejetée du sanctuaire des lumières, mais
qu'il lui est impossible d'y entrer. En effet, pour
acquérir de l'instruction, il faut du temps, des
dispositions, l'amour de l'étude, et au moins une
fortune médiocre. Il faut, pour devenir savant,
non-seulement employer les premières années de
la vie à apprendre à lire et à écrire ; mais il faut
sacrifier à l'étude le temps de la jeunesse, temps
si précieux, parce que c'est celui de la force de
l'âge, celui où le peuple se livre aux travaux
pénibles qui sont si nécessaires à l'ordre général
de la société.

Des dispositions. — Qui ne sait que, sur un grand
nombre de jeunes gens qui font leurs classes dans
les collèges, à peine un dixième montre des dis-

positions suffisantes pour pénétrer plus avant dans les hautes connaissances.

L'amour de l'étude. — Qui ne sait encore que si les lettres ont des attraits pour certains hommes, il en est d'autres pour lesquels la seule ouverture d'un livre est un travail plus pénible que les douze travaux d'Hercule. Il faut encore pour acquérir des lumières avoir de quoi acheter des livres, ou se trouver dans des lieux où les bibliothèques publiques rendent l'étude facile à tout le monde, et l'on sait encore qu'il faut avoir des ressources pour se procurer l'un de ces avantages.

La science nécessaire, et j'oserai dire suffisante au peuple, est celle qu'enseignent les pasteurs ; celle du cathéchisme, celle de la religion. Qu'il sache lire pour suivre la messe dans ses heures, pour lire des livres de piété, comme l'imitation de Jésus-Christ, la vie des saints et autres ouvrages de ce genre dans ses momens de loisir, voilà une science presque de luxe pour les pauvres habitans des campagnes : mais malheur à eux si les livres philosophiques tombent entre leurs mains ; ils prennent alors cette demi science, mille fois plus dangereuse qu'une science plus étendue. Ils doutent de la vérité de leur cathéchisme, lorsqu'ils voient dans un autre livre imprimé des choses qui lui sont opposées. Trop ignorants pour vérifier les sources, ils sont trop savants pour croire aveuglément, et ils suivent sans scrupule le torrent où leurs passions les entraînent.

En résumé, le peuple ne peut pas tout savoir.

Il n'a ni le temps, ni les moyens de s'instruire. Une science médiocre est plus nuisible qu'utile. Peu de philosophie dit Pascal éloigne de la foi; beaucoup de philosophie y ramène. D'où l'on doit conclure que si le peuple prenait part aux lumières, il ne pourrait en apprendre assez pour revenir à la foi, et qu'il en saurait justement assez pour la perdre. Que le peuple apprenne à lire, à écrire selon ses besoins; qu'il suive les instructions de ses pasteurs; voilà la vraie science qui lui convient, et non l'étude de Voltaire, de Rousseau, et d'autres philosophes encore plus dangereux.

Ce n'est point lorsque le culte reste stationnaire, comme M. Kératry le reproche au culte catholique, que l'on peut y ajouter des superstitions; ce n'est point lorsque le pape et le corps épiscopal éclairés des lumières du St-Esprit veillent comme des sentinelles vigilantes à la porte du temple de Dieu pour empêcher qu'il ne s'y introduise rien d'étranger, rien de capable de dénaturer ou de corrompre le dépôt sacré des croyances religieuses qui leur a été confié par Jésus - Christ; mais ils veillent avec le même soin à ce qu'aucune partie de ce précieux dépôt ne soit enlevé; on n'y ajoute rien, mais on ne peut non plus en rien retrancher. Ainsi cette foi de la véritable Eglise, qui ne marche point, mais qui est immuable, ne reçoit rien de nouveau : le fardeau qu'elle porte est toujours le même, et ne saurait augmenter ni diminuer.

2. « Jamais elle ne retrograde, jamais elle ne » s'allège, hors un seul cas, celui où les croyances

» nationales, sous la protection des foyers domes-
» tiques, seraient demeurées fortes et vigoureuses.
» Coupés alors, élagués, de verts rameaux s'élan-
» ceront encore de la tige; mais quand l'époque
» des dissipations de la vie est arrivée, quand
» les croyances sont faibles et presque éteintes;
» craignez que l'arbre ait de la peine à recouvrir
» ses moindres blessures; près de tomber de vétusté,
» il périrait bien plus promptement sous le coup
» de la serpe. Au moins l'expérience serait hasar-
» deuse. »

Que veut dire ici M. Kératry? Veut-il parler du
culte catholique? Mais ce qu'on vient de lire ne
peut naturellement lui être appliqué, d'après ce
que nous avons dit plus haut; ce culte n'admet
point de croyances nouvelles, il ne souffre point
de retranchement, il ne saurait périr puisqu'il à
la promesse d'un Dieu pour garant de son éternelle durée.

Veut-il parler du culte protestant? Il doit nécessairement périr, parce que, n'étant point appuyé
sur les lumières du St-Esprit, il n'est plus qu'une
institution humaine qui ne saurait résister à l'action
du temps. Du reste l'immobilité du culte catholique,
qui a constamment résisté aux attaques dirigées
contre lui par les diverses hérésies qui se sont
succédées, et la division à l'infini des sectes qui
ont découlé de la réforme, qui n'a jamais été plus
près de sa fin que depuis que son culte a obtenu
une pleine et entière liberté, attestent la vérité
de ce que nous venons de dire.

3. « Il appartiendrait peut être au véritable hom-
» me d'état de se rendre juge des opportunités
» surtout, si, à un tronc languissant, il avait à
» substituer un rejet plein de sève ; mais comme
» il faut que ce plan descende d'une région supé-
» rieure pour se dresser vers elle à son tour,
» comme il est donné tout au plus à nos mains
» de l'arroser, et que son accroissement dépend
» d'une autre force que la nôtre, le genre humain
» est rarement témoin de pareils prodiges. »

La dernière partie de ce passage peut servir de
réfutation à la première. On voit en effet, par ce
que dit M. Kératry, combien il est difficile de juger
par les seules lumières de la raison humaine ce qui
appartient à une religion révélée. L'homme d'état
le plus accompli ne saurait régler à lui seul ce
qui concerne le culte de la divinité, c'est à Dieu
et à l'Eglise, qui a reçu à cet effet son pouvoir et
ses lumières, qu'appartient exclusivement ce droit.

4. « Ainsi que nous venons de le dire, après la
» lutte du protestantisme et du catholicisme, on
» vit la croyance principale survivre dans le schis-
» me et dans la religion mère, dans la souche et
» dans la branche nouvelle : c'est que des deux
» parts il y avait de la foi, et la foi est la vie
» des cultes. »

C'est que les réformés n'étaient point encore
assez éloignés de la source de la vérité pour abjurer
toutes les croyances de l'Eglise catholique ; mais
en s'éloignant du temps de sa séparation, elle a
perdu peu à peu cette clarté qu'elle tirait de la

véritable Eglise, semblable à un rui.seau qui, sorti
d'une source limpide, se perd dans les eaux bourbeuses d'un marais ; ses eaux conservent quelque
temps leur limpidité, mais elle s'affaiblit par degrés,
et finit par être insensible ; tandis que celles de la
source d'où elles d'écoulent ne la perde jamais.

5. « Aujourd'hui il est fort douteux qu'une sous-
» division eût les mêmes suites : très probablement
» elle ne laisserait pas une partie suffisante de
» raçines aux parties éclatées, il y aurait donc une
» opération toute différente à faire, et c'est aux
» sages qu'il appartiendra de la préparer. »

Oui il y a une grande opération à faire, et cette
opération est la réunion des cultes dissidens au
culte catholique ; l'extinction prochaine du protestantisme qui résulte tous les jours de ses nouvelles
divisions démontre la nécessité de cette réunion
aux protestans eux-mêmes, pour peu qu'ils veuillent
réfléchir sur la fausseté de la position où leurs
ancêtres les ont placés. Mais cette réunion ne peut
avoir lieu qu'autant que les sectaires abandonneront
leurs erreurs. L'Eglise catholique qui n'a jamais
changé ne peut faire aucune concession : les sages
qui la gouvernent c'est - à - dire le pape et les
évêques, hâteront sans doute ce travail important,
ou plutôt ce sera le St-Esprit qui leur inspire ses
lumières célestes.

Iᵉʳ Alinéa de la page 225—226.

I. « Nous terminons se paragraphe en y déposant

» un précepte salutaire : c'est que malgré la tendan-
» ce naturelle des esprits à se repaître d'illusions,
» il faut en mettre le moins possible dans les cultes,
» si on ne veut leur préparer trop de côtés vul-
» nérables. »

Ce ne sont point les hommes qui font les cultes,
au moins les seuls cultes utiles à l'humanité. Dieu
seul en est l'auteur, et le merveilleux répandu dans
celui de l'Eglise catholique n'est point une illusion.
Quant à ceux qui sont l'ouvrage des hommes, si
l'on n'y met point de merveilleux, ils ne disent
rien aux cœurs, et ressemblent trop à une froide
philosophie. Si l'on y en met, ils deviennent ridicules.

2. « Le système contraire est sans inconvénient
» pour les théocraties, plus il y a de pratiques
» et de croyances dans la religion, mieux le peuple
» est enveloppé par elles. »

Qu'est-ce que notre auteur entend par théocratie?
Gouvernement théocratique? En existe-t-il aujour-
d'hui quelqu'un de ce genre? Voilà les questions
que nous pourrions lui adresser. Quant à nous,
nous appelons gouvernement théocratique celui
dont Dieu est le chef immédiat. Tel était celui des
juifs, surtout avant qu'ils ne demandassent un roi
à Samuel. Jusqu'à cette époque, Dieu inspirait d'une
manière directe ceux qu'il préposait au gouvernement de son peuple ; les juges ne faisaient rien
par eux-mêmes; ils recevaient en tout les ordres
de Dieu, qui ne cherchait point à envelopper les
peuples, pour me servir de l'expression de l'auteur,
mais à les diriger vers le bien.

Aucun des gouvernemens chrétiens n'est théocratique, pas même celui des états romains; car, quoique le souverain de ces états tienne son pouvoir de la dignité pontificale, ce n'est point au nom de Dieu qu'il gouverne, comme les juges qui gouvernaient chez les juifs, mais en qualité de souverain temporel.

Le seul gouvernement théocratique qui ait existé en Europe ou aux environs est celui de Mahomet et des califes ses premiers successeurs. Aujourd'hui le gouvernement des sultans a cessé de l'être.

Il faut aller jusqu'aux extrémités de l'Asie pour trouver un gouvernement semblable. Encore même le grand Lama, qui ne se montre jamais, qui est sensé ne jamais mourir, voit-il aujourd'hui son autorité envahie par le chef des milices, qui joue dans ces états le même rôle que jouaient en France les maires du palais sous les deux premières races.

3. « Le culte dure autant que le gouvernement; » il vit, il meurt avec lui, puisqu'il est le gou- »vernement même. Lorsque dans la même per- » sonne, il y a ainsi confusion des deux pouvoirs, » c'est le prêtre qui doit soutenir le prince; s'il » en était autrement, comme nous le voyons au- » jourd'hui par delà les Alpes, le culte serait en » péril. »

MM. les auteurs de l'encyclopédie nous donnent toujours leur opinion personnelle comme des principes incontestables; et cependant, pour peu que l'on réfléchisse, leur système ne peut se soutenir. Nous avons donné la définition du gouvernement théocratique, qui n'est pas, comme l'auteur cherche à l'insinuer, celui où le pouvoir spirituel et le pouvoir temporel sont réunis sur la même tête, parce qu'alors le gouvernement de l'Angleterre, celui de Prusse, et généralement tous les gouvernemens protestants, seraient théocratiques, puisque dans ces états le roi est aussi le chef des gouvernemens religieux.

Les conséquences qu'il tire ne sont pas mieux déduites, parce que, quand même le pape ne serait plus souverain des états romains, la religion catholique serait toujours la même. Les papes n'ont commencé à être souverains de Rome que sous l'empire de Charlemagne, et à diverses reprises cette souveraineté leur a été contestée par les empereurs romains, et cependant l'Eglise catholique les a toujours reconnus pour chefs. Ainsi, tous les rapprochemens, toutes les combinaisons que fait l'auteur, n'ont aucun fondement et ne peuvent rien prouver.

4. P. 226. — « Quand le trône est sur l'autel,
» la force c'est la science ; toutes les deux doivent
» alors se perdre dans une sainte obscurité ; la
» nation ne pouvant alors participer ni à l'une, ni
» à l'autre, son ignorance est autant un gage de
» soumission que de repos. Faute de lumières, il y
» a nécessité de rester à la même place. »

L'auteur suppose encore les romains dans une ignorance complète ; mais il est tombé dans une erreur grave. Les romains connaissent les arts, les sciences, la littérature, autant que la faible étendue de ce petit royaume et ses médiocres ressources peuvent le permettre. Rome est toujours d'ailleurs l'école des beaux-arts pour toutes les nations de l'Europe. Si le peuple romain a de l'attachement pour son prince, ce n'est point faute de lumières, mais parce qu'il a le bon esprit de ne point désirer une nouvelle situation lorsqu'il est heureux dans celle qu'il occupe, et parce qu'il est généralement reconnu que le gouvernement temporel du pape est le plus juste et le plus doux de l'univers. Du reste, si l'absence de lumières était une cause de repos, il vaudrait mieux les proscrire que de les faire servir à fomenter des révolutions.

5. « Tout au plus pour l'action indispensable de
» la vie domestique, qui sera loin de s'appartenir
» tout entière à elle-même, la société recevra
» quelques lueurs ; mais elles lui viendront encore
» d'en haut ; ce seront les ténèbres visibles de Mil-
» ton, et si au milieu de cette sombre et religieuse
» monotonie le chef qui en est le régulateur per-
» met une apparence de plaisir, si la joie semble
» éclater un moment au milieu des castes de l'Inde
» et de l'Egypte sur des fronts russes ou polonais,
» dans un cercle de napolitains ou de crédules espa-
» gnols, dites que le pinceau de Hobein vient
» d'esquisser devant vous sa danse des morts, vous
» êtes au cimetière de Bade. »

A entendre l'auteur de cette notice, il n'y a de véritables lumières qu'au sein de la philosophie ; il n'y a de véritables plaisirs qu'au milieu des cercles bruyants du monde corrompu et antireligieux. Combien grande est son erreur, si toutefois il parle

d'après sa conviction. Non ce n'est point la philosophie (je parle de cette philosophie moderne
qui va frondant les institutions, et qui ne trouve
rien de bon que ce qui sort de ses mains), ce n'est
point, disons-nous, la philosophie moderne qui
peut faire le bonheur du genre humain. Combien
sont plus touchants les plaisirs innocents des villa-
geois, qui, sous les yeux de leur pasteur, célèbrent
une fête de famille, que ces rassemblements tumul-
tueux où les habitants de la capitale cherchent, sous
la livrée de la folie, à se distraire de leurs chagrins,
de leurs projets ambitieux, et qui souvent ne se
rendent dans ces lieux de crime et de désolation,
que pour brouiller les ménages, pervertir l'innocence, et ne se procurent en un mot des plaisirs
qu'au moyen des larmes de leurs semblables, et en
les achetant par d'éternels remords. Si l'on appelle
la danse des morts, celle où l'innocence sans prétention se donne quelques moments de récréation,
qui ne sont pas toujours sans dangers, quoique sous
les yeux de surveillants attentifs, quel nom donnera-
t-on aux plaisirs bruyants du monde? On ne pourra
leur en donner d'autre que celui de danse des
réprouvés.

1er alinéa de la page 226.

« Les peuples sont éloignés plus que jamais d'être
» irréligieux, mais on les rendrait bien difficile-
» ment dévots ; essayer d'y parvenir, ce serait, en
» faisant rétrograder une aiguille sur un cadran,
« marquer une heure qui a passé ; l'athéisme leur

» répugne, et ils repoussent également leurs vieilles
» superstitions : que leur faut-il donc ? Nous l'avons
» déjà dit, nous allons le redire encore. »

En attendant que M. Kératry nous redise ce qu'il
a déjà dit, nous allons essayer de prouver au lecteur que l'auteur que nous réfutons n'a pas une
juste idée de la dévotion et de la religion.

Laissons de côté ce qu'il appelle vieilles superstitions ; car depuis que l'on célébrait la fête des
fous et la fête des ânes, ce qui remonte bien haut,
et n'avait lieu que dans certains endroits, où le
clergé trop complaisant outre-passait ou plutôt
violait ses devoirs, le culte est célébré avec une
gravité et une décence qui attirent le respect des
protestants eux-mêmes.

*Le peuple n'est pas irréligieux, mais il n'est
point dévot, et il ne saurait le devenir.* Qu'est-ce
donc que la religion mise en opposition avec la
dévotion ? Les philosophes du jour sont religieux,
disent-ils ; ils sont même catholiques, et sans réfléchir qu'un catholique est soumis à l'autorité de
l'Eglise, croit fermement tout ce qu'elle enseigne,
reconnaît le pape comme son chef et les évêques
comme les auxiliaires du chef de l'Eglise dans le
gouvernement des fidèles, ils cherchent par tous
les moyens possibles à rendre le pape odieux et
suspect au gouvernement, et font un crime aux
évêques de lui demeurer soumis ; ils sont catholiques......., et si on les interroge sur leur foi, ils
sont plus éloignés de ce qu'ils doivent croire que
les hérétiques et les schismatiques condamnés......;

ils sont religieux..... et ne s'approchent jamais des sacrements; ils n'observent ni les jeûnes du carême, ni l'abstinence du vendredi et du samedi..... Mais ils ne sont pas dévots..... , ô pour cela nous n'en doutons point : mais s'ils étaint religieux sans être dévots, ils ne dénigreraient pas la dévotion et les hommes qui la pratiquent ; ils observeraient régulièrement les préceptes de l'Eglise, demanderaient et attendraient du ciel cette grâce de dévotion et de ferveur, partage des âmes privilégiées qui goûtent dès ce monde une partie du bonheur céleste.

D'après les idées que nous nous sommes formées de la religion et de la dévotion, nous considèrerons comme religieux celui qui aime et respecte la religion, et se soumet à toutes les obligations imposées par l'Eglise ; et comme dévot (1) celui qui remplit ses obligations non-seulement par crainte, mais avec plaisir, et qui trouve dans la mortification et dans la ferveur les plus grands désirs de la vie. Nous qui défendons la religion, qui désirons ardemment guérir les hommes de toutes les erreurs qui l'attaquent, nous n'avons pas le bonheur d'être dévot ; mais nous respectons les dévots, nous les aimons, nous voyons en eux des protecteurs auprès de Dieu, dont ils sont les amis intimes, et nous désirons ardemment obtenir la grâce dont ils jouissent, et dont les embarras du monde et notre propre imperfection nous éloignent encore.

---

(1) Le mot *dévot* tire sa signification de son étymologie *devoveo*, *devovi*, *devotus*. (Voyez les caractères de la vraie dévotion, par le père *Grou*).

Le peuple, nous dit-on, n'est pas dévot ; malheureusement la dévotion est rare ; mais on trouve encore des âmes intimement unies à Dieu, dont tout le plaisir consiste dans l'amour de la divinité et l'exercice des bonnes œuvres. Si des hommes pervers attaquent la religion, d'autres cherchent à force de mérites à compenser, en quelque sorte, ce qui manque au tribut d'adoration que le genre humain doit à son créateur par un surcroît de dévotion. C'est à l'indifférence de la plupart des hommes du dernier siècle que l'on doit l'institution des nouvelles confréries de l'adoration perpétuelle du Saint-Sacrement, et de l'adoration du sacré cœur de Jésus. Cette adoration n'est point, comme on l'a prétendu, une innovation dans la chose, puisque c'est toujours Jésus-Christ qu'on adore ; mais on l'adore en le considérant principalement sous le rapport de sa bonté infinie pour nous.

C'est aux attaques du siècle où nous vivons que l'on doit la réunion d'un si grand nombre d'âmes pieuses dans un même esprit ; que l'on doit surtout la fondation de cette association pour la défense de la religion catholique, qui, ne se mêlant en aucune manière de politique, n'a d'autre but que de soutenir les sujets du roi très-chrétien dans la croyance de leurs pères, et dans la soumission que l'on doit aux puissances civiles et ecclésiastiques (1).

---

(1) Cette association s'est dissoute après la révolution de 1830 ; mais elle semble avoir légué ses obligations à une foule de journaux ou recueil religieux, qui soutiennent l'édifice que la presse libérale cherche à renverser.

§ 5. — *De la solennité et de la tolérance, condi-*
tions essentielles et finales du culte, dans l'état
présent de la société.

Nous avons distingué dans notre premier volume
deux espèces de tolérance ; la tolérance civile et la
tolérance religieuse. Nous avons dit que la tolérance
civile est celle qui laisse à chacun ses opinions, et
qui ne persécute pas pour convertir. Nous convenons
que l'état actuel de la société prescrit cette tolérance,
toutes les fois que des hérétiques appartenant à
des sectes anciennes ne troublent point le bon ordre
de la société. La tolérance religieuse, d'après
laquelle on jugerait bonnes toutes les religions,
toutes les sectes, toutes les croyances, ne peut
jamais être admise par les catholiques. *Celui qui*
n'écoute point l'Eglise, nous dit l'Evangile, *doit*
être considéré comme un païen et un publicain. On
doit donc condamner toutes les erreurs qu'elle condamne, croire avec elle que hors de son sein il
n'est point de salut ; et cette intolérance religieuse,
bien loin de faire des catholiques des cannibales,
comme certains auteurs l'ont prétendu, laisse à la
société ses rapports, n'empêche point les liens
d'amitié, de parenté ou de reconnaissance, qui
peuvent se former entre les hommes, et excite
à prier pour les errants et non à les persécuter.

2ᵉ alinéa de la page 227.

1. « De ce que le culte, pour avoir ses qualités

» essentielles , doit être l'élan spontané du cœur,
» il est nécessairement libre , et la tolérance passe
» ainsi du droit naturel dans le droit social. »

Ici l'auteur ne parle que de la tolérance civile,
et nous partageons son opinion , d'après nos précédentes observations.

2. « Autrement comment les cultes invoqueraient-
» ils cette réciprocité d'égards qui est leur besoin
» commun? Les titres en vertu desquels chacun d'eux
» réclamerait une préférence, seraient toujours
» sujets à la controverse , du moins à l'examen. »

L'indifférence en matière de religion se montre
ouvertement dans le passage qu'on vient de lire ;
mais l'auteur se trompe lorsqu'il avance que tous
les cultes ont besoin d'une réciprocité d'égards. Le
culte catholique n'a besoin des égards d'aucun autre.
Il a résisté aux persécutions des païens pendant
trois siècles, il a résisté aux attaques de la réforme,
il résiste aujourd'hui avec force aux sarcasmes de
la philosophie, et de la nouvelle réforme qui veut
s'enter sur celle du 16ᵉ siècle. Les catholiques ,
comme hommes et comme citoyens , auront toujours les plus grands égards pour leurs frères égarés,
mais ils n'en auront jamais pour leurs erreurs.
Exerçant la tolérance civile, ils n'abuseront ni de
leur puissance, ni de leur grand nombre pour forcer
les consciences ; mais ils ne sauront jamais adopter
la tolérance religieuse qui est en opposition avec
les dogmes qu'ils professent.

Les catholiques d'ailleurs ne redoutent pas l'examen de leur doctrine. Bossuet en a fait une exposition

claire et lumineuse qui a ramené dans le bercail
une foule de protestants de son siècle. Depuis cette
époque, la supériorité de l'Église, la faiblesse et
la mobilité de la réforme, se sont montrées avec
encore plus d'évidence ; il ne faut que voir, mais
on ne veut pas s'en donner la peine.

3. « D'ailleurs, s'il est plus d'une manière d'agir
» sur la volonté, il n'en est qu'une seule d'amener
» à soi les esprits ; car la conviction et la persuasion
» ne sont jamais qu'un appel au jugement, avec
» pouvoir d'entrer en délibération. Or, il faut un
» temps indéfini pour que l'une ou l'autre opère :
» si la tolérance ne remplit cette intervalle, la
» première condition du culte manque, le genou
» fléchit, mais la parole est perdue. »

Nous ne contesterons point ce que dit aussi l'auteur,
et nous conviendrons avec lui que le choix d'une
religion doit provenir de la persuasion et de la
conviction ; nous conviendrons aussi, que, pour
parvenir à persuader et à convaincre les infidèles
et les hérétiques, on doit les traiter avec douceur,
et en cela nous rentrons dans la tolérance civile,
dont nous avons parlé plus haut ; mais il n'est
point nécessaire, il est même contre les obligations d'un catholique, de commencer par trouver
suffisante la religion des infidèles, parce qu'alors
non-seulement il n'y aurait aucune nécessité, mais
il serait impossible de leur faire abandonner des
erreurs que l'on aurait une fois approuvées.

3ᵉ alinéa de la page 227.

1. « Il serait facile de démontrer que le culte
» solitaire serait sans efficacité : il connaissait par-
» faitement le cœur de l'homme celui qui a dit :
» Quand deux ou trois d'entre vous seront rassemblés
» en mon nom , je serai au milieu d'eux. »

Que prouve ce que vient de dire l'auteur? Cela
prouve que la prière en commun est utile à l'homme
vivant en société. Mais si N.-S. J.-C. ordonne de
prier en commun , il ordonne aussi de se retirer
du monde , d'aller dans la retraite pour y pleurer
ses péchés et faire pénitence. Les saints anachorètes fuirent le monde , se retirèrent seuls dans les
déserts , et le sacrifice qu'ils firent à Dieu des plaisirs
de la société les a fait considérer par l'Eglise
comme des héros de la chrétienté. St. Antoine ,
St. Paul l'hermite , St. Jerôme , et une foule d'autres
saints, dont les vies se trouvent dans l'histoire ecclésiastique , n'ont point été blâmés d'avoir cherché
la solitude. Que doit-on conclure de là ? On doit
en conclure que les hommes vivant en société doivent autant que possible prier en commun ; mais
qu'on ne doit point blâmer les âmes privilégiées
de la grâce divine, qui fuient le monde et ses plaisirs
pour vivre dans la pénitence et dans la solitude.

2. « Il n'y a point de spectacle dont les specta-
» teurs ne soient une partie intégrante , et il y a
» spectacle dans le culte le plus dégagé de formes;
» ce en quoi l'excès par défaut amènerait la mort

» du sentiment religieux, tout aussi bien que celui-ci
» serait étouffé, au profit de l'autorité sacerdotale,
» par une superfétation de pratiques et de céré-
» monies. »

Comprenne qui pourra cette phrase. Voilà où
conduit la philosophie lorsqu'elle cherche à régler
les choses spirituelles.

La simple réunion des protestants dans un temple
de leur communion, où l'on ne voit point de tableaux
qui rappellent les bienfaits de Dieu sur les hommes,
où aucune cérémonie ne vient exciter la piété des
personnes assemblées, ne peut guère inspirer des
sentiments religieux. Dans les cérémonies de l'Eglise
catholique, il n'y a rien d'inutile, et il est facile
d'en avoir l'explication. (Voyez le mot *Cérémonies*).

2e Alinéa de la page 228—229.

1. « On a tout dit sur les gouvernements théo-
» cratiques. L'âme et le corps, l'intelligence et
» l'industrie, le travail et le repos, il n'y a rien
» qui ne soit à eux. Ils se sont emparés de l'homme
» dans la plénitude de son être; ils lui permettent
» de vivre, comme il est permis aux plantes de
» végéter. »

Nous avons dit dans une précédente observation
que le gouvernement théocratique est celui que
Dieu gouverne pour ainsi dire sans intermédiaire,
et nous avons cité le gouvernement des juifs, comme
le seul gouvernement théocratique qui ait existé
dans le monde. Or, ce gouvernement de Dieu sur

les hommes, bien loin de nuire à l'espèce humaine, serait évidemment le plus raisonnable, le plus juste, le plus heureux. Il serait le plus raisonnable et 1 plus heureux, parce que Dieu, ne pouvant être trompé comme les hommes, dirigerait tous les événemens vers le bonheur de ses sujets ; il serait le plus juste, parce que la vertu serait toujours récompensée, et le crime puni. Mais pour avoir un pareil gouvernement, il faudrait le mériter, et par malheur les crimes de la terre l'ont depuis long-temps livré à des hommes susceptibles de se tromper.

2. « Mettant à profit cet instinct de conservation, » ils l'exploitent à l'instar d'un domaine dont le » titre se perdrait dans les ténèbres des âges. Cet » état de choses devient pour eux si simple, si » bien représentatif de l'ordre, qu'ils n'y voient » plus qu'une loi primordiale confiée par le ciel » à leur vigilante sollicitude. »

L'auteur confond ici un gouvernement théocratique avec un gouvernement religieux. Le premier, comme nous l'avons dit, est un gouvernement dont Dieu est le chef immédiat ; le second est celui dont le chef attaché à la religion cherche à préserver ses sujets du malheur d'abandonner le culte qu'il croit le meilleur ; sous ce rapport, le gouvernement du Pape, celui d'Espagne, de Portugal, seraient des gouvernements théocratiques, puisque les souverains de ces états tiennent à ce que la religion catholique soit pratiquée par leurs sujets. Les rois d'Angleterre, les sultans de Constantinople, le seraient aussi, et à plus juste titre, d'après l'opinion de M. Kératry, puisque dans ces royaumes, le roi est chef de la religion, ce qui n'a lieu ni en Espagne, ni en Portugal. Il faudrait pour que ces deux derniers gouvernements fussent théocratiques, même dans le sens de l'auteur, qu'ils fussent gouvernés par les prêtres ; et cette idée n'est jamais entrée que dans la tête des philosophes ennemis du clergé et de la religion catholique.

3. P. 229. — « Contrevenir au culte serait être » séditieux au premier chef ; en exiger la tolérance » serait lui donner le suicide. D'ailleurs d'où vien- » drait ce besoin, quel en serait le motif ? Dès » que la route de la pensée est tracée, et que l'esprit » a reçu son bandeau, qui empêchera la société de » marcher sans fin dans l'enceinte circulaire. »

Si la tolérance devait détruire la religion, il est hors de doute qu'elle ne pourrait être admise dans les états bien gouvernés, parce que nulle part les lois ne sont suffisantes pour prévenir tous les crimes et tous les désordres. Mais nous l'avons dit : la religion catholique essentiellement vraie n'a pas besoin de satellites pour se faire respecter ; c'est au contraire sous un gouvernement qui l'opprimait elle-même, qu'elle a poussé ces racines profondes qui la rendent aujourd'hui inébranlable.

4. « Le moindre écart sera réprimé où le pou- » voir armé de ses lanternes sourdes ne cesse pas » un instant de voir sans être vu. Les mages, les » brames, les aruspices de l'Etrurie, et les prêtres » de l'Egypte, ont dû régner ainsi avec leurs lois, » leurs symboles et leurs rits exclusifs, tant qu'un

» événement imprévu n'a pas jeté les nations en
» dehors de la barrière sacerdotale. »

Nous ne contesterons point ce que dit ici M.
Kératry. L'on sait que les prêtres de l'Egypte, les
mages de la Perse, les brames de l'Inde, et l'on
peut ajouter les druides des Gaules, eurent un
pouvoir exorbitant que leur donnait le monopole
des lumières. Les prêtres chrétiens qui ne furent
point exclusifs comme les premiers, eurent aussi
un grand pouvoir tout le temps que les peuples
furent ignorants ; mais la différence qui existe entre
les premiers et les derniers, c'est que ceux-là se
réservèrent les connaissances, et que ceux-ci en
les propageant ont enfin amené une instruction
générale que la philosophie voudrait aujourd'hui
tourner contre eux.

Alinéa de la page 229—230.

1. « En Grèce, à Rome, le polythéïsme admis
» au sein des croyances les plus diverses, adoptées
» par chaque localité, permettait à toutes les affec-
» tions religieuses de se confondre dans un même
» élan vers la source commune de l'être et du
» bonheur. »

Actuellement ce sera le polythéïsme des grecs
et des romains qui permettra *aux affections reli-*
gieuses de se confondre dans un même élan vers
la source commune de l'être et du bonheur ; c'est-
à-dire que l'égyptien qui adore son bœuf, son chat,
ou les oignons de son jardin ; l'indien qui adore

son serpent fétiche, ou le morceau de bois qu'il a divinisé ; l'adorateur de Bacchus qui croit se conformer à la volonté de son Dieu par ses orgies et ses extravagances ; la femme qui adore Venus!.... en voilà sans doute assez pour faire sentir le ridicule du passage que l'on vient de lire.

2. « Le culte n'ayant rien d'exclusif, le ciel » s'élargissait sans fin devant les nouvelles divinités » qui lui arrivaient des bords du Gange ou du » Chéphise, ou qui étaient imaginées par les poètes, » dans lesquels les nations ont trouvé leurs pre- » miers prêtres, et leurs premiers prophètes. »

Et avec cette facilité d'introduire de nouveaux dieux, on avait corrompu le monde. Les hommes éclairés ne croyaient à aucun, et le désordre était monté à un tel point, que, si la religion chrétienne n'était venue renouveler la face de la terre, c'en était fait de l'espèce humaine, elle aurait péri par ses propres crimes.

3. « L'athénien, transporté à Délos avec sa bril- » lante théorie pour les fêtes d'Apollon, devenait » un aussi fervent adorateur que l'habitant des » cyclades appelé à son tour par les panathénées » dans la ville de Minerve. »

Voilà encore un passage qu'il suffit de présenter au lecteur pour le réfuter. Quelle ferveur pouvait avoir le peuple dans l'observance d'un culte aussi absurde et aussi immoral que celui du polythéisme? Chez les païens on ne voyait d'autre ferveur que les excès auxquels ils se livraient dans leurs jours de fêtes, et dans les lieux consacrés à leurs rits

infâmes. Du reste le culte des faux Dieux était
un culte de crainte, et la ferveur n'appartient
qu'à un culte d'amour. Les prêtres disaient bien
craignez les Dieux, mais ils ne disaient jamais
de les aimer.

4. « Pendant long-temps il n'en a pas été ainsi
» en Europe. Les dissidences de la foi, concentrée
» sur un seul objet et infusée dans le corps politi-
» que, ont enfin forcé de recourir à la tolérance
» religieuse, bienfait arraché par la philosophie
» au fanatisme et à la superstition. »

Lorsqu'une nouvelle secte s'introduit dans un
royaume, et que l'autorité civile prévoit que cette
secte peut amener des désordres, non-seulement
elle peut, mais elle doit s'opposer à ses progrès,
par tous les moyens que sa puissance lui fournit ;
et certainement les crimes commis par les albigeois,
et plus tard par les huguenots, justifièrent pleinement les mesures de rigueur employées par les
souverains. Lorsque de malheureuses circonstances
ont permis à ces sectes erronées de s'étendre, et
que ceux qui les suivent, sujets fidèles du roi et
citoyens paisibles, ont sucé avec le lait les doctrines
hérétiques de leurs pères, il n'y a plus de danger
dans l'ordre civil à les tolérer, et l'intérêt de la
religion n'est point de les proscrire pour les convertir ; la tolérance devient alors aussi nécessaire
que la rigueur l'a paru dans le principe ; mais ce
n'est jamais la tolérance religieuse comme nous
l'avons définie qui peut leur être accordée. La religion est exclusive, comme la vérité dont elle

émane, mais en condamnant les erreurs elle plaint les malheureux hérétiques, et prie pour leur conversion.

1er alinéa de la page 230.

1. « Pour en venir là, combien de luttes n'a-t-il
» pas fallu soutenir, on ne peut même se dissimuler
» qu'on n'y fût jamais parvenu, si les croyances
» du moyen-âge ne s'étaient beaucoup affaiblies.
» Le sens malheureusement donné pendant des siècles
» aux symboles et aux préceptes, avait quelque
» chose de si étroit et de si répulsif, que, pour
» agrandir le cercle des rapports sociaux, il a fallu
» en quelque sorte permettre au cœur humain
» d'effacer la trace de celui au centre duquel sa
» religion l'avait placé.

Les croyances sont aujourd'hui ce qu'elles étaient dans les premiers siècles ; il n'est point donné à la philosophie de les changer, et les luttes qu'elle a soutenues, bien loin d'amener l'ordre et la tolérance, ont amené l'intolérance philosophique et révolutionnaire. Les préceptes ont pu changer sous le rapport de la discipline, c'est-à-dire que les abstinences, les jeûnes, ont été diminués et adoucis ; mais, loin de nous féliciter de ces adoucissements, nous devrions au contraire gémir sur notre faiblesse qui les a nécessités ; je dois même ajouter qu'à la confusion de notre siècle de lumières, la rigueur des préceptes était, malgré ce qu'en dit l'auteur, bien moins répulsive pour la plupart des

chrétiens, que ne le sont aujourd'hui les préceptes
quelque mitigés qu'ils aient été. Aussi, en appli-
quant à notre siècle ce que disait Horace du
siècle éclairé mais corrompu d'Auguste , nous
pouvons dire :

Nec per scelus patimur nostrum
Iracunda jovem ponere fulmina.

2. « On n'est devenu plus indulgent, que parce
» que les dogmes secondaires ont été en perte ,
» ce qui prouve que des conséquences trop rigou-
» reuses avaient été tirées des doctrines primitives. »
Il n'y a point de dogmes secondaires, ils sont
tous article de foi pour les hommes, et nous ne
cesserons de répéter que les dogmes n'ont jamais
perdu, qu'ils sont tels qu'ils furent dès le commencement et qu'ils seront jusqu'à la consommation
des siècles. La discipline s'est adoucie afin de sauver
les faibles ; mais malheur à nous si les préceptes
de la pénitence étaient entièrement abolis.

2e alinéa de la page 230.

1. « On sait aujourd'hui que la croyance n'est
» exigible que quand elle s'applique aux principes
» religieux, conservateurs des sociétés, et aux
» choses de morale et d'instinct, sur lesquelles il
» ne peut exister qu'un seul sentiment. »
Il n'y a rien de plus délicat que la croyance,
c'est-à-dire la foi, puisque c'est la base de la religion ; aussi ceux qui prétendent la régler devraient-

ils s'exprimer clairement pour ne pas donner lieu
à des interprétations dangereuses. Désirant suppléer
à cette obscurité, nous dirons : que la foi est fondée
sur la parole de Dieu, sur les miracles de J.-C.,
sur la mission des apôtres, sur la perpétuité et
l'infaillibilité de l'Eglise ; d'où il suit que, pour être
sauvé, il faut croire tout ce que J.-C. a enseigné,
tout ce que les apôtres, et après eux les papes et
les évêques, ont reconnu comme vrai en matière
de dogme, èt qu'il faut faire ce que l'Eglise prescrit
selon les temps et selon les lieux. Voilà la véritable
théologie qui ne s'accorde guère avec la liberté
universelle d'examen, qui rend chacun de nous
juge de ce qu'il doit croire et de ce qu'il doit
faire.

2. « Il y aurait tyrannie à prescrire dans le reste
» une foi immuable ; car la foi devant être l'assen-
» timent de la conscience à un fait, ou à une
» vérité reconnue, dès qu'on la porte sur un objet
» de controverse ou que l'esprit repousse, on la
» profane, on l'immole à autrui, ou plutôt loin
» de l'exercer on en fait seulement abnégation;
» car la foi qui ne proviendrait ni de la délibération,
» ni du sens intime, tomberait dans l'absurde. »
Et c'est ce prétendu absurde qui seul constitue
la foi ; car il ne faut pas la confondre avec la
croyance. La croyance est la confiance que l'on
donne à un fait reconnu, ou que l'on croit tel ;
elle peut se fonder sur un fait que l'on voit, et
alors elle n'est plus une simple croyance, mais une
connaissance de l'objet ; elle peut aussi avoir pour

base une simple opinion de soi-même ou d'autrui, et alors ce n'est qu'une simple adhésion à cette opinion, mais adhésion qui n'a rien de certain, et qui peut céder devant une preuve contraire. La foi est une vertu surnaturelle par laquelle nous croyons fermement ce que l'Eglise nous propose de croire ; elle a pour motif, non une simple connaissance de la chose que nous croyons, puisqu'elle s'applique à des choses qu'il nous est impossible de comprendre, mais la véracité de Dieu et l'infaillibilité de l'Eglise. Ainsi la foi est précisément une abnégation de notre propre raison, et un assentiment à celle d'une autorité. Nous délibérons d'abord sur les motifs de notre foi, mais ces motifs une fois adoptés, nous croyons sans examen les vérités cachées à notre esprit, par cela seul que la croyance en ces vérités nous est imposée par l'Eglise qui tient son pouvoir de J.-C. lui-même.

3. « Dire que l'on croit à quelque chose qui » blesse le jugement, c'est mentir, peut-être en » toute innocence, mais c'est toujours mentir. »

Si l'on disait à un aveugle-né que par le moyen de la vue on connait les objets qui se trouvent à une très grande distance, beaucoup mieux et d'une manière plus claire qu'on ne peut les connaître par le moyen du tact, il est hors de doute qu'une pareille proposition qui lui serait faite pour la première fois révolterait son jugement, et que ce ne serait qu'autant qu'il aurait la plus grande confiance en celui qui le lui affirmerait, qu'il y ajouterait foi ; mais que serait-ce, si on ajoutait que; par les yeux aidés d'un instrument, on peut voir des corps qui se trouvent placés à des distances incalculables; que l'on peut mesurer la grandeur du soleil et des planettes qui l'entourent, que l'on peut calculer et prévoir leur passage à tel point de l'espace dans tant de siècles, sans se tromper d'une minute. Son esprit incapable de comprendre de tels prodiges, ne trouvant rien dans sa raison qui pût les lui faire concevoir, refuserait absolument son assentiment.

Supposons actuellement que le créateur donnât à quelques hommes un sixième sens aussi supérieur à ceux que nous possédons, que la vue l'est au toucher. Ces hommes acquerraient nécessairement des idées plus claires sur des choses qui sont au-dessus de notre intelligence. Mais, si le nombre et la qualité de ces sens augmentait à l'infini, qu'elle différence n'y aurait-il pas entre ces êtres privilégiés et l'homme tel qu'il est dans ce bas monde? Que de choses ils verraient que nous ne soupçonnons même pas, que de rapports ils apercevraient entre les choses qui paraissent les plus disparates et les plus éloignées? Mais si Dieu est souverainement parfait, s'il sait tout, s'il voit tout, il connaît lui-même parfaitement tous ces rapports, toutes ces possibilités qui nous échappent. Notre nature est trop faible pour les saisir, mais Dieu veut que nous sachions ce que nous ne pouvons comprendre, et, pour récompense de notre fidélité à croire sur sa parole, il nous promet de nous faire voir un jour les beautés invisibles, l'harmonie céleste résultant de ces rapports que nous ne connaissons pas. Voilà la foi que Dieu nous demande ; les choses qui nous sont proposées surpassent notre raison, mais ne sauraient la blesser, si notre orgueil ne nous porte pas à croire en savoir autant que Dieu lui-même.

Celui qui dit qu'il croit Dieu sur sa parole, qu'il adhère d'esprit et de cœur à ce que l'Eglise lui présente comme de foi, ne ment donc point, mais il reconnaît son néant, et la souveraine perfection de celui qui l'a créé.

4. « On accepte, on acquiesce, on s'oublie, on » renonce à raisonner, mais on ne croit pas, et » c'est ainsi que dans les cultes dégénérés on arrive » au fétichisme, dernier degré de l'avilissement » de l'esprit. »

J'ai répondu à la première partie de ce passage dans l'observation précédente ; quant à la dernière, il est certain que les peuples qui n'ont point une foi ferme et distincte se rapprochent bien plus du fétichisme que ceux qui croient ce qu'une autorité leur enseigne. Le catholique qui sait que Dieu règle par sa providence tous les événemens humains, sera certainement plus éloigné de se faire un talisman, que le sauvage qui, n'ayant aucune idée fixe sur la divinité, rendra ses hommages et adressera ses prières à la première chose que son imagination déréglée lui présentera comme un Dieu, ou comme un esprit.

Dernier alinéa de la page 230—231.

1. « Où la morale n'est point interessée, où elle
» ne reçoit aucun supplément de force pratique,
» la foi n'est qu'un hors-d'œuvre, rarement sans
» conséquence, et plus souvent nuisible qu'utile
» quand elle est surchargée. »

Si la religion est fausse, le dogme est toujours
mauvais, qu'il soit surchargé ou non; mais il l'est
encore moins qu'une absence totale de religion;
si la religion est vraie, la foi ne contient que ce
qu'elle doit contenir. Du reste la foi est la sanction
de la morale. Si l'on ne croit point à la religion,
si la croyance aux récompenses et aux peines d'une
autre vie s'affaiblit dans le cœur des hommes, la
morale n'est plus qu'un vain nom, toutes les fois
que l'on espère d'échapper au glaive des lois.

2. P. 231. « Comme elle n'est alors que la foi
» du culte proprement dit, nous nous garderons
» de la confondre avec *la foi religieuse* qui tient
» directement à la conduite de la vie civile et
» domestique. »

L'auteur fait ici une distinction que l'on ne trouve
dans aucun théologien entre la foi du culte et la
foi religieuse. La foi religieuse n'est autre que celle
qui tient à la religion, qui croit sur le témoignage
de l'Eglise tout ce qu'elle nous propose de croire
de la part de Dieu. Si l'on n'a pas cette foi, l'on
n'a point la foi religieuse. Puisque l'auteur veut
établir une distinction, il aurait mieux fait dans

son système de distinguer la foi religieuse qui n'est
autre que la foi du culte, et la foi philosophique.
Mais qu'est-ce que c'est, aurait-on pu demander,
que la foi philosophique, sur quelle autorité est-
elle appuyée?

1er alinéa de la page 231.

« Une difficulté se présente : le principe général
» est reconnu; mais qui le mettra en exercice?
» Vous demandez de la tolérance aux cultes divers,
» comme s'ils étaient morts, tandis que, suivant ce
» que nous avons déjà énoncé, leur condition de
» vie est dans leur foi, et la foi veut régner sans
» partage partout où elle peut atteindre. etc. »
Ici l'auteur sent lui-même la difficulté qui résulte
du principe qu'il a proposé ; il sent que son prétendu principe ne saurait recevoir d'exécution ;
mais ce principe est bien loin d'être reconnu dans
toute son extension. Si M. Kératry ne parlait que
de la tolérance civile, oui cette tolérance qui est
d'ailleurs dans l'Evangile est nécessaire aux hommes
qui sont dans l'erreur ; on ne peut les convertir
par des supplices ; mais que le catholique reconnaisse
comme suffisante la croyance des protestants, qu'il
admette cette liberté indéfinie d'examen en matière
de foi, fruit de la réforme de Luther, il cessera
d'être catholique, enfant soumis de l'Eglise et soumettant sa raison à l'autorité.

2ᵉ alinéa de la page 231 — 232.

1. « S'il existe une religion de l'état conçue
» d'une autre façon et favorisée d'une manière
» plus spéciale, soyons assurés qu'elle sera bientôt
» persécutante. »

Si cette religion est fausse, elle persécutera;
c'est ainsi qu'en Angleterre le serment du test, après
avoir produit des martyrs, a laissé pendant plusieurs
siècles les catholiques dans une abjection que l'on
ne peut comparer qu'à celle des ilotes de Sparte.
La religion catholique est en France la religion
de l'état; c'est celle du roi, c'est celle de l'immense majorité des français, et bien loin de persécuter c'est elle qui éprouve des persécutions.
Ici l'on interdit l'enseignement aux jésuites, sous
prétexte qu'ils ont un supérieur général étranger,
on exige des directeurs une déclaration qu'ils n'appartiennent à aucun corps religieux, comme si un
peu plus de religion que le commun des hommes
était un crime irrémissible *dans l'ordre légal.* A
Marseille, parce que de pauvres religieux vêtus
d'un froc de bure parcourent les rues nu pieds et
avec une barbe, on les force de se cloitrer, comme
si l'on craignait la contagion de la vertu et de
l'observation des conseils évangéliques. Si l'on gênait
ainsi l'exercice du culte luthérien, du culte cal-
viniste, du culte juif, quels cris ne pousserait-on
pas contre l'intolérance, et cependant la religion
gênée dans son exercice est la religion de l'état,

2. « Pour peu qu'elle soit fidèle à sa vocation,
» elle cherchera à faire des conquêtes, elle y sera
» même obligée. »

L'Eglise catholique n'a pas besoin d'être la religion de l'état pour faire des conquêtes; c'est bien
plutôt dans les temps où elle est persécutée qu'elle
gagne à l'Eglise de nouveaux enfants; mais ce n'est
point en persécutant qu'elle les fait ces conquêtes,
mais en souffrant elle-même les persécutions (1).

3. P. 232. « Plus elle pourra se flatter qu'on
» lui prêtera main-forte, moins les voies lui répu-
» gneront : car, la conviction une fois établie, qu'est-
» ce que l'on oserait mettre en balance avec un
» bonheur éternel pour les convertis, et l'accom-
» plissement des volontés divines dans l'ordre de
» la providence, dont les fermes croyans se re-
» garderont toujours comme les exécuteurs privi-
» légiés. »

Si l'on pouvait convertir par les persécutions,
si comme chez les païens un hommage extérieur
suffisait, et que le Dieu des chrétiens ne demendât
point le sacrifice du cœur, une religion serait
d'autant plus persécutrice, qu'elle serait plus per-
suadée de la vérité de ses dogmes, parce qu'elle
croirait accomplir un devoir sacré, et faire le bonheur de ceux qu'elle amènerait de force dans le
bercail ; mais notre religion, avons-nous dit, sait

---

(1) On voit en effet que depuis la révolution de juillet la religion est
plus respectée par le commun des catholiques, en proportion des outrages
qu'elle a reçus de ses ennemis.

souffrir, et non faire souffrir ceux qui ne la pratiquent pas. Elle sait que la conviction et la persécution sont les seuls moyens de gagner des âmes
à Dieu, elle sait que souvent celui qui baisse le
plus la tête dans le temple de Dieu, n'en est pas
pour cela plus pénétré de respect pour nos mystères
sacrés, et ce n'est point par la contrainte qu'elle
cherche à faire des prosélytes, mais en prescrivant
à ceux qui la pratiquent de s'exposer eux-mêmes
à toutes sortes de tourmens à l'exemple de leur
divin maître.

4. « Or la facilité avec laquelle certaines croyances
» excessives ou licencieuses viennent se grouper
» autour de la croyance favorisée, et l'opiniâtreté
» avec laquelle les dissidents persistent dans ce que
» celle-ci qualifie d'erreur condamnable, les encou-
» ragemens donnés à la conversion, et les peines
» infligées à la dissidence, démontrent une vérité
» bien déplorable, savoir : que, dans l'œuvre du pro-
» sélytisme de culte à culte, on n'a d'action que
» sur les caractères faibles ou vils, tandis que la
» persécution est obligée de s'attacher, et le plus
» souvent sans succès, à ce qu'il y a de plus éminem-
» ment religieux, nous dirons par conséquent de
» plus noble dans la nature humaine. »

L'opiniâtreté dont parle l'auteur au commencement de ce passage peut prendre sa source dans
une ferme croyance ou dans l'orgueil humain ; la
première est celle des martyrs de tous les temps
et de tous les lieux ; la seconde est celle des héré-
siarques qui, en faisant en quelque sorte un Dieu

de leurs propres sens, ont mieux aimé mourir que
de renoncer à leurs erreurs dans l'unique but d'acquérir une certaine célébrité. Nous ne saurions
approuver la persécution contre les hérétiques qui
suivent une secte ancienne, et qui ne troublent point
l'ordre civil. Quant aux catholiques, ils ne les
craignent point, ils savent que Dieu est prêt à soutenir la faiblesse humaine contre la crainte des
tourmens, qui peuvent faire périr le corps, mais
qui ne sauraient atteindre l'âme.

Nous savons aussi que ceux qui se laissent séduire
par les récompenses, ou intimider par les châtimens,
sont des hommes dirigés par leurs passions, qui ne
font aucun cas des vérités de la religion ; mais, si
celui qui sacrifie ses principes religieux à un vil
intérêt est méprisable aux yeux des hommes, il
n'est pas moins beau de voir un courage, double-
ment héroïque, braver les sarcasmes et les persécutions de ses co-sectaires pour se jeter dans le
sein de l'Eglise catholique. Il n'était point vil ce
protestant suisse (Haller) qui de nos jours aban-
donna sa patrie, ses biens et ses dignités, pour
rentrer dans le sein de l'Eglise dont ses ancêtres
n'auraient jamais dû sortir ; ils ne sont point
vils ceux qui, en se faisant catholiques, ne sont
mus que par la conviction qu'ils ont enfin acquise,
que la religion protestante ne conduit point au
salut.

1er alinéa de la page 232.

1. « Il est certain que tout culte qui se sent
» l'objet d'une protection exclusive de l'état, man-
» querait à sa propre destinée, s'il ne marchait
» vers un pouvoir dont on semble ainsi lui donner
» l'investiture. Au moins s'armera-t-il spirituellement
» contre les dissidences. Mais qui ne sait qu'il est
» de la nature de la force morale de déterminer
» bien promptement l'action de la force matérielle.»
Le culte catholique ne cherche point le pouvoir
temporel; mais il tend toujours à augmenter le
nombre des enfants de l'Eglise. Il n'a pas besoin
de s'armer spirituellement contre les dissidences
anciennes, elles ont été condamnées, lorsque les
sectes ont abandonné le tronc auquel elles devaient
demeurer attachées; mais elle s'arme contre ceux
qui prêchent de nouvelles doctrines, et cherchent
à séduire les fidèles encore attachés à l'Eglise.

2. « Vrai catholique, Louis XIV visait à l'ho-
» mogénéité et à la solennité du culte dans son
» royaume. Faute d'une distinction nécessaire entre
» le croyant et le monarque, voulant convertir,
» il crut devoir y procéder en apôtre et en sou-
» verain. Il commença l'œuvre par des mission-
» naires, et il la finit par des dragons. En partant
» d'un faux principe c'est être conséquent; dès que
» l'on se regarde comme obligé d'extirper l'hérésie,
» rien ne doit arrêter. »
On ne peut blâmer Louis XIV d'avoir cherché

comme catholique à donner de la solennité au
culte qu'il professait. Un simple citoyen qui tient
à sa religion doit désirer qu'elle soit honorée; il
n'appartient qu'au souverain d'exécuter un pareil
vœu. Il désira aussi convertir ses sujets protestants,
et son désir était louable; il encouragea les missions,
et ce moyen n'étant autre que celui qui avait été
employé par les apôtres après la descente du St-
Esprit, c'est-à-dire un moyen de persuasion, on
ne saurait encore le trouver mauvais. *Il finit par des·
dragons.* Que firent ces dragons? Voilà la question;
ils furent employés à maintenir l'ordre et à protéger les missionnaires contre les outrages et les
persécutions des protestants, voilà l'histoire : mais
on ne peut encore blâmer Louis xiv d'avoir voulu
empêcher dans le royaume très-chrétien l'extermination des catholiques, et de les avoir protégés.
Nous avons fait voir dans notre premier volume
combien on doit supprimer des vaines déclamations
de la philosophie contre les dragonnades.

2e alinéa de la page 233.

1. « Si nous sommes préservés de ses jours de
» tempête, où par un mouvement convulsif tout se
» déplace jusqu'aux croyances, et si le gouvernement
» représentatif, dans lequel seul l'Europe peut se
» reposer, se naturalise parmi nous sans trop d'obs-
» tacles, il se pourrait qu'un rapprochement entre
» les deux principales communions chrétiennes
» vint combler les vœux du sage. Fût-il payé par

» des concessions réciproques, elles auraient éga-
» lement à s'en féliciter. »

Un rapprochement dans lequel l'Eglise catholique abandonnerait une partie de ses croyances
est absolument impossible. Elle ne peut renoncer
par exemple à sa foi en la présence réelle ; à la
confession comme partie intégrante du sacrement
de pénitence, à la suprématie spirituelle du pape,
à l'infaillibilité de l'Eglise et au célibat des prêtres (1), points qu'il faudrait accorder en tout ou
en partie aux protestants. On ne pourrait faire
condamner par l'Eglise les pratiques de dévotion
et les mortifications qui, sans obliger tous les
chrétiens, n'en sont pas moins précieuses ; on
n'abandonnerait ni les jeûnes du carême, ni les
jours d'abstinence, et sans m'étendre davantage sur
cette matière, on n'a qu'à lire *l'abrégé de la foi
catholique* de M. Bossuet, que l'on peut appeler
à juste titre *l'ultimatum* de l'Eglise, que si, par
suite d'événemens que l'on ne saurait prévoir, le
gouvernement, se séparant de la communion du
souverain pontife, cherchait à opérer lui-même
cette réunion, il pourrait former un culte *gallican*
à l'instar de l'Eglise *anglicane* ; mais la partie

---

(1) L'Eglise ne se relachera certainement pas sur le célibat des prêtres
à ordonner, mais ce n'est cependant qu'un article de discipline qui peut
être modifié pour des raisons très graves; ainsi Bossuet offrait à Leibnitz
d'obtenir du pape que les ministres luthériens et leurs évêques conservassent
leurs titres et fussent admis aux saints ordres quoique mariés. On n'accordera jamais aux prêtres déjà ordonnés la permission de se marier. Cela
n'a jamais été permis même dans l'Eglise grecque. J. G. Al.

la plus saine parmi les catholiques repousserait avec horreur cette innovation ; on verrait, comme on l'a vu au commencement de la révolution française, l'épiscopat français soutenir avec courage la suprématie du pape, l'infaillibilité de l'Eglise, et l'indépendance du culte, du pouvoir temporel. Les esprits sages dont parle l'auteur, et sans doute M. Kératry lui-même, verraient avec douleur les persécutions exercées contre les hommes les plus probes et les plus courageux.

2. « De son côté le catholicisme épuré y gagne-
» rait un surcroît de force : du sien le luthéranisme
» même, avec lequel il a le plus de rapport,
» parlerait bien mieux au cœur et à l'esprit ; car
» il faut convenir qu'à peine il est un culte, ce n'est
» guère qu'une simple déclaration de doctrine
» religieuse. »

Si le culte luthérien, qui est celui qui a conservé le plus de ressemblance avec le culte catholique, ne peut être considéré comme un culte, mais comme une simple déclaration de doctrine religieuse, que penser de mille et une communions protestantes qui y ont puisé leur origine ? Le catholicisme n'a pas besoin d'être épuré, c'est la doctrine de N. S. Jésus-Christ, celle des apôtres et des conciles. S'il existe parmi des catholiques ignorants des idées superstitieuses et de vaines observances, elles sont condamnées par l'Eglise ; mais les pratiques de perfection, les prières non exigées, les jeûnes, les mortifications, les vœux admis dans les corporations religieuses, ne sont point des superstitions, quoiqu'ils n'obligent point tous les fidèles.

3. P. 233-234. — « Nous péchons par excès,
» et lui par défaut ; il nous débarrasserait de nos
» excroissances idolâtres, et nous lui donnerions
» une pompe et des fêtes qui lui manquent ; nous
» lui apprendrions surtout la langue de l'homme,
» cette créature sensible, douée d'imagination,
» capable d'amour, et, comme par un noble pres-
« sentiment, disposée toujours à en diviniser l'objet,
» lors même que nous le prenons à nos côtés, et
» que nous le cherchons dans notre propre nature.»

Il n'y a point d'excès, il n'y a point d'idolâtrie dans la religion catholique. L'erreur avancée par M. Kératry est une de celles que l'immortel Bossuet a victorieusement réfutée.

. Il n'est point donné à l'homme de régler la manière dont Dieu doit être honoré. Ainsi point de mélange d'une religion avec une autre, ce serait le moyen de les détruire toutes, si l'on pouvait détruire celle contre laquelle les portes de l'enfer ne prévaudront jamais. Du reste l'auteur convient que la religion catholique est celle qui est le plus en rapport avec notre sensibilité, et ce qu'il peut y avoir de beau et de bon dans la nature humaine; aussi cette religion est-elle l'ouvrage d'un Dieu, et les sectes qui s'en sont éloignées ont méconnu les inclinations de l'homme en cherchant à modifier l'œuvre de Dieu.

CURE-CURÉ *(jurisprudence)*. P. 244—257. —
        CARRÉ.

Les mots *cure*, curé ont toujours appartenu à la
religion ; et d'après la définition qu'en donne l'auteur
lui-même, les fonctions de curé sont bien plutôt
religieuses que civiles.

« En jurisprudence (nous dit-il) on doit aujour-
» d'hui entendre par ce mot l'emploi d'un prêtre
» catholique préposé pour célébrer les saints mystè
» res dans un arrondissement qu'on appelle *paroisse*,
» y faire l'office divin, y administrer les sacrements
» aux paroissiens ; les instruire des vérités et de la
» morale de la religion ; prévenir ou réprimer,
» par voie d'exhortation, tous désordres entre eux ;
» prier pour leurs besoins temporels et spirituels,
» et enfin leur rendre les derniers devoirs religieux. »

Cette définition est exacte ; elle fait bien connaître toutes les obligations d'un curé ; mais ces
obligations n'ont aucun rapport avec la jurisprudence ; elles tiennent uniquement à la religion et
à la discipline ecclésiastique, surtout aujourd'hui
que les curés ne sont pas chargés de la tenue des
registres de l'état civil, et que le mariage, considéré comme sacrement, n'est plus contrat de
droit civil.

4ᵉ et dernier alinéa de la page 245 — 246.

1. « D'abord ces prêtres ne furent que momen-

» tanément commis par les évêques pour certaines
» Églises ; ensuite l'accroissement du nombre des
» fidèles et des Eglises les fit attacher définitive-
» ment à chacune , et convertit leur commission
» temporelle et révocable en titre perpétuel. »

Telle est , suivant l'opinion commune, l'origine
des curés, c'est d'elle que dérive sans doute leur
soumission à la juridiction épiscopale , selon la
latitude canonique et légale ; mais elle ne saurait
détruire le principe que l'institution de ces pasteurs
n'est pas de pur droit positif ecclésiastique, mais
de droit divin , parce qu'ils sont les successeurs
des 72 disciples de J.-C. , et, comme tels, prélats du
second ordre, ordinaires et non simples délégués
des évêques. »

Les prêtres sont établis de droit divin, cela ne peut
être contesté , mais il est aussi de droit divin qu'ils
n'ont point reçu la plénitude du sacerdoce , et qu'ils
sont entièrement soumis aux évêques successeurs
des apôtres , et qui peuvent leur donner ou leur
retirer l'approbation et le pouvoir d'administrer
les sacrements.

Si l'auteur prétend que la juridiction des curés
est de droit divin, il émet une opinion en général
peu reçue dans l'Eglise, quoiqu'elle ait prévalu
chez un certain nombre de docteurs français, surtout
en sorbonne ; il ne faut cependant pas en conclure,
comme les curés du diocèse de Cahors dans leur
mémoire publié en 1771 , *que la juridiction des
curés est indépendante de celle des évêques.* L'auteur
semble l'insinuer. Or , cette assertion a été con-

damnée par la sorbonne le 9 juillet 1773, « non-
» seulement comme dérogeant à l'autorité qui
» appartient à l'évêque *de droit divin*, mais encore
» comme tendant au schisme erroné et même
» hérétique, parce qu'il est de foi que l'autorité
» des curés est subordonnée à celle de l'évêque. »
Ces mémoires furent supprimés par arrêt du parlement de Toulouse du 9 août 1773. Voir *les conférences d'Angers*, *traité de l'hiérarchie*, tom. 2,
p. 1 et suivantes; et spécialement p. 59, édit de
1785. Voir aussi *le dictionnaire théologique* de
Bergier, vᵒ *Evêque*.

2. « Avant d'être commis par l'évêque pour
» le service d'une Eglise particulière, ils étaient
» en effet dans l'origine près de lui, comme les
» disciples près des apôtres, dirigeant le troupeau
» commun, et ses coopérateurs dans le saint minis-
» tère; c'est donc de J.-C. même qu'ils tiennent
» leur mission : la circonscription d'un territoire,
» assigné par l'évêque pour l'exercer, ne peut en
» changer la nature. »

Cette doctrine, authentiquement proclamée par
la célèbre faculté de Paris, au rapport de Gerson
son illustre chancelier, est celle de presque tous
les canonistes français.

Cependant elle a eu ses adversaires dont quelques-
uns, partisans outrés de l'autorité épiscopale refusant aux curés une institution divine, n'ont voulu
voir dans ces hommes respectables et laborieux,
que l'on peut à juste titre appeler les colonnes
de l'Eglise, que de simples délégués des évêques,

n'exerçant les pouvoirs du saint ministère que par procuration, et ne remplissant leurs fonctions ni en vertu de leur ordre, ni en vertu de leur caractère.

On convient que les prêtres sont de droit divin, et qu'ils sont les successeurs des 72 disciples de N.-S. J.-C. Ils exercent leurs fonctions en vertu de leur ordre et de leur caractère ; mais ils reçoivent la juridiction des évêques, et ils ne peuvent administrer les sacrements, sans avoir une mission ou une approbation de l'autorité épiscopale.

3e alinéa de la page 247.

« Il suffit pour l'objet de cette notice, où l'on
» considère particulièrement les curés sous les
» rapports temporels, et en tant qu'ils sont régis
» par les lois civiles, d'avoir rappelé que la doc-
» trine de la faculté de Paris sur leur institution
» divine a prévalu. »

Ceci n'est point tout-à-fait exact. Il est un grand nombre de théologiens éclairés qui partagent l'opinion contraire; mais tous les catholiques sont persuadés que cette institution divine ne suffit point sans la mission ou l'approbation de l'évêque.

5e alinéa de la page 247.

« Sur ce point nous pouvons affirmer, les ultra-
» montains étant d'ailleurs d'accord avec nous,
» qu'au lieu de n'avoir qu'une simple administration
» par commission de l'évêque, les curés ont une

» juridiction propre, particulière et immédiate
» *au for de la pénitence*, et le droit de gouverner
» et de conduire leur troupeau, dont ils répondent
» comme l'évêque du sien. »

Les curés ont les droits que l'auteur leur attribue ;
ils sont soumis à la responsabilité dont il parle,
mais c'est en vertu de la mission de l'évêque sans
laquelle ils n'auraient aucun pouvoir.

Dernier alinéa de la page 247—248.

« Le droit de prévention, c'est-à-dire celui de
» faire quand il lui plaît les fonctions curiales dans
» toutes les parties de son diocèse ; les injonctions
» nécessaires pour le maintien de la discipline et
» le plus grand bien des fidèles ; la surveillance
» de l'administration des biens des fabriques et des
» cures ; les réglements concernant les oblations ;
» l'examen des comptabilités ; la concession des dis-
» penses canoniques ; les censures ; l'interdiction
» des curés, mais comme prêtres seulement : là se
» borne en général toute la puissance épiscopale
» dans ses rapports avec les curés. »

La puissance épiscopale ne se borne pas là ;
nous verrons plus bas qu'elle s'étend bien plus loin.

1er alinéa de la page 248.

« Il suit de là, comme une conséquence naturelle
» et immédiate, que l'évêque ne peut limiter les
» fonctions curiales, puisqu'elles sont nécessaires,

» ni commettre au préjudice du curé aucun autre
» ecclésiastique à l'effet de les exercer par lui-
» même ou par ses vicaires. »

Le droit de prévention donne aux évêques le
pouvoir d'interdire les curés comme prêtres ; mais
s'ils cessent d'avoir le droit d'exercer les fonctions
du sacerdoce, ils ne peuvent administrer les sacrements ; l'évêque peut aussi remplacer le curé par
un vicaire chargé de gérer la paroisse, et cela
toutes les fois qu'il pense qu'il est urgent d'en agir
ainsi ; il peut aussi restreindre la mission du curé
en lui interdisant l'administration du sacrement de
pénitence, toutes les fois qu'il le juge nécessaire ;
il peut, sans aucune faute de la part du curé, lui
donner un vicaire et le retirer, envoyer des missionnaires.... ; enfin l'evêque exerce dans tout son diocèse
la plénitude de l'ordre sacerdotal (sauf les cas
réservés au pape), et le curé quoique inamovible,
d'après l'usage, plutôt que d'après l'Evangile, n'en
est pas moins soumis dans toutes ses fonctions à
l'autorité épiscopale.

Dernier alinéa de la page 248—249.

« C'est encore par une conséquence de ce que
» la juridiction toute spirituelle des curés est ordi-
» naire, que l'exercice, dans une Eglise paroissiale
» des fonctions ecclésiastiques, par des stationnaires
» missionnaires, et autres prêtres étrangers, dépend
» essentiellement de l'agrément du propre pasteur. »

L'évêque n'envoie de prêtres stationnaires ou de

vicaires régent que dans des cas graves qu'il n'appartient qu'à lui seul d'apprécier. Il peut envoyer des
vicaires ordinaires, lorsque le besoin de la paroisse
l'exige, et des missionnaires pour relever l'esprit
de religion que la philosophie cherche à éteindre.
Le droit d'envoyer des missionnaires dans une
paroisse même malgré le curé est une suite du droit
de prévention.

Dernier alinéa de la page 283 — 284.

« Mais pour prévenir des inconvénients graves
» qui résulteraient de l'administration du sacrement
» de mariage à des personnes qui n'auraient pas
» préalablement formé le lien civil, ils ne peuvent,
» sous les peines prononcées par la loi, donner la
» bénédiction nuptiale à des personnes qui ne justi-
» fieraient pas avoir contracté devant l'officier civil ;
» mesure qui, quoiqu'on en ait dit, loin d'être en
» opposition avec les règles canoniques, est au
» contraire conforme aux principes généralement
» reconnus par les plus savants personnages : *que*
» *le mariage en soi est uniquement du ressort de*
» *la puissance civile ; que le sacrement ne peut être*
» *appliqué qu'à un mariage contracté selon les lois ;*
» *que la bénédiction nuptiale appliquée à un ma-*
» *riage qui n'existerait pas encore*, serait un acci-
» dent sans sujet, et qu'un tel abus des choses reli-
» gieuses serait intolérable. »

Il pourrait résulter quelques inconvénients de ce
que le mariage religieux serait célébré avant le ma-

riage civil, et ces inconvénients consisteraient en
ce qu'il serait possible que les personnes qui auraient
reçu la bénédiction nuptiale refusassent ensuite de
contracter devant l'officier public.

On ne prétend point que la mesure adoptée par
nos lois soit en opposition avec les règles canoniques ; s'il en était ainsi, toutes les lois du monde ne
pourraient contraindre les prêtres et les laïques
fidèles à leur religion à violer les lois de l'Eglise,
mais cet usage introduit en vertu du code civil, et
sanctionné par les art. 199 et 200 du code pénal,
présente aussi de grands dangers pour les mœurs.

Il n'est point juste de séparer le mariage du sacrement de mariage comme le fait M. Carré ; le consentement donné devant l'officier de l'état civil ne
donne point de droits naturels du mariage, il ne
donne absolument que les droits civils ; quant au
sacrement, il ne se donne pas à un mariage déjà fait,
mais il concourt avec lui, libre à l'autorité civile
d'appeler du nom de mariage le simple enregistrement de la déclaration des parties de se prendre
pour époux, de lui attribuer tous les droits qui
dépendent de l'autorité temporelle. Mais le mariage
tel que Dieu l'a institué, l'union qui donne aux
époux des droits naturels et leur impose des obligations religieuses, n'est autre que le mariage accom-
pagné de la bénédiction nuptiale. Tout mariage qui
n'est point béni, est, malgré sa légalité, un véritable
concubinage dans l'ordre moral et dans l'ordre
religieux.

CURIOSITÉ. — P. 257 — 271 — JOUFFROI.

Premier alinéa de la page 262.

« On a donc eu tort d'attribuer à des passions
» plus ou moins repressibles et gouvernables, l'acti-
» vité continuelle en nous, de la force, de l'intelli-
» gence, et de la volonté. Les conséquences prati-
» ques que le pouvoir politique et religieux en a
» tirées à son profit, sont encore plus ridicules
» qu'odieuses. »

L'homme a des passions, c'est incontestable; mais
ces passions peuvent-elles, ou non, être comprimées
plus ou moins ? Peuvent-elles être dirigées vers un
but autre que celui que semble indiquer le penchant
naturel ? Voilà la question que soulève l'auteur et
qu'il semble résoudre négativement ; mais l'expérience prouve que l'impulsion naturelle peut être
comprimée, et qu'il est encore plus aisé de la
faire changer de but. Mais ici l'auteur nous parle de
la force de l'intelligence et de la volonté, qui
sont plutôt des facultés de l'âme que des passions;
or, on ne peut pas les empêcher d'exister, mais
on peut en régler l'usage. Ainsi cette force de l'esprit peut se diriger vers les choses spirituelles. Quant
à la volonté, il est certain que c'est la faculté
dont non-seulement il est le plus aisé de faire changer le but, mais qu'il est le plus facile d'étouffer entièrement; c'est ainsi que les saints religieux en
faisant vœu d'obéissance passive ont abdiqué toute
volonté propre, et n'ont plus agi qu'en vertu de

celle de leurs supérieurs ; c'est ainsi dans l'ordre
politique qu'un intérêt quelquefois léger a fait
abandonner des projets et des opinions auxquels on
tenait beaucoup. Le sacrifice de la volonté est nécessaire non-seulement dans l'ordre religieux, non-seulement dans l'ordre politique, mais dans les usages
communs de la vie. Ce sacrifice est appelé dans les
supérieurs complaisance, et dans les inférieurs
obéissance, et il consiste à renoncer à ce que l'on
désire, pour faire ce que veulent les autres. Un homme qui résiste à ses supérieurs est un entêté, celui
qui ne cède jamais à ses égaux ou à ses inférieurs est
un impoli. L'autorité politique a exigé le sacrifice
de la volonté propre ; et elle l'a fait non-seulement dans les états monarchiques absolus, où la
volonté du prince est la loi suprême, mais dans les
monarchies tempérées et dans les démocraties, puisque dans ces divers états il faut toujours que la minorité cède à la majorité. L'autorité religieuse a exigé
ce sacrifice en matière spirituelle ; mais, accordant à
l'homme au nom d'un Dieu créateur et rédempteur,
des grâces non méritées, elle a pu le soumettre à
des obligations : ainsi l'obéissance aux lois de l'Eglise
commandée par l'Evangile est une des conditions du
don que Dieu nous fait par son canal des grâces
nécessaires pour arriver au salut éternel ; ainsi cette
exigence du sacrifice de la volonté que l'auteur
regarde comme odieuse ou ridicule, est si peu odieuse,
qu'elle n'est qu'une faible compensation des avantages que ce sacrifice nous procure ; elle est si peu
ridicule, qu'à chaque instant, dans l'état de société,

on est obligé de le faire sous peine de passer pour un bourru ou un malhonnête.

Dernier alinéa de la page 263 — 264.

« L'inertie de la matière ou l'opposition d'autres
» forces limitent perpétuellement notre pouvoir;
» la fatalité ou d'autres forces libres entravent la
» libre disposition que nous en avons; nos organes
» matériels imposent des bornes à notre intelli-
» gence. »

Nous convenons avec l'auteur que l'inertie de la matière, ou des forces mues par des volontés étrangères, entravent notre volonté et mettent des bornes à notre puissance; nous convenons aussi que nos organes matériels imposent des bornes à notre intelligence; mais ce que l'auteur appelle fatalité n'existe point. Il n'y a point d'effet sans cause, et ce que nous attribuons souvent à un hasard aveugle est produit par une cause qui nous est inconnue, et réglé par l'éternelle sagesse de Dieu.

2. P. 264. « Et cependant nous sentons au fond
» du principe qui nous constitue une force capable
» de tout, une liberté pleine de disposer de cette
» force, une intelligence faite pour tout connaître.
» Notre nature dans le sentiment de sa destinée
» s'efforce donc d'aller à sa fin qui est infinie, et
» elle rencontre toujours des barrières qui l'arrêtent
» dans des bornes finies. »

Nous ne sentons pas en nous une force capable de tout; mais nous sentons dans notre âme une aptitude bornée à chaque instant par la matière, nous éprouvons aussi que nous sommes libres de vouloir, mais non d'agir comme nous voulons. Nous reconnaissons en nous une intelligence susceptible d'acquérir des développements en quelque sorte infinis ; ajoutons à cela que le désir du bonheur inné chez tous les hommes, nous dégoûte bientôt de ces plaisirs passagers, qui peuvent bien nous occuper un instant, mais qui laissent dans notre cœur un vide que nous ne pouvons remplir.

Cette conscience de notre force intellectuelle étouffée par la faiblesse de nos organes matériels, de cette liberté qui ne peut aller jusqu'à l'exécution de ce que nous voulons, de cette aptitude au bonheur que nous ne pouvons atteindre, est une preuve évidente de la haute destinée qui nous est réservée lorsque nous serons délivrés de ce corps matériel, qui gêne continuellement l'essor de notre intelligence, et qui nous empêche de trouver le bonheur avec la perfection de notre être ; mais c'est dans la vertu, dans la religion, dans la mort de nos passions, que nous pourrons trouver l'accomplissement de la haute destinée que Dieu nous réserve. Ce n'est que par là que nous pourrons acquérir, non point la connaissance de tout, puisque cette connaissance n'appartient qu'à Dieu, mais celle d'une infinité de choses qu'il nous est impossible de concevoir.

2e alinéa de la page 268.

« On a donné à la condition humaine deux inter-
» prétations opposées. Les uns ont considéré les

» obstacles qui enveloppent de toutes parts le déve-
» loppement de notre nature , comme une barrière
» que Dieu ne voulait pas qu'on tentât de franchir ;
» les autres comme une épreuve proposée à notre
» courage et à notre persévérance. Partant de leur
» supposition , les premiers ont condamné l'ambi-
» tion, la curiosité , l'amour de l'indépendance ,
» comme une révolte de notre nature contre les
» décrets de la providence. Pour eux la résignation
» est la vertu suprême de l'humanité , et le repos,
» l'idéal de la vie véritable. »

L'auteur oublie de parler d'un 3e parti qui est celui du plus grand nombre , et celui des hommes les
plus sages ; d'après leur opinion, la conscience de
notre puissance de penser et de vouloir , cette soif
insatiable de connaître et d'être heureux, est une
preuve de la supériorité de notre être et des hautes
destinées qui nous attendent ; les obstacles qui em-
barassent la marche de notre intelligence, qui gênent
l'exercice de notre volonté , prouvent d'un côté notre
dépendance du pouvoir qui nous a créés, et l'obligation où nous sommes d'observer ses commandemens;
ils prouvent que l'homme ne peut rien par lui-même
et si Dieu ne vient à son secours : il n'est point défendu à l'homme pendant le temps de son exil et de
son abjection de chercher à s'élever par la culture
de son esprit ; mais il doit renoncer à son propre
jugement toutes les fois que celui-ci peut se trouver
en opposition avec l'autorité à laquelle Dieu lui a
ordonné de se soumettre.

L'homme enfin montre dans son être ce qu'il

y a de plus grand et ce qu'il y a de plus bas ; il tire
de son origine divine ce qu'il a de grand , et ce
qui le dégrade prend sa source dans le péché origi-
nel qui a corrompu sa nature. Ainsi, image de Dieu
par son intelligence , il est l'image des brutes par ses
besoins corporels et par les passions avilissantes qui
l'assiégent. Destiné à la vertu , il est entraîné vers
le vice. Destiné à l'immortalité , il languit dans un
corps débile, jusqu'à ce que les maladies ou la
vieillesse effacent sur sa figure la beauté que lui
donna la divinité, le courbent vers la terre où la
mort vient bientôt l'entraîner.

2. « Les seconds, partant de l'hypothèse contraire,
» n'ont vu dans ces trois passions que l'effet légi-
» time de notre nature pour reconquérir sa vérita-
» ble destinée. Etouffer ce noble instinct, si l'on
» veut les croire, c'est méconnaître le signe de la
» volonté divine, c'est rejeter la tâche qui nous est
» imposée, c'est s'abdiquer soi-même. »

Nous avons fait voir dans l'observation précédente
qu'il était un terme moyen à observer entre le premier et le second de ces deux partis : c'est de tâcher
d'élever son âme vers le créateur qui peut nous faire
jouir de ces avantages qui semblent appartenir à
notre nature ; c'est de cultiver notre intelligence
toutes les fois que les moyens se présentent, et que
les devoirs de l'état que nous avons embrassé ne s'y
opposent point ; c'est de tirer occasion des obstacles
qui nous arrêtent pour humilier notre orgueil, et
reconnaître que cette force d'esprit que nous voyons
en nous et que nous ne pouvons employer , est

un don du créateur, comme les obstacles sont une suite de notre nature corrompue.

3. « Pour ceux-ci le courage est la vertu humaine » par excellence, et la lutte l'affaire de cette vie » Les moines ont adopté la première doctrine, et » les maîtres l'ont prêchée aux esclaves, le reste de » l'humanité s'est déclarée pour la seconde. (1)

M. Jouffroi est encore tombé dans une erreur que la connaissance de l'histoire aurait dû lui épargner. Les moines, il est vrai, ont renoncé à l'ambition et à l'indépendance, mais ils n'ont condamné que l'abus de ces passions dans les hommes du monde, et quant à la curiosité (nous n'entendons parler que d'une curiosité qui ne soit point en opposition avec la religion et la modestie), ils l'ont eux-mêmes considérée comme une vertu; en effet, pendant que les seigneurs féodeaux ne savaient que se battre, les moines recherchaient dans les vieilles archives, multipliaient par leur travail les ouvrages scientifiques de l'anti-quité; plusieurs ont ajouté de nouvelles découvertes aux connaissances des grecs et des romains. Bien loin

---

(1) St. Tomas, St. Jérôme, St. Augustin, Origène, le père Pétau, etc. sont des témoins bien éclatants de la fausseté de l'assertion de l'auteur. On peut ici raisonner comme sur l'humilité; il est constant qu'il n'est pas d'homme plus capable d'entreprendre de grandes choses que celui qui est véritablement humble, témoin St. Vincent de Paule, St. Ignace, St. François-de-Salles, etc.

L'homme orgueilleux craint de trop entreprendre de peur de tomber dans la confusion s'il ne réussit pas; l'homme humble au contraire dès qu'il connaît la volonté de Dieu entreprend toujours, attendant le succès de son bras tout-puissant, et non de ses propres forces, et il est prêt à recevoir avec joie l'hmiliation résultant du défaut de succès   J. G. A.

de placer leur bonheur dans le repos, toute leur vie était un travail continuel, une lutte entre leurs passions et leurs devoirs; ils élevaient leur esprit par l'étude et par la contemplation, et châtiaient leurs corps par le travail et la mortification. Ils savaient se résigner aux maux de la vie, mais ils savaient aussi combattre la faiblesse de notre nature, et élever leur âme au-dessus de la matière.

Les Maîtres ont prêché cette doctrine aux esclaves, non-seulement les maîtres eux-mêmes, mais St. Paul qui n'en possédait point a commandé aux esclaves l'obéissance.

On peut voir par ce que l'on vient de lire que l'auteur a mal saisi l'esprit des moines, en leur attribuant un anéantissement total de leurs facultés physiques et intellectuelles, et en les considérant comme des êtres inutiles, courbés sous le joug d'une insurmontable nécessité; mais il se trompe encore lorsqu'il attribue à l'humanité entière l'approbation sous aucune restriction de la curiosité, de l'ambition, et de l'amour de l'indépendance.

L'ambition peut être permise lorsqu'elle est basée sur le désir de servir son prince et sa patrie, et qu'elle n'emploie à son élévation ni la fraude, ni la calomnie, ni la révolte contre l'autorité légitime.

La curiosité qui nous porte à désirer de connaître les œuvres de Dieu pour nous élever à lui est une curiosité louable; mais si, voulant nous élever de nos propres ailes, nous dédaignons les croyances que Dieu nous a révélées pour nous en rapporter à à notre propre jugement, non-seulement elle est

condamnable, mais elle n'est jamais satisfaite, parce
que celui qui, se confiant dans son orgueil à ses
propres lumières, s'écarte de la source de toute
vérité, ne peut trouver qu'erreur et ténèbres (1).

L'amour de l'indépendance peut être une vertu
lorsqu'il nous porte à repousser l'injuste agression
d'un ennemi qui cherche à subjuguer notre patrie ;
mais lorsque cet amour nous porte à secouer le
joug de l'autorité légitime, il est, malgré le beau
nom que lui a donné la philosophie moderne, le
vice le plus dangereux, le plus nuisible à l'humanité.
C'est ce vice qui arme les citoyens contre leurs
pères, contre leurs rois, qui souffle le feu de la
révolte contre une autorité paternelle, qui bou-
leverse les empires, et qui répand par tout le désordre et l'anarchie. L'homme ne veut dépendre
de rien, il ne veut être soumis à aucune puissance,
mais il veut commander, il veut asservir. C'est
ainsi que l'on a vu les prétendus défenseurs de la
liberté et de l'égalité s'élever jusqu'au sommet,
fouler ceux qui leur avaient servi d'échelons pour
s'élever au rang suprême, et asservir leur patrie
sous un sceptre aussi dur qu'il était illégitime.

2e alinéa de la page 269.

2. « Les hommes de génie qui ont été l'admi-
» ration du monde ne peuvent être que grands
» coupables dans la doctrine de la résignation. »

---

(1) Scrutator majestatis opprimetur à gloriâ (dit le sage). J. G. A.

Si ces hommes de génie ont dirigé leurs efforts
vers la gloire de Dieu, et le salut de leur prochain, vers le bien même temporel de l'espèce
humaine, ils sont de grands hommes dignes de
l'admiration de la postérité et de la reconnaissance
des contemporains. Si ces mêmes hommes n'ont
pensé qu'à s'agrandir au mépris de toutes les lois
divines et humaines, s'ils ont combattu les croyances
religieuses, s'ils ont prêché l'athéïsme et l'immoralité, ce sont de grands scélérats dignes de l'exé-
cration de leurs contemporains et des générations
futures.

3e alinéa de la page 269.

3. « Il n'y a pas moyen de devenir coupable
» dans la doctrine de la résignation; l'inertie est
» impeccable; mais en revanche ses principes trans-
» forment en crimes toutes les vertus; car toute
» vertu est un acte. »

L'auteur confond ici le quiétisme de Mme Guyon
avec la résignation à la volonté de Dieu, pratiquée
et conseillée par les moines et les chrétiens voués
à la recherche de la perfection. Le quiétisme est
un abus énorme, qui heureusement n'a point fait
beaucoup de prosélytes dans le monde. La résignation est une vertu qui fait que l'on reçoit avec
obéissance, et en se conformant à la volonté du
souverain maître, les peines, les tourmens et les
afflictions qui peuvent nous arriver; cette résignation n'exclut point la vertu active; les auteurs qui

la recommandent nous font aussi sentir l'obligation
de combattre notre nature vicieuse, de faire à nos
passions une guerre continuelle, de vaincre nos
mauvaises inclinations, de nous élever par la méditation à la connaissance des causes célestes autant
que Dieu voudra nous instruire, et d'exercer en
un mot autant qu'il est en nous toutes les vertus
chrétiennes.

4e alinéa de la page 269.

4. « Ne pas agir est le véritable moyen de ne
» pas mal agir, cela est incontestable ; reste à savoir
» si nous n'avons des jambes que pour éviter de
» tomber, en ce cas il aurait été beaucoup plus
» simple de ne pas nous en donner.

Nous voyons encore reparaître le système du
quiétisme, mais ce n'est point celui des chrétiens,
pas même celui des moines, la parabole des talens
de l'Evangile en fait foi : ne pas agir quand on
doit agir est un aussi grand mal que d'agir quand
il ne faut pas agir.

2. « Si nous n'avons été mis dans ce monde que
» pour ne pas mal faire, mal penser, mal vouloir,
» pourquoi Dieu a-t-il fait de nous des hommes
» et non des crétins ; l'organisation du crétin valait
» mieux pour le but, et celle de la pierre encore
» mieux que celle du crétin. »

L'auteur a raison de blâmer une opinion aussi
ridicule que celle qu'il explique, mais il a eu tort
de l'attribuer aux moines, dont toute la vie est un

combat entre la vertu et le vice. — *Déclina a malo et fac bonum*, dit le ps. 36.

Dernier alinéa de la page 269—270.

1. « Les moines ne pouvaient ni penser, ni vou-
» loir, ni agir, mais ils rêvaient. »

Les moines pouvaient penser, et les ouvrages qu'ils nous ont laissés, quoique dédaignés par les philosophes du jour, attestent cette vérité. On n'a qu'à citer St. Thomas d'Aquin ; St. Bernard, St. Bonaventure et une foule d'autres, pour voir que les moines avaient le talent que leur refuse M. Jouffroi. Ils étaient obligés de soumettre leur volonté à celle de leurs supérieurs ; mais cette soumission, bien loin d'être du quiétisme, était un acte de vertu d'autant plus difficile à pratiquer, que notre orgueil nous pousse toujours vers l'indépendance. Ils rêvaient, nous dit l'auteur, mais on sait que les philosophes du jour appellent rêverie tout ce qui ne s'accorde pas avec leurs opinions antichrétiennes. Mais ces prétendues rêveries ont fait l'admiration des siècles chrétiens, et sont encore aujourd'hui l'aliment journalier des âmes chrétiennes et pieuses.

2. P. 270. « Les prêtres seraient moins intri-
» gants s'ils n'étaient point condamnés à l'oisiveté,
» et Ste. Thérèse n'aurait pas déliré, si elle avait
» su que faire de son temps et de son esprit. »

Les personnes qui n'ont aucune relation avec les prêtres croiront sur la parole de M. Jouffroi

que les ministres de la religion sont des fainéans,
et qu'ils le sont en vertu des devoirs de leur état ;
mais la plupart de mes lecteurs savent que les
ecclésiastiques ont infiniment moins de loisir que
les laïques les plus occupés. Prenons pour exemple
les curés et les vicaires des paroisses : ces prêtres
respectables s'occupent dès la pointe du jour à
dire leur office, à célébrer le saint sacrifice, à
recevoir au tribunal de la pénitence les personnes
qui se présentent.

Après leur premier repas, ils vont voir et con-
soler les malades, apporter des secours aux indigents, et, si après avoir vaqué à leurs occupations
obligées, ils ont quelques momens de libres , ils les
consacrent à l'étude de la morale chrétienne, des
saints pères, de l'histoire ecclésiastique , ils prépa-
rent les instructions qu'ils doivent donner à leur
troupeau.

Mais si des prêtres ordinaires nous passons aux
directeurs des séminaires, aux missionnaires inté-
rieurs et extérieurs, aux vicaires généraux chargés,
sous l'autorité de l'évêque, d'entretenir une correspondance des plus actives avec les prêtres qui
les consultent, et avec l'autorité supérieure qui les
éclaire, combien trouverons-nous d'occupations
diverses qui prennent les momens du clergé, et ne
lui laisse pas le temps d'intriguer quand même il
y serait porté.

Ste. Thérèse n'aurait pas déliré, etc., mais parce
que Ste. Thérèse dans la contemplation des choses
saintes s'est élevée à des considérations sublimes

sur l'amour de Dieu que la philosophie ne saurait comprendre, on la taxe d'avoir déliré. Les œuvres de Ste. Thérèse prouvent qu'elle a très-bien employé son temps et son esprit, elles sont goûtées par les personnes qui tiennent à s'approcher de la perfection chrétienne. Ne vaut-il pas mieux que Ste. Thérèse ait écrit le résultat de ses méditations, que si, femme corrompue du monde, elle avait employé ses loisirs à composer des romans licencieux, ou des ouvrages antichrétiens?

CYCLOPE (*histoire naturelle*). P. 284. — 285.

Bory de St. Vincent.

P. 285. « A l'idée de Cyclope et de Polyphème
» semble se lier celle des géants ; cependant les
» crustacées réduits à un œil, ou plutôt sur qui la
» puissance créatrice, essayant le mécanisme admi-
» rable de la vision, n'en donna d'abord qu'un ; ces
» crustacées qui durent y voir les premiers dans
» l'univers, sont du nombre des plus petites ébau-
» ches dont le microscope seul peut faire discerner
» la merveilleuse structure. »

Nous sommes encore obligé de prévenir le lecteur que Dieu souverainement parfait et immuable a vu, de toute éternité, la création remise au commencement des temps. Il a employé une grande variété dans ses œuvres, mais il est ridicule de prétendre que, semblable à un ouvrier peu sûr du succès de ses tentatives, il a voulu marcher en tâtonnant

du simple au composé. Une pareille absurdité n'a
même pas besoin de réfutation.

DANSE. — P. 329—350. — ARNAULT.

6e alinéa de la page 343.

1. « Chez les chrétiens aussi la danse religieuse
» a dégénéré en danse licencieuse. De honteuses
» voluptés ont corrompu promptement l'innocence
» des danses qui accompagnaient les Agapes. »
Il n'est point parlé de ces danses dans l'histoire
ecclésiastique, voyez au surplus le mot *Agapes*.

2. « Il n'est donc pas étonnant que dès le 4^e
» siècle les conciles, les papes, les évêques, aient
» fermé l'Eglise à ces chœurs avec lesquels le scan-
» dale y pouvait rentrer. Un prince dont la morale
» était moins sévère que celle des SS. pères, Tibère,
» révolté de ces obscénités, avait chassé de Rome
» les danseurs et les maîtres de danse. »
MM. les auteurs de l'encyclopédie ne se font
pas scrupule de créer des canons de conciles, et
d'ajouter aux faits rapportés par l'histoire ecclésiastique des faits scandaleux qui n'ont jamais
existé. Par exemple, l'auteur nous parle de danses
qui avaient lieu dans les Eglises à la suite des
Agapes, et qui furent interdites par les conciles ;
mais nous voyons que le concile de Laodicée, tenu
en l'an 367 entre plusieurs canons qu'il est inutile
de rapporter, défend la danse à tous ceux qui
assistent aux noces, leur permettant seulement de

faire un repas modeste, comme il convient à des chrétiens. — Fleury, tom. 3, pag. 218, liv. 16, n° 12.

Voilà tout ce qui a été statué relativement à la danse dans le 4ᵉ siècle. Nous voyons ensuite le 3ᵉ concile de Tolède tenu en l'année 589 décider, dans le canon 23, qu'on retranchera des solennités des saints les danses et les chansons impures. Fleury ajoute : *il faut se souvenir que c'est en Espagne.* Mais les Agapes n'avaient plus lieu, et d'après Fleury il paraîtrait que c'est à l'Espagne seule que l'on peut attribuer ces danses qui avaient lieu dans les solennités de l'Eglise, et ces chansons qui selon le goût espagnol faisaient concorder les choses saintes avec les choses les plus profanes : mais on ne dit pas même que ces danses eussent lieu dans les Eglises, mais à l'occasion des fêtes; de sorte que l'on serait autorisé à croire que ces danses et ces chansons avaient beaucoup de rapports avec les bals champêtres et les réjouissances profanes qui accompagnent les fêtes patronales de nos campagnes, et qui sont suivies d'un grand nombre de désordres, principalement aux environs des villes dont les habitants les plus corrompus apportent la contagion de leurs mauvaises mœurs au milieu des paisibles habitants des villages.

3. « Un prince dont la morale était moins » sévère que celle des SS. pères, Tibère, révolté » de ces obscénités avait chassé de Rome les » danseurs et les maîtres de danse. »

On sait ce qu'était la danse chez les romains,

surtout celle qui avait lieu aux fêtes des divinités
païennes. Ainsi il n'est pas étonnant que Tibère ,
prince dissolu, mais qui aurait désiré trouver dans
les hommes qu'il méprisait des principes de morale
qu'il ne possédait pas lui même, ait interdit les
danses indécentes qui souillaient la ville de Rome;
mais rien ne nous prouve que les danses des chrétiens eussent ce caractère de licence et de dépra-
vation. Le concile de Tolède les défendit comme le
clergé français les défend encore , parce que les
chrétiens non-seulement ne doivent pas être souil-
lés , mais doivent éviter jusqu'à l'apparence de
l'impureté, et toutes les occasions prochaines de
péché.

3e alinéa de la page 344.

« Mais les bons esprits peuvent-ils être de l'avis
» de ces rigoristes qui prétendent interdire la danse
» décente à des réunions purement profanes ? C'est
» prouver ce me semble plus de zèle que de juge-
» ment ; ce qui est banni de l'Eglise doit-il donc
» l'être par cela même de la paroisse ? »

La danse entre personnes de sexe différent n'a
jamais été permise dans l'Eglise ; mais on a vu les
jésuites du Paraguai permettre la danse dans les
cérémonies religieuses à cause de l'innocence des
fidèles confiés à leurs soins. Quant aux danses de
nos jours , elles sont plus ou moins indécentes ,
plus ou moins dangereuses, selon les circonstances
et les dispositions des personnes qui se livrent à cet
exercice.

On à vu des curés rigides interdire les danses que les gens du monde appellent innocentes. Ces bons curés avaient sans doute leurs raisons pour cela, et leur prohibition était basée sur l'obligation imposée aux pasteurs de veiller à ce que leurs paroissiens évitent toute occasion de péché; et il est hors de doute que, si la danse n'est pas un péché, elle y conduit prochainement les personnes de différent sexe. Nous avons vu le concile de Laodicée interdire la danse aux chrétiens, même à la suite des noces, et l'on sait que c'est dans ces occasions que des personnes, d'ailleurs régulières, osent se livrer à ce plaisir.

Que dirons-nous des bals de l'Opéra et de l'Odéon, où, sous le masque, on commet une foule d'actions infâmes? Que dirons-nous de ces bals de Paris et des grandes villes, où des filles sans pudeur vont chercher des dupes, et où des jeunes gens vont perdre leur vertu, leur santé et leur fortune? Que dirons-nous de ces ballets, où le charme du mouvement, uni à celui de la musique et à celui des décorations, insinue par tous les pores le poison le plus subtil de la corruption des mœurs? Cependant c'est par les bals les plus décents, les bals de société que l'on commence, et l'on finit par ce qu'il y a de plus immoral et de plus indécent.

1er alinéa de la page 345.

1. « L'office divin fini, de quelle manière les » paysans emploieront-ils le dimanche, si dans ce

» jour où il leur est défendu de travailler, il ne
» leur est pas permis de danser? N'iront-ils pas
» chercher dans les cabarets et dans les bois des
» plaisirs un peu moins innocents que ceux qu'ils
» auraient pris sous les yeux du public? »

On dirait à entendre l'auteur que, si l'on ne danse
pas le dimanche, il est impossible de passer le
temps, et qu'il faut nécessairement alors se livrer
à l'ivrognerie ou au libertinage. Mais n'y a-t-il pas
une foule de moyens de passer le saint temps du
dimanche d'une manière conforme aux lois de
l'Eglise? Un père de famille ne peut-il pas rassembler auprès de lui ses enfants et ses domestiques,
leur rappeler les instructions du pasteur, et leur
raconter des anecdotes de son vieux temps qui
confirment la vérité des préceptes de la morale
évangélique? Les garçons ne peuvent-ils pas s'exercer
à des jeux qui fortifient le corps et lui donnent de
l'adresse? Les jeunes filles ne peuvent-elles pas,
sous les yeux de leurs mères, chanter les louanges
de Dieu, dans des cantiques composés dans la
langue qu'elles parlent?

Quant à la danse entre personnes de différent
sexe, elle est plus ou moins dangereuse selon les
mœurs des personnes qui s'y livrent; et dans une
assemblée nombreuse, il suffit d'une personne corrompue pour faire perdre l'innocence à toutes les
autres. On commence par danser sous les yeux des
parents; on fait connaissance, la connaissance
amène la familiarité, et pour lors la danse elle-
même devient insipide et paraît trop innocente;

mais c'est cet exercice, surtout si l'on y prend trop
de goût, qui entraîne la corruption des mœurs,
fait faire de mauvais choix pour les mariages, et
cause la perte des mœurs dans les villages.

2. « Se montrer maussade et tracassier, c'est
» agir contre l'esprit de la religion, c'est mécon-
» naître les principes posés par le Christ lui-même,
» *mon joug* est doux, a-t-il dit, *jugum meum est*
» *suave*, et mon fardeau est léger, *et onus meum*
» *leve.* »

Lorsque J.-C. nous dit que son joug est doux et
son fardeau léger, il n'entend point autoriser les
plaisirs du monde, surtout ceux qui peuvent conduire à la corruption des mœurs. Le même Evangile,
cité par M. Arnault, est rempli d'anathèmes contre
le monde, ses pompes et ses œuvres. Ces anathèmes
ont été répétés par les apôtres, par les conciles,
par les saints pères, et par tous les théologiens.
Que signifient donc ces paroles pleines de douceur,
mon joug est doux et mon fardeau léger, com-
binées avec celles-ci : *si vous voulez me suivre
dans la gloire, portez votre croix et suivez-moi?*
Elles marquent qu'il faut imiter Notre-Seigneur
dans ses souffrances, dans sa pureté, dans son
éloignement des plaisirs du monde; et que, si nous
portons ce joug qui nous est imposé par la religion,
si nous renonçons aux plaisirs pour nous charger
de la croix de J.-C., *ce joug sera pour nous doux
et léger.* C'est ce qu'éprouvent tous les jours les
âmes pieuses qui fuient le monde et ses plaisirs,
et se retirent dans la solitude; c'est ce qu'ont

éprouvé les saints anachorètes lorsque , retirés dans
les déserts , ils faisaient leur unique occupation du
travail, de la méditation et de la prière. C'est ce
qu'ont éprouvé les martyrs en versant leur sang pour
la foi. Mais le joug des passions est lourd et amer,
quelques moments fugitifs de plaisir sont suivis de
journées entières de remords et d'inquiétude. Voilà
le vrai sens des paroles de l'Evangile que nous
cite l'auteur. Une interprétation comme la sienne
est contraire à la vérité et à l'expérience de tous
les temps.

3e alinéa de la page 346.

« La danse de mai, qui se pratique encore en
» Grèce , est sans doute une de celles dont les
» rigoristes se sont prévalu pour proscrire la danse
» en général. »

Il n'est point douteux qu'il y a des danses plus
ou moins indécentes, plus ou moins dangereuses,
et d'autres qui en apparence sont innocentes. Les
premières, au nombre desquelles on doit placer
la valse, ne sont jamais excusables; mais celles qui
paraissent le moins mauvaises ne sont cependant
pas à l'abri de tout danger. Le rapprochement
des personnes de sexe différent, cette disposition
des notre nature qui nous entraîne comme malgré
nous vers les personnes d'un autre sexe , cette
familiarité qui suit ordinairement ces ébats d'une
belle jeunesse , tout cela peut conduire au mal :
nous devons donc éviter les occasions qui peuvent

les produire. Sans doute il est des circonstances où une personne du monde peut difficilement éviter ces divertissements ; mais alors, d'après le conseil de St. François-de-Salles, il faut n'y apporter aucune affection, penser à Dieu qui nous voit, et qui nous jugera, penser à la mort qui nous serre tous de près, et qui peut-être entraînera bientôt dans la tombe quelques-uns des héros de ces assemblées joyeuses, et alors le danger sera affaibli ; mais qu'on y prenne garde, sans ces sages précautions, le bal le plus honnête peut devenir une école de dissolution.

Derni er alinéa de la page 348—349.

« La danse décente est en effet le plus vif des
» divertissements honnêtes, ce n'est pas non plus
» le moins utile des exercices gymnastiques. Ne
» prête-t-elle pas de la grâce au repos comme au
» mouvement ? N'entretient-elle pas dans les mem-
» bres la force et la souplesse ? Tout en donnant
» du plaisir, ne fortifie-t-elle pas la santé ? Telle
» est en résumé l'opinion des sages de tous les
» temps, elle vaut peut-être bien celle de quelques
» curés de campagne ? »

Les curés de campagne, dont l'avis est d'ailleurs préférable à celui des sages, ennemis des pratiques religieuses et de la mortification, savent que la danse que l'on appelle décente, parce qu'elle ne présente pas de danger aussi pressant pour les mœurs, est le plus vif des plaisirs que l'on appelle honnêtes ;

mais ils sayent aussi que le plaisir honnête en deve-
nant plus vif devient aussi moins honnête, et par
conséquent plus dangereux. Ils n'ignorent pas les
avantages que cet exercice peut offrir sous le
rapport de la gymnastique. Ils savent qu'elle prête
de la grâce au repos comme au mouvement, qu'elle
entretient dans les membres la force et la souplesse,
que dans certains cas elle fortifie la santé (et que dans
d'autres elle la ruine entièrement). Mais ils savent
aussi que cette grâce qu'elle prête au corps est un
attrait dangereux pour les personnes de sexe différent qui se trouvent en présence les unes des autres.
La vanité d'un côté, la passion de l'autre, jouent
un rôle très-actif, et font d'un exercice gymnastique
qui paraît décent un appas séducteur qui conduit
à l'oubli de Dieu, et au vice qui en est la suite
inévitable.

Nous ajouterons que les prêtres, et surtout les
curés de campagne, sont de meilleurs juges de ces
matières que les prétendus sages dont nous parle
M. Arnault : les derniers ne voient que la danse
elle-même, et n'en ont pas approfondi les suites ;
mais les curés de campagne ont été mis à même de
juger de son mérite par les aveux qui lui ont été
faits par leurs paroissiens.

DECALOGUE, *(sciences religieuses et morales)*,
P. 351—355. — Le comte LANJUINAIS.

Dernier alinéa de la page 353—354.

1. « Les pharisiens, par exemple, avaient enseigné

34

» la haine des ennemis ; un nouveau pharisaïsme
» a chez nous permis de les calomnier et de les
» tuer. »

Ce que dit l'auteur est on ne peut plus vrai : il
s'est élevé parmi nous une secte qui non-seulement
permet, mais commande la calomnie. Ainsi les
ministres de J.-C. sont tous les jours en butte aux
sarcasmes de ces sages successeurs des pharisiens,
qui croient être les seuls raisonnables, parce qu'ils
se sont dits philosophes. Ces sages ne jeûnent pas
comme les pharisiens, mais ils répandent des bibles
avec une profusion digne de meilleures vues. Il est
vrai qu'ils ajoutent quelquefois à ces dons généreux
celui de quelques ouvrages licencieux et impies, mais
tout se fait dans le même but, celui d'affaiblir
l'autorité de l'Eglise, de persuader aux hommes
qu'ils n'ont besoin d'obéir ni aux prêtres, ni aux
rois, qu'ils sont maîtres de toutes leurs actions,
et seuls interprètes de la foi ; ils ne tuent pas
encore, mais ils attendent d'être entièrement maîtres pour se livrer à cet acte de vertu. Je me
trompe : la révolution française leur a fourni les
moyens de tuer leurs ennemis, et alors non-seulement
les jésuites, mais tous les prêtres, tous les hommes
religieux, ont été les victimes de leur fureur impie.
Ce sont les vrais pharisiens de nos jours, ce sont
les faux prophètes, annoncés dans l'Evangile et dans
les épîtres de St. Pierre, qui se présentent couverts
de peaux de brebis, qui ne parlent que de morale
chrétienne, de philantropie, d'humanité, et qui
cherchent par tous les moyens qui sont en leur

pouvoir à élever autel contre autel , puissance
contre puissanc , et à amener dans la société le
désordre et l'anarchie, jusqu'à ce qu'enfin ils auront
assez de pouvoir pour brûler, emprisonner et tuer
les ministres de la religion , et les amis du pouvoir
royal.

2. « J.-C. a dit : Vous aimerez vos ennemis et
» vous leur ferez du bien ; vous bénirez ceux qui
» vous persécuteront , et vous prierez pour eux.
» Les pharisiens d'autrefois comme ceux d'aujour-
» d'hui voulaient que les dons au temple fussent
» de plus strict devoir que la charité envers les
» père et mère, envers la famille. »

Ce que dit ici l'auteur est une calomnie contre
le clergé catholique : les dons au temple ne sont
un devoir qu'autant que les moyens le permettent.
La charité envers les pauvres, surtout envers les plus
proches parents , est toujours le principal devoir des
chrétiens ; mais il est des cas où le confesseur doit
empêcher l'homme prêt à paraître devant Dieu de
laisser à sa famille la partie de ses biens dont il
peut disposer : c'est lorsque ces biens sont acquis
par l'usure, ou par tout autre moyen injuste , alors
les confesseurs ordonnent de donner à l'Eglise ,
ou à d'autres établissements de charité, ce que le
possesseur ne pourrait transmettre à ses héritiers
naturels sans retenir injustement le bien d'autrui.
Ces dons n'ont lieu que dans le cas où il est d'ailleurs
impossible de reconnaître les parties lésées, car alors
les confesseurs ordonnent la restitution.

1er alinéa de la page 355.

1. « Parmi les docteurs protestants, nous ren-
» voyons à Calvin dans son *institutio christiana*, au
» profond Michaïlis Recht , et à Fr. Reynard
» dans son livre intitulé : *Plan de Jésus.* »

Pour les catholiques, nous les renvoyons aux conférences d'Angers , partie des commandements , et
au *Dictionnaire théologique* de Bergier , mot *Décalogue.*

DECOUVERTE , INVENTION (*philosophie*). P.
364—370. — FERRY.

Alinéa de la page 368 — 369.

1. « Cette classification de nos richesses intel-
» lectuelles n'est pas favorable aux notions méta-
» physiques. Elles tombent au dernier rang , sans
» espérer de s'élever jamais plus haut. »

D'après M. Ferry , la connaissance de Dieu et des
esprits n'est rien en comparaison des connaissances
physiques ; mais autant Dieu est au-dessus de ses
créatures, autant l'esprit est élevé au-dessus des
corps ; autant la métaphysique est supérieure aux
nouvelles connaissances qui ne peuvent procurer
qu'un avantage temporel et passager. Je ne suis
point ennemi des nouvelles découvertes , mais il
est injuste de leur donner la supériorité sur celles
qui tiennent à un intérêt plus élevé, à la métaphysique et à la morale.

2. « Créées par les opérations les plus aventu-
» reuses de notre intelligence , elles manquent à

» la fois de tous les moyens de vérification ; si le
» vrai s'y trouve altéré par un alliage faux, aucune
» science n'indique une méthode pour en faire la
» séparation. »

La bonne métaphysique est celle qui s'accorde
avec la révélation, et la science des choses révélées
est la véritable pierre de touche pour reconnaître
la vérité ou la fausseté de ce que la première enseigne. Ainsi l'on voit que cette science ne manque
pas de moyens de vérification, puisque ces moyens
sont tirés de la véracité de Dieu lui-même ; c'est
cette même révélation qui fournit les moyens de
séparer le vrai du faux, de distinguer la vérité du
mensonge.

3. « On ne parvient à ces notions que par une
» voie peu sûre, mal éclairée. Le paralogisme se
» glisse partout jusques dans les mathématiques,
» comment la métaphysique en serait-elle pré-
» servée ? »

L'homme a reçu de Dieu l'intelligence qui lui
donne la faculté de connaître les choses dont il est
entouré. Les connaissances qu'il acquiert entrent
d'abord dans son esprit au moyen des sens extérieurs,
et le conduisent ensuite par la réflexion à des connaissances plus élevées ; celle de son esprit, celle
de Dieu dont la nécessité lui est démontrée par
celle de tous les objets dont il conçoit la percep-
tion, et par la conscience de sa propre existence.
Voilà le fondement des vérités métaphysiques
qui sont à la portée de son esprit ; mais comme les
esprits de différents hommes ne voient pas tous de

la même manière ; qu'au milieu d'une foule de qualités des objets qui les entourent , ils ne peuvent en apercevoir qu'un petit nombre , comme , parmi ces qualités , certains hommes aperçoivent telle et telle , et les autres telle et telle autre ; et cela dans un degré plus ou moins étendu , il s'ensuit que les opinions des hommes ne peuvent se ressembler. Les uns arrivent par un plus grand examen à des connaissances plus approfondies ; les autres, se contentant de connaître la superficie des choses , veulent cependant raisonner et juger , et ne mettent au jour que des erreurs plus ou moins dangereuses. Mais , nous le répétons , la science des esprits est la plus sublime ; mais elle doit être guidée par la révélation, qui, nous dévoilant des choses auxquelles l'esprit de l'homme n'aurait jamais pu atteindre , sert de point d'appui à nos connaissances , comme les formules algébriques des mathématiciens servent à arriver avec rapidité à des calculs dont des siècles ne pourraient voir la fin.

4. « Et si elle ne peut accorder une entière
» confiance au seul guide qui la conduit, si ses
» raisonnemens ne peuvent passer pour infaillibles,
» a-t-elle le droit de porter le nom de science? »

Quel est le genre de connaissances dans lequel on puisse accorder une entière confiance au seul guide qui nous conduit, dont les doctrines puissent passer pour infaillibles, et le soient en effet? C'est la science de la religion dont l'Eglise inspirée par le St.-Esprit est le seul guide, et cependant on refuse le nom de science à la théologie que l'on

ne connaît pas, pour le donner à d'autres genres
de connaissances qui sont encore pour ainsi dire
dans l'enfance ; ainsi, la physique, la chimie malgré
ses progrès, la géologie, sont appelées sciences,
et tous les jours de nouvelles découvertes viennent
attester que nos devanciers se sont trompés, comme
nos successeurs établiront que nous sommes loin
de les posséder nous-mêmes. La seule connaissance
de Dieu et des esprits est certaine et immuable
pour ceux qui en font leur étude, parce qu'elle
est basée sur la révélation qui ne peut nous induire
à erreur. Dieu a livré l'univers aux disputes des
hommes : *et mundum tradidit disputationi eorum*;
Eccles. chap. 3, v. 11 ; mais il nous a révélé la
connaissance des esprits autant qu'elle peut nous
être utile pour notre salut, aussi les catholiques
sont tous d'accord sur les points principaux de la
théologie et de la métaphysique, et tous les hommes
disputent sans cesse sur les autres sciences.

5. « Dès son entrée dans la carrière, le doute
» la suit pas à pas, et ne la quitte point : ses
» principes sont obscurs, mal établis, et répandent
» leurs ténèbres sur les conséquences les plus
» rigoureusement déduites : puisqu'elle ne peut
» mener à la certitude, aucune de ces notions ne
» doit être admise comme une vérité. »

Si les principales notions de la métaphysique
comme l'existence de Dieu, sa perfection infinie,
et l'existence de notre âme, ne peuvent être admises
comme des vérités, parce que quelques philosophes
les ont niées, nous retomberons dans le pyrrho-

nisme le plus absolu. En effet quelles choses évidentes n'a-t-on pas niées? Si certains philosophes
ont contesté l'existence des esprits, d'autres ont
nié l'existence des corps. Je ne reviendrai pas sur
les preuves des vérités métaphysiques, parce qu'elles
sont établies dans un nombre infini d'ouvrages
raisonnables, même dans certains articles de l'encyclopédie moderne; que l'on consulte le cathéchisme philosophique de Feller, et l'on verra s'il
est possible de révoquer en doute les vérités enseignées par cette science.

DÉCRÉTALE (*droit canonique*) P. 371—374.
LANJUINAIS.

1. « Si nos modernes perturbateurs ultramon-
» tains, si les hommes qui font des livres et des
» catéchismes, des pétitions ou des discours aux
» chambres, pour la nullité des mariages civils
» non bénis par un prêtre, daignaient s'instruire
» avant de crier, ils sauraient que les fondements
» de leur système sur ce point et sur bien d'autres,
» ne sont que des ouvrages de faussaires. »

Si l'on écoute l'auteur, l'on sera persuadé qu'il
n'est question du mariage que dans quelque fausse
décrétale, et qu'avant leur composition, il n'a
jamais été question de ce sacrement; qu'auparavant l'union de l'homme et de la femme n'était
qu'un contrat purement civil; mais M. Lanjuinais
qui veut enseigner les évêques devrait s'instruire
lui-même avant de conseiller aux autres d'étudier

la matière. Il saurait alors que les païens eux-
mêmes avaient des divinités pour présider aux
mariages, qui étaient célébrés dans les temples,
et après des cérémonies plus ou moins nombreuses.
(Voir *l'histoire de la jurisprudence romaine* de
Terrasson, pour les mariages célébrés chez les
romains). Il saurait que Tertullien, liv. v. contre
Marcion appelle quatre ou cinq fois le mariage
sacrement; et ajoute que le mariage des chrétiens
est conclu par l'Eglise, confirmé par l'oblation,
consacré par la bénédiction, publié par les anges,
approuvé par le père céleste. Il verrait dans Bellarmin, auteur ultramontain à la vérité, mais
qui prouve ce qu'il avance, et dans une foule
d'autres théologiens, des passages de St. Jean Chrysostôme, de St. Ambroise, de St. Jérome, de St.
Augustin, de St. Léon, qui font connaître la tradition des premiers siècles de l'Eglise. (Voyez Droin,
de re sacram. tom. 9 liv. 10.)

-Autre preuve : le mariage est célébré dans le
rit grec devant l'autorité ecclésiastique, et cependant les grecs ne reconnaissent point les décrétales
vraies ou fausses, et le schisme était consommé
avant le pontificat de St. Grégoire. *Perpet. de la
foi* tom. 5, liv. 6, pag. 395 et suiv.

Bingham, auteur protestant, a été forcé de convenir que dès les temps apostoliques le mariage
des chrétiens se faisait pardevant les ministres de
l'Eglise. Voyez le *Dictionnaire théologique* de Bergier au mot *Mariage*.

2. « Ils allèguent le concile de Trente; mais

» ce concile n'est point reçu en France. V. *Concile.*»

Nous renvoyons aussi au mot *Concile* de notre réfutation, pour ce qui concerne l'autorité que celui de Trente peut avoir en France ; mais, comme nous l'avons dit dans la dernière observation, la bénédiction nuptiale existait dès les premiers siècles de l'Eglise, et donnait seule la vertu et les grâces du sacrement à l'alliance de l'homme et de la femme.

3. « Mais ce canon fait à Trente, et qu'ils in-
» voquent, n'a de modèle antérieur dans l'Eglise
» romaine, qu'une fausse décrétale, toujours demeu-
» rée en contradiction avec l'enseignement et l'usage
» universel, jusques vers la fin du xvi⁰ siècle ;
» enfin les pères du concile de Trente ne se
» doutaient pas de la fraude criminelle de l'im-
» posteur caché sous le nom d'Isidore. »

L'auteur de cet article ne se doute pas sans doute que la fausse décrétale d'Isidore n'a fait que confirmer un droit déjà établi par un usage cons-tamment reçu dans l'Eglise catholique. Tertullien, avons-nous dit, nous apprend que le mariage est consacré par la bénédiction ; St. Ambroise dit la même chose, *epist.* 19, *ad visil*, n⁰ 7. Le concile de Carthage de l'année 398 exige cette bénédition.

Les bornes que nous avons prescrites à notre ouvrage ne nous permettent pas de nous étendre davantage sur cet article, mais les personnes qui désireront acquérir de plus grandes lumières à ce sujet, pourront consulter le *Dictionnaire théolo-gique* de Bergier déjà cité, et *l'Histoire des sacre-*

ments du père dom Chardon; Paris 1745, où cette matière est traitée plus au long.

Dernier alinéa de la page 372—373.

« Cette fausse décrétale qui vint, au huitième
» siècle, au nom d'un pape du deuxième, pres-
» crire la bénédiction nuptiale, comme condition
» nécessaire de la légitimité du mariage, c'est le
» canon 1ᵉʳ cause 30, question 5, du décret de
» Gratien; et dans ce même décret, même cause,
» même question, canon 3, existe une décrétale
» très-authentique du pape Nicolas 11, et de
» l'an 866, portant que l'omission de la béné-
» diction nuptiale du mariage n'est pas même *un*
» *péché*, loin qu'elle produise un empêchement
» dirimant.

L'auteur de ce passage a évidemment mal interprété le canon 3 de la cause 30, question 5 du
décret qu'il cite, et il a donné un sens trop étendu
aux mots suivants : *pecatum autem esse si hec cuncta,*
in nuptiali fœdere non interveniant, non dicimus.
Ces mots ne s'appliquent qu'aux choses purement
accessoires et peu importantes, qui interviennent
dans les mariages, c'est-à-dire aux ornements, que
portent les époux, aux arrhes qu'ils se donnent,
au contrat qui précède les noces, etc. Mais les canons
précédents, considérant la bénédiction nuptiale
comme d'absolue nécessité, et comme un vrai concubinage l'alliance contractée sans cette cérémonie, on doit croire que ces mots ne doivent

être appliqués qu'aux choses les moins essentielles, et que la bénédiction nuptiale que les autres canons du même décret, même question, donnent comme étant d'un usage antique et général, et d'une absolue nécessité, ne sont nullement abrogés par celui que l'on cite. Voyez au surplus le *décret de Gratien, loco citato.*

L'auteur de l'article ignore aussi ce que c'est qu'un empêchement dirimant; le défaut de bénédiction nuptiale n'est point un empêchement, puisque ce défaut n'empêche point que plus tard les personnes qui vivent illégalement ensemble, puissent s'unir par des liens légitimes; mais ce défaut fait que le mariage n'a jamais existé, quoiqu'il puisse avoir lieu dans la suite.

Dernier alinéa de la page 373—374.

1. « Cependant par ces fausses décrétales, s'est
» établie, en nombre de points importants, l'autorité
» excessive du pape; ainsi, les droits légitimes
» de sa primauté ont reçu d'énormes extensions,
» et le mal a été porté au comble par de vrais
» canons de conciles, et de vraies décrétales,
» fondées également sur les fausses; par des con-
» cordats toujours vicieux plus ou moins; par des
» bulles scandaleuses trop long-temps tolérées; par
» la faiblesse, la connivence des évêques et des
» rois; par les efforts et les coupables doctrines
» des ultramontains. »

C'est encore une erreur de prétendre que les

fausses décrétales ont accru la puissance des papes,
Ces fausses décrétales ont été fabriquées sans leur
consentement, et ils avaient acquis un pouvoir
exhorbitant bien long-temps avant le 8e siècle.
D'ailleurs celui qui les fabriqua voulut acquérir
une réputation de savant qu'il ne méritait point;
mais il ne fit que consacrer ce que la jurisprudence
avait déjà établi, en l'appuyant de faux titres attribués à des personnages des quatres premiers siècles
de l'Eglise, et en leur prêtant les idées et le langage du huitième. Mais la supériorité attribuée aux
papes par les conciles qui ont été célébrés depuis, n'a
pas été plus élevée que celle qui a été reconnue
par les premiers, dont les actes ont été conservés,
qu'elle ne l'a été par Photius lui-même avant qu'il
ne se séparât entièrement de l'Eglise romaine.
Aujourd'ui les canonistes sont parfaitement fixés
sur les décrétales vraies ou fausses, et savent à
quoi attribuer les dernières. Quant aux concordats,
nous avons dit ce que nous en pensions au commencement de ce volume. (v. ce mot.)

L'auteur nous parle de la connivence des évêques
et des rois : mais qu'entend-il par connivence? On
appelle de ce nom une faiblesse coupable qui fait
tolérer ce qui nuit à un tiers ; mais les rois et les
évêques étaient les seuls intéressés à borner cette
puissance ; s'ils avaient cru devoir le faire, ils ne
pourraient être taxés que d'une trop grande complaisance, dont on ne pourrait leur faire un crime ; mais
je le répète, cette autorité excessive du pape en
matière temporelle a été utile dans le temps où

elle a été exercée ; et grâces à Dieu, depuis long-temp
les papes qui gouvernent l'Eglise sont des modèles
de toutes les vertus chrétiennes.

2. « Comme Louis xiv osait dire : l'état, c'est
» moi; si le pape disait l'Eglise et tous les états,
» c'est moi; il ne dirait que ce qu'il a osé. »

Lorsque Louis xiv disait, si toutefois il l'a jamais
dit, l'état, c'est moi; il pouvait le dire à juste titre,
puisque le gouvernement de la France reposait
sur sa personne, et qu'il fut toujours maître absolu
dans son royaume. Bonaparte l'a dit aussi, et cependant il avait usurpé la couronne à l'aide d'une
constitution qui restreignait ses droits. Mais on se
plaît à passer sous silence les prétentions d'un
usurpateur, pour faire un crime à un roi légitime,
dans son pouvoir absolu, de ne pas avoir permis
d'empiètement sur son autorité.

Quant aux papes, ils ont pu se prévaloir du consentement des rois, des grands, et des peuples,
pour exercer un pouvoir exhorbitant sur le temporel du gouvernement; mais ils n'ont jamais prétendu être l'Eglise tout entière. Leur qualité de
vicaire de Jésus-Christ, époux et chef de l'Eglise,
était sans doute pour eux un poste assez élevé.
Dans une famille, le gouvernement légal réside
bien dans la personne du mari; mais un père de
famille, quelque despote qu'il soit, ne dira jamais
qu'il est sa femme et ses enfants.

DEISME (*philosophie-métaphysique*). P. 428—435.
SATUR.

« A considérer le développement du deïsme
» moderne, la liberté de penser en est donc le
» principe, le socinianisme en fut l'origine en
» Europe, la réformation en Angleterre, en France
» la licence des hautes classes et l'influence du
» clergé sur les dissensions civiles, et les troubles
» de l'état. »

Nous convenons que la liberté de penser est
le principe du deïsme, que le socinianisme en fut
l'origine en Europe; nous convenons aussi que la
licence des hautes classes sous la régence du duc
d'Orléans, détruisit la foi en corrompant les mœurs;
mais nous sommes loin d'avouer que l'influence du
clergé dans les dissensions civiles et les troubles
de l'état, ait contribué à établir cette funeste
philosophie. Le clergé eut une bien plus grande
influence dans les siècles où la foi était le partage
de tous les chrétiens; et depuis que le clergé ne
l'exerce plus cette influence, c'est-à-dire depuis la
régence, le deïsme s'est étendu d'une manière
alarmante dans toutes les classes de la société.

Alinéa de la page 433—435.

1. « La raison doit respecter l'autorité en matière
» religieuse, mais l'autorité doit respecter les droits
» de la raison dans la sphère de l'observation, de

» l'expérience, des intérêts privés, et des intérêts
» publics. »

L'auteur convient ici que la raison doit respecter
l'autorité en matière religieuse, mais, nous dit-il,
l'autorité à son tour doit respecter la raison ; l'auteur raisonne, comme si l'autorité religieuse était
une autorité humaine, qui, sujette à l'erreur, eût
besoin d'être rectifiée par une autre autorité que
la sienne ; mais il n'en est point ainsi : cette autorité est celle de la vérité personnifiée, celle du
St.-Esprit lui-même, qui ne peut ni se tromper,
ni nous tromper. Cette vérité éternelle ne peut
être contraire à la saine raison et aux véritables
intérêts de la race humaine ; et si par fois elle
paraît opposée à l'expérience acquise par les
hommes, si elle semble froisser les intérêts privés
et les intérêts publics, elle agit cependant pour
un intérêt plus grand, pour le bien de l'humanité
tout entière, non peut-être, dans le sens que les
gens du monde et les publicistes y attachent, mais
de manière à faire le bonheur de tous dans une
vie plus durable que celle de ce monde.

DÉLATION (*Delatio*). P. 436—441. EMILE LASCAZES.

1er alinéa de la page 440.

1. « Bien plus, un ministre craint-il pour son
» crédit, s'aperçoit-il qu'il est nécessaire, il ap-
» pelle sa police, et commande une conspiration.
» Bientôt des turbulens ou des imbécilles sont
« dénoncés. »

On ne peut concevoir comment, après les terribles exemples que l'on a vus depuis la restauration de la malveillance des prétendus libéraux et des amis de l'usurpateur, on, ose encore attribuer à des yeux provocateurs appartenant à la police, le trouble apporté dans l'état à diverses reprises. Qu'est-ce qui a provoqué les conspirations de Caron et de Berton ; quest-ce qui a engagé l'infâme Louvel à commettre le crime qui priva la France d'un prince, espoir de la nation? Est-ce la police? Non. Sont-ce les jésuites? Non encore. Qui donc? Les journaux et les pamphlets de l'opposition. (1)

2. « Un auteur a défini la police générale : une » institution dont l'objet est de corrompre une » partie de la nation pour surveiller l'autre. »

Cette définition est mauvaise de tout point. Sous le gouvernement sage et religieux de nos princes légitimes, on est obligé à la vérité d'employer pour les bas offices de cette partie de l'administration des gens corrompus ; mais, bien loin de contribuer à la corruption des autres, on cherche à prévenir les crimes et à empêcher l'immoralité de se propager.

3. P. 441. — « La délation exercée par la police » a peut-être dans les temps de trouble fait dé- » couvrir quelques conspirations vulgaires ; mais » des conspirateurs habiles ont presque toujours » trouvé mille moyens pour se garantir de ses » recherches : nous voyons donc qu'en résumé la

_____

(1) On pourrait demander depuis qui a fait la révolution de juillet.

» police générale est plutôt nuisible qu'utile à un
» gouvernement. »

La police générale, sous un roi légitime, ne peut déplaire qu'aux conspirateurs, aux assassins et aux voleurs, car elle prévient tous ces genres de crimes. Si l'auteur, qui n'appartient certainement à aucune de ces classes, avait réfléchi avant de se faire l'écho des ennemis de cette institution, il aurait sans doute reconnu qu'il vaut mieux endurer la gêne qu'elle peut apporter à nos relations, et dormir tranquilles dans nos appartements. On sait bien que la meilleure sauvegarde des rois est l'amour des peuples ; mais, comme au milieu d'un peuple nombreux sincèrement attaché à ses princes, il se trouve malheureusement des mécontents, des brouillons et des ambitieux, il est bon que la police les surveille, et fasse avorter tous leurs mauvais desseins.

DELIT (*législation*). P. 445—452. — Le comte BERLIER.

« Ce privilége (clérical) était à proprement
» parler un brevet d'impunité, car les juges d'Eglise
» se regardaient comme interdit de prononcer les
» peines de l'espèce de celles que nous appelons
» afflictives. Ainsi la censure, des aumônes, et
» d'autres peines dites canoniques, étaient la limite
» des corrections infligées aux délits des ecclésias-
» tiques ; n'était-ce pas une vraie subversion de la
» justice ? »

M. le comte Berlier est trop instruit dans la
science du droit, pour qu'on puisse lui apprendre
la différence qui existe entre les délits et les crimes,
mais le lecteur saura que le privilége clérical
n'exemptait pas toujours des peines afflictives les
clercs qui se livraient à une conduite criminelle.
Sans doute, pour de simples délits, les peines se
bornaient à des aumônes, à la censure, à l'emprisonnement, quelquefois au pain et à l'eau pendant
un temps déterminé. Les tribunaux ecclésiastiques
condamnaient même quelquefois à la réclusion
perpétuelle ; mais, si le crime commis faisait encourir la peine de mort ou la mutilation d'un membre, le tribunal ecclésiastique, après avoir ordonné
la dégradation du coupable, le livrait au bras
séculier, qui lui faisait subir une nouvelle condamnation ; et qui ordonnait l'exécution de son
nouvel arrêt. Par ce moyen, l'Eglise alliait ce
qu'elle devait à son clergé avec la justice humaine,
qui pouvait faire subir au coupable les peines les
plus sévères.

Observons cependant qu'ici on se plaint de la
douceur des tribunaux ecclésiastiques envers les
clercs, par la seule raison qu'ils ne prononçaient
jamais la peine de mort, d'après la maxime *Ecclesia
abhorret à sanguine* ; et que plus tard nous verrons
l'inquisition traitée de tribunal infâme et barbare,
et cependant l'inquisition dirigée par les mêmes
principes de douceur n'a jamais prononcé que la
réclusion, et a toujours laissé aux tribunaux sécu-

liers le soin d'appliquer les lois civiles qui punissaient de mort les hérétiques.

DELUGE (*histoire naturelle*). P. 452—455.— BORY DE ST.-VINCENT.

Au mot animaux fossiles, nous avons combattu
une partie des objections que M. Bory de St.-Vincent
présente contre un seul déluge universel. Mais l'auteur ne se borne pas à exposer ses premières opinions;
il se forme sur le déluge un système à lui, auquel
il ne manque que deux choses, la vérité et la
vraisemblance. Nous allons essayer de parcourir
cette notice, vraiment digne de l'esprit anticroyant
de l'auteur.

Dernier alinéa de la page 452—453.

1. « Sur quelque point du globe que l'homme
» porte ses regards, il aperçoit des traces irréfra-
» gables de l'antique séjour des eaux. Il n'est pas
» de sommet altier, de mont fièrement élevé dans
» les dernières limites de l'atmosphère, où la pré-
» sence de corps marins fossiles n'atteste cette
» grande vérité connue des anciens, qu'une mer
» unique et sans limites dût primordialement re-
» couvrir notre planète. »

Les anciens n'avaient point creusé dans le sein
de la terre pour y découvrir des traces du séjour
des eaux sur toute la surface de cette planète. Aucun
des auteurs de ces temps reculés ne parle de ces

matières fossiles qui sont aujourd'hui l'objet de
l'étude des géologues. Cette science, qui est bien
loin d'être parvenue à sa perfection, n'était pas
même connue de nom. Ce n'est donc que par la
tradition, que les grecs et les romains, les indiens,
les égyptiens et les chinois, avaient acquis la connaissance du séjour des eaux sur la terre ; et tous
ces peuples rapportaient ce séjour des eaux à un
cataclisme universel, envoyé par le très-haut pour
punir la race coupable des hommes. D'après ces
mêmes traditions, une famille s'était sauvée et avait
repeuplé le monde. Voilà quelles furent les croyances anciennes ; et M. Bory de St.-Vincent qui,
dans plusieurs de ses articles, cherche à combattre
la croyance de ce déluge universel, ne s'aperçoit
pas qu'il est en opposition avec l'opinion générale
des peuples dont il veut s'étayer ici.

2. « Les hommes qui, les premiers, en firent la
» remarque, imaginèrent de grands cataclismes pour
» expliquer la présence de tant de débris de l'Océan,
» hors de ses profondeurs ; et l'usage de résoudre la
» question par quelque intervention surnaturelle,
» s'est perpétué jusqu'à nos jours ; il n'est pas un
» livre, avons-nous dit quelque part, entre ceux
» même ou la possibilité de changements à vue
» dignes de l'opéra se trouve justement vouée au
» ridicule, dans lequel néanmoins les mots de
» déluge universel, de grandes révolutions physi-
» ques et de cataclisme, ne soient parfois employés
» comme argument. »

Nous avons dit que la croyance de l'existence de

cette grande révolution avait précédé la remarque des matières fossiles. Cette intervention surnaturelle a été crue de tous les peuples : elle se trouve consignée dans le livre le plus ancien de la terre. D'un autre côté, l'existence d'ossements fossiles de quadrupèdes nullement aquatiques est avouée par M. Bory de St. Vincent dans sa notice sur le mot *Animaux fossiles*; que faut-il de plus pour renverser son fragile système.

3. « Il est incontestablement arrivé à la surface
» du globe des fracassements de terre, des irrup-
» tions de mer, des ruptures des lacs, des débor-
» dements de fleuves, des écartements de monta-
» gnes, des engloutissements et des formations
» d'îles volcaniques, des écroulements de rochers,
» et jusqu'à des bouleversements qui durent changer
» les rapports qu'avaient entre elles des régions
» plus ou moins étendues ; mais ces catastrophes
» toutes locales, prodigieuses par rapport à notre
» petitesse microscopique dans l'immensité de l'uni-
» vers, n'y ont point opéré de subversion du tout
» au tout. »

Il est sans doute arrivé quelques-unes des révolutions partielles dont parle l'auteur ; mais ces révolutions sont bien loin d'être aussi importantes qu'il le prétend, et ne détruisent point les preuves que l'on tire de bouleversements plus considérables pour prouver le déluge universel.

4. « La destruction de la grande Atlantique elle-
» même, à laquelle nous croyons fermement, ne
» fut pas sur le globe un événement proportion

» nellement plus important , que ne serait à la
» surface de l'Europe, ou dans les forêts maréca-
» geuses du Canada, la destruction d'une fourmilière
» ou d'une cité de castors. »

M. Bory de St.-Vincent qui, dans ses différents
articles , fait la guerre au grand Buffon et à tous
les auteurs qui ont traité poétiquement, nous dit-il ,
l'histoire naturelle , d'avoir exagéré lorsqu'ils ont
parlé de la supériorité de l'homme sur tous les
animaux, nous donne ici une hyperbole qui est
plutôt d'un habitant des bords de la Garonne que
d'un poète. Comment une portion notable du globe
terrestre , qui n'a que neuf mille lieues de circon-
férence , ne fut-elle pas plus grande qu'un départe-
tement de trente lieues en longueur sur vingt de
largeur , six cents lieues carrées , n'est pas plus
importante relativement à l'Europe que la destruction d'une fourmilière? On peut admirer là l'exagération d'un homme qui combat dans les autres
de prétendus défauts qu'il a lui-même dans un souverain degré. Mais cette Atlantique a-t-elle existé ?
Quand et comment a-t-elle été détruite? Les anciens
n'ont-ils pas appelé de ce nom l'Amérique elle-
même qu'ils pouvaient avoir découverte , et que ,
faute d'instruments de marine, ils ne purent retrouver ? Voilà des questions dont nous laissons la
décision aux géographes. Quant à nous, nous avons
dû nous borner à faire remarquer l'exagération
de M. Bory de St.-Vincent.

5. « Lorsque le détroit de Gibraltar se forma ,
» quand l'Angleterre se sépara du continent, si

» quelques cabanes d'atlantes ou de celtes s'éle-
» vaient sur les portions du sol qu'engloutissaient
» les flots, les celtes et les atlantes riverains qui
» purent échapper au désastre, ne manquèrent
» pas de croire à quelque perturbation totale sur-
» venue dans la nature. Ils attribuèrent au courroux
» des dieux l'épouvantable destruction de leur patrie;
» ils se soumirent à des expiations pour apaiser le
» ciel irrité, au nom duquel leurs prêtres promi-
» rent que de semblables malheurs ne se renou-
» velleraient pas, tant que les peuples s'abandon-
» neraient aveuglément aux volontés d'en haut,
» qu'ils se réservaient de transmettre et d'inter-
» prêter. »

M. Bory de St.-Vincent qui n'admet point la
Genèse veut en faire une à sa fantaisie ; ainsi ce
n'est plus un déluge universel qui a bouleversé le
monde, mais tout simplement l'Atlantique qui a été
submergée, le détroit de Gibraltar formé par
l'invasion de la mer, et l'Angleterre séparée de
la France. Ce n'est plus Noé qui a sauvé à l'aide
de l'arche, et qui a repeuplé la terre, ce sont
quelques habitants de cabanes des atlantes et des
celtes qui auront été paisibles, mais craintifs
spectateurs de la destruction de cette fourmilière,
pour me servir de l'expression de l'auteur. Ce n'est
plus Dieu lui-même qui aura promis à Noé de ne
plus envoyer un pareil fléau, ce sont quelques
prêtres échappés, on ne sait comment, à ce grand
désastre qui auront profité de la stupeur des
hommes de ces temps, pour accroître leur pouvoir.

Il est dommage que ce beau système imaginé par
M. Bory de St.-Vincent soit une parodie burlesque
des livres de l'ancien testament, qu'il n'ait aucun
fondement, et qu'il soit contredit par la tradition
de tous les peuples de l'Orient et de l'Occident,
et par les monuments irrécusables que M. Bory
de St.-Vincent est obligé de rappeler lui-même
dans divers de ses articles.

6. P. 454. — « Cependant des brisements pareils,
» ou même plus dévastateurs encore, eurent lieu
» en mille autres points de l'univers, mais selon
» que le théâtre de telles révolutions partielles
» était ou non peuplé, ces événements demeu-
» raient ignorés, ou la tradition en perpétua le
» souvenir. »

Notre auteur revient ici à son système de multiplication; mais il ne détruira jamais la preuve résultant
de la concordance des diverses traditions, et même
de la fable avec la Genèse. Si mille révolutions
avaient éclaté sur le globe, elles auraient eu lieu
d'un grand nombre de manières différentes; les
circonstances qui les suivirent auraient autant de
fois différé, et la tradition même des peuples païens
ne nous donnerait pas un chef de famille, père de
trois enfants, comme le seul régénérateur de l'espèce
humaine. (Voyez le 3.e volume *de l'Essai sur l'indifférence*, etc., par M. de La Mennais.)

7. « Il serait donc facile de remonter à la source
» de l'histoire de chaque déluge dont il est parlé
» dans les plus anciens livres, en examinant l'état

» physique des lieux que ces cataclismes durent
« noyer. »

Ici notre savant auteur se trace une marche que
nous le féliciterons d'avoir suivie s'il parvient à
obtenir un résultat positif. Qu'il commence donc
ce travail important, puisqu'il le croit aisé ; qu'il
nous dise si les montagnes du Tibet, les Cordilières,
le pic de Ténérife, et autres lieux élevés, ont pu
être inondés sans que toute la terre ait été noyée
sous les eaux ? Qu'il nous dise quel déluge partiel
a transporté 3oo pieds de profondeur de terre
végétale dans la Chine, et entièrement dénudé
des lieux où il n'est resté que le roc tout sec. Qu'il
entreprenne cette histoire intéressante ; et s'il parvient à déchiffrer ces nouveaux hiéroglyphes, il peut
espérer d'obtenir dans le monde savant une plus
grande réputation que celle de notre célèbre com-
patriote M. Champollion.

1er alinéa de la page 454.

1. « L'usage d'expliquer par des déluges universels
» le séjour des flots au-dessus des plus hautes mon-
» tagnes, était bien digne de l'esprit inculte des
» temps primitifs, où les hommes abrutis par la
» superstition s'en pouvaient seuls contenter ; mais
» on a peine à concevoir comment des géologues
» y reviennent encore aujourd'hui. »

Les géologues de bonne foi y reviendront toujours,
et M. Bory de St.-Vincent lui-même, malgré sa
grande antipathie contre les croyances chrétiennes,

et notamment contre celle du déluge, est obligé
d'énoncer des faits qui ne peuvent être expliqués
que par ce cataclisme universel, au dernier alinéa
de la page 380—381, *verbo Animaux fossiles*, il
nous dit :

« Quelques restes d'espèces qui appartiennent à
» des genres d'herbivores se trouvent confondus
» avec ceux des carnassiers dont il vient d'être
» question, sans qu'on puisse se rendre compte
» de l'accumulation de tant de créatures ennemies
» dans les mêmes retraites. »

Au sixième volume de l'encyclopédie moderne,
page 182 *verbo Cerf*, M. Bory de St.-Vincent nous
dit encore :

« Gibraltar, las calaveras du rio alambra en
» Aragon, Cette, Antibes et Nice, nous présen-
» tent ces restes confondus avec ceux des tigres
» et des panthères de la zône torride et des lagomys
» des pays froids. Quel événement put rassembler
» sur ces points de l'Europe tant de restes d'ani-
» maux qui ne sauraient y avoir vécu simultanément?
» Le déluge universel ? Nous avouons l'ignorer
» absolument. »

Du reste ce n'est point par des conjectures ridicules, comme celles que tire M. Bory de St.-Vincent,
mais par une tradition uniforme, par des souvenirs
récents consignés par écrit, et par des monuments
demeurés intacts pendant un grand nombre de
siècles, que la mémoire en est parvenue jusqu'à
nous.

2. « Abstraction faite de celui de Noé auquel

» il est ordonné de croire ces sortes d'événements,
» soit qu'on leur donne pour cause les changements
» survenus dans l'inclinaison de l'axe terrestre,
» soit qu'on les attribue à la rencontre des comètes,
» n'ont pu modifier la face de la terre en moins
» d'une année. »

Nous ne contestons point à M. Bory de St.-Vincent et aux autres géologues le droit d'étudier quel est le moyen physique que Dieu a pu employer pour amener le déluge universel, et les bouleversements dans notre globe qui en ont été la suite. Ce qu'il y a de certain, c'est que Dieu a pu produire par sa seule puissance tous les effets qui ont été la suite du déluge. Ce grand cataclisme fut la consommation de la malédiction divine sur le globe terrestre, et la juste punition des hommes qui s'éloignaient de plus en plus de l'obéissance à ses commandements.

3. « Les médailles océaniques dont se compose
» la presque totalité de la surface emmergée de
» notre planète, indiquent que des milliers de siècles
» de calme ont été nécessaires à la formation des
» dépôts où elles attestent si souvent des existen-
» ces animales et végétales depuis long-temps
» disparues. »

Notre auteur suit toujours son système de l'antiquité du globe ; mais il n'en prouve point la vérité, puisqu'il ne produit aucun nouveau fait qui fasse reconnaître, comme monument de ces prétendus temps antiques, les matières fossiles que l'on découvre tous les jours. Nous avons répondu au mot

animaux fossiles à toutes les objections contre notre
croyance qu'il se contente de reproduire, et nous
nous bornons ici à répéter qu'un déluge universel
et six mille ans d'existence sont plus que suffisants
pour causer les effets que l'auteur a remarqués.

4. « Ce qui se fit alors pour préparer les con-
» tinents où nous vivons, se fait encore au fond
» des mers pour préparer des terres futures. »

Nous avons vu M. Bory de St.-Vincent donner
au monde une antiquité des plus reculées : ici il
nous annonce une durée de plusieurs milliers de
siècles ; mais nous lui demanderons où ira l'eau
de la mer lorsque les terres sous-marines apparaî-
tront au grand jour.

Alinéa de la page 454—455.

1. « Voltaire qu'avait révolté l'idée d'un déluge
» universel qui eut couvert l'Hymalaya et les Andes
» d'une quarantaine de coudées au moyen de l'ou-
» verture des cataractes du ciel, et d'une pluie
» battante durant quarante jours, plaisante spiri-
» tuellement sur les fossiles marins, parce qu'il y
» croyait voir des preuves en faveur de l'opinion
» qu'il voulait renverser. »

Voltaire qui n'avait aucune connaissance en histoire naturelle, et qui voulait détruire la religion,
ne put que faire une mauvaise plaisanterie sur une
chose trop évidente pour la nier. M. Bory de St.-
Vincent, plus instruit sous ce rapport que l'apôtre
du déisme, mais aussi ennemi que lui des livres

saints , veut tourner ces monuments à son profit ; mais avec un peu plus d'érudition , il n'en a pas plus d'exactitude ; et si l'on pardonne une plaisanterie même mauvaise , on ne pardonne jamais la mauvaise foi d'une discussion sérieuse.

2. « Si les sciences naturelles eussent alors été » cultivées dans les vues philosophiques où elles » le sont aujourd'hui , ce grand homme , à qui elles » n'eussent pas manqué d'être familières, eut reconnu » que les coquilles pétrifiées n'ont pas été déposées » sur les montagnes par des pèlerins revenant de » Compostelle , ou par des singes , et que celles » dont se compose le fallun de Touraine , ne sont » pas des jeux de la nature qui se plaît à imiter » les dépouilles de nos dames. »

Oh ! certainement si Voltaire avait soupçonné que l'on pût attaquer la religion par le moyen de l'histoire naturelle , il n'aurait pas manqué de l'effleurer du moins , comme il a effleuré les autres sciences ; mais comme il était plus rusé, quoique moins savant que M. Bory de St.-Vincent , il se serait bien gardé de faire les concessions que fait cet auteur de faits qui suffisent aux yeux des hommes de bonne foi pour servir de monuments au déluge universel.

3. « Il eût au contraire cru avec Moïse, St. Jean, » Damascène, St. Basile et St. Augustin particu- » lièrement , qu'au commencement la terre était » invisible , parce qu'elle était couverte d'eau qui » la cachait. Il eût dit avec St. Ambroise : *Terra* » *erat invisibilis quia exundabat aqua et operiebat*

» *terram*, et ne se fût pas tant égayé aux dépens
» de Buffon, précisément sur l'un des points de
» géologie où cet écrivain sublime n'avait pas
» brillamment déraisonné. »

Buffon, d'accord avec tous les anciens, et avec
l'expérience de tous les siècles, traitant des animaux
dans leurs rapports extérieurs, et pour me servir
de cette expression sous le rapport moral , a donné
à l'homme la prééminence sur tous les habitants
de la terre ; il déraisonne , il n'est plus qu'un
poète brillant !... mais il invente un système ridicule
qui n'est basé sur aucun appui , qui contredit même
sur plusieurs points les livres saints : c'est un auteur
sublime digne de la vénération des âges futurs. Du
reste nous ne nierons pas que la terre ait été
recouverte par les eaux avant la création de l'homme.
On lit en effet dans la Genèse chap. 1 , verset 2 ,
*terra autem erat inanis et vacua et tenebræ erant
super faciem abyssi ; et spiritus dei ferebatur super
aquas.* v 6 *Dixit quoque Deus fiat firmamentum
in medio aquarum et dividat aquas ab aquis.* v 7.
*Et fecit Deus firmamentum , divisitque aquas quæ
erant sub firmamento ab his quæ erant super
firmamentum.* v 9. *Dixit verò Deus congregentur
aquæ quæ sub cælo sunt, in locum unum, et
appareat arida et factum est ita.* v 10. *Et vocavit
Deus aridam terram , congregationesque aquarum appellavit maria.*

Mais on ne peut donner à la bible plus d'extension qu'elle ne peut en avoir, et que les saints
auteurs, cités par M. Bory de St.-Vincent, ne

lui en ont donné ; on ne peut surtout s'étayer d'une partie de l'Ecriture , pour détruire ce qui est consigné dans une autre partie. Si l'auteur veut s'étayer de la Genèse pour établir qu'avant la création les eaux recouvraient la terre., qu'il admette aussi la partie où il est parlé du déluge : l'une n'est pas moins authentique que l'autre.

4. « En un mot , il eût proclamé le premier
» que les coquilles fossiles et les bancs calcaires,
» desquels les défenseurs du déluge tirent leurs
» principaux arguments, ne prouvent point qu'une
» aussi grande inondation ait , après avoir noyé
» l'univers , pu laisser rétablir les choses en assez
» peu de temps, pour que Deucalion et Pyrrha,
» échappés miraculeusement au désastre, demeu-
» rassent encore assez jeunes pour s'amuser à
» repeupler le monde , ne l'eussent-ils fait qu'à
» coups de pierre. »

Qui nous parle de Deucalion et de Pyrrha repeuplant le monde à coups de pierre ? Comment M. Bory de St.-Vincent a-t-il pu confondre ainsi l'histoire sainte avec la fable ! Cette dernière peut bien servir à confirmer la vérité , puisqu'elle en est une dégradation ; mais ce n'est pas en combattant la mythologie que l'auteur parviendra à détruire la vérité qui lui sert de base. D'après la Genèse, Noé sortit de l'arche avec sa femme , mais ils avaient avec eux trois fils et leurs femmes. Les trois jeunes couples étaient sans doute plus que suffisants pour donner à la terre un petit nombre d'enfants , qui en contractant de nouvelles alliances parvinrent bientôt à un nombre assez considérable pour les obliger à se séparer. Je ne ferai point ici de calcul pour établir la possibilité de cette multiplication progressive ; mais que l'auteur que nous réfutons jette un coup d'œil sur la multiplication de la population des États-Unis, et il verra combien cette augmentation dut être facile, dans un temps où aucune cause n'y mettait obstacle.

DÉMOCRATIE (*politique*). P. 455 — 461. — J. P. Pagès.

1er alinéa de la page 456.

1. « Dans les états monarchiques, les écrivains
» confondent la république avec la démocratie,
» la démocratie avec l'ochlocratie, l'ochlocratie
» avec l'anarchie, et pensent justifier, par cette
» confusion de mots et de choses, leurs décla-
» mations obligées contre les gouvernements po-
» pulaires. »

Les écrivains dont parle M. Jean-Pierre Pagès n'ont pas autant de tort qu'il le suppose de confondre la république, la démocratie, l'ochlocratie et l'anarchie. Ce n'est point que la république de Venise, purement aristocratique, la république romaine, partie aristocratique, partie démocratique, celle d'Athènes, purement démocratique, doivent être confondues avec le gouvernement du bas peuple, qui, quoi qu'on en dise, ne peut que conduire à l'anarchie ; mais si l'on tente de réduire une

monarchie en république, comme on l'a fait en 1792,
cette république tend vers la démocratie ; et comme
le bas peuple est le plus nombreux, cette démocratie devient ochlocratie, et cette ochlocratie
proscrivant les classes supérieures, cherchant à
rendre tous les hommes égaux en fortune comme
en droits, il en résulte une lutte entre les anciens
droits que les possesseurs veulent conserver, et le
nouveau pouvoir qui s'établit ; cette lutte amène
avec elle des actions violentes, des réactions, et
enfin l'anarchie la plus complète. C'est ce que nous
avons vu dans la révolution française, et c'est ce
que nous verrons si nous avons le malheur de perdre
le gouvernement paternel de nos rois légitimes.

2ᵉ alinéa de la page 457.

1. « L'anarchie offre deux ou plusieurs ochlocraties
» armées et luttant les unes contre les autres. Mais
» si l'anarchie est la dernière dégénérescence du
» pouvoir républicain, elle est aussi le dernier
» contre-poids du système despotique, c'est alors
» l'ochlocratie luttant contre la tyrannie d'un seul,
» et c'est par elle que finissent également les démo-
» craties et les monarchies, lorsqu'elles sont par-
» venues à un certain degré de corruption et
» d'affaiblissement. »

Nous avons vu en 1792 l'ochlocratie et l'anarchie
ne point servir de contre-poids à un gouvernement
despotique, mais attaquer avec violence un gouvernement sage, modéré, et véritablement libéral.

Un gouvernement despotique n'est certainement pas assis sur des bases solides, et ne résiste guère à la force d'inertie qu'on peut lui opposer. La chute de Bonaparte en est une preuve ; mais un gouvernement trop faible, un gouvernement, où, de concessions en concessions, on arrive à ne plus être le maître d'arrêter le torrent des révolutions, est bien plus exposé à une chute prochaine. C'est ce que rappelle la malheureuse fin de Louis XVI, c'est ce que rappelle ce mot de Napoléon, lorsqu'il eut la hardiesse de s'emparer du palais des descendants de St. Louis : Si Louis XVI eût été un tyran, il y serait encore.

3ᵉ alinéa de la page 457.

« Nous verrons plus tard que le système répu-
» blicain ou représentatif, soit qu'il rêve des formes
» monarchiques, soit qu'il se resserre dans un
» cercle aristocratique, soit qu'il accorde un grand
» ascendant à l'indépendance démocratique, est le
» seul qui n'oppose que peu ou point d'obstacles
» au développement progressif des mœurs, de
» l'intelligence, du bien-être et du travail, le seul
» qui convienne à une grande civilisation, et le
» seul que l'Amérique et l'Europe appellent de
» leurs vœux. »

Le gouvernement représentatif convient à la France, nous devons le croire, puisqu'un grand roi, désirant faire le bonheur de ses sujets, l'a ainsi jugé, et leur a accordé de sa pleine volonté la charte qui constitue ce gouvernement. Mais de ce qu'il convient à la France actuelle, peut-on conclure que sous les règnes précédents les mœurs, l'intelligence, le bien-être et le travail, étaient arrêtés dans leurs progrès? N'est-ce pas sous Louis xiv que l'intelligence a fait les progrès les plus rapides? Et les lumières qui nous éclairent aujourd'hui, ne les devons-nous pas aux savantes méditations des sujets des prédécesseurs de Louis xviii? Quant aux mœurs, sont-elles meilleures qu'elles n'étaient sous Henri iv et sous Louis xiv? Nos oreilles sont devenues très-chastes, nous en convenons, mais le sommes-nous nous-mêmes davantage? On pourrait, pour répondre au passage précédent, adresser à l'auteur une foule de questions auxquelles il serait fort embarrassé de répondre ; mais les bornes que nous nous sommes prescrites, et que nous avons déjà presque dépassées, nous forcent à nous arrêter.

Dernier alinéa de la page 457—458.

1. « Ces déclamations où la haine de la liberté
» se cache sous les dehors de l'amour de la paix,
» portent dans les temps modernes un cachet de
» fureur et d'erreur qui ferait révoquer la vérité
» même en doute. »

On conçoit que la fureur employée à défendre même une bonne cause puisse, au lieu de la faire triompher, la faire révoquer en doute ; mais je demanderai à l'auteur néologue qu'est-ce qu'un cachet d'erreur qui fait révoquer ? Et j'avoue qu'il faudrait être initié dans les mystères du style de ces messieurs pour les comprendre ; mais poursuivons.

2. « Si l'état républicain mérite tous les éloges » que les esprits sages lui prodiguent, la démocratie » repousse les odieuses injures de nos sophistes. »

Je ne dirai rien contre le gouvernement républicain, considéré par l'auteur comme un gouvernement monarchique représentatif. Un esprit sage trouve toujours le gouvernement légitime, sous lequel il vit, le meilleur de tous, comme une femme vertueuse trouve toujours son mari le plus aimable des hommes. Je ne dirai pas non plus que le gouvernement démocratique est essentiellement mauvais ; mais je dirai qu'il ne convient ni aux grandes nations, ni aux peuples corrompus. Il ne convient point aux premières, parce que l'intérêt public, se composant d'un trop grand nombre d'intérêts particuliers, et étant vu d'ailleurs dans un trop grand éloignement, ne peut être aussi précieux aux citoyens que dans les états très-peu étendus ; il ne convient point aux seconds, parce que chaque individu, n'ayant en vue que son bien-être, s'occupe peu de l'intérêt général, qu'il sacrifie avec la plus grande facilité à la cupidité où à l'ambition.

3. Pag. 7 — 8. — « Ce n'est point dans les » monarchies, c'est dans les républiques qu'elle » fut appréciée avec autant de justice et de sé- » vérité : » « *Tout est vénal dans les états popu-* » *laires*, a dit Plutarque ; *ils ne font qu'un vaste* » *marché où tout se vend*, avait dit Platon. Xéno-

» phon l'appelle *la constitution la plus vicieuse*,
» et Polybe la compare à un vaisseau sans gou-
» vernail. »

Voilà en effet ce qu'est en général une démocratie; et les grands hommes cités par l'auteur
qui vivaient sous un pareil gouvernement, le connaissaient sans doute mieux que nos prétendus sages
qui vantent les républiques au sein des monarchies.

4. « Voilà ce que les philosophes et les hommes
» d'état pensaient de la démocratie dans les répu-
» bliques de l'antiquité; et cependant cette démo-
» cratie était le premier élément de ce gouver-
» nement républicain, auquel ils sacrifient, avec un
» si noble patriotisme, leur fortune, leurs veilles,
» et jusqu'à la dernière goutte de leur sang. »

On ne peut que s'étonner de l'aveu de l'auteur
qui prend la peine de rechercher l'opinion des
philosophes et des publicistes républicains, pour
établir précisément le contraire de ce qu'il veut
prouver lui-même; il est vrai qu'il ajoute un
correctif qu'il croit sans doute bien concluant;
mais qui, à notre avis, ne prouve rien en effet:
parce que les Platon, les Xénophon, les Aristide,
et une foule d'autres, ont sacrifié leur fortune et
leur vie pour la défense de la république, cela
prouve bien que ces grands hommes ont cru remplir
un devoir imposé par leur conscience, mais cela
ne prouve point que ce gouvernement fût bon; le
meilleur gouvernement est celui qui est le plus
juste, et à l'abri duquel les citoyens trouvent le
plus de sûreté et le plus de bonheur; or, je le

demande, celui qui exilait les hommes les plus probes comme Aristide ; celui qui condamnait Socrate à boire la ciguë, peut-il être considéré comme le meilleur des gouvernemens, comme le gouvernement par excellence?

5. « Mais les Narcisses de toutes les tyrannies,
» les Tigillins de tous les despotismes, n'ont acquis,
» dans leur basse servilité, ni le droit de calomnier
» les peuples, ni celui de juger les populaces
» avec quelque sévérité. »

Mettons de côté les injures gratuites que profère l'auteur contre les gouvernements absolus. N'est-il point vrai que la volonté d'un seul homme accoutumé au commandement, et qui a intérêt à gouverner sagement ses peuples, présente plus d'avantages et moins de dangers que la volonté peu assurée d'une populace cupide et mobile, qui ne peut connaître le bien de l'état? N'est-il pas vrai que ce sont les Narcisses et les Tigilliens du despotisme de Bonaparte qui crient aujourd'hui avec autant d'injustice que de fureur contre les partisans de la dynastie qui a fait pendant huit siècles le bonheur des français.

DENTS (*histoire naturelle*) P. 485—487.
BORY DE ST. VINCENT.

1ᵉʳ alinéa de la page 486.

1. « Chez les singes, elles présentent absolument
» les mêmes dispositions qui se retrouvent encore,

» à de très-faibles variations près , dans les chauve-
» souris..... qui peuvent passer pour nos très-pro-
» ches parentes dans le règne animal.»

Nous voilà donc, grâce aux talents de M. Bory
de St. Vincent, cousin germain des chauve-souris ,
et frère des guenons et des orangs-outangs? Est-il
permis de pousser plus loin l'abus de l'esprit et
de l'instruction. Voyez au reste ce que nous avons
dit au mot *Bimane*, tome 1er du Dictionnaire
critique.

2. « Nous ne croyons pas cependant que les
» chauve-souris doivent absolument rester si près
» de nous dans une méthode naturelle; mais il
» est bon de rappeler à notre propre espèce, que
» caractérise un orgueil inconnu à toutes les autres
» bêtes, qu'elle n'est pas anatomiquement assez
» différente d'un baboin où d'un oreillard, pour
» prétendre à la royauté de la nature.»

On est embarrassé de réfuter un passage comme
celui que l'on vient de lire; en effet , comment
prouver que nous ne sommes pas très - proches
parents des oreillards et des baboins? Comment
prouver *que les autres bêtes* ont autant d'orgueil
que nous? Comment prouver enfin que la ressemblance des os n'établit rien contre la prétention
qu'ont eue tous les hommes avant M. Bory de St.
Vincent d'être les rois et les maîtres des tous les
animaux. J'avoue qu'une pareille preuve est difficile
à faire; mais c'est parce qu'on ne prouve point
l'évidence.......

DÉPARTEMENT *(économie, et géographie politique)*
P. 500—508. — FERRY.

« La même pensée et la même sagesse dirigent
» le travail sur les tribunaux et sur les évêchés.
» D'un bout de France à l'autre tout devint ré-
» gulier, uniforme ; un ordre généralement ap-
» prouvé régna partout, et l'époque où la France
» offrit pour la première fois cet aspect, fut la plus
» belle, et la plus heureuse de ses révolutions. »

Qui dirait que l'auteur parle ici de ces temps
d'exécrable mémoire, où une autorité usurpatrice,
après avoir dépouillé le roi légitime de la majeure
partie de ses droits, osa porter une main sacrilège
sur la juridiction ecclésiastique, chassa tous les
évêques catholiques pour établir des intrus. Époque
qui vit l'abolition des parlemens, des présidiaux
et des sénéchaux ; époque qui prépara et devança
de fort peu de temps l'assassinat juridique du meilleur des rois, la ruine et l'incendie des châteaux,
les persécutions contre les royalistes et les hommes
religieux. Voilà, nous dit l'auteur, le temps le plus
heureux de la révolution.

TABLE

DES MATIÈRES.

FIN DE LA TABLE DES MATIÈRES.